财政部规划教材

税 法
Tax Law
（第2版）

张敏翔　陈舒　主编

中国财经出版传媒集团

经济科学出版社

Economic Science Press

图书在版编目（CIP）数据

税法／张敏翔，陈舒主编．—2 版．—北京：经济科学
出版社，2022.6
　　财政部规划教材
　　ISBN 978 - 7 - 5218 - 3705 - 6

　　Ⅰ.①税… Ⅱ.①张… ②陈… Ⅲ.①税法 - 中国 -
教材 Ⅳ.①D922.220.4

中国版本图书馆 CIP 数据核字（2022）第 093856 号

责任编辑：杜　鹏　常家凤
责任校对：靳玉环
责任印制：邱　天

税　法
（第2版）

张敏翔　陈　舒　主编

经济科学出版社出版、发行　新华书店经销
社址：北京市海淀区阜成路甲 28 号　邮编：100142
编辑部电话：010 - 88191441　发行部电话：010 - 88191522
网址：www. esp. com. cn
电子邮箱：esp_bj@ 163. com
天猫网店：经济科学出版社旗舰店
网址：http：//jjkxcbs. tmall. com
固安华明印业有限公司印装
787×1092　16 开　26.5 印张　600000 字
2022 年 8 月第 2 版　2022 年 8 月第 1 次印刷
ISBN 978 - 7 - 5218 - 3705 - 6　定价：58.00 元
（图书出现印装问题，本社负责调换。电话：010 - 88191510）
（版权所有　侵权必究　打击盗版　举报热线：010 - 88191661
QQ：2242791300　营销中心电话：010 - 88191537
电子邮箱：dbts@ esp. com. cn）

前 言

INTRODUCTION

时代是思想之母，实践是理论之源。2019 年 10 月 28~31 日，十九届四中全会审议通过的《中共中央关于坚持和完善中国特色社会主义制度、推进国家治理体系和治理能力现代化若干重大问题的决定》，诠释了中国之制的显著优势，强化了中国之治的坚实基础，坚定了中国之志的努力方向，彰显了中国之智的博大精深，强调着力构建系统完备、科学规范、运行有效的制度体系，加强系统治理、依法治理、综合治理和源头治理，把我国制度优势更好地转化为治理效能，为推进税收治理体系和治理能力现代化提出新的更高要求。

本教材自第 1 版出版以来得到了高度评价，同时也收到了很多中肯的建议。《税法》作为应用型高校财经专业的核心课，对教学内容的时效性要求较高，必须与时俱进。但当前不论是老师讲授，还是学生自学，都深感缺乏一本既能反映税法最新内容又能培养学生未来从事财税工作所具备的基本技能和核算操作能力的配套教材，本教材正是为了顺应此要求而编写。

本教材是在第 1 版基础上，根据近期国家税务总局发布的相关文件进行了大幅修改，并在借鉴大量优秀教材的基础上，结合编者多年来在税法教学过程中积累的经验和想法编写而成，具有以下特点：

1. 内容突出一个"新"字，汇集了最新税法规定和实务指导。本教材引用的法律法规截至 2022 年 6 月，不仅包括了我国"营改增"以及《增值税》《消费税》等近几年陆续改革的最新内容，还包括了新《个人所得税法》及配套法规规章内容、企业所得税方面减税降费相关政策以及《车船税法》《城镇土地使用税法》《资源税法》《契税法》《城市维护建设税法》等最新出台法规的内容，突出了时效性。

2. 形式新颖，编写体例符合实用型财经人才的特点。本教材章节体系按照征税对象分类，符合一般税法教材的编写惯例，不致让读者产生不习惯。每章从"本章概览""学习目标""情景引例"入手，让读者了解本章的主要内容、学习意义，确定学习目标，然后从思考某一现实问题开始讲解知识点。通过一些新颖的小模块"提示""知识卡片""知识链接""问题讨论""思考"等对相关内容进行提示或比较，最后在每章末尾附有"知识巩固与能力提升"供学生检验学习效果。

3. 引用经典案例，理论与实际操作结合较为紧密。本教材在每章内容中都穿插了部分例题和案例，很多经典案例是根据多年来注册会计师和税务师考试的真题精选改编而来的，有一定的广度、深度和综合性，将理论知识与实务操作有效结合，让读者能较快地把握税法内容的精髓，比较符合财经类高校师生和财经从业人员的需求。

本教材由河南财政金融学院张敏翔、湛江科技学院陈舒任主编，河南省工业学校马小红任副主编。本教材由张敏翔、陈舒确定编写结构与体例，提供写作大纲，最后统稿。本教材共涉及十二章，具体编写分工如下：第四章、第七章、第十一章、第十二章由河南财政金融学院张敏翔编写；第一至三章、第五章、第六章、第八章由湛江科技学院陈舒编写；第九章、第十章由河南省工业学校马小红编写。以上教师均为高校多年从事《税法》教学的一线教师，教学经验丰富。

本教材在编写过程中参阅了2022年注册会计师和注册税务师全国统一考试辅导教材以及其他专业教材、专著和最新研究成果，在此表示感谢！

由于编者理论水平与实践经验有限，教材中难免有疏漏不当之处，恳请专家、学者和广大读者批评、指正。

编者

2022年5月

目　录
CONTENTS

第一章　税法概述

【本章概览】

　　税法是国家法律的重要组成部分，是征纳双方共同遵守的行为规范。税法的概念、税收法律关系、税法的构成要素、税法的分类、税法的作用、税法的制定与实施、税法体系与税收管理体制是税法的基础理论知识。本章即为税法学习的基础。

【学习目标】

　　1. 掌握税收的概念，理解税收的职能，了解税收的产生。

　　2. 掌握税法的概念，熟悉税收法规关系，了解税法的作用。

　　3. 掌握税法的构成要素，并能分析运用。

　　4. 掌握我国现行的税法体系，明确目前开征的税种以及税法的分类。

　　5. 了解我国税收管理体制的演变。

【情景引例】

　　税收看似与我们的生活无关，其实，税收无时无刻不在我们身边。

　　生活中，大到买房买车，我们需要缴纳房产税和车辆购置税；小到买日常生活用品，我们需要缴纳消费税，只不过不是直接缴纳，而是包含在所购商品的价格中。还有我们每个月领取的工资、发表文章领取的稿酬、买彩票幸运中奖等，都要按规定缴纳所得税。由此可见，我们人人都是纳税人。

　　生活中，我们很难将平坦宽敞的道路，绿树成荫的街道，明亮的路灯，通畅的水、电、气、通信网络、广播电视，因遭受灾难而接受的医疗、生活救助，还有教育、国家安全、社会秩序等与税收挂起钩来。然而，所有这一切又都实实在在地反映出税收"取之于民，用之于民"的真谛，揭示出我们人人都是税收回报的享受人的事实。

　　俗话说：民以食为天，国以税为本。税是国家富强、社会安定、人民安居乐业的有力支撑。

　　思考：你的日常生活中有哪些与税相关的活动？

第一节　税法的概念

一、税法的概念

税法是由国家制定的用于调整国家和纳税人之间在征纳税方面的权利与义务关系的法律规范的总称。它是征税人（政府）与纳税人依法征税、依法纳税的行为准则，即国家有关征税的法律。

税法属于国家法律体系中的一个重要部门法，它是调整国家与各个经济单位及公民个人间分配关系的基本法律规范。税法以税收关系为自己的调整对象，正是这一社会关系的特定性把税法同其他法律部门划分开来。因此，税法主要以维护公共利益而非个人利益为目的，在性质上属于公法。不过与宪法、行政法、刑法等典型公法相比，税法仍具有一些私法的属性，如课税依据私法化、税收法律关系私法化、税法概念范畴私法化等。

税法是我国法律体系的重要组成部分。税法在我国法律体系中的地位是由税收在国家经济活动中的重要性决定的。税收收入是政府取得财政收入的基本来源，而财政收入是维持国家正常运转的经济基础。同时税收还是国家宏观调控的重要手段。因为它是调整国家与企业和公民个人分配关系的最基本、最直接的方式。特别是在市场经济条件下，税收的上述作用表现得非常明显。税收与法密不可分，有税必有法，无法不成税。现代国家大多奉行立宪征税、依法治税的原则，即政府的征税权由宪法授予，税收法律须经议会批准，税务机关履行职责必须依法办事，税务争议要按法定程序解决。简而言之，国家的一切税收活动，均以法定方式表现出来。因此，税收在国家经济活动中的重要性决定了税法在法律体系中的重要地位。

税法具有义务性法规和综合性法规的特点。首先，税法属于义务性法规，并不是指税法没有规定纳税人的权利，而是指纳税人的权利是建立在其纳税义务的基础之上，处于从属地位。税法属义务性法规的这一特点是由税收的无偿性和强制性特点所决定的。其次，税法的另一特点是具有综合性，它是由一系列单行税收法律法规及行政规章制度组成的体系，其内容涉及课税的基本原则、征纳双方的权利和义务、税收管理规则、法律责任、解决税务争议的法律规范等。税法的综合性特点是由税收制度所调整的税收分配关系和税收法律关系的复杂性所决定的。

二、税法与税收

税法与税收密不可分，税法是税收的法律表现形式，税收则是税法所确定的具体内容，税收是经济学概念，税法则是法学概念。因此，学习税法、了解税收的概念和特征是非常必要的。

税收是国家为实现其职能,凭借政治权力,按照法律规定,通过强制地、无偿地征收参与国民收入分配取得财政收入的一种手段。取得财政收入的手段多种多样,如税收、发行国债、收费、罚没等,其中税收是最主要的形式。

把握税法的概念必须在深入理解税收内涵的基础上进行。理解税收的内涵需要从税收的分配关系本质、国家税权和税收目的三个方面来把握。

(一) 税收是国家取得财政收入的一种重要工具,其本质是一种分配关系

国家要行使职能必须有一定的财政收入作为保障。取得财政收入的手段多种多样,如征税、发行货币、发行国债、收费、罚没等,其中税收是大部分国家取得财政收入的主要形式。在社会再生产过程中,分配是连接生产与消费的必要环节,在市场经济条件下,分配主要是对社会产品价值的分割。税收解决的是分配问题,是国家参与社会产品价值分配的法定形式,处于社会再生产的分配环节,因而从本质上它体现的是一种分配关系。

(二) 国家征税的依据是政治权力,它有别于按生产要素进行的分配

国家通过征税,将一部分社会产品由纳税人所有转变为国家所有,因此,征税的过程实际上是国家参与社会产品的分配过程。国家与纳税人之间形成的这种分配关系与社会再生产中的一般分配关系不同。分配问题涉及两个基本问题:一是分配的主体;二是分配的依据。税收分配是以国家为主体进行的分配,而一般分配则是以各生产要素的所有者为主体进行的分配;税收分配是国家凭借政治权力进行的分配,而一般分配则是基于生产要素进行的分配。

税收是凭借政治权力进行的分配,这是马克思主义经典作家的基本观点,也是我国税收理论界长期以来的主流认识。正如马克思指出的,赋税是政府机器的经济基础,而不是其他任何东西。恩格斯在《家庭、私有制和国家起源》中也指出,为了维持这种公共权力,就需要公民缴纳费用——捐税。

(三) 国家课征税款的目的是满足社会公共需要

国家在履行其公共职能的过程中必然要有一定的公共支出。公共产品提供的特殊性决定了公共支出一般情况下不可能由公民个人、企业采取自愿出价的方式,而只能采用由国家(政府)强制征税的方式,由经济组织、单位和个人来负担。国家征税的目的是满足提供社会公共产品的需要,以及弥补市场失灵、促进公平分配等的需要。同时,国家征税也要受到所提供公共产品规模和质量的制约。

税法是国家制定的用以调整国家与纳税人之间在征纳税方面的权利及义务关系的法律规范的总称。税法构建了国家及纳税人依法征税、依法纳税的行为准则体系,其目的是保障国家利益和纳税人的合法权益,维护正常的税收秩序,保证国家的财政收入。税法体现为法律这一规范形式,是税收制度的核心内容。一国

税收制度是在税收分配活动中税收征纳双方所应遵守的行为规范的总和。其内容主要包括各税种的法律法规以及为了保证这些税法得以实施的税收征管制度和税收管理体制。

税法的本质是正确处理国家与纳税人之间因税收而产生的税收法律关系和社会关系，既要保证国家税收收入，也要保护纳税人的权利，两者缺一不可。片面强调国家税收收入或纳税人权利都不利于社会的和谐发展。如果国家征收不到充足的税款，就无法履行其公共服务的职能，无法提供公共产品，最终也不利于保障纳税人的利益。从这个意义上讲，税法的核心在于兼顾和平衡纳税人权利，在保障国家税收收入稳步增长的同时也保证对纳税人权利的有效保护，这是税法的核心要义。

【例 1-1】税收是国家取得财政收入的一种重要工具，其本质是一种（　　）。

A. 生产关系　　　　B. 分配关系　　　　C. 社会关系　　　　D. 阶级关系

【答案】B

三、税法的原则

税法的原则反映税收活动的根本属性，是税收法律制度建立的基础。税法原则包括税法基本原则和税法适用原则。

> 提示：税收法定原则是税法基本原则中的核心。如果没有相应法律作为前提，国家不能征税，公民也没有纳税的义务。

（一）税法基本原则

1. 税收法定原则。党的十八届三中全会审议通过的《中共中央关于全面深化改革若干重大问题的决定》中提出了"落实税收法定原则"。这是我国在党的文件中首次明确提出税法原则中这一最基本的一条原则。

税法基本原则是统领所有税收规范的根本准则，为包括税收立法、执法、司法在内的一切税收活动所必需遵守。其中，税收法定原则是税法基本原则中的核心。

税收法定原则又称为税收法定主义，是指税法主体的权利义务必须由法律加以规定，税法的各类构成要素皆必须且只能由法律予以明确。如果没有相应法律作为前提，国家则不能征税，公民也没有纳税的义务。税收法定主义贯穿税收立法和执法的全部领域，其内容包括税收要件法定原则和税务合法性原则。

税收要件法定原则是指有关纳税人、课税对象、课税标准等税收要件必须以法律形式作出规定，且有关课税要素的规定必须尽量明确。具体来说它要求：

（1）国家对其开征的任何税种都必须由法律对其进行专门确定才能实施；

（2）国家对任何税种征税要素的变动都应当按相关法律的规定进行；

（3）征税的各个要素不仅应当由法律作出专门的规定，这种规定还应当尽量明确。如果规定的不明确则会产生漏洞或者歧义，在税收的立法过程中对税收的各要素加以规定之后还应当采用恰当准确的用语，使之明确化，尽量避免使用模糊性的文字。

税务合法性原则是指税务机关按法定程序依法征税，不得随意减征、停征或免征，无法律依据不征税。

（1）要求立法者在立法的过程中要对各个税种征收的法定程序加以明确规定，既可以使纳税得以程序化，提高工作效率，节约社会成本，又尊重并保护税收债务人的程序性权利，促使其提高纳税的意识。

（2）要求征税机关及其工作人员在征税过程中，必须按照税收程序法和税收实体法律的规定来行使自己的职权，履行自己的职责，充分尊重纳税人的各项权利。

2. 税收公平原则。一般认为税收公平原则包括税收横向公平和纵向公平，即税收负担必须根据纳税人的负担能力分配，负担能力相等，税负相同；负担能力不等，税负不同。税收公平原则源于法律上的平等性原则，所以许多国家的税法在贯彻税收公平原则时，都特别强调"禁止不平等对待"的法理，禁止对特定纳税人给予歧视性对待，也禁止在没有正当理由的情况下对特定纳税人给予特别优惠。

3. 税收效率原则。税收效率原则包含两个方面：一是经济效率；二是行政效率。前者要求税法的制定要有利于资源的有效配置和经济体制的有效运行，后者要求提高税收行政效率，节约税收征管成本。

4. 实质课税原则。实质课税原则指应根据客观事实确定是否符合课税要件，并根据纳税人的真实负担能力决定纳税人的税负，而不能仅考虑相关外观和形式。

【例1-2】下列各项税法原则中，属于税法基本原则核心的是（　　）。

A. 税收公平原则　　　　　　　　B. 税收效率原则

C. 实质课税原则　　　　　　　　D. 税收法定原则

【答案】D

（二）税法适用原则

税法适用原则是指税务行政机关和司法机关运用税收法律规范解决具体问题所必须遵循的准则。其作用在于在使法律规定具体化的过程中，提供方向性的指导，判定税法之间的相互关系，合理解决法律纠纷，保障法律顺利实现，以达到税法认可的各项税收政策目标，维护税收征纳双方的合法权益。税法适用原则并不违背税法基本原则，而且在一定程度上体现着税法基本原则。但是与其相比，税法适用原则含有更多的法律技术性准则，更为具体化。具体包括以下六个原则。

1. 法律优位原则。法律优位原则也称行政立法不得抵触法律原则，其基本含义为法律的效力高于行政立法的效力，法律优位原则在税法中的作用主要体现在处理不同等级税法的关系上。法律优位原则明确了税收法律的效力高于税收行政法规的效力，对此还可以进一步推论为税收行政法规的效力优于税收行政规章的效力。效力低的税法与效力高的税法发生冲突时，效力低的税法即是无效的。

2. 法律不溯及既往原则。法律不溯及既往原则是绝大多数国家所遵循的法律程序技术原则。其基本含义为：一部新法实施后，对新法实施之前人们的行为不得适用新法，而只能沿用旧法，在税法领域内坚持这一原则，目的在于维护税法的稳定性和可预测性，使纳税人能在知道纳税结果的前提下作出相应的经济决策，税收的调节作用才会较为有效，否则就会违背税收法定主义和税收合作信赖主义，对纳税人也是不公平的。但是，在某些特殊情况下，税法对这一原则的适用也有例外。一些国家在处理税法的溯及力问题时，还坚持"有利溯及原则"，即对税法中溯及既往的规定，对纳税人有利的，予以承认；对纳税人不利的，则不予承认。

3. 新法优于旧法原则。新法优于旧法原则也称后法优于先法原则，其含义为：新法、旧法对同一事项有不同规定时，新法的效力优于旧法。其作用在于避免因新法、旧法对同一事项有不同的规定给法律适用带来混乱，为法律的更新与完善提供法律适用上的保障。新法优于旧法原则的适用，以新法生效实施为标志，新法生效实施以后适用新法，新法实施以前包括新法公布以后尚未实施这段时间，仍沿用旧法，新法不发生效力。新法优于旧法原则在税法中普遍适用，但是当新税法与旧税法属于普通法与特别法的关系时，以及某些程序性税法引用"实体从旧、程序从新原则"时，可以例外。

4. 特别法优于普通法的原则。这一原则的含义为：对同一事项两部法律分别有一般规定和特别规定时，特别规定的效力高于一般规定的效力。当对某些税收问题需要作出特殊规定，但是又不便于普遍修订税法时，即可以通过特别法的形式予以规范。凡是特别法中作出规定的，即排斥普通法的适用。不过这种排斥仅就特别法中的具体规定而言，并不是说随着特别法的出现，原有的居于普通法地位的税法即告废止。特别法优于普通法原则打破了税法效力等级的限制，即居于特别法地位级别较低的税法，其效力可以高于作为普通法的级别较高的税法。

5. 实体从旧、程序从新原则。这一原则的含义包括两个方面：一是实体税法不具备溯及力。即在纳税义务的确定上，以纳税义务发生时的税法规定为准，实体性的税法规则不具有向前的溯及力。二是程序性税法在特定条件下具备一定的溯及力。即对于新税法公布实施之前发生，却在新税法公布实施之后进入税款征收程序的纳税义务，原则上新税法具有约束力。对于一项新税法公布实施之前发生的纳税义务，在新税法公布实施之后进入税款征收程序的，原则上新税法具有约束力。在一定条件下允许"程序从新"，是因为程序性税法规范的是程序问题，不应以纳税人的实体性权利、义务发生的时间为准来判定新的程序性税法与旧的程序性税法之间的效力关系。并且，程序性税法主要涉及税款征收方式的改变，其效力发生时间的适当提前，并不构成对纳税人权利的侵犯，也不违背税收合作信赖主义。

6. 程序优于实体原则。程序优于实体原则是关于税收争讼法的原则，其基本含义为：在诉讼发生时税收程序法优于税收实体法适用。纳税人通过税务行政复议或税务行政诉讼寻求法律保护的前提条件之一，是必须事先履行税务行政执法机关认定的纳税义务，而不管这项纳税义务实际上是否完全发生；否则，税务行政复议机关或司法机关对纳税人的申诉不予受理。适用这一原则，是为了确保国家课税权的实现，不因争议的发生而影响税款的及时、足额入库。

【例1-3】一部新法实施后，对新法实施之前人们的行为不得适用新法，而只能沿用旧法，这体现了税法适用原则中的（　　）。

A. 新法优于旧法原则　　　　　　B. 法律不溯及既往原则
C. 实体从旧、程序从新原则　　　D. 程序优于实体原则

【答案】B

四、税法的分类

税法按基本内容和效力、职能作用、征收对象、权限范围的不同，可分为不同类型。

（一）按照税法基本内容和效力的不同，可分为税收基本法和税收普通法

税收基本法也称税收通则，是税法体系的主体和核心，在税法体系中起着税收母法的作用。其基本内容一般包括税收制度的性质、税务管理机构、税收立法与管理权限、纳税人的基本权利与义务、征税机关的权利和义务、税种设置等。我国目前还没有制定统一的税收基本法，随着我国税收法制建设的发展和完善，将研究制定税收基本法。税收普通法是根据税收基本法的原则，对税收基本法规定的事项分别立法实施的法律，如个人所得税法、税收征收管理法等。

（二）按照税法职能作用的不同，可分为税收实体法和税收程序法

税收实体法主要是指确定税种立法，具体规定各税种的征收对象、征收范围、税目、税率、纳税地点等。例如，《中华人民共和国企业所得税法》《中华人民共和国个人所得税法》就属于税收实体法。税收程序法是指税务管理方面的法律，主要包括税收管理法、纳税程序法、发票管理法、税务机关组织法、税务争议处理法等。《税收征收管理法》就属于税收程序法。

1. 税收实体法体系。我国的现行税制就其实体法而言，是新中国成立后经过几次较大的改革逐步演变而来的，主要是经 1994 年税制改革后形成的，按征税对象大致分为以下五类。

（1）商品（货物）和劳务税类。包括增值税、消费税和关税。主要在生产、流通或者服务业中发挥调节作用。

（2）所得税类。包括企业所得税、个人所得税。主要是在国民收入形成后，

对生产经营者的利润和个人的纯收入发挥调节作用。

（3）财产和行为税类。包括房产税、车船税、印花税、契税，主要是对某些财产和行为发挥调节作用。

（4）资源税和环境保护税类。包括资源税、环境保护税、土地增值税和城镇土地使用税。主要是对因开发和利用自然资源差异而形成的级差收入发挥调节作用。

（5）特定目的的税类。包括城市维护建设税、车辆购置税、耕地占用税、船舶吨税和烟叶税，主要是为了达到特定目的，对特定对象和特定行为发挥调节作用。

上述税种一共有18个，其中的关税和船舶吨税由海关负责征收管理，其他税种由税务机关负责征收管理。耕地占用税和契税，1996年以前由财政机关的农税部门征收管理，1996年财政部农税管理机构划归国家税务总局，这些税种就改由税务部门负责征收。

现行税种中，除企业所得税、个人所得税、车船税、环境保护税是以国家法律的形式发布实施外，其他各税种都是经全国人民代表大会授权立法，由国务院以暂行条例的形式发布实施的。这些法律法规共同组成了我国的税收实体法体系。

2. 税收程序法体系。除税收实体法外，我国对税收征收管理适用的法律制度是按照税收管理机关的不同而分别规定的。

（1）由税务机关负责征收的税种的征收管理，按照全国人大常委会发布实施的《税收征收管理法》及各实体税法中的征管规定执行。

（2）由海关机关负责征收的税种的征收管理，按照《海关法》及《进出口关税条例》等有关规定执行。

上述税收实体法和税收征收管理的程序法共同构成了我国现行税法体系。

（三）按照税法相关税种征收对象的不同，可分为五种类型的税法

1. 商品和劳务税税法。主要包括增值税、消费税等税法。这类税法的特点是与商品生产、流通、消费有密切联系。对什么商品征税，税率多高，对商品经济活动都有直接的影响，易于发挥对经济的宏观调控作用。

2. 所得税税法。主要包括企业所得税、个人所得税等税法。其特点是可以直接调节纳税人收入，发挥其公平税负、调整分配关系的作用。

3. 财产、行为税税法。主要是对财产价值或某种行为课税的法律规范。包括房产税、印花税等税法。

4. 资源税税法。主要是为保护和合理使用国家自然资源而制定的税法。我国现行的资源税、城镇土地使用税等税法均属于资源税法的范畴。

5. 特定目的的税法。包括城市维护建设税、烟叶税法等，其目的是对某些特定对象和特定行为发挥特定调节作用。

（四）按照主权国家行使税收管辖权的不同，可分为国内税法、国际税法、外国税法等

国内税法一般是按照属人或属地原则，规定一个国家的内部税收制度。国际税法是指国家之间形成的税收制度，主要包括双边或多边国家之间的税收协定、条约和国际惯例等，一般而言，其效力高于国内税法。外国税法是指外国各个国家制定的税收制度。

以上对于税法或税种的分类不具有法定性，但将各具体税种按一定方法分类，在税收理论研究和税制建设方面用途相当广泛，作用非常之大。例如，商品和劳务税也称间接税，是由于这些税种都是按照商品和劳务收入计算征收的，而这些税种虽然是由纳税人负责缴纳，但最终是由商品和劳务的购买者即消费者负担的，所以称为间接税；而所得税类税种的纳税人本身就是负税人，一般不存在税负转移或转嫁问题，所以称为直接税。

通常认为，在以间接税为主体的税制结构中，主要税种一般包括增值税、关税和消费税或销售税；在以直接税为主体的税制结构中，主要税种一般包括个人所得税和企业（法人）所得税。以个人所得税为主体税种的，多见于经济发达国家，而把企业（法人）所得税作为主体税种的国家很少。以某种直接税和间接税税种为"双主体"的税制，是作为一种过渡性税制类型存在的。20世纪70年代以前，理论界一直认为以所得税为主体的税制结构最为理想。发达国家和一些发展较快的发展中国家在进行以商品和劳务税为主体向以收益所得税为主体税种的税制改革过程中，曾经出现过一些采用"双主体"税制的国家。我国目前税制基本上是以间接税和直接税为双主体的税制结构，间接税（增值税、消费税、关税）占全部税收收入比例的70%左右，直接税（企业所得税、个人所得税）占全部税收收入比例的25%左右，其他辅助税种数量较多，但占全部税收收入比例不大。

国家税收制度要根据本国的具体政治经济条件而确立。所以，各国的政治经济条件不同，税收制度也不尽相同，具体征税办法也各有千秋、千差万别。就一个国家而言，在不同的时期，由于政治经济条件和政治经济目标不同，税收制度也有着或大或小的差异。

五、我国现行税法体系

税法内容十分丰富，涉及范围也极为广泛，各单行税收法律法规结合起来，形成完整配套的税法体系，共同规范和制约税收分配的全过程，是实现依法治税的前提和保证。从法律角度来讲，一个国家在一定时期内、一定体制下以法定形式规定的各种税收法律、法规的总和，被称为税法体系。但从税收工作的角度来讲，所谓税法体系往往被称为税收制度。一个国家的税收制度是指在既定的管理体制下设置的税种以及与这些税种的征收、管理有关的，具有法律效力的各级成文法律、行政法规、部门规章等的总和。换句话说，税法体系就是通常所说的税收制度（以下简称税制）。

一个国家的税收制度，可按照构成方法和形式分为简单型税制及复合型税制。简单型税制主要是指税种单一、结构简单的税收制度；复合型税制主要是指由多个税种构成的税收制度。在现代社会中，世界各国一般都采用多种税并存的复税制税收制度。一个国家为了有效取得财政收入或调节社会经济活动，必须设置一定数量的税种，并规定每种税的征收和缴纳办法，包括对什么征税、向谁征税、征多少税以及何时纳税、何地纳税、按什么手续纳税和不纳税如何处理等。

因此，税收制度的内容主要有三个层次：一是不同的要素构成税种。构成税种的要素主要包括纳税人、征税对象、税目、税率、纳税环节、纳税期限、减税免税等。二是不同的税种构成税收制度。构成税收制度的具体税种，国与国之间差异较大，但一般都包括所得税（直接税），如企业（法人）所得税、个人所得税，也包括商品课税（间接税），如增值税、消费税及其他一些税种，如财产税（房地产税、车船税）、关税、社会保障税等。三是规范税款征收程序的法律法规，如税收征收管理法等。

税种的设置及每种税的征税办法，一般是以法律形式确定的，这些法律就是税法。一个国家的税法一般包括税法通则、各税税法（条例）、实施细则、具体规定四个层次。其中，"税法通则"规定一个国家的税种设置和每个税种的立法精神；"各税税法（条例）"分别规定每种税的征税办法；"实施细则"是对各税税法（条例）的详细说明和解释；"具体规定"则是根据不同地区、不同时期的具体情况制定的补充性法规。目前，世界上只有少数国家单独制定税法通则，大多数国家都把税法通则的有关内容包含在宪法和各税税法（条例）之中，我国的税法就属于这种情况。

第二节　税法的构成要素

一、纳税人

纳税义务人或纳税人又叫纳税主体，是税法规定的直接负有纳税义务的单位和个人。任何一个税种先要解决的就是国家对谁征税的问题，如我国个人所得税法、增值税、消费税、资源税以及印花税等暂行条例的第一条规定的都是该税种的纳税义务人。

纳税人有两种基本形式：自然人和法人。自然人和法人是两个相对称的法律概念。自然人是基于自然规律而出生的，有民事权利和义务的主体，包括本国公民，也包括外国人和无国籍人。法人是自然人的对称，《民法通则》第三十六条规定，法人是基于法律规定享有权利能力和行为能力，具有独立的财产和经费，依法独立承担民事责任的社会组织。我国的法人主要有四种：机关法人、事业法人、企业法人和社团法人。

税法中规定的纳税人有自然人和法人两种最基本的形式，按照不同的目的和标准还可以对自然人和法人进行多种详细的分类，这些分类对国家制定区别对待的税收政策，发挥税收的经济调节作用，具有重要的意义。如自然人可划分为居民纳税人和非居民纳税人以及个体经营者和其他个人等；法人可划分为居民企业和非居民企业，还可按企业的不同所有制性质来进行分类等。

与纳税人紧密联系的两个概念是代扣代缴义务人和代收代缴义务人。代扣代缴义务人是指虽不承担纳税义务，但依照有关规定，在向纳税人支付收入、结算货款、收取费用时有义务代扣代缴其应纳税款的单位和个人，如出版社代扣作者稿酬所得的个人所得税等。如果代扣代缴义务人按规定履行了代扣代缴义务，税务机关将支付一定的手续费。反之，未按规定代扣代缴税款，造成应纳税款流失或将已扣缴的税款私自截留挪用、不按时缴入国库，一经税务机关发现，将要承担相应的法律责任。代收代缴义务人是指虽不承担纳税义务，但依照有关规定，在向纳税人收取商品或劳务收入时，有义务代收代缴其应纳税款的单位和个人。如消费税条例规定，委托加工的应税消费品，由受托方在向委托方交货时代收代缴委托方应该缴纳的消费税。

二、征税对象

征税对象又叫课税对象、征税客体，指税法规定对什么征税，是征纳税双方权利义务共同指向的客体或标的物，是区别一种税与另一种税的重要标志。如消费税的征税对象是消费税条例所列举的应税消费品，房产税的征税对象是房屋等。征税对象是税法最基本的要素，因为它体现着征税的最基本界限，决定着某一种税的基本征税范围，同时征税对象也决定了各个不同税种的名称。如消费税、土地增值税、个人所得税等，这些税种因征税对象不同、性质不同，税名也就不同。征税对象按其性质的不同，通常可划分为流转额、所得额、财产、资源、特定行为五大类，通常也因此将税收分为相应的五大类，即流转税或称商品和劳务税、所得税、财产税、资源税和特定行为税。

与课税对象相关的两个基本概念：税目和税基。税目本身也是一个重要的税法要素，下面将单独讨论。而税基又叫计税依据，是据以计算征税对象应纳税款的直接数量依据，它解决对征税对象课税的计算问题，是对课税对象的量的规定。如企业所得税应纳税额的基本计算方法是应纳税所得额乘以适用税率，其中，应纳税所得额是据以计算所得税应纳税额的数量基础，为所得税的税基。计税依据按照计量单位的性质划分，有两种基本形态：价值形态和物理形态。价值形态包括应纳税所得额、销售收入、营业收入等；物理形态包括面积、体积、容积、重量等。以价值形态作为税基，又称为从价计征，即按征税对象的货币价值计算，如生产销售化妆品应纳消费税税额是由化妆品的销售收入乘以适用税率计算产生，其税基为销售收入，属于从价计征的方法。还有一种是从量计征，即直接按征税对象的自然单位计算，如城镇土地使用税应纳税额是由占用土地面积乘以每单位面积应纳税额计算产生，其税基为占用土地的面积，属于从量计征的方法。

【例 1 - 4】（　　　）是税法最基本的要素。

A 纳税主体　　　　B. 征税对象　　　C. 税目　　　　D. 税率

【答案】B

三、税率

税率是对征税对象的征收比例或征收额度。税率是计算税额的尺度，也是衡量税负的重要标志。税收的固定性特征主要是通过税率来体现的。在征税对象已经明确的前提下，国家征税的数量和纳税人的负担水平取决于税率。也就是说，税率的高低直接关系到国家财政收入和纳税人的负税水平。国家一定时期的税收政策也主要体现在税率上。因此，税率是税收制度的关键因素。科学合理地设计税率，是正确处理国家、企业、个人之间的分配关系，充分发挥税收经济杠杆的关键。我国现行的税率主要有以下四种。

（一）比例税率

比例税率，即对同一征税对象，不分数额大小，规定相同的征收比例。我国的增值税、城市维护建设税、企业所得税等采用的是比例税率。比例税率在适用中又可分为三种具体形式。

1. 单一比例税率，是指对同一征税对象的所有纳税人都适用同一比例税率。

2. 差别比例税率，是指对同一征税对象的不同纳税人适用不同的比例征税。我国现行税法又分别按产品、行业和地区的不同将差别比例税率划分为以下三种类型：一是产品差别比例税率，即对不同产品分别适用不同的比例税率，同一产品采用同一比例税率，如消费税、关税等；二是行业差别比例税率，即对不同行业分别适用不同的比例税率，同一行业采用同一比例税率；三是地区差别比例税率，即区分不同的地区分别适用不同的比例税率，同一地区采用同一比例税率，如城市维护建设税等。

3. 幅度比例税率，是指对同一征税对象，税法只规定最低税率和最高税率，各地区在该幅度内确定具体的适用税率。

比例税率的优点是：计算征收和缴纳税款简便，便于税收的征收管理；同一课税对象、不同纳税人的税收负担相同，有利于鼓励先进，督促落后，促进企业在大体同等的条件下竞争。

比例税率的缺点是：比例税率的税收负担与负担能力不相适应，不能体现负担能力大的多征、负担能力小的少征的量能负担原则，税收负担水平不太合理。比例税率一般适用于对商品流转额的征税。

（二）累进税率

累进税率是指随着征税对象数量增大而随之提高的税率，即按征税对象数额的大小划分为若干等级，不同等级的课税数额分别适用不同的税率，课税数额越大，适用税率越高。累进税率一般在所得课税中使用，可以充分体现对纳税人收入多的多征、收入少的少征、无收入的不征的税收原则，从而有效地调节纳税人的收入，正确处理税收负担的纵向公平问题。

1. 全额累进税率。全额累进税率是把征税对象的数额划分为若干等级，对每个等级分别规定相应税率，当税基超过某个级距时，课税对象的全部数额都按提高后级距的相应税率征税，如表 1 - 1 所示。

表 1 - 1　　　　　　　　　　　三级全额累进税率

级数	全年应纳税所得额（元）	税率（%）
1	不超过 1 500（含）的	3
2	1 500 ~ 4 500（含）	10
3	4 500 ~ 9 000（含）	20

运用全额累进税率的关键是查找每一个纳税人应税收入在税率表中所属的级次，找到收入级次，与其对应的税率便是该纳税人所适用的税率，全部税基乘以适用税率即可计算出应缴税额。例如，贾某应纳税所得额为 4 500 元，适用税率为 10%；赵某应纳税所得额为 4 501 元，适用税率为 20%。贾某应纳税额 = 4 500 × 10% = 450（元），赵某应纳税额 = 4 501 × 20% = 900.2（元）。

全额累进税率计算方法简便，但税收负担不合理，特别是在划分级距的临界点附近，如上题应税所得赵某只比贾某多 1 元，却要比贾某多纳税 450.2 元，税负呈跳跃式递增，会出现税额增加超过课税对象数额增加的不合理现象，不利于鼓励纳税人增加收入。这个问题，要用超额累进税率来解决。

2. 超额累进税率。超额累进税率是指把征税对象按数额的大小分成若干等级，每一等级规定一个税率，税率依次提高，但每一个纳税人的征税对象则依所属等级同时适用几个税率分别计算，将计算结果相加后得出应纳税款。表 1 - 2 假设为个人所得税三级超额累进税率。

表 1 - 2　　　　　　　　　　　三级超额累进税率

级数	全月应纳税所得额（元）	税率（%）	速算扣除数
1	5 000（含）以下	10	0
2	5 000 ~ 20 000（含）	20	500
3	20 000 以上	30	2 500

假如某人某月应纳税所得额为 6 000 元，根据表 1 - 2 所列税率，其应纳税额

可以分步计算：

第一级的 5 000 元适用 10% 的税率，应纳税额 = 5 000 × 10% = 500（元）；

第二级的 1 000 元(6 000 – 5 000)适用 20% 的税率，应纳税额 = 1 000 × 20% = 200（元）；

该月应纳税额 = 5 000 × 10% + 1 000 × 20% = 700（元）。

2019 年 1 月 1 日开始实施的新《个人所得税法》中的居民个人的综合所得、经营所得等都使用超额累进税率。

在级数较多的情况下，分级计算然后相加的方法比较烦琐。为了简化计算，也可采用速算扣除法。速算扣除法的原理是，基于全额累进计算的方法比较简单，可将超额累进计算的方法转化为全额累进计算的方法。对于同样的课税对象数量，按全额累进方法计算出的税额比按超额累进方法计算出的税额多，即有重复计算的部分，这个多征的常数称为速算扣除数。用公式表示为：

速算扣除数 = 按全额累进方法计算的税额 – 按超额累进方法计算的税额

移项得：

按超额累进方法计算的税额 = 按全额累进方法计算的税额 – 速算扣除数
= 应纳税所得额 × 税率 – 速算扣除数

接上例，某人某月应纳税所得额为 6 000 元，如果直接用 6 000 元乘以所对应级次的税率 20% 则对于第一级次的 5 000 元应纳税所得额就出现了 500 元 [5 000 × (20% – 10%)] 的重复计算部分。因为这 5 000 元仅适用 10% 的税率，而现在全部用了 20% 的税率来计算，故多算了 10%，这就是应该扣除的所谓速算扣除数。如果用简化的方法计算，则该月应纳税所得额 = 6 000 × 20% – 500 = 700（元）。

（三）定额税率

定额税率即按征税对象确定的计算单位，直接规定一个固定的税额，而不是规定征收比例。它是用绝对量表示税率的一种特殊形式，一般适用于从量定额征税的商品或税种。定额税率在实际运用中又分为地区差别定额税率、分类分级定额税率、幅度定额税率等。

定额税率的优点为：一是计算简便，有利于征管工作的开展；二是从量计征，有利于促进企业提高产品质量。在优质优价、劣质劣价的情况下，税额固定，优质优价产品税负相对较轻，劣质劣价产品税负相对较重。

定额税率的缺点为：由于不是从价计征，税额一般不随征税对象价值（价格）的增长而增长，因而不能使国家财政收入随国民收入的增长而同步增长。

目前采用定额税率的有城镇土地使用税和车船税等。

（四）超率累进税率

超率累进税率即以征税对象数额的相对率划分若干级距，分别规定相应的差别税率，相对率每超过一个级距的，对超过的部分就按高一级的税率计算征税。目前我国税收体系中采用这种税率的是土地增值税。

四、其他要素

（一）税目

税目是在税法中对征税对象分类规定的具体的征税项目，反映具体的征税范围，是对课税对象质的界定。设置税目的目的首先是明确具体的征税范围，凡列入税目的即为应税项目，未列入税目的，则不属于应税项目。其次，划分税目也是贯彻国家税收调节政策的需要，国家可根据不同项目的利润水平以及国家经济政策等为依据制定高低不同的税率，以体现不同的税收政策。并非所有税种都需规定税目，有些税种不分课税对象的具体项目，一律按照课税对象的应税数额采用同一税率计征税款，因此，一般无须设置税目，如企业所得税。有些税种具体课税对象比较复杂，需要规定税目，如消费税都规定有不同的税目。

（二）纳税环节

纳税环节主要指税法规定的征税对象在从生产到消费的流转过程中应当缴纳税款的环节。如流转税在生产和流通环节纳税，所得税在分配环节纳税等。纳税环节有广义和狭义之分。广义的纳税环节指全部课税对象在再生产中的分布情况。如资源税分布在资源生产环节、所得税分布在分配环节等。狭义的纳税环节特指应税商品在流转过程中应纳税的环节。

（三）纳税时限

纳税时限是指税法规定的关于税款缴纳时间方面的限定。税法关于纳税时限的规定，有两个概念：一是纳税义务发生时间。纳税义务发生时间，是指应税行为发生的时间。如增值税条例规定采取预收货款方式销售货物的，其纳税义务发生时间为货物发出的当天。二是纳税期限。纳税人每次发生纳税义务后，不可能马上去缴纳税款。税法规定了每种税的纳税期限，即每隔固定时间汇总一次纳税义务的时间。

（四）纳税地点

纳税地点主要是指根据各个税种纳税对象的纳税环节和有利于对税款的源泉控制而规定的纳税人（包括代征、代扣、代缴义务人）的具体纳税地点。

（五）减税免税

减税免税是指国家为了实行某种政策，达到一定的政治经济目的，而对某些纳税人和征税对象采取免予征税或者减少征税的特殊规定。减税免税是国家对纳税人的税收优惠措施，是税法原则性和灵活性相结合的具体体现，是税法的重要组成部分。

减税基本上有两种办法：一是减率，即对征税对象的税率减少多少或减到多少；二是减额，即直接规定对纳税人的应纳税额减少一个固定的数额。

1. 减税免税的规定。免税是指按照税法规定对应纳税额的全部免征。减税是指按照税法规定对应纳税额只减少征收一部分。在实际工作中，税收减免主要有三种形式，即税基式减免、税率式减免和税额式减免。

2. 起征点。起征点是指按照税法规定，征税对象达到开始征税的数量界限。征税对象数额未达到起征点的不征税。达到或超过起征点的，就其全部数额征税。

3. 免征额。免征额是指按照税法规定，在全部征税对象数额中预先确定一个免予征税的数额。即不论征税对象数额大小，首先将免征额部分扣除，只对超过免征额的部分征税。

> 思考：
> 计税依据和起征点、免征是怎样的关系？
> 征税对象的数量＜起征点，计税依据 =0
> 征税对象的数量＞起征点，计税依据 = 征税对象的数量
> 征税对象的数量＜免征额，计税依据 =0
> 征税对象的数量＞免征额，计税依据 = 征税对象的数量－免征额

（六）违章处理

违章处理是对纳税人违反税收法规行为所采取的处罚措施。它是税收强制性特征在税制上的具体体现。

1. 税务违章行为。税务违章行为主要包括：

（1）违反税收征收管理法，即纳税人未按规定办理税务登记、纳税申报、建立和保存账户、提供纳税资料、拒绝接受税务机关监督检查等行为。

（2）欠税，即纳税人因故超过税务机关核定的纳税期限，未缴或少缴税款的行为。

（3）偷税，即纳税人有意违反税收法规，采取欺骗、隐瞒等手段逃避纳税的行为。

（4）抗税，即纳税人拒绝遵照税收法规履行纳税义务的行为。

（5）骗税，即纳税人利用假报出口等欺骗手段骗取国家出口退税款的行为。

2. 对税务违章行为的处理。对上述税务违章行为，根据各类税法的规定，税务机关一般可采取以下措施加以处理：

（1）征收滞纳金。征收滞纳金是指税务机关对欠税者除令其限期照章补缴所欠税款外，还从滞纳之日起按日加收所欠税款一定比例的滞纳金。

（2）处以罚款。这是一种经济制裁措施，有两种具体形式：一是按应纳税

款的倍数罚款；二是按一定数额罚款。

（3）税收保全措施。税务机关有根据认为从事生产、经营的纳税人有逃避纳税义务行为的，可以在规定的纳税期限之前，责令限期缴纳应纳税款。在期限内发现纳税人有明显的转移、隐匿其应纳税的商品、货币以及其他财产或者应纳税收入的迹象的，税务机关可以责成纳税人提供纳税担保。如果纳税人不能提供纳税担保，税务机关按照一定的法律程序可以采取如下税收保全措施：一是书面通知纳税人开户银行或者其他金融机构暂停支付纳税人的金额相当于应纳税款的存款；二是扣押、查封纳税人的价值相当于应纳税款的商品、货物或者其他财产。

（4）追究刑事责任。《中华人民共和国刑法》第三章第六节专节规定了"危害税收征管罪"，分别规定了十四个罪名，犯罪主体包括个人与单位，量刑上最高可达无期徒刑，大多数犯罪并处罚金。

（5）税务复议。为了保障企业和公民的纳税权益，税法规定纳税人有申请复议和向法院提出诉讼的权利。纳税人同税务机关在违章处理问题上发生争议时，必须先按照税务机关的决定缴纳税款，然后在 60 日内向上一级税务机关申请复议。上一级税务机关应当在接到申诉人的申请之日起 60 日内作出复议决定。申诉人对复议决定不服的，可在接到复议决定之日起 15 日内向人民法院起诉。

第三节　税收立法与执法

一、税收立法原则

税收立法是指有权的机关依据一定的程序，遵循一定的原则，运用一定的技术，制定、公布、修改、补充和废止有关税收法律、法规、规章的活动。有法可依、有法必依、执法必严、违法必究是税收立法与税法实施过程中必须遵循的基本原则。

我国的立法体制是：全国人民代表大会及其常务委员会行使立法权，制定法律；国务院及所属各部委，有权根据宪法和法律制定行政法规和部门规章；地方人民代表大会及其常务委员会，在不同宪法、法律、行政法规抵触的前提下，有权制定地方性法规，但要报全国人民代表大会常务委员会和国务院备案；民族自治地方的人民代表大会有权依照当地民族、经济和文化特点，制定自治条例和单行条例。

根据国家立法体制规定所制定的一系列税收法律、法规、规章和规范性文件，构成了我国的税收法律体系，我国实行"统一税法"的原则。

税收立法原则是指在税收立法活动中必须遵循的准则。我国的税收立法原则是根据我国的社会性质和具体国情确定的，是立法机关根据社会经济活动、经济关系，特别是税收征纳双方的特点确定的，并贯穿于税收立法工作始终的指导方针。税收立法主要应遵循以下五个原则。

（一）从实际出发的原则

从实际出发的原则，是唯物主义的思想路线在税收立法实践中的运用和体现。贯彻这个原则，首先，要求税收立法必须根据经济、政治发展的客观需要，反映客观规律，也就是从中国国情出发，充分尊重经济社会发展规律和税收分配理论。其次，要客观反映一定时期国家、社会、政治、经济等各方面的实际情况，既不能被某些条条框框所束缚，也不能盲目抄袭别国的立法模式。在此基础上，充分运用科学知识和技术手段，不断丰富税收立法理论，完善税法体系，以适应社会主义市场经济发展的客观需要。

（二）公平原则

在税收立法中一定要体现公平原则。所谓公平，就是要体现合理负担原则。在市场经济体制下，参加市场竞争的各个主体需要有一个平等竞争的环境，而税收的公平是实现平等竞争的重要条件。公平主要体现在三个方面：一是从税收负担能力来看，负担能力大的应多纳税，负担能力小的应少纳税，没有负担能力的不纳税。二是从纳税人所处的生产和经营环境来看，由于客观环境优越而取得超额收入或级差收益者应多纳税，反之少纳税。三是从税负平衡来看，不同地区、不同行业之间及多种经济成分之间的实际税负必须尽可能公平。

（三）民主决策的原则

民主决策的原则主要指税收立法过程中必须充分倾听群众的意见，严格按照法定程序进行，确保税收法律能体现广大群众的根本利益。坚持这个原则，要求税收立法的主体应以人民代表大会及其常务委员会为主，按照法定程序进行；对税收法案的审议，要进行充分的辩论，倾听各方面的意见；税收立法过程要公开化，让广大公众及时了解税收立法的全过程，以及立法过程中各个环节的争论和如何达成共识的情况。

（四）原则性与灵活性相结合的原则

在制定税法时，要求明确、具体、严谨、周密，但是，为了保证税法制定后在全国范围内、在各个地区都能贯彻执行，不致与现实脱节，又要求在制定税法时不能规定得过细过死，这就要求必须坚持原则性与灵活性相结合的原则。具体来讲，就是必须贯彻法制的统一性与因时因地制宜相结合。法制的统一性，表现在税收立法上，就是税收立法权只能由国家最高权力机关来行使，各地区、各部门不能擅自制定违背国家法律的"土政策""土规定"。但是，我国又是一个幅员辽阔、人口众多、多民族的国家，各地区的经济文化发展水平不平衡，因而对不同地区不能强求一样。因此，为了照顾不同地区特别是少数民族地区不同的情况和特点，为了充分发挥地方的积极性，在某些情况下，允许地方在遵守国家法律、法规的前提下，制定适合当地的实施办法等。因此，只有贯彻这个原则，才能制定出既符合全国统一性要求又能适应各地区实际情况的税法。

（五）法律的稳定性、连续性与废、改、立相结合的原则

制定税法是与一定经济基础相适应的，税法一旦制定，在一定阶段内就要保持其稳定性，不能朝令夕改、变化不定。如果税法经常变动，不仅会破坏税法的权威性和严肃性，而且会给国民经济生活造成非常不利的影响。但是，这种稳定性不是绝对的，因为社会政治、经济状况是不断变化的，税法也要进行相应的发展变化。这种发展变化具体表现在：有的税法已经过时，需要废除；有的税法，部分失去效力，需要修改、补充；根据新的情况，需要制定新的税法。此外，还必须注意保持税法的连续性，即税法不能中断，在新的税法未制定前，原有的税法不应随便中止、失效；在修改、补充或制定新的税法时，应保持与原有税法的承续关系，应在原有税法的基础上，结合新的实践经验，修改、补充原有的税法和制定新的税法。只有遵循这个原则，才能制定出符合社会政治、经济发展规律的税法。

【例1-5】下列属于税收立法包含的内容有（　　）。

A. 制定有关税收法律、法规、规章　　B. 公布有关税收法律、法规、规章

C. 修改有关税收法律、法规、规章　　D. 废止有关税收法律、法规、规章

【答案】ABCD

二、税收立法级次

（一）税收立法级次划分的种类

税收立法权的明确有利于保证国家税法的统一制定和贯彻执行，充分、准确地发挥各级有权机关管理税收的职能作用，防止各种越权自定章法、随意减免税收现象的发生。税收立法权的划分可按以下不同的方式进行：

1. 可以按照税种类型的不同来划分，如按商品和劳务税类、所得税类、地方税类来划分。有关特定税收领域的税收立法权通常全部给予特定一级的政府。

2. 可以根据任何税种的基本要素来划分。任何税种的结构都由几个要素构成：纳税人、征税对象、税基、税率、税目、纳税环节等。理论上，可以将税种的某一要素如税基和税率的立法权，授予某级政府。

3. 可以根据税收执法的级次来划分。立法权可以授予某级政府、行政上的执行权给予另一级，这是一种传统的划分方法，能适用于任何类型的立法权。根据这种模式，有关纳税主体、税基和税率的基本法规的立法权放在中央政

府，更具体的税收实施规定的立法权给予较低级次政府或政府机构。因此，需要指定某级政府或政府机构制定不同级次的法规，我国的税收立法权的划分就属于此种类型。

（二）我国税收立法权划分的现状

1. 中央税、中央与地方共享税以及全国统一实行的地方税的立法权集中在中央，以保证中央政令统一，维护全国统一市场和企业平等竞争。其中，中央税是指维护国家权益、实施宏观调控所必需的税种，具体包括消费税、关税、车辆购置税等。中央和地方共享税是指同经济发展直接相关的主要税种，具体包括增值税、企业所得税、个人所得税。地方税具体包括资源税、土地增值税、印花税、城市维护建设税、城镇土地使用税、房产税、车船税等。

2. 依法赋予地方适当的地方税收立法权。我国地域辽阔，地区间经济发展水平很不平衡，经济资源包括税源都存在着较大差异，这种状况给全国统一制定税收法律带来一定的难度。因此，随着分税制改革的进行，有前提地、适当地给地方下放一些税收立法权，使地方可以实事求是地根据自己特有的税源开征新的税种，促进地方经济的发展。这样，既有利于地方因地制宜地发挥当地的经济优势，同时也便于同国际税收惯例对接。

3. 我国税收立法权划分的具体层次如下。

（1）全国性税种的立法权，即包括全部中央税、中央与地方共享税和在全国范围内征收的地方税税法的制定、公布和税种的开征、停征权，税收征收管理等基本制度的设立属于全国人民代表大会（以下简称全国人大）及其常务委员会（以下简称常委会）。

（2）经全国人大及其常委会授权，全国性税种可先由国务院以"条例"或"暂行条例"的形式发布施行。经一段时期后，再行修订并通过立法程序，由全国人大及其常委会正式立法。

（3）经全国人大及其常委会授权，国务院有制定税法实施细则、增减税目和调整税率的权力。

（4）经全国人大及其常委会的授权，国务院有税法的解释权；经国务院授权，国家税务主管部门（财政部、国家税务总局及海关总署）有税收条例的解释权和制定税收条例实施细则的权力。

（5）经国务院授权，省级人民政府有本地区地方税法的解释权和制定税法实施细则、调整税目、税率的权力，也可以在上述规定的前提下，制定一些税收征收办法，还可以在全国性地方税条例规定的幅度内，确定本地区适用的税率或税额。上述权力除税法解释权外，在行使后和发布实施前须报国务院备案。地区性地方税收的立法权应只限于省级立法机关或经省级立法机关授权同级政府，不能层层下放。所立税法可在全省（自治区、直辖市）范围内执行，也可只在部分地区执行。

三、我国税收管理体制的演变

新中国成立以来，随着国家政治经济形势的发展，税收制度的建立与发展经历了一个曲折的过程。从总体上看，可大致划分为三个历史时期：第一个时期是从1949年新中国成立到1957年，即国民经济恢复和社会主义改造时期，这是新中国税制建立和巩固的时期；第二个时期是从1958年到1978年底中共十一届三中全会召开之前，这是我国税制曲折发展的时期；第三个时期是1978年以后的新时期，是我国税制建设得到全面加强、税制改革不断前进的时期。

1978年以后中国税制的改革进程大体可以划分为三个阶段。

（一）1978～1993年：经济转轨时期的税制改革

这一时期是中国税制建设的恢复时期和税制改革的准备、起步时期，从思想、理论、组织和税制等方面为后来的改革做了大量的准备工作，打下了良好的基础，税制改革取得了改革开放以后的第一次重大突破。

从税制方面看，财税部门自1978年底1979年初就开始研究税制改革问题，提出了包括开征国营企业所得税、个人所得税等内容的初步设想和实施步骤，并确定，为了配合贯彻国家的对外开放政策，第一步先行解决对外征税的问题。

1980～1981年，第五届全国人民代表大会先后公布了《中华人民共和国中外合资经营企业所得税法》《中华人民共和国个人所得税法》《中华人民共和国外国企业所得税法》。同时，对中外合资企业、外国企业和外国人沿用20世纪50年代制定的税收法规继续征收工商统一税、城市房地产税和车船使用牌照税。这样，就初步形成了一套大体适用的涉外税收制度，适应了中国对外开放初期引进外资和对外经济、技术合作的需要。

1982年，第五届全国人民代表大会第五次会议提出了今后3年税制改革的任务，并得到了会议的批准。

同年，国务院批转了《财政部关于征收烧油特别税的试行规定》，发布了《牲畜交易税暂行条例》。

20世纪80年代中期，是中国税制改革全面展开的时期，取得了改革开放以后的第二次重大突破。作为国营企业改革和城市改革的一项重大措施，1983年，国务院决定在全国试行国营企业"利改税"，即将新中国成立以后实行了30多年的国营企业向国家上缴利润的制度改为缴纳企业所得税的制度，并取得了初步的成功。这一改革从理论上和实践上突破了国营企业只能向国家缴纳利润，国家不能向国营企业征收所得税的禁区。这是国家与国营企业分配关系改革的一个历史性转变。

为了加快城市经济体制改革的步伐，1984年9月，经全国人民代表大会批准和全国人民代表大会常务委员会授权，国务院决定自当年10月起在全国实施国营企业"利改税"的第二步改革和税收制度的全面改革，发布了《中华人民共和国产品税条例（草案）》《中华人民共和国增值税条例（草案）》《中华人民共和国盐税条例（草案）》《中华人民共和国营业税条例（草案）》《中华人民共和国资源税条例（草案）》《中华人民共和国国营企业所得税条例（草案）》《国营企业调节税征收办法》。

1985～1989年，国务院先后发布了《中华人民共和国城市维护建设税暂行条例》、《中华人民共和国进出口关税条例》、《中华人民共和国集体企业所得税暂行条例》、《国营企业奖金税暂行规定》（修订）、《国营企业工资调节税暂行规定》、《集体企业奖金税暂行规定》、《事业单位奖金税暂行规定》、《中华人民共和国城乡个体工商业户所得税暂行条例》、《中华人民共和国房产税暂行条例》、《中华人民共和国车船使用税暂行条例》、《中华人民共和国个人收入调节税暂行条例》、《中华人民共和国耕地占用税暂行条例》、《中华人民共和国建筑税暂行条例》（其前身是国务院于1983年发布的《建筑税征收暂行办法》）、《中华人民共和国私营企业所得税暂行条例》、《中华人民共和国印花税暂行条例》、《中华人民共和国筵席税暂行条例》、《中华人民共和国城镇土地使用税暂行条例》，并决定开征特别消费税。

1991年，第七届全国人民代表大会第四次会议将中外合资企业所得税法与外国企业所得税法合并，制定了《中华人民共和国外商投资企业和外国企业所得税法》。同年，国务院将建筑税改为固定资产投资方向调节税，发布了《中华人民共和国固定资产投资方向调节税暂行条例》。

至此，中国的税制一共设有37种税收，即产品税、增值税、盐税、特别消费税、烧油特别税、营业税、工商统一税、关税、国营企业所得税、国营企业调节税、集体企业所得税、私营企业所得税、外商投资企业和外国企业所得税、个人所得税、城乡个体工商业户所得税、个人收入调节税、国营企业奖金税、集体企业奖金税、事业单位奖金税、国营企业工资调节税、房产税、城市房地产税、城镇土地使用税、耕地占用税、契税、资源税、车船使用税、车船使用牌照税、印花税、城市维护建设税、固定资产投资方向调节税、屠宰税、筵席税、牲畜交易税、集市交易税、农业税和牧业税。此外，船舶吨税自1986年起转为预算外收入项目。

为了加强税收工作，促进税制改革，这一时期的税务干部队伍和税务机构建设进一步加强，税务干部继续大量增加。1983年和1985年，国务院先后批准增加税务干部4万人和10万人；1988年国务院机构改革时财政部税务总局（司级机构）升格为国家税务局（财政部管理的副部级机构），税务系统双重领导、以垂直领导为主的领导体制得到强化。

1978～1993年，随着经济的发展和改革的深入，中国对税制改革进行了全面的探索，改革逐步深入，取得了很大的进展，初步建成了一套内外有别、城乡不同，以货物和劳务税、所得税为主体，财产税和其他税收相配合的新的税制体系，大体适应了中国经济体制改革起步阶段的经济状况，税收的职能作用得以全面加强，税收收入随着经济发展持续稳定增长，宏观调控作用明显增强，对于贯彻国家的经济政策，调节生产、分配和消费，促进改革开放，起到了积极的促进作用，并为以后税制改革的深入打下了重要的基础。

（二）1994～2013年：建立社会主义市场经济体制时期的税制改革

1992年以后，中国进入了建立社会主义市场经济体制时期，社会主义经济理论和实践取得了重大进展，税制改革随之深化，取得了改革开放以后的第三次重大突破。

1993年11月，中国共产党第十四届中央委员会第三次全体会议通过了《中共中央关于建立社会主义市场经济体制若干问题的决定》，确定了税制改革的基本原则和主要内容。至当年12月底，税制改革的有关法律、行政法规陆续公布，包括《中华人民共和国个人所得税法》（修订）、《中华人民共和国增值税暂行条例》、《中华人民共和国消费税暂行条例》、《中华人民共和国营业税暂行条例》、《中华人民共和国企业所得税暂行条例》、《中华人民共和国土地增值税暂行条例》、《中华人民共和国资源税暂行条例》、《全国人民代表大会常务委员会关于外商投资企业和外国企业适用增值税、消费税、营业税等税收暂行条例的决定》，均自1994年起实施。

1994年税制改革的主要内容是：第一，全面改革货物和劳务税制，实行了以比较规范的增值税为主体，消费税、营业税并行，内外统一的货物和劳务税制。第二，改革企业所得税制，将过去对国营企业、集体企业和私营企业分别征收的多种企业所得税合并为统一的企业所得税。第三，改革个人所得税制，将过去对外国人征收的个人所得税、对中国人征收的个人收入调节税和城乡个体工商业户所得税合并为统一的个人所得税。第四，大幅度调整其他税收，如扩大了资源税的征收范围，开征了土地增值税，取消了盐税、烧油特别税、集市交易税等12个税种，并将屠宰税、筵席税的管理权下放到省级地方政府，增设了遗产税、证券交易税（这两种税后来没有立法开征）。

至此，中国的税制一共设有25种税收，即增值税、消费税、营业税、关税、企业所得税、外商投资企业和外国企业所得税、个人所得税、土地增值税、房产税、城市房地产税、遗产税、城镇土地使用税、耕地占用税、契税、资源税、车船使用税、车船使用牌照税、印花税、证券交易税、城市维护建设税、固定资产投资方向调节税、屠宰税、筵席税、农业税和牧业税。

为了进一步加强税收工作，配合税制改革和分税制财政管理体制改革，这一时期的税务机构建设进一步加强，税务干部大量增加。1993年4月，国务院机构改革，财政部管理的国家税务局升格为国务院直属机构，并更名为国家税务总局。同年12月，该局升格为部级机构。1994年，省以下税务机构分设为国家税务局、地方税务局两个系统。

1995～2013年，根据中国共产党第十五次至第十八次全国代表大会和有关中央委员会全体会议的要求，第九届至第十一届全国人民代表大会先后批准中国国民经济和社会发展五年计划、规划纲要，为了适应建立完善的社会主义市场经济体制的需要，中国继续完善税制，分步实施了下列重大改革，基本实现了税制的城乡统一、内外统一。

1. 改革农业税制。2000年，中共中央、国务院发出了《关于进行农村税费改革试点工作的通知》，此后农村税费改革逐步推进。2005年，全国人民代表大会常务委员会决定自2006年起取消农业税。2005~2006年，国务院先后取消了牧业税和屠宰税，对过去征收农业特产农业税的烟叶产品改征烟叶税，公布了《中华人民共和国烟叶税暂行条例》。

2. 完善货物和劳务税制。1998年以后，经国务院批准，财政部、国家税务总局陆续调整了消费税的部分税目、税率（税额标准）和计税方法。2000年，国务院公布了《中华人民共和国车辆购置税暂行条例》，自2001年起施行。为了适应加入世界贸易组织的需要，逐步降低了进口关税的税率。2003年，国务院公布了新的关税条例，自2004年起施行。2008年，国务院修订了增值税暂行条例、消费税暂行条例和营业税暂行条例，初步实现了增值税从"生产型"向"消费型"的转变，结合成品油税费改革调整了消费税，自2009年起施行。自2012年起，经国务院批准，财政部、国家税务总局开始实施营业税改征增值税的试点。

3. 完善所得税制。1999~2011年，全国人民代表大会常务委员会先后5次修改个人所得税法，主要内容是调整工资、薪金等所得的扣除额和储蓄存款利息征税的规定。2007年，全国人民代表大会将过去对内资企业和外资企业分别征收的企业所得税合并，制定了《中华人民共和国企业所得税法》，自2008年起施行。

4. 完善财产税制。1997年，国务院发布了《中华人民共和国契税暂行条例》，自当年10月起施行。自2001年起，国务院将船舶吨税重新纳入财政预算管理。2011年，国务院公布了《中华人民共和国船舶吨税暂行条例》，自2012年起施行。2006年，国务院将对内征收的车船使用税与对外征收的车船使用牌照税合并为车船税，公布了《中华人民共和国车船税暂行条例》，自2007年起施行；2011年，全国人民代表大会常务委员会通过了《中华人民共和国车船税法》，自2012年起施行。2006~2009年，国务院先后修改了城镇土地使用税暂行条例、耕地占用税暂行条例，将对内征收的城镇土地使用税、耕地占用税改为内外统一征收，分别自2007年、2008年起施行；自2009年起取消了对外征收的城市房地产税，规定中外纳税人统一缴纳房产税。2011年，国务院修改了资源税暂行条例，自当年11月起施行。

此外，国务院先后于2000年停止征收固定资产投资方向调节税，2008年、2013年取消了筵席税、固定资产投资方向调节税，自2010年12月起将外商投资企业和外国企业纳入城市维护建设税的纳税人范围。

至2013年，中国的税制一共设有18种税收，即增值税、消费税、车辆购置税、营业税、关税、企业所得税、个人所得税、土地增值税、房产税、城镇土地使用税、耕地占用税、契税、资源税、车船税、船舶吨税、印花税、城市维护建设税和烟叶税。

1994 年税制改革是新中国成立以来规模最大、范围最广泛和内容最深刻的一次税制改革。经过这次税制改革和后来的逐步完善，中国初步建立了适应社会主义市场经济体制需要的税收制度，税制逐步简化、规范，税负更加公平，对于保证财政收入，加强宏观调控，深化改革，扩大开放，促进经济和社会发展，起到了重要的作用，并为以后全面深化税制改革奠定了坚实的基础。

（三）2013 年以后：全面深化改革时期的税制改革

2013 年以后，中国进入了全面深化改革时期，税制改革随之全面深化，并取得了一系列重要进展。

2013 年 11 月，中国共产党第十八届中央委员会第三次全体会议通过了《中共中央关于全面深化改革若干重大问题的决定》，其中确定了深化税制改革的基本原则和主要内容。

2016 年 3 月，第十二届全国人民代表大会第四次会议批准了《中华人民共和国国民经济和社会发展第十三个五年规划纲要》，其中提出了"十三五"期间税制改革的任务。

2017 年 10 月，中共中央总书记习近平在中国共产党第十九次全国代表大会上所作的报告中提出了深化税制改革的要求。

2018 年 9 月公布的《十三届全国人大常委会立法规划》，提出了增值税、消费税和房地产税等 10 个税种的立法和修改税收征管法等规划。

这一时期深化税制改革已经采取的主要措施如下：

1. 完善货物和劳务税制。自 2013 年起，经国务院批准，财政部、国家税务总局逐步实施了营业税改征增值税的试点。其中，自 2016 年 5 月 1 日起全面推行此项试点。2017 年废止了营业税暂行条例，修改了增值税暂行条例。此外，调整了增值税的税率、征收率，统一了小规模纳税人的标准。在消费税方面，经国务院批准，财政部、国家税务总局陆续调整了部分税目、税率。在关税方面，进口关税的税率继续逐渐降低。

2. 完善所得税制。2017 年，全国人民代表大会常务委员会修改了企业所得税法的个别条款。经国务院批准，财政部、国家税务总局等单位陆续作出了关于部分重点行业实行固定资产加速折旧的规定；小微企业减征企业所得税的规定，而且减征的范围不断扩大；提高企业研究开发费用税前加计扣除比例的规定；购进单位价值不超过 500 万元的设备、器具允许一次性扣除的规定；提高职工教育经费支出扣除比例的规定，等等。在个人所得税方面，2018 年，全国人民代表大会常务委员会修改了个人所得税法，主要内容是调整居民个人、非居民个人的标准，部分所得合并为综合所得征税，调整税前扣除和税率，完善征管方面的规定，自 2019 年起实施（其中部分规定自 2018 年 10 月起实施）。此外，国家税务总局公布了修改以后的《个体工商户个人所得税计税办法》；经国务院批准，财政部、国家税务总局等单位陆续联合作出了关于上市公司股息、红利差别化个人所得税政策、完善股权激励和技术入股有关所得税政策、科技人员取得职务科技成果转化现金奖励有关个人所得税政策等规定。

3. 完善财产税制。逐步调整资源税的税目、税率。2016 年，根据中共中央、国务院的部署，财政部、国家税务总局发出《关于全面推进资源税改革的通知》，自当年 7 月起实施，改革的主要内容是扩大征税范围和从价计税方法的适用范围。

此外，2016 年，全国人民代表大会常务委员会通过了《中华人民共和国环境保护税法》，自 2018 年起施行。2017 年，全国人民代表大会常务委员会通过了《中华人民共和国烟叶税法》《中华人民共和国船舶吨税法》，均自 2018 年 7 月起施行。

至 2018 年，中国的税制一共设有 18 种税收，即增值税、消费税、车辆购置税、关税、企业所得税、个人所得税、土地增值税、房产税、城镇土地使用税、耕地占用税、契税、资源税、车船税、船舶吨税、印花税、城市维护建设税、烟叶税和环境保护税。

通过上述改革，中国的税制进一步简化、规范，税负更加公平并有所减轻，税收的宏观调控作用进一步增强，在促进经济持续稳步增长的基础上实现了税收收入的持续稳步增长，有力地支持了中国的改革开放和各项建设事业的发展。

2018 年，为了降低征纳成本，理顺职责关系，提高征管效率，为纳税人提供更加优质、高效和便利的服务，省级以下国家税务局和地方税务局合并，具体承担所辖区域以内各项税收、非税收入征管等职责，实行以国家税务总局为主与省（自治区、直辖市）人民政府双重领导的管理体制。

重大税改新政策密集落地，减税降费效应加速显现，让当前实体经济的成本有效降低，为积极推进供给侧结构性改革、鼓励大众创业万众创新、优化营商环境发挥了积极作用。

知识巩固与能力提升

一、单项选择题

1. 下列权利中，作为国家征税依据的是（　　）。

A. 管理权利　　　B. 政治权利　　　C. 财产权利　　　D. 社会权利

2. 以下关于我国税法体系的说法正确的是（　　）。

A. 我国现行的税法体系是由税收实体法构成的

B. 车船税属于特定目的税类

C. 由税务机关负责征收的税种的征收管理，按照全国人大常委会发布实施的《税收征收管理法》执行

D. 由海关负责征收的税种的征收管理，按照全国人大常委会发布实施的《税收征收管理法》执行

3. 我国目前税制基本上是（　　）的税制结构。

A. 直接税为主体　　　　　　　B. 间接税为主体

C. 间接税和直接税为双主体　　D. 无主体

4. 下列关于税法要素的说法中，表述不正确的是（　　）。

A. 税目是征纳税双方权利义务共同指向的客体或标的物

B. 税率是衡量税负轻重的重要标志

C. 所得税在分配环节纳税

D. 征税对象就是税收法律关系中征纳双方权利义务共同指向的客体或标的物

5. 下列税种中，属于中央政府与地方政府共享收入的是（　　）。

A. 关税　　　　　B. 土地增值税　　　C. 消费税　　　　　D. 个人所得税

二、多项选择题

1. 下列税种中，属于资源税类的有（　　）。

A. 城镇土地使用税　　　　　　B. 土地增值税

C. 车船税　　　　　　　　　　D. 资源税

2. 征税对象又称为（　　）。

A. 课税对象　　　B. 征税客体　　　C. 征税主体　　　D. 具体征税项目

3. 下列关于我国税收立法的公平原则说法错误的有（　　）。

A. 负担能力大的应多纳税，负担能力小的应少纳税或不纳税

B. 客观环境优越而取得超额收入或级差收益者应多纳税，反之少纳税

C. 不同地区、不同行业间及多种经济成分之间的实际税负必须公平

D. 这个公平是一个相对公平的概念

4. 税法的基本原则包括（　　）。

A. 法律优位原则　　　　　　　B. 税法公平原则

C. 税收效率原则　　　　　　　D. 实质课税原则

5. 以下选项中，属于税法适用原则的有（　　）。

A. 程序优于实体原则　　　　　B. 法律优位原则

C. 税收效率原则　　　　　　　D. 新法优于旧法原则

第二章　增值税

【本章概览】

　　增值税是以商品和劳务在流转过程中产生的增值税税额作为征税对象而征收的一种流转税。增值税具有税收中性、普遍征收、转嫁性等特点，是我国税制中最重要的税种之一。本章除了介绍增值税的主要构成要素之外，重点关注增值税两种计税方法的运用。

【学习目标】

　　1. 了解增值税与其他流转税的配合、我国增值税制度的建立与发展；增值税税率的类型；出口货物、劳务服务和无形资产增值税退（免）税政策。

　　2. 熟悉增值税的类型、性质及其原理、增值税纳税义务人与扣缴义务人的基本规定；征税范围的具体规定、跨境应税行为适用零税率的范围、进口货物应纳税额的计算、增值税退（免）税办法；增值税的纳税期限、纳税申报及发票管理。

　　3. 掌握增值税的税率、计税方法、增值税纳税人的分类、增值税征税范围的一般规定；掌握增值税一般计税方法应纳税额的计算以及简易计税方法应纳税额的计算；"营改增"特定行业增值税的处理；法定减免项目、小微企业增值税优惠政策。

【情景引例】

　　华联商厦为增值税一般纳税人，主营业务为销售百货，兼营运输和餐饮服务。1月普通发票外购货物金额100万元，专用发票外购货物金额1 000万元，同月实现货物销售收入2 000万元，其中开具增值税专用发票收入200万元，开具普通发票收入为1 000万元，不开发票收入为800万元；开具专用发票的车队运输收入100万元；开具普通发票的餐饮服务收入1.06万元；将一栋价值300万元的房产通过民政局捐赠给当地的敬老院。

　　思考：该企业的上述收入是否应征收增值税？若征收增值税，该月增值税应如何计算缴纳？

第一节　增值税概述

一、增值税的概念

增值税是对纳税人在生产经营过程中实现的增值额征收的一种税。我国现行增值税是指在我国境内销售货物，提供加工、修理修配劳务，销售服务、无形资产或不动产以及进口货物的单位和个人，就其实现的增值额为征税对象征收的一种税。

从理论上讲，增值额是该单位的商品销售收入或经营收入扣除非增值项目后的余额。而非增值项目主要是转移到商品价值中的原材料、辅助材料、燃料、动力和固定资产折旧等。但是，在现实经济生活中，各国政府基于特定的社会经济现实、财政状况及其税收政策考虑，所规定的非增值项目可以与理论上一致，也可以有一定的差别。所以很多国家的增值税并不是对理论上的增值额征税，而只是对法定增值额征税。

二、增值税的特点

1. 普遍征税、多环节征税。增值税的征税范围延伸到生产、流通的各个领域，体现普遍征税的原则。同时，一件商品从生产到最后进入消费，每经过一道环节就要征一道税，具有多环节征税、道道征税的特点。

2. 税不重征。增值税只是对增值额征税，即每一流转环节只对销售额中扣除外购商品和劳务进价后的增值额征税，从而消除了重复征税的弊端。同一产品，只要最后销售价格相同，无论经过多少流转环节，增值额相同，税负也相同。

3. 税负向前推移。增值税后一阶段纳税人总是前一阶段纳税人已缴税款的负担者，商品和劳务的买者总是销售者已纳税款的归宿。当税负随着商品流转推移至最终销售环节时，消费者便成为增值税的最终归宿。增值税是一种间接税，税收负担具有转嫁性。

4. 实行价外税。增值税把税款与价格分开，税金不包含在销售价格内，使企业的成本核算不受税收的影响。增值税税款由纳税人向购买方收取，可以更鲜明地体现增值税的转嫁性质。同时，实行价外计征，为使用专用发票注明税款抵扣制度奠定了基础。

三、增值税的类型

增值税从 1954 年在法国正式产生以后，被世界上许多国家采用，目前已有 100 多个国家采用了增值税。我国自 1994 年 1 月 1 日起在全国范围内统一实行新的增值税。自 2016 年 5 月 1 日起，征收营业税的行业全部改征增值税。

在实行增值税的国家中，按其对外购固定资产处理方式的不同，可将增值税划分为三种类型。

1. 生产型增值税。生产型增值税是指在征收增值税时，只能扣除属于非固定资产的那部分生产资料的税款，不允许扣除固定资产的价值或已纳税款。从全社会来看，课税的依据包括消费资料和生产资料两类，其课征的范围与国民生产总值一致，故称为"生产型增值税"。经济不发达的一些国家多选择生产型增值税。

想一想：三种类型增值税的税基是由小到大，还是由大到小？

2. 收入型增值税。收入型增值税是指在征收增值税时，只允许扣除固定资产当期折旧部分的价值或已纳税款。从全社会来看，课税的依据相当于国民收入，故称为"收入型增值税"。

3. 消费型增值税。消费型增值税是指在征收增值税时，允许将购置的用于生产的固定资产价值或已纳税款一次性全部扣除。从全社会来看，课税的依据只相当于消费资料部分，故称为"消费型增值税"。西方发达国家多实行此类型的增值税。其目的在于彻底消除重复课税，鼓励投资，加速设备更新。

生产型增值税由于扣除范围中不包括固定资产，在一定程度上会人为地提高新投资的成本，影响企业投资的积极性。自 2009 年 1 月 1 日起，我国增值税全面转型，从生产型增值税转为消费型增值税。

第二节　征税范围

一、增值税的征税范围

（一）一般规定

增值税的征税范围是指在我国境内销售货物，提供应税劳务、销售服务、无形资产、不动产以及进口货物。

1. 销售货物。货物是指有形动产，包括电力、热力、气体在内。凡是把货物的所有权交给购买方，并从购买方取得货币、货物或其他经济利益的，都属于销售货物。

2. 提供加工、修理修配劳务。加工是指受托加工货物，即委托方提供原料及主要材料，受托方按照委托方的要求制造货物并收取加工费，加工后货物的所有权归属于委托方的业务；修理修配，是指受托方对损伤和丧失功能的货物进行修复，使其恢复原状和功能的业务。但单位或个体工商户聘用的员工为本单位或雇主提供加工、修理修配劳务则不包括在内。

3. 销售服务。销售服务是指提供交通运输服务、邮政服务、电信服务、建筑服务、金融服务、现代服务和生活服务。

（1）交通运输服务，是指使用运输工具将货物或者旅客送达目的地，使其空间位置得到转移的业务活动。包括陆路运输服务、水路运输服务、航空运输服务和管道运输服务。

（2）邮政服务，是指中国邮政集团公司及其所属邮政企业提供邮件寄递、邮政汇兑和机要通信等邮政基本服务的业务活动。包括邮政普遍服务、邮政特殊服务和其他邮政服务。

（3）电信服务，是指利用有线、无线的电磁系统或者光电系统等各种通信网络资源，提供语音通话服务，传送、发射、接收或者应用图像、短信等电子数据和信息的业务活动。包括基础电信服务和增值电信服务。

（4）建筑服务，是指各类建筑物、构筑物及其附属设施的建造、修缮、装饰，线路、管道、设备、设施等的安装以及其他工程作业的业务活动。包括工程服务、安装服务、修缮服务、装饰服务和其他建筑服务。

（5）金融服务，是指经营金融保险的业务活动。包括贷款服务、直接收费金融服务、保险服务和金融商品转让。

（6）现代服务，是指围绕制造业、文化产业、现代物流产业等提供技术性、知识性服务的业务活动。包括研发和技术服务、信息技术服务、文化创意服务、物流辅助服务、租赁服务、鉴证咨询服务、广播影视服务、商务辅助服务和其他现代服务。

（7）生活服务，是指为满足城乡居民日常生活需求提供的各类服务活动。包括文化体育服务、教育医疗服务、旅游娱乐服务、餐饮住宿服务、居民日常服务和其他生活服务。

4. 销售无形资产。销售无形资产是指转让无形资产所有权或者使用权的业务活动。

无形资产，是指不具有实物形态但能带来经济利益的资产，包括技术、商标、著作权、自然资源使用权和其他权益性无形资产。

技术，包括专利技术和非专利技术。

自然资源使用权，包括土地使用权、海域使用权、探矿权、采矿权、取水权和其他自然资源使用权。

其他权益性无形资产，包括基础设施资产经营权、公共事业特许权、配额、经营（包括特许经营权、连锁经营权、其他经营权）、经销权、分销权、代理权、会员权、席位权、网络游戏虚拟道具、域名、名称权、肖像权、冠名权、转会费等。

5. 销售不动产。销售不动产是指转让不动产所有权的业务活动。

不动产，是指不能移动或者移动后会引起性质、形状改变的财产，包括建筑物、构筑物等。建筑物，包括住宅、商业营业用房、办公楼等可供居住、工作或者进行其他活动的建造物。构筑物，包括道路、桥梁、隧道、水坝等建造物。

转让建筑物有限产权或者永久使用权的，转让在建的建筑物或者构筑物所有权的，以及在转让建筑物或者构筑物时一并转让其所占土地的使用权的，按照销售不动产缴纳增值税。

6. 进口货物。进口货物是指报关进口的有形动产。

知识链接：非经营活动不属于增值税征税范围

（1）行政单位收取符合条件的政府性基金或者行政事业性收费。

（2）单位或者个体工商户聘用的员工为本单位或者雇主提供取得工资的服务。

（3）单位或者个体工商户为聘用的员工提供服务。

（4）财政部和国家税务总局规定的其他情形。

知识链接：境内销售货物、服务、无形资产或者不动产的判定

（1）销售货物的起运地或者所在地在境内。

（2）提供的应税劳务发生在境内。

（3）服务（租赁不动产除外）或者无形资产（自然资源使用权除外）的销售方或者购买方在境内。

（4）所销售或者租赁的不动产在境内。

（5）所销售自然资源使用权的自然资源在境内。

（6）财政部和国家税务总局规定的其他情形。

（二）特殊规定

对于下列行为，税法作了特殊规定。

1. 视同销售货物或视同提供应税行为。单位或者个体工商户的下列行为，视同销售货物或提供应税行为，征收增值税：

（1）将货物交付其他单位或者个人代销。

（2）销售代销货物。

（3）设有两个以上机构并实行统一核算的纳税人，将货物从一个机构移送至其他机构用于销售，但相关机构设在同一县（市）的除外。

（4）将自产、委托加工的货物用于集体福利或个人消费。[①]

（5）将自产、委托加工或购买的货物作为投资，提供给其他单位或个体经营者。

（6）将自产、委托加工或购买的货物分配给股东或投资者。

（7）将自产、委托加工或购买的货物无偿赠送给其他单位或者个人。

（8）单位或者个体工商户向其他单位或者个人无偿提供服务，但用于公益事业或者以社会公众为对象的除外。

（9）单位或者个人向其他单位或者个人无偿转让无形资产或者不动产，但用于公益事业或者以社会公众为对象的除外。

---

① 纳税人的交际应酬消费属于个人消费。

（10）财政部和国家税务总局规定的其他情形。

思考：将外购货物用于对外投资、集体福利或个人消费、无偿赠送他人等，是否为视同销售？

【例2－1】下列行为中，属于视同销售货物应征收增值税的是（　　）。

A. 某批发部门将外购的部分饮料用于职工福利

B. 某商店为服装厂代销儿童服装

C. 某企业将外购的花生油用于交际应酬

D. 某企业将外购洗衣粉用于个人消费

【答案】B

【例2－2】根据"营改增"的有关规定，下列属于视同提供应税服务的有（　　）。

A. 为本单位员工无偿提供搬家运输服务

B. 向客户无偿提供信息咨询服务

C. 销售货物同时无偿提供运输服务

D. 为客户无偿提供广告设计服务

E. 向关联单位无偿提供交通运输服务

【答案】BCDE

2. 混合销售行为。一项销售行为如果既涉及货物又涉及服务，为混合销售。从事货物的生产、批发或者零售的单位和个体工商户的混合销售行为，按照销售货物缴纳增值税；其他单位和个体工商户的混合销售行为，按照销售服务缴纳增值税。

上述从事货物的生产、批发或者零售的单位和个体工商户，包括以从事货物的生产、批发或者零售为主，并兼营销售服务的单位和个体工商户在内。

3. 兼营行为。兼营行为是指纳税人的经营范围既包括销售货物和加工修理修配劳务，又包括销售服务、无形资产或者不动产。但是，销售货物、加工修理修配劳务、服务、无形资产或者不动产不同时发生在同一项销售行为中。

纳税人兼营销售货物、劳务、服务、无形资产或者不动产，适用不同税率或者征收率的，应当分别核算适用不同税率或者征收率的销售额；未分别核算的，从高适用税率。

二、不征收增值税项目

1. 根据国家指令无偿提供的铁路运输服务、航空运输服务，属于用于公益事业的服务。

2. 存款利息。

3. 被保险人获得的保险赔付。

4. 房地产主管部门或者其指定机构、公积金管理中心、开发企业以及物业管理单位代收的住宅专项维修资金。

5. 在资产重组过程中，通过合并、分立、出售、置换等方式，将全部或者部分实物资产以及与其相关联的债权、负债和劳动力一并转让给其他单位和个人，其中涉及的不动产、土地使用权转让行为。

第三节　纳税人

一、基本规定

（一）纳税人

凡在中华人民共和国境内销售货物或者提供加工、修理修配劳务、销售服务、无形资产或者不动产以及进口货物的单位和个人，为增值税纳税人。

单位，是指一切从事销售或进口货物、提供应税劳务、销售应税服务、无形资产或不动产的单位，包括企业、行政单位、事业单位、军事单位、社会团体及其他单位。

个人，是指从事销售或进口货物、提供应税劳务、销售应税服务、无形资产或不动产的个人，包括个体工商户和其他个人。

单位以承包、承租、挂靠方式经营的，承包人、承租人、挂靠人（以下统称承包人）以发包人、出租人、被挂靠人（以下统称发包人）名义对外经营并由发包人承担相关法律责任的，以该发包人为纳税人。否则，以承包人为纳税人。

（二）扣缴义务人

中华人民共和国境外（以下称境外）单位或者个人在境内发生应税行为，在境内未设有经营机构的，以购买方为增值税扣缴义务人。财政部和国家税务总局另有规定的除外。

二、纳税人的类型

现行增值税的纳税人按其经营规模大小及会计核算健全与否，划分为小规模纳税人和一般纳税人。

（一）小规模纳税人

1. 小规模纳税人的认定标准。小规模纳税人是指年销售额在规定标准以下，并且会计核算不健全，不能按规定报送有关税务资料的增值税纳税人。"会计核算不健全"是指不能正确核算增值税的销项税额、进项税额和应纳税额。小规模纳税人的标准是：

自2018年5月1日起，增值税小规模纳税人标准为年应征增值税销售额

500 万元及以下。《中华人民共和国增值税暂行条例实施细则》第二十八条规定，已登记为增值税一般纳税人的单位和个人，在 2018 年 12 月 31 日前可转登记为小规模纳税人，其未抵扣的进项税额作转出处理。

2. 小规模纳税人的管理。小规模纳税人实行简易办法征收增值税。可以自愿使用增值税发票管理系统自行开具增值税专用发票。

（二）一般纳税人

增值税一般纳税人资格实行登记制，登记事项由增值税纳税人向其主管税务机关办理。

1. 增值税纳税人，年应税销售额超过财政部、国家税务总局规定的小规模纳税人标准的（即超过 500 万元），除另有规定外，应当向主管税务机关申请一般纳税人资格登记。

上述所称"年应税销售额"，是指纳税人在连续不超过 12 个月或四个季度的经营期内累计应征增值税销售额，包括纳税申报销售额、稽查查补销售额、纳税评估调整销售额、税务机关代开发票销售额和免税销售额。

2. 年应税销售额未超过规定标准的纳税人，会计核算健全，能够提供准确税务资料的，可以向主管税务机关办理一般纳税人资格登记，成为一般纳税人。

"会计核算健全"，是指能够按照国家统一的会计制度规定设置账簿，根据合法、有效的凭证核算。

3. 兼有销售货物、提供加工修理修配劳务以及应税服务的纳税人，应税货物及劳务销售额与应税服务销售额分别计算，分别使用增值税一般纳税人资格登记标准。

4. 纳税人登记为一般纳税人后，不得转为小规模纳税人，国家税务总局另有规定的除外。

> 提示：一般纳税人资格登记需注意的问题
> （1）应当办理一般纳税人资格登记而未办理的，应当按照销售额和增值税税率计算应纳税额，不得抵扣进项税额，也不得使用增值税专用发票。
> （2）企业迁移可保留一般纳税人资格。

第四节　税率及征收率

一、我国增值税税率

根据确定增值税税率的基本原则，我国增值税设置了一档基本税率和两档低税率，此外还有对出口货物实施的零税率。

（一）基本税率

自 2019 年 4 月 1 日起，纳税人销售货物、劳务、有形动产租赁服务或者进口货物，适用税率 13%。这一税率就是通常所说的基本税率。

（二）低税率

自 2017 年 7 月 1 日起，简并增值税税率结构，取消 13% 的增值税税率。纳税人销售交通运输、邮政、基础电信、建筑、不动产租赁服务，销售不动产，转让土地使用权，销售或进口税法列举的货物，适用 10% 的低税率，自 2019 年 4 月 1 日起，税率调整为 9%；销售服务、无形资产（转让土地使用权除外），适用 6% 的低税率。

（三）零税率

纳税人出口货物或者境内单位和个人销售国务院规定范围内的服务、无形资产，税率为零。但是国务院另有规定的除外。

（四）其他规定

1. 纳税人兼营不同税率的货物或者应税劳务的，应当分别核算不同税率货物或者应税劳务的销售额。未分别核算销售额的，从高适用税率。

2. 试点纳税人销售电信服务时，附带赠送用户识别卡、电信终端等货物或者电信服务，应将其取得的全部价款和价外费用进行分别核算，按各自适用的税率计算缴纳增值税。

自 2019 年 4 月 1 日起的增值税税率归纳如表 2-1 所示。

表 2-1　　　　　　　　　　　　　　增值税税率

税率类型	税率	适用范围
基本税率	13%	销售货物、劳务、有形动产租赁服务或者进口货物
低税率	9%	销售或者进口： (1) 粮食等农产品、食用植物油、食用盐； (2) 自来水、暖气、冷气、热水、煤气、石油液化气、天然气、二甲醚、沼气、居民用煤炭制品、二甲醚； (3) 图书、报纸、杂志、音像制品、电子出版物； (4) 饲料、化肥、农药、农机、农膜； (5) 国务院规定的其他货物
	9%	纳税人销售交通运输、邮政、基础电信、建筑、不动产租赁服务，销售不动产，转让土地使用权，销售或者进口税法列举的货物
	6%	销售增值电信服务、金融服务、现代服务（以下两类除外：有形动产租赁 13%、不动产租赁服务 9%）、生活服务、无形资产（转让土地使用权 9% 除外，含纳税人通过省级土地行政主管部门设立的交易平台转让补充耕地指标）
零税率	0	出口货物或者境内单位和个人销售国务院规定范围内的服务、无形资产

二、零税率（此处仅介绍跨境服务）

（一）零税率的适用范围

1. 境内单位和个人提供的国际运输服务。国际运输服务是指在境内载运旅客或者货物出境、在境外载运旅客或者货物入境、在境外载运旅客或者货物。

2. 航天运输服务。

3. 向境外单位提供的完全在境外消费的下列服务。

（1）研发服务。

（2）合同能源管理服务。

（3）设计服务。

（4）广播影视节目（作品）的制作和发行服务。

（5）软件服务。

（6）电路设计及测试服务。

（7）信息系统服务。

（8）业务流程管理服务。

（9）离岸服务外包业务。

（10）向境外单位转让完全在境外消费的技术。完全在境外消费是指：

①服务的实际接受方在境外，且与境内的货物与不动产无关。

②无形资产完全在境外使用，且与境内的货物与不动产无关。

③财政部和国家税务总局规定的其他情形。

4. 财政部和国家税务总局规定的其他情形。

5. 程租业务零税率的适用。境内的单位或个人提供程租服务，如果租赁的交通工具用于国际运输服务和港澳台运输服务，由出租方按规定申请适用增值税零税率。

6. 期租和湿租业务零税率的适用。境内的单位和个人向境内单位或个人提供期租、湿租服务，如果承租方利用租赁的交通工具向其他单位或个人提供国际运输服务和港澳台运输服务，由承租方适用增值税零税率。境内的单位或个人向境外的单位或个人提供期租、湿租服务，由出租方适用增值税零税率。

7. 境内的单位和个人发生的与香港、澳门、台湾地区有关的应税行为，除另有规定，参照上述零税率。

（二）放弃零税率的规定

境内的单位或个人销售适用增值税零税率的服务或无形资产，可以放弃适用增值税零税率，选择免税或按规定缴纳增值税。放弃适用增值税零税率后，36个月内不得再申请适用增值税零税率。

（三）销售适用零税率的服务或者无形资产的征收管理

境内的单位和个人提供适用增值税零税率的服务或者无形资产，属于适用简易计税办法的，实行免征增值税办法；属于适用增值税一般计税办法的，生产企业实行免抵退税办法，外贸企业外购服务或者无形资产出口实行免退税办法，外贸企业直接将服务或自行研发的无形资产出口，视同生产企业连同其出口货物统一实行免抵退税办法。

服务和无形资产的退税率为其适用的增值税税率。实行退（免）税办法的服务和无形资产，主管税务机关认定出口价格偏高的，有权按照核定的出口价格计算退（免）税，核定的出口价格低于外贸企业购进价格的，低于部分对应的进项税额不予退税，转入成本。

境内的单位和个人销售适用增值税零税率的服务或无形资产的，按月向主管退税的税务机关申报办理增值税退（免）税手续。

三、征收率

由于小规模纳税人会计核算不健全，无法准确核算进项税额和销项税额，在增值税征收管理中，采用简便方式，按照其销售额与规定的征收率计算缴纳增值税，不准许抵扣进项税额，也不允许自行开具增值税专用发票。按照现行增值税有关规定，对于一般纳税人生产销售的特定货物确定征收率，适用简易计税方法征收增值税，并视不同情况采取不同的征收管理办法。

（一）小规模纳税人征收率的规定

1. 小规模纳税人增值税征收率为3%，征收率的调整由国务院决定。

2. 小规模纳税人（除其他个人，下同）销售自己使用过的固定资产，减按2%的征收率征收增值税。

3. 小规模纳税人销售自己使用过的固定资产以外的物品，应按3%的征收率征收增值税。

【特别提示】

小规模纳税人征收率适用的几种情况如下：

1. 法定征收率3%。小规模纳税人销售货物或提供应税劳务，一般适用3%的征收率。计算公式为：

$$销售额 = 含税销售额 \div (1 + 3\%)$$
$$应纳税额 = 销售额 \times 3\%$$

（1）小规模纳税人销售自己使用过的固定资产以外的物品，应按3%的征收率征收增值税。

（2）应开具普通发票，可由税务机关代开增值税专用发票。

2. 减按2%的征收率。适用于：

（1）小规模纳税人销售自己使用过的固定资产。

（2）小规模纳税人销售旧货。

所谓旧货，是指进入二次流通的具有部分使用价值的货物（含旧汽车、旧摩托车和旧游艇），但不包括自己使用的物品。

计算公式为：

$$销售额 = 含税销售额 \div (1 + 3\%)$$
$$应纳税额 = 销售额 \times 2\%$$

3. 个人销售自己使用过的物品免征增值税。

【例2-3】甲生产企业是增值税小规模纳税人。20××年1月销售边角废料，由税务机关代开增值税专用发票，取得不含税收入12万元，销售自己使用过的货车一辆，取得含税收入10.3万元，要求计算甲生产企业上述业务的应纳增值税。

【解析】①12×3% = 0.36（万元）
②小规模纳税人销售自己使用过的固定资产，减按2%征收率征收增值税。
10.3 ÷ (1 + 3%) × 2% = 0.2（万元）
③甲生产企业应纳增值税 = 0.36 + 0.2 = 0.56（万元）

（二）一般纳税人适用简易计税方法征收增值税征收率的规定

1. 一般纳税人适用简易计税方法，增值税征收率为3%。

2. 一般纳税人销售自己使用过的按规定不得抵扣且未抵扣进项税额的固定资产和自己未使用过的旧货，适用简易计税方法按3%的征收率减按2%征收增值税。

【特别提示1】

应开具普通发票，不得开具增值税专用发票。

纳税人销售自己使用过的固定资产，适用简易计税方法按3%的征收率减按2%征收增值税政策的，可以放弃减税，适用简易计税办法按3%的征收率缴纳增值税，并可由主管税务机关代开增值税专用发票。

【特别提示2】

一般纳税人适用简易计税具体内容如表2-2所示。

表2-2

一般纳税人销售的标的物			税率或征收率
自己使用过的	固定资产（动产）	不允许抵扣进项税额的	减按2%
		允许抵扣进项税额的	法定税率
	物品		
自己未使用过的	有形动产		
	旧货		减按2%

3. 营业税改征增值税中涉及一般纳税人适用简易计税方法征收增值税的规定。自2016年5月1日起，纳税人销售、出租其2016年4月30日前取得的不动

产，房地产开发企业销售的老项目，可以选择适用简易计税方法，按5%的征收率计算应纳税额。

以上内容归纳如表2-3所示。

表 2-3

适用范围	征收率
小规模纳税人缴纳增值税	3%
一般纳税人适用简易计税法缴纳增值税（列举货物、应税服务）	
自2016年5月1日起，销售、出租其2016年4月30日前取得的不动产、土地使用权，房企销售的老项目，选择适用简易计税方法的不动产经营租赁	5%
小规模纳税人销售、出租其2016年5月1日后取得的不动产	

第五节　增值税的计税方法

增值税的计税方法，包括一般计税方法、简易计税方法和扣缴计税方法。

一、一般计税方法

一般纳税人发生应税销售行为适用一般计税方法计税。其计算公式是：

$$当期应纳增值税税额 = 当期销项税额 - 当期进项税额$$

二、简易计税方法

小规模纳税人发生应税销售行为适用简易计税方法计税。简易计税方法的计算公式是：

$$当期应纳增值税税额 = 当期销售额(不含增值税) \times 征收率$$

一般纳税人发生财政部和国家税务总局规定的特定应税销售行为，也可以选择适用简易计税方法计税，但是不得抵扣进项税额。其主要包括以下情况：

1. 县级及县级以下小型水力发电单位生产的自产电力。小型水力发电单位，是指各类投资主体建设的装机容量为5万千瓦以下（含5万千瓦）的小型水力发电单位。

2. 自产建筑用和生产建筑材料的砂、土、石料。

3. 以自己采掘的砂、土、石料或其他矿物连续生产的砖、瓦、石灰（不含黏土实心砖、瓦）。

4. 自己用微生物、微生物代谢产物、动物毒素、人或动物的血液或组织制成的生物制品。

5. 自产的自来水。

6. 自来水公司销售自来水。

7. 自产的商品混凝土（仅限于以水泥为原料生产的水泥混凝土）。

8. 单采血浆站销售非临床用人体血液。

9. 寄售商店代销寄售物品（包括居民个人寄售的物品在内）。

10. 典当业销售死当物品。

11. 药品经营企业销售生物制品。

12. 公共交通运输企业服务。公共交通运输服务，包括轮客渡、公交客运、地铁、城市轻轨、出租车、长途客运、班车。

班车，是指按固定路线、固定时间运营并在固定站点停靠的运送旅客的陆路运输服务。

13. 经认定的动漫企业为开发动漫产品提供的动漫脚本编撰、形象设计、背景设计、动画设计、分镜、动画制作、摄制、描线、上色、画面合成、配音、配乐、音效合成、剪辑、字幕制作、压缩转码（面向网络动漫、手机动漫格式适配）服务，以及在境内转让动漫版权（包括动漫品牌、形象或者内容的授权及再授权）。

14. 电影放映服务、仓储服务、装卸搬运服务、收派服务和文化体育服务事务。

15. 在纳入"营改增"试点之日前取得的有形动产为标的物提供的经营租赁服务。

16. 在纳入"营改增"试点之日前签订的尚未执行完毕的有形动产租赁合同。

17. 以清包工方式提供的建筑服务。以清包工方式提供建筑服务，是指施工方不采购建筑工程所需的材料或只采购辅助材料，并收取人工费、管理费或者其他费用的建筑服务。

18. 为甲供工程提供的建筑服务。甲供工程，是指全部或部分设备、材料、动力由工程发包方自行采购的建筑工程。

19. 销售 2016 年 4 月 30 日前取得的不动产。

20. 房地产开发企业销售自行开发的房地产老项目。房地产老项目是指：

（1）《建筑工程施工许可证》注明的合同开工日期在 2016 年 4 月 30 日前的建筑工程项目；

（2）未取得《建筑工程施工许可证》的，建筑工程承包合同注明的开工日期在 2016 年 4 月 30 日前的建筑工程项目。

21. 出租 2016 年 4 月 30 日前取得的不动产。

22. 提供非学历教育服务。

23. 一般纳税人收取试点前开工的一级公路、二级公路、桥、闸通行费。

24. 一般纳税人提供人力资源外包服务。

25. 一般纳税人 2016 年 4 月 30 日前签订的不动产融资租赁合同，或以 2016

年4月30日前取得的不动产提供的融资租赁服务。

26. 纳税人转让2016年4月30日前取得的土地使用权。

27. 一般纳税人提供劳务派遣服务，可以选择差额纳税，已取得全部价款和价外费用，扣除代用工单位支付劳务派遣员工的工资、福利和为其办理社会保险及住房公积金后的余额为销售额，按照简易计税方法依5%的征收率计算缴纳增值税。

28. 一般纳税人销售电梯的同时提供安装服务，其安装服务可以按照甲供工程选择适用简易计税方法计税纳税。纳税人对安装运行后的电梯提供的维护保养服务，按照"其他现代服务"缴纳增值税。

一般纳税人发生财政部和国家税务总局规定的特定应税销售行为，一经选择适用简易计税方法计税，36个月内不得变更。

三、扣缴计税方法

境外的单位或个人在境内销售劳务，在境内未设有经营机构的，以境内代理人为扣缴义务人；在境内没有代理人的，以购买方为扣缴义务人。扣缴义务人按照下列公式计算应扣缴税额：

$$应扣缴税额 = 接受方支付的价款 \div (1 + 税率) \times 税率$$

第六节　一般计税方法应纳税额的计算

我国采用的一般计税方法是间接计算法，即先按当期销售额和适用税率计算出销项税额，然后将当期准予抵扣的进项税额进行抵扣，从而间接计算出当期增值额部分的应纳税额。

增值税一般纳税人发生应税销售行为的应纳税额，除适用简易征税办法外的，均应该等于当期销项税额抵扣当期进项税额后的余额。其计算公式如下：

$$当期应纳税额 = 当期销项税额 - 当期进项税额$$

增值税一般纳税人当期应纳税额的多少，取决于当期销项税额和当期进项税额这两个因素。

一、销项税额的计算

销项税额是指纳税人发生应税销售行为时，按照销售额与规定税率计算并向购买方收取的增值税税额。销项税额的计算公式为：

$$销项税额 = 销售额 \times 适用税率$$

从销项税额的定义和公式中我们可以知道，它是向购买方在购买货物、劳务、服务、无形资产、不动产时，一并向销售方支付的税额。对于属于一般纳税人的销售方来说，在没有抵扣其进项税额前，销售方收取的销项税额还不是其应纳增值税税额。

销项税额的计算取决于销售额和适用税率两个因素。在适用税率既定的前提下，销项税额的大小主要取决于销售额的大小。具体销售额的确认可分为以下五种情况。

（一）一般销售方式下的销售额确认

销售额是指纳税人发生应税销售行为时向购买方（承受劳务和服务行为也视为购买方）收取的全部价款和价外费用。特别需要强调的是，尽管销项税额也是销售方向购买方收取的，但是由于增值税采用价外计税方式，用不含增值税价（以下简称不含税价）作为计税依据，因而销售额中不包括向购买方收取的销项税额。

价外费用，是指价外收取的各种性质的收费，但下列项目不包括在内。

1. 受托加工应征消费税的消费品所代收代缴的消费税。

2. 同时符合以下条件代为收取的政府性基金或者行政事业性收费：

（1）由国务院或者财政部批准设立的政府性基金，由国务院或者省级人民政府及其财政、价格主管部门批准设立的行政事业性收费；

（2）收取时开具省级以上财政部门印制的财政票据；

（3）所收款项全额上缴财政。

3. 以委托方名义开具发票代委托方收取的款项。

4. 销售货物的同时代办保险等而向购买方收取的保险费，以及向购买方收取的代购买方缴纳的车辆购置税、车辆牌照费。

凡随同应税销售行为向购买方收取的价外费用，无论其会计制度如何核算，均应并入销售额计算应纳税额。应当注意，根据国家税务总局规定：对增值税一般纳税人（包括纳税人自己或代其他部门）向购买方收取的价外费用和逾期包装物押金，应视为含增值税（以下简称含税）收入，在征税时应换算成不含税收入再并入销售额。

销售额应以人民币计算。纳税人以人民币以外的货币结算销售额的，应当折合成人民币计算。折合率可以选择销售额发生的当天或者当月1日的人民币汇率中间价。纳税人应当在事先确定采用何种折合率，确定后12个月内不得变更。

【例2-4】某增值税一般纳税人销售钢材一批，开出增值税专用发票，销售额为10万元，税额为13 000元，另外开一张普通发票收取包装费113元，则该笔业务的计税销售额应为多少？

【解析】销售额 = 100 000 + 113 ÷（1 + 13%）= 100 100（元）

（二）特殊销售方式下的销售额确认

在销售活动中，为了达到促销目的，纳税人有多种销售方式选择。不同销售方式下，销售者取得的销售额会有所不同。增值税的法律法规对以下几种销售方式分别作了规定。

1. 采取折扣方式销售。折扣销售是指销货方在发生应税销售行为时，因购货方购货数量较大等原因而给予购货方的价格优惠，例如，购买5件商品，销售价格折扣10%；购买10件商品，折扣20%等。根据增值税法律制度的规定，纳税人发生应税销售行为并向购买方开具增值税专用发票后，由于购货方在一定时期内累计购买货物、劳务、服务、无形资产、不动产达到一定数量，或者由于市场价格下降等原因，销货方给予购货方相应的价格优惠或补偿等折扣、折让行为，销货方可按现行《增值税专用发票使用规定》的有关规定开具红字增值税专用发票。这里需要解释的是：

（1）折扣销售不同于销售折扣。销售折扣是指销货方在发生应税销售行为后，为了鼓励购货方及早偿还货款而协议许诺给予购货方的一种折扣优待，例如，10天内付款，货款折扣2%；20天内付款，折扣1%；30天内全价付款。由于销售折扣发生在应税销售行为之后，是一种融资性质的理财费用，因此，销售折扣不得从销售额中减除。企业在确定销售额时应把折扣销售与销售折扣严格区分开。

（2）销售折扣又不同于销售折让。销售折让是指企业因售出商品的质量不合格等原因而在售价上给予的减让。对增值税而言，销售折让其实是指纳税人发生应税销售行为后因为劳动成果质量不合格等原因在售价上给予的减让。销售折让与销售折扣相比较，虽然都是在应税销售行为销售后发生的，但因为销售折让是由于应税销售行为的品种和质量引起销售额的减少，因此，对销售折让可以折让后的货款为销售额。

（3）折扣销售仅限于应税销售行为价格的折扣，如果销货者将自产、委托加工和购买的应税销售行为用于实物折扣的，则该实物款额不能从应税销售行为的销售额中减除，且该实物应按《增值税暂行条例实施细则》和"营改增通知""视同销售货物"中的"赠送他人"计算征收增值税。

纳税人发生应税销售行为，如将价款和折扣额在同一张发票上的"金额"栏分别注明的，可按折扣后的销售额征收增值税。未在同一张发票"金额"栏注明折扣额，而仅在发票的"备注"栏注明折扣额的，折扣额不得从销售额中减除；未在同一张发票上分别注明的，以价款为销售额，不得扣减折扣额。

纳税人发生应税销售行为因销售折让、中止或者退回的，应扣减当期的销项税额（一般计税方法）或销售额（简易计税方法）。

【例2-5】甲企业销售给乙公司10 000件服装，每件不含税价格为20元，由于乙公司购买数量多，甲企业按原价的8折优惠销售，并提供"1/10，n/20"的销售折扣。乙公司10日内付款，甲企业将折扣部分与销售额同开在一张发票上，则甲企业计算的销项税为多少？

【解析】$20 \times 10\,000 \times 80\% \times 13\% = 20\,800$（元）

2. 采取以旧换新方式销售。以旧换新是指纳税人在销售自己的货物时，有偿收回旧货物的行为。根据增值税法律法规的规定，采取以旧换新方式销售货物的，应按新货物的同期销售价格确定销售额，不得扣减旧货物的收购价格。之所以这样规定，既是因为销售货物与收购货物是两个不同的业务活动，销售额与收购额不能相互抵减，也是为了严格增值税的计算征收，防止出现销售额不实、减少纳税的现象。

但是，考虑到金银首饰以旧换新业务的特殊情况，对金银首饰以旧换新业务，可以按销售方实际收取的不含增值税的全部价款征收增值税。

3. 采取还本销售方式销售。还本销售是指纳税人在销售货物后，到一定期限由销售方一次或分次退还给购货方全部或部分价款。这种方式实际上是一种筹资行为，是以货物换取资金的使用价值、到期还本不付息的方法。根据增值税法律法规的规定，采取还本销售方式销售货物，其销售额就是货物的销售价格，不得从销售额中减除还本支出。

4. 采取以物易物方式销售。以物易物是一种较为特殊的购销活动，是指购销双方不是以货币结算，而是以同等价款的应税销售行为相互结算，实现应税销售行为购销的一种方式。在实务中，有的纳税人以为以物易物不是购销行为，销货方收到购货方抵顶货款的货物、劳务、服务、无形资产、不动产，认为自己不是购货；购货方发出抵顶货款的应税销售行为，认为自己不是销货。这两种认识都是错误的。正确的方法应当是，以物易物双方都应作购销处理，以各自发出的应税销售行为核算销售额并计算销项税额，以各自收到的货物、劳务、服务、无形资产、不动产按规定核算购进金额并计算进项税额。应注意，在以物易物活动中，应分别开具合法的票据，如收到的货物、劳务、服务、无形资产、不动产不能取得相应的增值税专用发票或其他合法票据的，不能抵扣进项税额。

5. 包装物押金的税务处理。根据增值税法律法规的规定，纳税人为销售货物而出租出借包装物收取的押金，单独记账核算的，时间在1年以内，又未过期的，不并入销售额征税，但对因逾期未收回包装物不再退还的押金，应按所包装货物的适用税率计算销项税额。

上述规定中，"逾期"是指按合同约定实际逾期或以1年为期限，对收取1年以上的押金，无论是否退还均并入销售额征税。当然，在将包装物押金并入销售额征税时，需要先将该押金换算为不含税价，再并入销售额征税。纳税人为销售货物出租出借包装物而收取的押金，无论包装物周转使用期限长短，超过1年（含1年）以上仍不退还的均并入销售额征税。

《国家税务总局关于加强增值税征收管理若干问题的通知》规定，自1995年6月1日起，对销售除啤酒、黄酒外的其他酒类产品而收取的包装物押金，无论是否返还以及会计上如何核算，均应并入当期销售额征税。对销售啤酒、黄酒所收取的押金，按上述一般押金的规定处理。

另外，包装物押金不应混同于包装物租金，纳税人销售货物同时发生收取包装物租金的情况，包装物租金收取之时就应该考虑销项税额的征纳问题。

【例2-6】20××年3月，某酒厂销售粮食白酒和啤酒给副食品公司，其中白酒开具增值税专用发票，收取不含税价款 50 000 元，另外收取包装物押金 3 000 元；啤酒开具普通发票，收取的价税合计为 22 600 元，另外收取包装物押金 1 500 元。副食品公司按合同约定，于该年 12 月将白酒、啤酒包装物全部退还给酒厂，并取回全部押金。就此项业务，该酒厂 20×× 年 3 月计算的增值税销项税额应为（　　　　）元。

【解析】白酒销项税额 = 50 000 × 13% + [3 000 ÷ (1 + 13%)] × 13% = 6 845.13（元）

啤酒销项税额 = [22 600 ÷ (1 + 13%)] × 13% = 2 600（元）

销项税额合计 = 6 845.13 + 2 600 = 9 445.13（元）

6. 直销企业的税务处理。直销企业先将货物销售给直销员，直销员再将货物销售给消费者的，直销企业的销售额为其向直销员收取的全部价款和价外费用。直销员将货物销售给消费者时，应按照现行规定缴纳增值税。

直销企业通过直销员向消费者销售货物，直接向消费者收取货款，直销企业的销售额为其向消费者收取的全部价款和价外费用。

7. 贷款服务的销售额。贷款服务，以提供贷款服务取得的全部利息及利息性质的收入为销售额。

银行提供贷款服务按期计收利息的，结息日当日计收的全部利息收入，均应计入结息日所属期的销售额，按照现行规定计算缴纳增值税。

自 2018 年 1 月 1 日起，资管产品管理人运营资管产品提供的贷款服务以 2018 年 1 月 1 日起产生的利息及利息性质的收入为销售额。

8. 直接收费金融服务的销售额。直接收费金融服务，以提供直接收费金融服务收取的手续费、佣金、酬金、管理费、服务费、经手费、开户费、过户费、结算费、转托管费等各类费用为销售额。

9. 发卡机构、清算机构和收单机构提供银行卡跨机构资金清算服务，按照以下规定执行：

（1）发卡机构以其向收单机构收取的发卡行服务费为销售额，并按照此销售额向清算机构开具增值税发票。

（2）清算机构以其向发卡机构、收单机构收取的网络服务费为销售额，并按照发卡机构支付的网络服务费向发卡机构开具增值税发票，按照收单机构支付的网络服务费向收单机构开具增值税发票。

清算机构从发卡机构取得的增值税发票上记载的发卡行服务费，一并计入清算机构的销售额，并由清算机构按照此销售额向收单机构开具增值税发票。

（3）收单机构以其向商户收取的收单服务费为销售额，并按照此销售额向商户开具增值税发票。

（三）按差额确定销售额

虽然原营业税的征税范围全行业均纳入了增值税的征收范围，但是目前仍然有无法通过抵扣机制避免重复征税的情况存在，因此引入了差额征税的办法，解决纳税人税收负担增加问题。以下项目属于按差额确定销售额。

1. 金融商品转让的销售额。金融商品转让，按照卖出价扣除买入价后的余额为销售额。

转让金融商品出现的正负差，按盈亏相抵后的余额为销售额。若相抵后出现负差，可结转下一纳税期与下期转让金融商品销售额相抵，但年末时仍出现负差的，不得转入下一个会计年度。

证券公司、保险公司、金融租赁公司、证券基金管理公司、证券投资基金以及其他经中国人民银行、银保监会、证监会批准成立且经营金融保险业务的机构发放贷款后，自结息日起 90 日内发生的应收未收利息按现行规定缴纳增值税，自结息日起 90 日后发生的应收未收利息暂不缴纳增值税，待实际收到利息时按规定缴纳增值税。

金融商品的买入价，可以选择按照加权平均法或者移动加权平均法进行核算，选择后 36 个月内不得变更。

金融商品转让，不得开具增值税专用发票。

单位将其持有的限售股在解禁流通后对外转让的，按照以下规定确定买入价：

（1）上市公司实施股权分置改革时，在股票复牌之前形成的原非流通股股份，以及股票复牌首日至解禁日期间由上述股份孳生的送、转股，以该上市公司完成股权分置改革后股票复牌首日的开盘价为买入价。

（2）公司首次公开发行股票上市形成的限售股，以及上市首日至解禁日期间由上述股份孳生的送、转股，以该上市公司股票首次公开发行（IPO）的发行价为买入价。

（3）因上市公司实施重大资产重组形成的限售股，以及股票复牌首日至解禁日期间由上述股份孳生的送、转股，以该上市公司因重大资产重组股票停牌前一交易日的收盘价为买入价。

2. 经纪代理服务的销售额。经纪代理服务，以取得的全部价款和价外费用，扣除向委托方收取并代为支付的政府性基金或行政事业性收费后的余额为销售额。向委托方收取的政府性基金或者行政事业性收费，不得开具增值税专用发票。

3. 融资租赁和融资性售后回租业务的销售额。

（1）经中国人民银行、银保监会或者商务部批准从事融资租赁业务的试点纳税人（包括经上述部门备案从事融资租赁业务的试点纳税人），提供融资租赁服务，以取得的全部价款和价外费用，扣除支付的借款利息（包括外汇借款和人民币借款利息）、发行债券利息和车辆购置税后的余额为销售额。

（2）经中国人民银行、银保监会或者商务部批准从事融资租赁业务的试点纳税人，提供融资性售后回租服务，以取得的全部价款和价外费用（不含本金），扣除对外支付的借款利息（包括外汇借款和人民币借款利息）、发行债券利息后的余额作为销售额。

（3）试点纳税人根据 2016 年 4 月 30 日前签订的有形动产融资性售后回租合同，在合同到期前提供的有形动产融资性售后回租服务，可继续按照有形动产融资租赁服务缴纳增值税。

继续按照有形动产融资租赁服务缴纳增值税的试点纳税人，经中国人民银行、银保监会或者商务部批准从事融资租赁业务的，根据 2016 年 4 月 30 日前签订的有形动产融资性售后回租合同，在合同到期前提供的有形动产融资性售后回租服务，可以选择以下方法之一计算销售额：

①以向承租方收取的全部价款和价外费用，扣除向承租方收取的价款本金，以及对外支付的借款利息（包括外汇借款和人民币借款利息）、发行债券利息后的余额为销售额。

纳税人提供有形动产融资性售后回租服务，计算当期销售额时可以扣除的价款本金，为书面合同约定的当期应当收取的本金。无书面合同或者书面合同没有约定的，为当期实际收取的本金。

试点纳税人提供有形动产融资性售后回租服务，向承租方收取的有形动产价款本金，不得开具增值税专用发票，可以开具普通发票。

②以向承租方收取的全部价款和价外费用，扣除支付的借款利息（包括外汇借款和人民币借款利息）、发行债券利息后的余额为销售额。

（4）经商务部授权的省级商务主管部门和国家经济技术开发区批准的从事融资租赁业务的试点纳税人，2016 年 5 月 1 日后实收资本达到 1.7 亿元的，从达到标准的当月起按照上述第（1）、（2）、（3）点规定执行；2016 年 5 月 1 日后实收资本未达到 1.7 亿元但注册资本达到 1.7 亿元的，在 2016 年 7 月 31 日前仍可按照上述第（1）、（2）、（3）点规定执行，2016 年 8 月 1 日后开展的融资租赁业务和融资性售后回租业务不得按照上述第（1）、（2）、（3）点规定执行。

4. 航空运输企业的销售额，不包括代收的机场建设费和代售其他航空运输企业客票而代收转付的价款。自 2018 年 1 月 1 日起，航空运输销售代理企业提供境外航段机票代理服务，以取得的全部价款和价外费用，扣除向客户收取并支付给其他单位或者个人的境外航段机票结算款和相关费用后的余额为销售额。其中，支付给境内单位或者个人的款项，以发票或行程单为合法有效凭证；支付给境外单位或者个人的款项，以签收单据为合法有效凭证，税务机关对签收单据有疑义的，可以要求其提供境外公证机构的确认证明。航空运输销售代理企业，是指根据《航空运输销售代理资质认可办法》取得中国航空运输协会颁发的"航空运输销售代理业务资质认可证书"，接受中国航空运输企业或通航中国的外国航空运输企业委托，依照双方签订的委托销售代理合同提供代理服务的企业。

5. 试点纳税人中的一般纳税人提供客运场站服务，以其取得的全部价款和价外费用，扣除支付给承运方运费后的余额为销售额。

6. 试点纳税人提供旅游服务，可以选择以取得的全部价款和价外费用，扣除向旅游服务购买方收取并支付给其他单位或者个人的住宿费、餐饮费、交通费、签证费、门票费和支付给其他接团旅游企业的旅游费用后的余额为销售额。

选择上述办法计算销售额的试点纳税人，向旅游服务购买方收取并支付的上述费用，不得开具增值税专用发票，可以开具普通发票。

7. 试点纳税人提供建筑服务适用简易计税方法的，以取得的全部价款和价外费用扣除支付的分包款后的余额为销售额。

8. 房地产开发企业中的一般纳税人销售其开发的房地产项目（选择简易计税方法的房地产老项目除外），以取得的全部价款和价外费用，扣除受让土地时向政府部门支付的土地价款后的余额为销售额。"向政府部门支付的土地价款"，包括土地受让人向政府部门支付的征地和拆迁补偿费用、土地前期开发费用和土地出让收益等。

房地产开发企业（包括多个房地产开发企业组成的联合体）受让土地向政府部门支付土地价款后，设立项目公司对该受让土地进行开发，同时符合下列条件的，可由项目公司按规定扣除房地产开发企业向政府部门支付的土地价款。

（1）房地产开发企业、项目公司、政府部门三方签订变更协议或补充合同，将土地受让人变更为项目公司；

（2）政府部门出让土地的用途、规划等条件不变的情况下，签署变更协议或补充合同时，土地价款总额不变；

（3）项目公司的全部股权由受让土地的房地产开发企业持有。

房地产开发企业中的一般纳税人销售其开发的房地产项目（选择简易计税方法的房地产老项目除外），在取得土地时向其他单位或个人支付的拆迁补偿费用也允许在计算销售额时扣除。纳税人按上述规定扣除拆迁补偿费用时，应提供拆迁协议、拆迁双方支付和取得拆迁补偿费用凭证等能够证明拆迁补偿费用真实性的材料。

9. 纳税人转让不动产缴纳增值税差额扣除的有关规定。

（1）纳税人转让不动产，按照有关规定差额缴纳增值税的，如因丢失等原因无法提供取得不动产时的发票，可向税务机关提供其他能证明契税计税金额的完税凭证等资料，进行差额扣除。

（2）纳税人以契税计税金额进行差额扣除的，按照下列公式计算增值税应纳税额：

①2016 年 4 月 30 日及以前缴纳契税的：

$$增值税应纳税额 = [全部交易价格（含增值税） - 契税计税金额（含营业税）]$$
$$\div (1 + 5\%) \times 5\%$$

②2016 年 5 月 1 日及以后缴纳契税的：

$$增值税应纳税额 = [全部交易价格（含增值税） \div (1 + 5\%)$$
$$- 契税计税金额（不含增值税）] \times 5\%$$

（3）纳税人同时保留取得不动产时的发票和其他能证明契税计税金额的完税凭证等资料的，应当凭发票进行差额扣除。

10. 试点纳税人按照上述 2～9 项的规定从全部价款和价外费用中扣除的价款，应当取得符合法律、行政法规和国家税务总局规定的有效凭证。否则，不得扣除。

上述凭证是指：

（1）支付给境内单位或者个人的款项，以发票为合法有效凭证。

（2）支付给境外单位或者个人的款项，以该单位或者个人的签收单据为合法有效凭证，税务机关对签收单据有疑义的，可以要求其提供境外公证机构的确认证明。

（3）缴纳的税款，以完税凭证为合法有效凭证。

（4）扣除的政府性基金、行政事业性收费或者向政府支付的土地价款，以省级以上（含省级）财政部门监（印）制的财政票据为合法有效凭证。

（5）国家税务总局规定的其他凭证。

纳税人取得的上述凭证属于增值税扣税凭证的，其进项税额不得从销项税额中抵扣。

（四）视同发生应税销售行为的销售额确定

纳税人发生应税销售行为的情形，价格明显偏低并无正当理由的，或者发生应税销售行为而无销售额的，由主管税务机关按照下列顺序核定销售额：

1. 按照纳税人最近时期发生同类应税销售行为的平均价格确定。

2. 按照其他纳税人最近时期发生同类应税销售行为的平均价格确定。

3. 按照组成计税价格确定。组成计税价格的公式为：

$$组成计税价格 = 成本 \times (1 + 成本利润率)$$

成本利润率由国家税务总局确定。

（五）含税销售额的换算

一般纳税人发生应税销售行为取得的含税销售额在计算销项税额时，必须将其换算为不含税的销售额。对于一般纳税人发生的应税销售行为，采用销售额和销项税额合并定价方法的，按下列公式计算销售额：

$$销售额 = 含税销售额 \div (1 + 税率)$$

其中，税率为发生应税销售行为时按《增值税暂行条例》所规定的适用税率。

二、进项税额的确认和计算

进项税额，是指纳税人购进货物、劳务、服务、无形资产、不动产所支付或者负担的增值税税额。进项税额是与销项税额相对应的另一个概念。在开具增值税专用发票的情况下，它们之间的对应关系是，销售方收取的销项税额，就是购买方支付的进项税额。

一般纳税人应在"应交税费"科目下设置"应交增值税"明细科目。在"应交增值税"明细账中，应设置"进项税额"等专栏。"进项税额"专栏，记录一般纳税人购进货物、劳务、服务、无形资产、不动产而支付的、准予从销项税额中抵扣的增值税税额。一般纳税人购进货物、劳务、服务、无形资产、不动产支付的进项税额，用蓝字登记；退回、中止或者折让应冲销的进项税额，用红字登记。

（一）准予从销项税额中抵扣的进项税额

根据《增值税暂行条例》和"营改增通知"，准予从销项税额中抵扣的进项税额，限于下列增值税扣税凭证上注明的增值税税额和按规定的扣除率计算的进项税额。

1. 从销售方取得的增值税专用发票（含机动车销售统一发票，下同）上注明的增值税税额。增值税专用发票具体包括以下两种：

（1）增值税专用发票。增值税专用发票是增值税一般纳税人发生应税销售行为开具的发票。

（2）机动车销售统一发票。机动车销售统一发票是增值税一般纳税人从事机动车零售业务开具的发票。

2. 从海关取得的海关进口增值税专用缴款书上注明的增值税税额。增值税一般纳税人进口货物时应准确填报企业名称，确保海关缴款书上的企业名称与税务登记的企业名称一致，税务机关将进口货物取得的属于增值税抵扣范围的海关缴款书信息与海关采集的缴款信息进行稽核比对。经稽核比对相符后，海关缴款书上注明的增值税税额可作为进项税额在销项税额中抵扣。稽核比对不相符，所列税额暂不得抵扣，待核查确认海关缴款书票面信息与纳税人实际进口业务一致后，海关缴款书上注明的增值税税额可作为进项税额在销项税额中抵扣。

3. 自境外单位或者个人购进劳务、服务、无形资产或者境内的不动产，从税务机关或者扣缴义务人取得的代扣代缴税款的完税凭证上注明的增值税税额。

4. 纳税人购进国内旅客运输服务，其进项税额允许从销项税额中抵扣。为便于实际征管操作，《财政部 税务总局 海关总署关于深化增值税改革有关政策的公告》区分不同的运输方式设置不同的扣税凭证和可抵扣进项的计算方法。

纳税人未取得增值税专用发票的，按照以下规定确定进项税额：

（1）取得增值税电子普通发票的，为发票上注明的税额；

（2）取得注明旅客身份信息的航空运输电子客票行程单的，按照下列公式计算进项税额：

$$航空旅客运输进项税额 = (票价 + 燃油附加费) \div (1 + 9\%) \times 9\%$$

（3）取得注明旅客身份信息的铁路车票的，按照下列公式计算进项税额：

$$铁路旅客运输进项税额 = 票面金额 \div (1 + 9\%) \times 9\%$$

（4）取得注明旅客身份信息的公路、水路等其他客票的，按照下列公式计算进项税额：

$$公路、水路等其他旅客运输进项税额 = 票面金额 \div (1 + 3\%) \times 3\%$$

5. 自2019年10月1日起，允许生活性服务业纳税人按照当期可抵扣进项税额加计15%，抵减应纳税额。

（1）生产、生活性服务业纳税人，是指提供邮政服务、电信服务、现代服务、生活服务（以下称四项服务）取得的销售额占全部销售额的比重超过50%的纳税人。四项服务的具体范围按照《销售服务、无形资产、不动产注释》执行。

2019年3月31日前设立的纳税人，自2018年4月至2019年3月期间的销售额（经营期不满12个月的，按照实际经营期的销售额）符合上述规定条件的，自2019年4月1日起适用加计抵减政策。

2019年4月1日后设立的纳税人，自设立之日起3个月的销售额符合上述规定条件的，自登记为一般纳税人之日起适用加计抵减政策。

纳税人确定适用加计抵减政策后，当年内不再调整，以后年度是否适用，根据上年度销售额计算确定。

纳税人可计提但未计提的加计抵减额，可在确定适用加计抵减政策当期一并计提。

（2）纳税人应按照当期可抵扣进项税额的10%计提当期加计抵减额。按照现行规定不得从销项税额中抵扣的进项税额，不得计提加计抵减额；已计提加计抵减额的进项税额，按规定作进项税额转出的，应在进项税额转出当期，相应调减加计抵减额。计算公式如下：

$$当期计提加计抵减额 = 当期可抵扣进项税额 \times 10\%$$
$$当期可抵减加计抵减额 = 上期期末加计抵减额余额 + 当期计提加计抵减额$$
$$- 当期调减加计抵减额$$

（3）纳税人应按照现行规定计算一般计税方法下的应纳税额（以下称抵减前的应纳税额）后，区分以下情形加计抵减：

①抵减前的应纳税额等于零的，当期可抵减加计抵减额全部结转下期抵减；

②抵减前的应纳税额大于零，且大于当期可抵减加计抵减额的，当期可抵减加计抵减额全额，从抵减前的应纳税额中抵减；

③抵减前的应纳税额大于零，且小于或等于当期可抵减加计抵减额的，以当期可抵减加计抵减额抵减应纳税额至零。未抵减完的当期可抵减加计抵减额，结转下期继续抵减。

（4）纳税人出口货物劳务、发生跨境应税行为不适用加计抵减政策，其对应的进项税额不得计提加计抵减额。

纳税人兼营出口货物劳务、发生跨境应税行为且无法划分不得计提加计抵减额的进项税额，按照以下公式计算：

$$\frac{\text{不得计提加计抵减额}}{\text{的进项税额}} = \frac{\text{当期无法划分的}}{\text{全部进项税额}} \times \frac{\text{当期出口货物劳务和发生}}{\text{跨境应税行为的销售额}} \div \frac{\text{当期全部}}{\text{销售额}}$$

（5）纳税人应单独核算加计抵减额的计提、抵减、调减、结余等变动情况。骗取适用加计抵减政策或虚增加计抵减额的，按照《中华人民共和国税收征收管理法》等有关规定处理。

（6）加计抵减政策执行到期后，纳税人不再计提加计抵减额，结余的加计抵减额停止抵减。

6. 纳税人购进农产品，按下列规定抵扣进项税额：

（1）根据《增值税暂行条例》的规定，购进农产品，除取得增值税专用发票或者海关进口增值税专用缴款书外，按照农产品收购发票或者销售发票上注明的农产品买价和9%的扣除率计算的进项税额，纳税人购进用于生产或者委托加工13%税率货物的农产品，按照10%的扣除率计算进项税额。

（2）纳税人购进农产品，取得一般纳税人开具的增值税专用发票或海关进口增值税专用缴款书的，以增值税专用发票或海关进口增值税专用缴款书上注明的增值税税额为进项税额；从按照简易计税方法依照3%的征收率计算缴纳增值税的小规模纳税人取得增值税专用发票的，以增值税专用发票上注明的金额和9%的扣除率计算进项税额；取得（开具）农产品销售发票或收购发票的，以农产品销售发票或收购发票上注明的农产品买价和9%的扣除率计算进项税额。

（3）营业税改征增值税试点期间，纳税人购进用于生产销售或委托受托加工税率货物的农产品维持原扣除力度不变。

（4）购进农产品进项税额的计算公式为：

$$\text{进项税额} = \text{买价} \times \text{扣除率}$$

（5）纳税人从批发、零售环节购进适用免征增值税政策的蔬菜、部分鲜活肉蛋而取得的普通发票，不得作为计算抵扣进项税额的凭证。

（6）纳税人购进农产品既用于生产销售或委托受托加工13%税率货物又用于生产销售其他货物服务的，应当分别核算用于生产销售或委托受托加工税率货物和其他货物服务的农产品进项税额。未分别核算的，统一以增值税专用发票或海关进口增值税专用缴款书上注明的增值税税额为进项税额，或以农产品收购发票或销售发票上注明的农产品买价和9%的扣除率计算进项税额。

（7）对烟叶税纳税人按规定缴纳的烟叶税，准予并入烟叶产品的买价计算增值税的进项税额，并在计算缴纳增值税时予以抵扣。购进烟叶准予抵扣的增值税进项税额，按照《中华人民共和国烟叶税法》（2017年12月27日第十二届全国人民代表大会常务委员会第三十一次会议通过）规定的收购烟叶实际支付的价款总额和烟叶税及法定扣除率计算。计算公式如下：

$$\text{烟叶税应纳税额} = \text{收购烟叶实际支付的价款总额} \times \text{税率}(20\%)$$

准予抵扣的进项税额＝(收购烟叶实际支付的价款总额＋烟叶税应纳税额)×扣除率

购进农产品，按照《农产品增值税进项税额核定扣除试点实施办法》抵扣进项税额的除外。

7. 增值税一般纳税人在资产重组过程中，将全部资产、负债和劳动力一并转让给其他增值税一般纳税人，并按程序办理注销税务登记的，其在办理注销登记前尚未抵扣的进项税额可结转至新纳税人处继续抵扣。

8. 不动产一次性抵扣政策。

(1) 根据《财政部 税务总局 海关总署关于深化增值税改革有关政策的公告》的规定，2019 年 4 月 1 日后购入的不动产，纳税人可在购进当期，一次性予以抵扣。2019 年 4 月 1 日前购入的不动产，还没有抵扣的进项税额的 40%部分，从 2019 年 4 月所属期开始，允许全部从销项税额中抵扣。[①]

(2) 已抵扣进项税额的不动产，发生非正常损失，或者改变用途，专用于简易计税方法计税项目、免征增值税项目、集体福利或者个人消费的，按照下列公式计算不得抵扣的进项税额：

$$不得抵扣的进项税额＝(已抵扣进项税额＋待抵扣进项税额)×不动产净值率$$
$$不动产净值率＝不动产净值÷不动产原值×100\%$$

不得抵扣的进项税额小于或等于该不动产已抵扣进项税额的，应于该不动产改变用途的当期，将不得抵扣的进项税额从进项税额中扣减。

不得抵扣的进项税额大于该不动产已抵扣进项税额的，应于该不动产改变用途的当期，将已抵扣进项税额从进项税额中扣减，并从该不动产待抵扣进项税额中扣减不得抵扣进项税额与已抵扣进项税额的差额。

(3) 不动产在建工程发生非正常损失的，其所耗用的购进货物、设计服务和建筑服务已抵扣的进项税额应于当期全部转出；其待抵扣进项税额不得抵扣。

(4) 按照规定不得抵扣进项税额的不动产，发生用途改变，用于允许抵扣进项税额项目的，按照下列公式在改变用途的次月计算可抵扣进项税额。

$$可抵扣进项税额＝增值税扣税凭证注明或计算的进项税额×不动产净值率$$

依照规定计算的可抵扣进项税额，应取得 2016 年 5 月 1 日后开具的合法有效的增值税扣税凭证。

按照规定计算的可抵扣进项税额，60%的部分于改变用途的次月从销项税额中抵扣，40%的部分为待抵扣进项税额，于改变用途的次月起第 13 个月从销项税额中抵扣。

(5) 纳税人注销税务登记时，其尚未抵扣完毕的待抵扣进项税额于注销清算的当期从销项税额中抵扣。

(6) 待抵扣进项税额记入"应交税费——待抵扣进项税额"科目核算，并

---

① 国家税务总局公告 2016 年第 15 号相应废止。

于可抵扣当期转入"应交税费——应交增值税（进项税额）"科目。

对不同的不动产和不动产在建工程，纳税人应分别核算其待抵扣进项税额。

9. 原增值税一般纳税人自用的应征消费税的摩托车、汽车、游艇，其进项税额准予从销项税额中抵扣。

10. 原增值税一般纳税人从境外单位或者个人购进服务、无形资产或者不动产，按照规定应当扣缴增值税的，准予从销项税额中抵扣的进项税额为自税务机关或者扣缴义务人取得的解缴税款的完税凭证上注明的增值税税额。

纳税人凭完税凭证抵扣进项税额的，应当具备书面合同、付款证明和境外单位的对账单或者发票。资料不全的，其进项税额不得从销项税额中抵扣。

11. 按照"营改增通知"规定不得抵扣且未抵扣进项税额的固定资产、无形资产、不动产，发生用途改变，用于允许抵扣进项税额的应税项目，可在用途改变的次月按照下列公式计算可以抵扣的进项税额：

可以抵扣的进项税额 = 固定资产、无形资产、不动产净值 ÷ (1 + 适用税率) × 适用税率

上述可以抵扣的进项税额应取得合法有效的增值税扣税凭证。

12. 自 2018 年 1 月 1 日起，纳税人租入固定资产、不动产，既用于一般计税方法计税项目，又用于简易计税方法计税项目、免征增值税项目、集体福利或者个人消费的，其进项税额准予从销项税额中全额抵扣。

（二）不得从销项税额中抵扣的进项税额

纳税人购进货物、劳务、服务、无形资产、不动产，取得的增值税扣税凭证不符合法律、行政法规或者国务院税务主管部门有关规定的，其进项税额不得从销项税额中抵扣。所称增值税扣税凭证，是指增值税专用发票、海关进口增值税专用缴款书、农产品收购发票和农产品销售发票、从税务机关或者境内代理人取得的解缴税款的税收缴款凭证及增值税法律法规允许抵扣的其他扣税凭证。

按《增值税暂行条例》和"营改增通知"及其他相关政策规定，下列项目的进项税额不得从销项税额中抵扣。

1. 用于简易计税方法计税项目、免征增值税项目、集体福利或者个人消费的购进货物、劳务、服务、无形资产和不动产。

其中涉及的固定资产、无形资产、不动产，仅指专用于上述项目的固定资产、无形资产（不包括其他权益性无形资产）、不动产。但是发生兼用于上述不允许抵扣项目情况的，该进项税额准予全部抵扣。

另外，纳税人购进其他权益性无形资产无论是专用于简易计税方法计税项目、免征增值税项目、集体福利或者个人消费，还是兼用于上述不允许抵扣项目，均可以抵扣进项税额。

纳税人的交际应酬消费属于个人消费，即交际应酬消费不属于生产经营中的生产投入和支出。

【例 2 - 7】某企业为增值税一般纳税人，本月发生以下进项税额中，不得从

销项税额中抵扣的有（　　　）。

　　A. 购买蔬菜用于职工食堂发生的进项税额

　　B. 购买 A4 纸用于办公发生的进项税额

　　C. 购买连锁店经营权发生的进项税额

　　D. 招待客户餐饮娱乐发生的进项税额

　　E. 被盗存货的进项税额

【答案】ADE

2. 非正常损失的购进货物，以及相关劳务和交通运输服务。

3. 非正常损失的在产品、产成品所耗用的购进货物（不包括固定资产）、劳务和交通运输服务。

4. 非正常损失的不动产，以及该不动产所耗用的购进货物、设计服务和建筑服务。

5. 非正常损失的不动产在建工程所耗用的购进货物、设计服务和建筑服务。纳税人新建、改建、扩建、修缮、装饰不动产，均属于不动产在建工程。

上述第2、第3、第4、第5项所说的非正常损失，是指因管理不善造成货物被盗、丢失、霉烂变质，以及因违反法律法规造成货物或者不动产被依法没收、销毁、拆除的情形。这些非正常损失是由纳税人自身原因造成导致征税对象实体的灭失，为保证税负公平，其损失不应由国家承担，因而纳税人无权要求抵扣进项税额。

上述第4、第5项所称货物，是指构成不动产实体的材料和设备，包括建筑装饰材料和给排水、采暖、卫生、通风、照明、通信、煤气、消防、中央空调、电梯、电气、智能化楼宇设备及配套设施。

6. 购进的贷款服务、餐饮服务、居民日常服务和娱乐服务。

一般情况下，餐饮服务、居民日常服务和娱乐服务主要接受对象是个人。对于一般纳税人购买的餐饮服务、居民日常服务和娱乐服务，难以准确地界定接受劳务的对象是企业还是个人，因此，一般纳税人购进的餐饮服务、居民日常服务和娱乐服务的进项税额不得从销项税额中抵扣。

对于贷款服务进项税额不得抵扣，也就是利息支出进项税额不得抵扣的规定，主要是考虑如果允许抵扣借款利息，从根本上打通融资行为的增值税抵扣链条，按照增值税"道道征、道道扣"的原则，首先就应当对存款利息征税。但在现有条件下难度很大，一方面涉及对居民存款征税，无法解决专用发票的开具问题；另一方面也与当下实际存款利率为负的现状不符。

对于住宿服务和旅游服务未列入不得抵扣项目，主要考虑这两个行业属于公私消费参半的行业，因而用个人消费来进行规范。

7. 纳税人接受贷款服务向贷款方支付的与该笔贷款直接相关的投融资顾问费、手续费、咨询费等费用，其进项税额不得从销项税额中抵扣。

8. 财政部和国家税务总局规定的其他情形。

9. 适用一般计税方法的纳税人，兼营简易计税方法计税项目、免征增值税项目而无法划分不得抵扣的进项税额，按照下列公式计算不得抵扣的进项税额：

不得抵扣的进项税额＝当期无法划分的全部进项税额×（当期简易计税方法计税项目销售额＋免征增值税项目销售额）÷当期全部销售额

主管税务机关可以按照上述公式依据年度数据对不得抵扣的进项税额进行清算。这是因为对于纳税人而言，进项税额转出是按月进行的，但由于年度内取得进项税额的不均衡性，有可能会造成按月计算的进项税额转出与按年度计算的进项税额转出产生差异，主管税务机关可在年度终了时对纳税人进项税额转出计算公式进行清算，可对相关差异进行调整。

10. 一般纳税人已抵扣进项税额的固定资产、无形资产或者不动产，发生《增值税暂行条例》和"营改增通知"规定不得从销项税额中抵扣进项税额情形的，按照下列公式计算不得抵扣的进项税额：

不得抵扣的进项税额＝固定资产、无形资产或者不动产净值×适用税率

固定资产、无形资产或者不动产净值，是指纳税人根据财务会计制度计提折旧或摊销后的余额。

11. 有下列情形之一者，应当按照销售额和增值税税率计算应纳税额，不得抵扣进项税额，也不得使用增值税专用发票：

（1）一般纳税人会计核算不健全，或者不能够提供准确税务资料的。

（2）应当办理一般纳税人资格登记而未办理的。

该规定是为了加强对符合一般纳税人条件的纳税人的管理，防止利用一般纳税人和小规模纳税人的两种不同的征税办法少缴税款。

三、应纳税额的计算

一般纳税人在计算出销项税额和进项税额后就可以得出实际应纳税额。为了正确计算增值税的应纳税额，在实际操作中还需要掌握以下重要规定。

（一）计算应纳税额的时间限定

为了保证计算应纳税额的合理性、准确性，纳税人必须严格把握当期进项税额从当期销项税额中抵扣这个要点。"当期"是指税务机关依照税法规定对纳税人确定的纳税期限。只有在纳税期限内实际发生的销项税额、进项税额，才是法定的当期销项税额或当期进项税额。目前，有些纳税人为了达到逃避纳税的目的，把当期实现的销售额隐瞒不记账或滞后记账，以减少当期销项税额，或者把不是当期实际发生的进项税额（上期结转的进项税额除外）也充作当期进项税额，以加大进项税额，少纳税甚至不纳税，这都是违反税法规定的行为。为了制止这种违法行为，税法首先对应税销售行为应计入当期销项税额以及抵扣的进项

税额的时间作了限定。

1. 计算销项税额的时间限定。纳税人在什么时间计算销项税额，《增值税暂行条例》和《增值税暂行条例实施细则》及"营改增通知"都作了严格的规定。例如，采取直接收款方式销售货物，不论货物是否发出，均为收到销售款或者取得索取销售款凭据的当天；采取托收承付和委托银行收款方式销售货物，为发出货物并办妥托收手续的当天；等等，以保证准时、准确记录和核算当期销项税额。

2. 增值税专用发票进项税额抵扣时间的限定。增值税一般纳税人取得 2017 年 1 月 1 日及以后开具的增值税专用发票、海关进口增值税专用缴款书、机动车销售统一发票、收费公路通行费增值税电子普通发票，取消认证确认、稽核比对、申报抵扣的期限。纳税人在进行增值税纳税申报时，应当通过本省（自治区、直辖市和计划单列市）增值税发票综合服务平台对上述扣税凭证信息进行用途确认。

增值税一般纳税人取得 2016 年 12 月 31 日及以前开具的增值税专用发票、海关进口增值税专用缴款书、机动车销售统一发票，超过认证确认、稽核比对、申报抵扣期限，但符合规定条件的，仍可按照《国家税务总局关于逾期增值税扣税凭证抵扣问题的公告》（2011 年第 50 号，国家税务总局公告 2017 年第 36 号、2018 年第 31 号修改）、《国家税务总局关于未按期申报抵扣增值税扣税凭证有关问题的公告》（2011 年第 78 号，国家税务总局公告 2018 年第 31 号修改）规定，继续抵扣进项税额。

3. 海关进口增值税专用缴款书进项税额抵扣的时间限定。自 2013 年 7 月 1 日起，增值税一般纳税人（以下简称纳税人）进口货物取得的属于增值税扣税范围的海关进口增值税专用缴款书，需经税务机关稽核比对相符后，其增值税税额方能作为进项税额在销项税额中抵扣。

增值税一般纳税人取得的 2017 年 7 月 1 日及以后开具的海关进口增值税专用缴款书，应自开具之日起 360 日内向主管国税机关报送《海关完税凭证抵扣清单》，申请稽核比对。

纳税人应在"应交税费"科目下设"待抵扣进项税额"明细科目，用于核算已申请稽核但尚未取得稽核相符结果的海关进口增值税专用缴款书进项税额。纳税人取得海关进口增值税专用缴款书后，应借记"应交税费——待抵扣进项税额"明细科目，贷记相关科目；稽核比对相符以及核查后允许抵扣的，应借记"应交税费——应交增值税（进项税额）"科目，贷记"应交税费——待抵扣进项税额"科目。经核查不得抵扣的进项税额，红字借记"应交税费——待抵扣进项税额"科目，红字贷记相关科目。

4. 未按期申报抵扣增值税扣税凭证抵扣的处理办法。增值税一般纳税人取得的增值税专用发票以及海关进口增值税专用缴款书，未在规定期限内到税务机关办理认证（按规定不用认证的纳税人除外）或者申报抵扣的，不得作为合法的增值税扣税凭证，不得计算进项税额抵扣。

增值税一般纳税人，取得的增值税扣税凭证稽核比对结果相符但未按规定期限申报抵扣，属于发生真实交易且符合规定的客观原因的，经主管税务机关审核，允许纳税人继续申报抵扣其进项税额。增值税一般纳税人除客观原因以外的其他原因造成增值税扣税凭证未按期申报抵扣的，仍按照现行增值税扣税凭证申报抵扣有关规定执行。

客观原因包括如下类型：

（1）因自然灾害、社会突发事件等不可抗力原因造成增值税扣税凭证未按期申报抵扣；

（2）有关司法、行政机关在办理业务或者检查中，扣押、封存纳税人账簿资料，导致纳税人未能按期办理申报手续；

（3）税务机关信息系统、网络故障，导致纳税人未能及时取得认证结果通知书或稽核结果通知书，未能及时办理申报抵扣；

（4）由于企业办税人员伤亡、突发危重疾病或者擅自离职，未能办理交接手续，导致未能按期申报抵扣；

（5）国家税务总局规定的其他情形。

（二）计算应纳税额时进项税额不足抵扣的处理

由于增值税实行购进扣税法，有时企业当期购进的货物、劳务、服务、无形资产、不动产很多，在计算应纳税额时会出现当期销项税额小于当期进项税额而不足抵扣的情况。根据税法规定，当期进项税额不足抵扣的部分可以结转下期继续抵扣。

原增值税一般纳税人兼有应税服务的，截止到本地区试点实施之日前的增值税期末留抵税额，不得从应税行为的销项税额中抵扣。

（三）扣减发生期进项税额的规定

由于增值税实行以当期销项税额抵扣当期进项税额的"购进扣税法"，当期购进的货物、劳务、服务、无形资产、不动产如果事先并未确定将用于不得抵扣进项税额项目，其进项税额会在当期销项税额中予以抵扣。但已抵扣进项税额的购进货物、劳务、服务、无形资产、不动产如果事后改变用途，用于不得抵扣进项税额项目将如何处理？根据《增值税暂行条例》《增值税暂行条例实施细则》和"营改增通知"的规定，应当将该项购进货物、劳务、服务、无形资产、不动产的进项税额从当期的进项税额中扣减；无法确定该项进项税额的，按当期实际成本计算应扣减的进项税额。

这里需要注意的是，所称"从当期发生的进项税额中扣减"，是指已抵扣进项税额的购进货物、劳务、服务、无形资产、不动产是在哪一个时期发生上述情况的，就从这个发生期内纳税人的进项税额中扣减，而无须追溯到这些购进货物、劳务、服务、无形资产、不动产抵扣进项税额的那个时期。另外，对无法准确确定该项进项税额的，"按当期实际成本计算应扣减的进项税额"。该做法是指其扣减进项税额的计算依据不是按该货物、劳务、服务、无形资产、不动产的原进价，而是按发生上述情况的当期该货物、劳务、服务、无形资产、不动产的"实际成本"与征税时该货物、劳务、服务、无形资产、不动产适用的税率计算应扣减的进项税额。

$$实际成本 = 进价 + 运费 + 保险费 + 其他有关费用$$

前述实际成本的计算公式，如果属于进口货物是完全适用的；如果是国内购进的货物、劳务、服务、无形资产、不动产，主要包括进价和运费两大部分。

如果一般纳税人会计核算不健全，或者不能够提供准确税务资料的，应当按照销售额和增值税税率计算应纳税额，不得抵扣进项税额，也不得使用增值税专用发票；如已抵扣进项税额的购进货物劳务、服务、无形资产、不动产事后改变用途，用于不得抵扣进项税额项目的，应按销售额比例划分作为进项税额转出处理。

（四）销售折让、中止或者退回涉及销项税额和进项税额的税务处理

纳税人适用一般计税方法计税的，因销售折让、中止或者退回而退还给购买方的增值税税额，应当从当期的销项税额中扣减；因销售折让、中止或者退回而收回的增值税税额，应当从当期的进项税额中扣减。

一般纳税人发生应税销售行为，开具增值税专用发票后，应税销售行为发生退回或者折让、开票有误等情形，应按国家税务总局的规定开具红字增值税专用发票。未按规定开具红字增值税专用发票的不得扣减销项税额或者销售额。

纳税人在发生应税销售行为的活动中，因应税销售行为质量、规格、服务质量等原因常会发生销货退回或销售折让的情况。由于应税销售行为的退回或折让不仅涉及应税销售行为的价款或折让价款的退回，还涉及增值税的退回，这样，销货方和购货方应相应对当期的销项税额或进项税额进行调整。为此，《增值税暂行条例》《增值税暂行条例实施细则》和"营改增通知"均规定，增值税一般纳税人因发生应税销售行为退回或者折让而退还给购买方的增值税税额，应从发生应税销售行为中退回或者折让当期的销项税额中扣减；因购进货物、劳务、服务、无形资产、不动产退出或者折让而收回的增值税税额，应从发生应税销售行为退出或者折让当期的进项税额中扣减。

对于一些企业在发生购进货物、劳务、服务、无形资产、不动产退出或折让并收回价款和增值税税额时，没有相应减少当期进项税额，造成进项税额虚增、减少纳税的现象，这是税法所不能允许的，都将被认定为是逃避缴纳税款行为，并按逃避缴纳税款予以处罚。

【例2-8】某科技城为增值税一般纳税人，20××年5月销售电脑280台，每台零售价格为6 960元，上月出售的同型号的电脑因质量问题被顾客退回2台，当月该型号电脑每台零售价格为6 728元，科技城将这两台电脑退给厂家，取得

厂家开具的红字增值税专用发票上注明销售额 11 000 元，增值税税额 1 430 元；本月购进电脑取得防伪税控系统增值税专用发票上注明的增值税税额为 35 000 元，本月申请并通过了认证。该科技城本月上述业务应纳增值税税额多少元？

【解析】销项税额 = [280 × 6 960 ÷ (1 + 13%)] × 13% − 2 × [6 728 ÷ (1 + 13%) × 13%] = 222 650（元）

进项税额 = 35 000 − 1 430 = 33 570（元）

应纳税额 = 222 650 − 33 570 = 189 080（元）

（五）向供货方取得返还收入的税务处理

自 2004 年 7 月 1 日起，对商业企业向供货方收取的与商品销售量、销售额挂钩（如以一定比例、金额、数量计算）的各种返还收入，均应按照平销返利行为的有关规定冲减当期增值税进项税额。应冲减进项税额的计算公式调整为：

当期应冲减进项税额 = 当期取得的返还资金 ÷ (1 + 所购货物适用增值税税率) × 所购货物适用增值税税率

商业企业向供货方收取的各种返还收入，一律不得开具增值税专用发票。

（六）一般纳税人注销时进项税额的处理

一般纳税人注销或取消辅导期一般纳税人资格，转为小规模纳税人时，其存货不作进项税额转出处理，其留抵税额也不予退税。

（七）纳税人转让不动产增值税征收管理暂行办法

纳税人转让其取得的不动产，包括以直接购买、接受捐赠、接受投资入股、自建以及抵债等各种形式取得的不动产，适用本办法。

房地产开发企业销售自行开发的房地产项目不适用该办法。

1. 一般纳税人转让其取得的不动产，按照以下规定缴纳增值税：

（1）一般纳税人转让其 2016 年 4 月 30 日前取得（不含自建）的不动产，可以选择适用简易计税方法计税，以取得的全部价款和价外费用扣除不动产购置原价或者取得不动产时的作价后的余额为销售额，按照 5% 的征收率计算应纳税额。

（2）一般纳税人转让其 2016 年 4 月 30 日前自建的不动产，可以选择适用简易计税方法计税，以取得的全部价款和价外费用为销售额，按照 5% 的征收率计算应纳税额。

（3）一般纳税人转让其 2016 年 4 月 30 日前取得（不含自建）的不动产，选择适用一般计税方法计税的，以取得的全部价款和价外费用为销售额计算应纳税额。纳税人应以取得的全部价款和价外费用扣除不动产购置原价或者取得不动产时的作价后的余额，按照 5% 的预征率计算应预缴税款。

（4）一般纳税人转让其 2016 年 4 月 30 日前自建的不动产，选择适用一般计税方法计税的，以取得的全部价款和价外费用为销售额计算应纳税额。纳税人应以取得的全部价款和价外费用，按照5%的预征率计算应预缴税款。

（5）一般纳税人转让其2016年5月1日后取得（不含自建）的不动产，适用一般计税方法，以取得的全部价款和价外费用为销售额计算应纳税额。纳税人应以取得的全部价款和价外费用扣除不动产购置原价或者取得不动产时的作价后的余额，按照5%的预征率计算应预缴税款。

（6）一般纳税人转让其2016年5月1日后自建的不动产，适用一般计税方法，以取得的全部价款和价外费用为销售额计算应纳税额。纳税人应以取得的全部价款和价外费用，按照5%的预征率计算应预缴税款。

2. 小规模纳税人转让其取得的不动产，除个人转让其购买的住房外，按照以下规定缴纳增值税：

（1）小规模纳税人转让其取得（不含自建）的不动产，以取得的全部价款和价外费用扣除不动产购置原价或者取得不动产时的作价后的余额为销售额，按照5%的征收率计算应纳税额。

（2）小规模纳税人转让其自建的不动产，以取得的全部价款和价外费用为销售额，按照5%的征收率计算应纳税额。

除其他个人之外的小规模纳税人，应按照本条规定的计税方法向不动产所在地主管税务机关预缴税款；其他个人按照本条规定的计税方法向不动产所在地主管税务机关申报纳税。

3. 个人转让其购买的住房，按照以下规定缴纳增值税：

（1）个人转让其购买的住房，按照有关规定全额缴纳增值税的，以取得的全部价款和价外费用为销售额，按照5%的征收率计算应纳税额。

（2）个人转让其购买的住房，按照有关规定差额缴纳增值税的，以取得的全部价款和价外费用扣除购买住房价款后的余额为销售额，按照5%的征收率计算应纳税额。

个体工商户应按照本条规定的计税方法向住房所在地主管税务机关预缴税款，并申报纳税；其他个人应按照本条规定的计税方法向住房所在地主管税务机关申报纳税。

4. 其他个人以外的纳税人转让其取得的不动产，区分以下情形计算应向不动产所在地主管税务机关预缴的税款。

（1）以转让不动产取得的全部价款和价外费用作为预缴税款计算依据的，计算公式为：

$$应预缴税款 = 全部价款和价外费用 \div (1 + 5\%) \times 5\%$$

（2）以转让不动产取得的全部价款和价外费用扣除不动产购置原价或者取得不动产时的作价后的余额作为预缴税款计算依据的，计算公式为：

$$应预缴税款 = (全部价款和价外费用 - 不动产购置原价或者取得$$
$$不动产时的作价) \div (1 + 5\%) \times 5\%$$

5. 其他个人转让其取得的不动产，按照上述第 4 项规定的计算方法计算应纳税额并向不动产所在地主管税务机关申报纳税。

6. 纳税人按规定从取得的全部价款和价外费用中扣除不动产购置原价或者取得不动产时的作价的，应当取得符合法律、行政法规和国家税务总局规定的合法有效凭证。否则，不得扣除。

上述凭证是指：

（1）税务部门监制的发票。

（2）法院判决书、裁定书、调解书以及仲裁裁决书、公证债权文书。

（3）国家税务总局规定的其他凭证。

7. 纳税人转让其取得的不动产，向不动产所在地主管地税机关预缴的增值税税款，可以在当期增值税应纳税额中抵减，抵减不完的，结转下期继续抵减。纳税人以预缴税款抵减应纳税额，应以完税凭证作为合法有效凭证。

8. 小规模纳税人转让其取得的不动产，不能自行开具增值税发票的，可向不动产所在地主管地税机关申请代开。

纳税人向其他个人转让其取得的不动产，不得开具或申请代开增值税专用发票。

9. 纳税人转让不动产缴纳增值税差额扣除的有关规定。

（1）纳税人转让不动产，按照有关规定差额缴纳增值税的，如因丢失等原因无法提供取得不动产时的发票，可向税务机关提供其他能证明契税计税金额的完税凭证等资料，进行差额扣除。

（2）纳税人以契税计税金额进行差额扣除的，按照下列公式计算增值税应纳税额。

①2016 年 4 月 30 日及以前缴纳契税的：

$$增值税应纳税额 = [全部交易价格(含增值税) - 契税计税金额(含营业税)] \div (1 + 5\%) \times 5\%$$

②2016 年 5 月 1 日及以后缴纳契税的：

$$增值税应纳税额 = [全部交易价格(含增值税) + (1 + 5\%) - 契税计税金额(不含增值税)] \times 5\%$$

（3）纳税人同时保留取得不动产时的发票和其他能证明契税计税金额的完税凭证等资料的，应当凭发票进行差额扣除。

【例 2-9】位于县城的某运输公司为增值税一般纳税人，具备国际运输资质，20××年 7 月经营业务如下：

①国内运送旅客，按售票统计取得价税合计金额 177.6 万元；运送旅客至境外，按售票统计取得价税合计金额 53.28 万元。

②运送货物，开具增值税专用发票注明运输收入金额 260 万元、装卸收入金额 18 万元。

③提供仓储服务，开具增值税专用发票注明仓储收入金额70万元、装卸收入金额6万元。

④修理、修配各类车辆，开具普通发票注明价税合计金额31.59万元。

⑤销售使用过的未抵扣进项税额的货运汽车6辆，开具普通发票注明价税合计金额24.72万元。

⑥进口轻型商用客车3辆自用，经海关核定的成交价共计57万元、运抵我国境内输入地点起卸前的运费6万元、保险费3万元。

⑦购进小汽车4辆自用，每辆单价16万元，取得销售公司开具的增值税专用发票注明金额64万元、税额8.32万元；另支付销售公司运输费用，取得运输业增值税专用发票注明运输金额4万元、税额0.36万元。

⑧购进汽油取得增值税专用发票注明金额10万元、税额1.3万元，90%用于公司运送旅客，10%用于公司接送员工上下班；购进矿泉水一批，取得增值税专用发票注明金额2万元、税额0.26万元，70%赠送给公司运送的旅客，30%用于公司集体福利。

假定进口轻型商用客车的关税税率为20%，消费税税率为5%。

要求：根据上述资料，按照下列顺序计算回答问题，如有计算需计算出合计数。

（1）计算业务①的销项税额。

（2）计算业务②的销项税额。

（3）计算业务③的销项税额。

（4）计算业务④的销项税额。

（5）计算业务⑤应缴纳的增值税。

（6）计算业务⑥进口轻型商用客车应缴纳的增值税。

（7）计算业务⑦购进小汽车可抵扣的进项税额。

（8）计算业务⑧购进汽油、矿泉水可抵扣的进项税额。

（9）计算该公司7月应向主管税务机关缴纳的增值税。

（本题根据2015年注册会计师考试试题改编）

【解析】（1）根据现行规定，中华人民共和国境内的单位和个人提供的国际运输服务、向境外单位提供的研发服务和设计服务，适用增值税零税率。则：

$$业务①销项税额 = 177.6 \div (1 + 9\%) \times 9\% + 53.28 \div (1 + 9\%) \times 0$$
$$= 14.66（万元）$$

（2）"营改增"后，运送货物属于"交通运输业"的范围，适用增值税税率为9%；装卸服务属于"部分现代服务业"的范围，适用增值税税率为6%。则：

$$业务②销项税额 = 260 \times 9\% + 18 \times 6\% = 24.48（万元）$$

（3）提供仓储服务和装卸服务均属于"部分现代服务业"的范围，适用增值税税率为6%。则：

$$业务③销项税额 = 70 \times 6\% + 6 \times 6\% = 4.56（万元）$$

（4）提供加工、修理、修配劳务适用增值税税率为13%。则：

$$业务④销项税额 = 31.59 \div (1 + 13\%) \times 13\% = 3.63（万元）$$

（5）销售使用过的未抵扣进项税额的货运汽车，适用按简易办法依3%征收率减按2%征收增值税政策。则：

业务⑤销项税额 = 24.72 ÷ (1 + 3%) × 2% = 0.48 （万元）

（6）进口货物，组成计税价格和应纳税额计算公式为：组成计税价格 = 关税完税价格 + 关税 + 消费税；应纳税额 = 组成计税价格 × 税率。进口货物的关税完税价格中应当包括下列费用：进口人为在国内生产、制造、出版、发行或使用该项货物而向国外支付的软件费；除购货佣金以外的佣金和经纪费；货物运抵中华人民共和国关境内输入地点起卸前的包装费、运费和其他劳务费用；保险费。则：

业务⑥进口轻型商用客车应缴纳增值税 = (57 + 6 + 3) × (1 + 20%) ÷ (1 − 5%) × 13% = 10.84 （万元）

（7）购进小汽车取得的增值税专用发票的税额和运输费用结算单据上注明的运输费用税额可以全额抵扣。则：

业务⑦购进小汽车可抵扣进项税额 = 8.32 + 0.36 = 8.68 （万元）

（8）用于非增值税应税项目、免征增值税项目、集体福利或者个人消费的购进货物或者应税劳务的进项税额不能抵扣。则：

业务⑧购进汽油、矿泉水可抵扣进项税额 = 1.3 × 90% + 0.26 × 70% = 1.35 （万元）

（9）业务⑧中，购进的矿泉水70%赠送给公司运送的旅客，应视同销售货物计算销项税额。即：

销项税额 = 2 × 13% × 70% = 0.18 （万元）

该公司7月应向主管税务机关缴纳增值税 = 14.66 + 24.48 + 4.56 + 3.63 + 0.48 − 10.84 − 8.68 + 0.18 − 1.35 = 27.12 （万元）

第七节　简易征税方法应纳税额的计算

一、应纳税额的计算

纳税人发生应税销售行为适用简易计税方法的，应该按照销售额和征收率计算应纳增值税税额，并且不得抵扣进项税额。其应纳税额的计算公式是：

$$应纳税额 = 销售额（不含增值税）× 征收率$$

小规模纳税人一律采用简易计税方法计税，但是一般纳税人发生应税销售行为可以选择适用简易计税方法，例如，一般纳税人提供的公共交通运输服务，以清包工方式提供的建筑服务，可以选择按照简易计税方法计算缴纳增值税。

一般纳税人可以选择适用简易计税方法的情形见本章第四节。

二、含税销售额的换算

按简易计税方法计税的销售额不包括其应纳的增值税税额，纳税人采用销售额和应纳增值税税额合并定价方法的，按照下列公式计算销售额：

$$销售额 = 含税销售额 \div (1 + 征收率)$$

三、资管产品的增值税处理办法

（一）计税方法

资管产品管理人（以下简称管理人）运营资管产品过程中发生的增值税应税行为（以下简称资管产品运营业务）适用简易计税方法，按照3%的征收率缴纳增值税。

（二）资管产品管理人

资管产品管理人包括银行、信托公司、公募基金管理公司及其子公司、证券公司及其子公司、期货公司及其子公司、私募基金管理人、保险资产管理公司、专业保险资产管理机构、养老保险公司。

管理人接受投资者委托或信托对受托资产提供的管理服务以及管理人发生的除下列（三）规定的其他增值税应税行为（以下简称其他业务）按照现行规定缴纳增值税。

（三）资管产品的范围

资管产品包括银行理财产品、资金信托（包括集合资金信托、单一资金信托）、财产权信托、公开募集证券投资基金、特定客户资产管理计划、集合资产管理计划、定向资产管理计划、私募投资基金、债权投资计划、股权投资计划、股债结合型投资计划、资产支持计划、组合类保险资产管理产品、养老保障管理产品。

（四）资管产品的其他增值税处理规定

1. 管理人应分别核算资管产品运营业务和其他业务的销售额和增值税应纳税额。未分别核算的，资管产品运营业务不得适用上述（一）（二）（三）的规定。

2. 管理人可选择分别或汇总核算资管产品运营业务销售额和增值税应纳税额。

3. 管理人应按照规定的纳税期限，汇总申报缴纳资管产品运营业务和其他业务增值税。

4. 2017年7月1日（含）以后，资管产品运营过程中发生的增值税应税行为；以资管产品管理人为增值税纳税人，按照现行规定缴纳增值税。

对资管产品在 2017 年 7 月 1 日前运营过程中发生的增值税应税行为，未缴纳增值税的，不再缴纳；已缴纳增值税的，已纳税额从资管产品管理人以后月份的增值税应纳税额中抵减。

第八节　进口环节增值税应纳税额的计算

一、进口环节增值税的征收范围及纳税人

（一）进口环节增值税征税范围

1. 根据《增值税暂行条例》的规定，申报进入中华人民共和国海关境内的货物，均应缴纳增值税。

确定一项货物是否属于进口，必须首先看其是否有报关进口手续。一般来说，境外产品要输入境内，都必须向我国海关申报进口，并办理有关报关手续。只要是报关进口的应税货物，不论其是国外产制还是我国已出口而转销国内的货物，是进口者自行采购还是国外捐赠的货物，是进口者自用还是作为贸易或其他用途等，除另有规定外，均应按照规定缴纳进口环节的增值税。

2. 从其他国家或地区进口《跨境电子商务零售进口商品清单》范围内的以下商品适用于跨境电子商务零售进口增值税税收政策：

（1）所有通过与海关联网的电子商务交易平台交易，能够实现交易、支付、物流电子信息"三单"比对的跨境电子商务零售进口商品；

（2）未通过与海关联网的电子商务交易平台交易，但快递、邮政企业能够统一提供交易、支付、物流等电子信息，并承诺承担相应法律责任进境的跨境电子商务零售进口商品。

不属于跨境电子商务零售进口的个人物品以及无法提供交易、支付、物流等电子信息的跨境电子商务零售进口商品，按现行规定执行。

（二）进口环节增值税的纳税人

进口货物的收货人（承受人）或办理报关手续的单位和个人，为进口货物增值税的纳税义务人。也就是说，进口货物增值税纳税人的范围较宽，包括了国内一切从事进口业务的企事业单位、机关团体和个人。

对于企业、单位和个人委托代理进口应征增值税的货物，鉴于代理进口货物的海关完税凭证，有的开具给委托方，有的开具给受托方的特殊性，对代理进口货物以海关开具的完税凭证上的纳税人为增值税纳税人。在实际工作中一般由进口代理者代缴进口环节增值税。纳税后，由代理者将已纳税款和进口货物价款费用等与委托方结算，由委托者承担已纳税款。跨境电子商务零售进口商品按照货

物征收关税和进口环节增值税、消费税，购买跨境电子商务零售进口商品的个人作为纳税义务人。电子商务企业、电子商务交易平台企业或物流企业可作为代收代缴义务人。

二、进口环节增值税的适用税率

小规模纳税人进口环节适用税率不使用征收率，按13%计税。

进口环节的增值税税率与本章第四节的内容相同。但是对跨境电子商务零售进口商品的单次交易限值为人民币5 000元，个人年度交易限值为人民币26 000元以内进口的跨境电子商务零售进口商品，关税税率暂设为0。

三、进口环节增值税应纳税额计算

纳税人进口货物，按照组成计税价格和《增值税暂行条例》规定的税率计算应纳税额。我们在计算增值税销项税额时直接用销售额作为计税依据或计税价格就可以了，但在进口产品计算增值税时我们不能直接得到类似销售额这么一个计税依据，而需要通过计算而得，即要计算组成计税价格。组成计税价格是指在没有实际销售价格时，按照税法规定计算出作为计税依据的价格。进口货物计算增值税的组成计税价格和应纳税额计算公式如下：

$$组成计税价格 = 关税完税价格 + 关税 + 消费税$$
$$应纳税额 = 组成计税价格 \times 税率$$

纳税人在计算进口货物的增值税时应该注意以下问题：

1. 进口货物增值税的组成计税价格中包括已纳关税税额，如果进口货物属于消费税应税消费品，其组成计税价格中还要包括进口环节已纳消费税税额。

2. 在计算进口环节的应纳增值税税额时不得抵扣任何税额，即在计算进口环节的应纳增值税税额时，不得抵扣发生在我国境外的各种税金。

以上两点实际上是贯彻了出口货物的目的地原则或称消费地原则。即对出口货物原则上在实际消费地征收商品或货物税。对进口货物而言，出口这些货物的出口国在出口时并没有征出口关税和增值税、消费税，到我国口岸时货物的价格基本就是到岸价格，即所谓的关税完税价格。如果此时不征关税和其他税收则与国内同等商品的税负差异就会很大。因此，在进口时首先要对之征进口关税。如果是应征消费税的商品则要征消费税。在这基础上才形成了增值税的计税依据即组成计税价格。这与国内同类商品的税基是一致的。

由于货物出口时出口国并没有征收过流转税，因此，在进口时我们计算增值税时就不用进行进项税额抵扣。

【例2-10】某进出口公司当月进口办公设备500台，每台进口完税价格1万元，委托运输公司将进口办公用品从海关运回本单位，支付运输公司运输费用

9万元，取得了运输公司开具的增值税专用发票。当月以每台1.8万元的含税价格售出400台，本公司自用20台，为全国运动会捐赠2台。另支付销货运输费1.3万元（有运输增值税专用发票）。

要求：计算该企业当月应纳增值税（假设进口关税税率为15%）。

【解析】①进口货物进口环节应纳增值税为：

$1 \times (1 + 15\%) \times 500 \times 13\% = 74.75$（万元）

②当月销项税额为：

$(400 + 2) \times 1.8 \div (1 + 13\%) \times 13\% = 83.25$（万元）

③当月可以抵扣的进项税额为：

$74.75 + 9 \times 9\% + 1.3 \times 9\% = 75.677$（万元）

④当月应纳增值税为：

$83.25 - 75.677 = 7.573$（万元）

3. 按照《中华人民共和国海关法》（以下简称《海关法》）和《中华人民共和国进出口关税条例》（以下简称《进出口关税条例》）的规定，一般贸易下进口货物的关税完税价格以海关审定的成交价格为基础的到岸价格作为完税价格。所谓成交价格是一般贸易项下进口货物的购买方为购买该项货物向卖方实际支付或应当支付的价格；到岸价格，包括货价，加上货物运抵我国关境内输入地点起卸前的包装费、运费、保险费和其他劳务费等费用构成的一种价格。特殊贸易下进口的货物，由于进口时没有"成交价格"可作依据，为此，《进出口关税条例》对这些进口货物制定了确定其完税价格的具体办法。

4. 纳税人进口货物取得的合法海关完税凭证，是计算增值税进项税额的唯一依据，其价格差额部分以及从境外供应商取得的退还或返还的资金，不作进项税额转出处理。

5. 跨境电子商务零售进口商品按照货物征收关税和进口环节增值税、消费税，以实际交易价格（包括货物零售价格、运费和保险费）作为完税价格。

6. 跨境电子商务零售进口商品的进口环节增值税、消费税取消免征税额，暂按法定应纳税额的70%征收。超过单次限值、累加后超过个人年度限值的单次交易，以及完税价格超过5 000元限值的单个不可分割商品，均按照一般贸易方式全额征税。

国家在规定对进口货物征税的同时，对某些进口货物制定了减免税的特殊规定，如属于"来料加工、进料加工"贸易方式进口国外的原材料、零部件等在国内加工后复出口的，对进口的料、件按规定给予免税或减税，但这些进口免、减税的料件若不能加工复出口，而是销往国内的，就要予以补税。对进口货物是否减免税由国务院统一规定，任何地方、部门都无权规定减免税项目。

四、进口环节增值税的管理

进口货物的增值税由海关代征。个人携带或者邮寄进境自用物品的增值税，连同关税一并计征。具体办法由国务院关税税则委员会会同有关部门制定。

进口货物增值税纳税义务发生时间为报关进口的当天，其纳税地点应当由进口人或其代理人向报关地海关申报纳税，其纳税期限应当自海关填发海关进口增值税专用缴款书之日起 15 日内缴纳税款。

跨境电子商务零售进口商品自海关放行之日起 30 日内退货的，可申请退税，并相应调整个人年度交易总额。

跨境电子商务零售进口商品购买人（订购人）的身份信息应进行认证；未进行认证的，购买人（订购人）身份信息应与付款人一致。

进口货物增值税的征收管理，依据《税收征收管理法》《海关法》《进出口关税条例》《进出口税则》的有关规定执行。

第九节　出口货物、劳务和跨境应税行为增值税的退（免）税政策

出口货物、劳务和跨境应税行为退（免）税是国际贸易中通常采用的并为世界各国普遍接受的、目的在于鼓励各国出口货物公平竞争的一种退还或免征间接税（目前我国主要包括增值税、消费税）的税收措施，即对出口货物、劳务和跨境应税行为已承担或应承担的增值税和消费税等间接税实行退还或者免征。由于这项制度比较公平合理，因此，它已成为国际社会通行的惯例。

我国的出口货物、劳务和跨境应税行为退（免）增值税是指在国际贸易业务中，对我国报关出口的货物、劳务和跨境应税行为退还或免征其在国内各生产和流转环节按税法规定缴纳的增值税，即对应征收增值税的出口货物、劳务和跨境应税行为实行零税率（国务院另有规定的除外）。

增值税出口货物、劳务和跨境应税行为的零税率，从税法上理解有两层含义：一是对本道环节生产或销售货物、劳务和跨境应税行为的增值部分免征增值税；二是对出口货物、劳务和跨境应税行为前道环节所含的进项税额进行退付。当然，由于各种货物、劳务和跨境应税行为出口政策不同，出口前涉及免征增值税的情况也有所不同，且由于出口政策是国家调控经济的手段，因此，对货物、劳务和跨境应税行为出口的不同情况，国家在遵循"征多少退多少""未征不退和彻底退税"基本原则的基础上，制定了不同的增值税退（免）税处理办法。

一、出口货物、劳务和跨境应税行为退（免）增值税基本政策

世界各国为了鼓励本国货物出口，在遵循 WTO 基本规则的前提下，一般都采取优惠的税收政策。有的国家采取对该货物出口前所包含的税金在出口后予以退还的政策（即出口退税）；有的国家采取对出口的货物在出口前即予以免税的政策。我国则根据本国的实际，采取出口退税与免税相结合的政策。目前，我国

的出口货物、劳务和跨境应税行为的增值税税收政策分为以下三种形式。

1. 出口免税并退税，即《关于出口货物劳务增值税和消费税政策的通知》（以下简称《通知》）中所说的"适用增值税退（免）税政策的范围"。出口免税是指对货物、劳务和跨境应税行为在出口销售环节免征增值税，这是把货物、劳务和跨境应税行为出口环节与出口前的销售环节都同样视为一个征税环节；出口退税是指对货物、劳务和跨境应税行为在出口前实际承担的税收负担，按规定的退税率计算后予以退还。

2. 出口免税不退税，即《通知》中所说的"适用增值税免税政策的范围"。出口免税与上述第1项含义相同。出口不退税是指适用这个政策的出口货物、劳务和跨境应税行为因在前一道生产、销售环节或进口环节是免税的，因此，出口时该货物、劳务和跨境应税行为的价格中本身就不含税，也无须退税。

3. 出口不免税也不退税，即《通知》中所说的"适用增值税征税政策的范围"。出口不免税是指对国家限制或禁止出口的某些货物、劳务和跨境应税行为的出口环节视同内销环节，照常征税；出口不退税是指对这些货物、劳务和跨境应税行为出口不退还出口前其所负担的税款。

二、出口货物、劳务和跨境应税行为增值税退（免）税政策

（一）适用增值税退（免）税政策的范围

对下列出口货物、劳务和跨境应税行为，除适用《通知》第六条（适用增值税免税政策的出口货物和劳务）和第七条（适用增值税征税政策的出口货物和劳务）的规定外，实行免征和退还增值税［以下称增值税退（免）税政策］。

1. 出口企业出口货物。《通知》所称出口企业，是指依法办理工商登记、税务登记、对外贸易经营者备案登记，自营或委托出口货物的单位或个体工商户，以及依法办理工商登记、税务登记但未办理对外贸易经营者备案登记，委托出口货物的生产企业。

《通知》所称出口货物，是指向海关报关后实际离境并销售给境外单位或个人的货物，分为自营出口货物和委托出口货物两类。

《通知》所称生产企业，是指具有生产能力（包括加工修理修配能力）的单位或个体工商户。

根据《关于企业出口集装箱有关退（免）税问题的公告》企业出口给外商的新造集装箱，交付到境内指定堆场，并取得出口货物报关单（出口退税专用），同时符合其他出口退（免）税规定的，准予按照现行规定办理出口退（免）税。

自2017年1月1日起，生产企业销售自产的海洋工程结构物，或者融资租赁企业及其设立的项目子公司、金融租赁公司及其设立的项目子公司购买并以融资租赁方式出租的国内生产企业生产的海洋工程结构物，应按规定缴纳增值税，

不再适用《财政部　国家税务总局关于出口货物劳务增值税和消费税政策的通知》或者《财政部　国家税务总局关于在全国开展融资租赁货物出口退税政策试点的通知》规定的增值税出口退税政策，但购买方或者承租方为按实物征收增值税的中外合作油（气）田开采企业的除外。

2. 出口企业或其他单位视同出口的货物。出口企业或其他单位视同出口的货物具体是指：

（1）出口企业对外援助、对外承包、境外投资的出口货物。

（2）出口企业经海关报关进入国家批准的出口加工区、保税物流园区、保税港区、综合保税区、珠澳跨境工业区（珠海园区）、中哈霍尔果斯国际边境合作中心（中方配套区域）、保税物流中心（B 型）（以下统称特殊区域）并销售给特殊区域内单位或境外单位、个人的货物。

（3）免税品经营企业销售的货物（国家规定不允许经营和限制出口的货物、卷烟和超出免税品经营企业的《企业法人营业执照》中规定经营范围的货物除外）。具体是指：

第一，中国免税品（集团）有限责任公司向海关报关运入海关监管仓库，专供其经国家批准设立的统一经营、统一组织进货、统一制定零售价格、统一管理的免税店销售的货物；

第二，国家批准的除中国免税品（集团）有限责任公司外的免税品经营企业，向海关报关运入海关监管仓库，专供其所属的首都机场口岸海关隔离区内的免税店销售的货物；

第三，国家批准的除中国免税品（集团）有限责任公司外的免税品经营企业所属的上海虹桥、浦东机场海关隔离区内的免税店销售的货物。

国家规定不允许经营和限制出口的货物是指：《中华人民共和国禁止出境物品表》所列的货物；《卫生部、对外经贸经济合作部、海关总署关于进一步加强人体血液、组织器官管理有关问题的通知》规定的血液和血液制品、人体组织和器官（包括胎儿）以及利用人体组织和器官（包括胎儿）加工生产的制剂；商务部会同有关部门公布的《禁止出口货物目录》所列的货物；《濒危野生动物国际贸易公约》所列的附录一、二、三级的动物、动物产品和植物、植物产品；林业部、农业部发布的《国家重点保护野生动物名录》所列的一、二级保护的野生动物及货物；国家食品药品监督管理局、公安部、卫生部发布的《精神药品管制品种目录》《麻醉药品管制品种目录》所列的货物；国家环保总局、海关总署发布的《中华人民共和国禁止或严格限制的有毒化学品目录》所列的货物。

（4）出口企业或其他单位销售给用于国际金融组织或外国政府贷款国际招标建设项目的中标机电产品（以下称中标机电产品）。上述中标机电产品，包括外国企业中标再分包给出口企业或其他单位的机电产品。

（5）出口企业或其他单位销售给国际运输企业用于国际运输工具上的货物。上述规定暂仅适用于外轮供应公司、远洋运输供应公司销售给外轮、远洋国轮的货物，国内航空供应公司生产销售给国内和国外航空公司国际航班的航空食品。

（6）出口企业或其他单位销售给特殊区域内生产企业生产耗用且不向海关报关而输入特殊区域的水（包括蒸汽）、电力、燃气（以下称输入特殊区域的水电气）。

3. 生产企业视同出口货物的满足条件。

（1）持续经营以来从未发生骗取出口退税、虚开增值税专用发票或农产品收购发票、接受虚开增值税专用发票（善意取得虚开增值税专用发票除外）行为且同时符合下列条件的生产企业出口的外购货物，可视同自产货物适用增值税退（免）税政策：

①已取得增值税一般纳税人资格。

②已持续经营 2 年及 2 年以上。

③纳税信用等级 A 级。

④上一年度销售额 5 亿元以上。

⑤外购出口的货物与本企业自产货物同类型或具有相关性。

（2）持续经营以来从未发生骗取出口退税、虚开增值税专用发票或农产品收购发票、接受虚开增值税专用发票（善意取得虚开增值税专用发票除外）行为但不能同时符合上述规定的条件的生产企业，出口的外购货物符合下列条件之一的，可视同自产货物申报适用增值税退（免）税政策：

①同时符合下列条件的外购货物：与本企业生产的货物名称、性能相同；使用本企业注册商标或境外单位或个人提供给本企业使用的商标；出口给进口本企业自产货物的境外单位或个人。

②与本企业所生产的货物属于配套出口，且出口给进口本企业自产货物的境外单位或个人的外购货物，符合下列条件之一的：用于维修本企业出口的自产货物的工具、零部件、配件，或者不经过本企业加工或组装，出口后能直接与本企业自产货物组合成成套设备的货物。

③经集团公司总部所在地的地级以上国家税务局认定的集团公司，其控股的生产企业之间收购的自产货物以及集团公司与其控股的生产企业之间收购的自产货物。

④同时符合下列条件的委托加工货物：与本企业生产的货物名称、性能相同，或者是用本企业生产的货物再委托深加工的货物；出口给进口本企业自产货物的境外单位或个人；委托方与受托方必须签订委托加工协议，且主要原材料必须由委托方提供，受托方不垫付资金，只收取加工费，开具加工费（含代垫的辅助材料）的增值税专用发票。

⑤用于本企业中标项目下的机电产品。

⑥用于对外承包工程项目下的货物。

⑦用于境外投资的货物。

⑧用于对外援助的货物。

⑨生产自产货物的外购设备和原材料（农产品除外）。

4. 出口企业对外提供加工修理修配劳务。对外提供加工修理修配劳务，是指对进境复出口货物或从事国际运输的运输工具进行的加工修理修配。

5. 融资租赁货物出口退税。根据《关于在全国开展融资租赁货物出口退税政策试点的通知》的规定，对融资租赁出口货物试行退税政策。对融资租赁企业、金融租赁公司及其设立的项目子公司（以下统称融资租赁出租方），以融资租赁方式租赁给境外承租人且租赁期限在5年（含）以上，并向海关报关后实际离境的货物，试行增值税、消费税出口退税政策。

融资租赁出口货物的范围，包括飞机、飞机发动机、铁道机车、铁道客车车厢、船舶及其他货物，具体应符合《增值税暂行条例实施细则》第二十一条"固定资产"的相关规定。

上述融资租赁企业，仅包括金融租赁公司、经商务部批准设立的外商投资融资租赁公司、经商务部和国家税务总局共同批准开展融资业务试点的内资融资租赁企业、经商务部授权的省级商务主管部门和国家经济技术开发区批准的融资租赁公司。

上述金融租赁公司，仅包括经中国银行保险监督管理委员会批准设立的金融租赁公司。

上述所称融资租赁，是指具有融资性质和所有权转移特点的有形动产租赁活动。即出租人根据承租人所要求的规格、型号、性能等条件购入有形动产租赁给承租人，合同期内有形动产所有权属于出租人，承租人只拥有使用权，合同期满付清租金后，承租人有权按照残值购入有形动产，以拥有其所有权。不论出租人是否将有形动产残值销售给承租人，均属于融资租赁。

（二）增值税退（免）税办法

适用增值税退（免）税政策的出口货物、劳务和应税行为，按照下列规定实行增值税"免、抵、退"税或"免、退"税办法。

1. "免、抵、退"税办法。适用增值税一般计税方法的生产企业出口自产货物与视同自产货物、对外提供加工修理修配劳务，以及列名的74家生产企业出口非自产货物，免征增值税，相应的进项税额抵减应纳增值税税额（不包括适用增值税即征即退、先征后退政策的应纳增值税税额），未抵减完的部分予以退还。

跨境应税行为适用增值税零税率政策的服务和无形资产情况见本章第四节的相关内容。

境内的单位和个人提供适用增值税零税率的服务或者无形资产，如果属于适用增值税一般计税方法的，生产企业实行"免、抵、退"税办法，外贸企业直接将服务或自行研发的无形资产出口，视同生产企业连同其出口货物统一实行"免、抵、退"税办法。

实行退（免）税办法的研发服务和设计服务，如果主管税务机关认定出口价格偏高的，有权按照核定的出口价格计算退（免）税，核定的出口价格低于外贸企业购进价格的，低于部分对应的进项税额不予退税，转入成本。

境内的单位和个人提供适用增值税零税率应税服务的，可以放弃适用增值税零税率，选择免税或按规定缴纳增值税。放弃适用增值税零税率后，36个月内不得再申请适用增值税零税率。

2. "免、退"税办法。不具有生产能力的出口企业（以下称外贸企业）或其他单位出口货物、劳务，免征增值税，相应的进项税额予以退还。

适用增值税一般计税方法的外贸企业外购服务或者无形资产出口实行"免、退"税办法。

外贸企业外购研发服务和设计服务免征增值税，其对应的外购应税服务的进项税额予以退还。

（三）增值税出口退税率

1. 除财政部和国家税务总局根据国务院决定而明确的增值税出口退税率（以下称退税率）外，出口货物的退税率为其适用税率。

服务和无形资产的退税率为其按照《增值税暂行条例》规定适用的增值税税率。

2. 根据《财政部　税务总局　海关总署关于深化增值税改革有关政策的公告》规定：自2019年4月1日起，原适用16%税率且出口退税率为16%的出口货物劳务，出口退税率调整为13%；原适用10%税率且出口退税率为10%的出口货物、跨境应税行为，出口退税率调整为9%。

2019年6月30日前（含2019年4月1日前），纳税人出口前款所涉货物劳务、发生前款所涉跨境应税行为，适用增值税免退税办法的，购进时已按调整前税率征收增值税的，执行调整前的出口退税率，购进时已按调整后税率征收增值税的，执行调整后的出口退税率；适用增值税免抵退税办法的，执行调整前的出口退税率，在计算免抵退税时，适用税率低于出口退税率的，适用税率与出口退税率之差视为零进行免抵退税计算。

出口退税率的执行时间及出口货物劳务、发生跨境应税行为的时间，按照以下规定执行：报关出口的货物劳务（保税区及经保税区出口除外），以海关出口报关单上注明的出口日期为准；非报关出口的货物劳务、跨境应税行为，以出口发票或普通发票的开具时间为准；保税区及经保税区出口的货物，以货物离境时海关出具的出境货物备案清单上注明的出口日期为准。

3. 适用13%税率的境外旅客购物离境退税物品，退税率为11%；适用9%税率的境外旅客购物离境退税物品，退税率为8%。

2019年6月30日前，按调整前税率征收增值税的，执行调整前的退税率；按调整后税率征收增值税的，执行调整后的退税率。

退税率的执行时间，以退税物品增值税普通发票的开具日期为准。

(四) 增值税退 (免) 税的计税依据

出口货物、劳务的增值税退 (免) 税的计税依据, 按出口货物、劳务的出口发票 (外销发票)、其他普通发票或购进出口货物、劳务的增值税专用发票、海关进口增值税专用缴款书确定。

跨境应税行为的计税依据按照《适用增值税零税率应税服务退 (免) 税管理办法》执行。具体规定如下:

1. 生产企业出口货物、劳务 (进料加工复出口货物除外) 增值税退 (免) 税的计税依据, 为出口货物、劳务的实际离岸价 (FOB)。实际离岸价应以出口发票上的离岸价为准, 但如果出口发票不能反映实际离岸价, 主管税务机关有权予以核定。

2. 对进料加工出口货物, 企业应以出口货物人民币离岸价扣除出口货物耗用的保税进口料件金额的余额为增值税退 (免) 税的计税依据。"保税进口料件", 是指海关以进料加工贸易方式监管的出口企业从境外和特殊区域等进口的料件。包括出口企业从境外单位或个人购买并从海关保税仓库提取且办理海关进料加工手续的料件, 以及保税区外的出口企业从保税区内的企业购进并办理海关进料加工手续的进口料件。

3. 生产企业国内购进无进项税额且不计提进项税额的免税原材料加工后出口的货物的计税依据, 按出口货物的离岸价 (FOB) 扣除出口货物所含的国内购进免税原材料的金额后确定。

4. 外贸企业出口货物 (委托加工修理修配货物除外) 增值税退 (免) 税的计税依据, 为购进出口货物的增值税专用发票注明的金额或海关进口增值税专用缴款书注明的完税价格。

5. 外贸企业出口委托加工修理修配货物增值税退 (免) 税的计税依据, 为加工修理修配费用增值税专用发票注明的金额。外贸企业应将加工修理修配使用的原材料 (进料加工海关保税进口料件除外) 作价销售给受托加工修理修配的生产企业, 受托加工修理修配的生产企业应将原材料成本并入加工修理修配费用开具发票。

6. 出口进项税额未计算抵扣的已使用过的设备增值税退 (免) 税的计税依据, 按下列公式确定:

$$退(免)税计税依据 = \frac{增值税专用发票上的金额或海关进口增值税专用缴款书注明的完税价格}{已使用过的设备原值} \times 已使用过的设备固定资产净值$$

已使用过的设备固定资产净值 = 已使用过的设备原值 - 已使用过的设备已提累计折旧

已使用过的设备是指出口企业根据财务会计制度已经计提折旧的固定资产。

7. 免税品经营企业销售的货物增值税退 (免) 税的计税依据, 为购进货物的增值税专用发票注明的金额或海关进口增值税专用缴款书注明的完税价格。

8. 中标机电产品增值税退（免）税的计税依据，生产企业为销售机电产品的普通发票注明的金额，外贸企业为购进货物的增值税专用发票注明的金额或海关进口增值税专用缴款书注明的完税价格。

9. 输入特殊区域的水电气增值税退（免）税的计税依据，为作为购买方的特殊区域内生产企业购进水（包括蒸汽）、电力、燃气的增值税专用发票注明的金额。

10. 跨境应税行为的退（免）税计税依据按下列规定执行。

（1）实行"免、抵、退"税办法的退（免）税计税依据如下：

①以铁路运输方式载运旅客的，为按照铁路合作组织清算规则清算后的实际运输收入。

②以铁路运输方式载运货物的，为按照铁路运输进款清算办法，对"发站"或"到站（局）"名称包含"境"字的货票上注明的运输费用以及直接相关的国际联运杂费清算后的实际运输收入。

③以航空运输方式载运货物或旅客的，如果国际运输或港、澳、台地区运输各航段由多个承运人承运的，为中国航空结算有限责任公司清算后的实际收入；如果国际运输或港、澳、台地区运输各航段由一个承运人承运的，为提供航空运输服务取得的收入。

④其他实行"免、抵、退"税办法的增值税零税率应税行为，为提供增值税零税率应税行为取得的收入。

（2）实行退（免）税办法的退（免）税计税依据为购进应税服务的增值税专用发票或解缴税款的中华人民共和国税收缴款凭证上注明的金额。

实行退（免）税法的服务和无形资产，如果主管税务机关认定出口价格偏高的，有权按照核定的出口价格计算退（免）税，核定的出口价格低于外贸企业购进价格的，低于部分对应的进项税额不予退税，转入成本。

（五）增值税"免、抵、退"税和"免、退"税的计算

1. 生产企业出口货物、劳务、服务和无形资产的增值税"免、抵、退"税，依下列公式计算。

（1）当期应纳税额的计算。

当期应纳税额 = 当期销项税额 -（当期进项税额 - 当期不得免征和抵扣税额）

当期不得免征和抵扣税额 = 当期出口货物离岸价 × 外汇人民币折合率
× (出口货物适用税率 - 出口货物退税率)
- 当期不得免征和抵扣税额抵减额

当期不得免征和抵扣税额抵减额 = 当期免税购进原材料价格
× (出口货物适用税率 - 出口货物退税率)

出口货物离岸价（FOB）以出口发票计算的离岸价为准。实际离岸价应以出口发票上的离岸价为准，但如果出口发票不能反映实际离岸价，主管税务机关有

权予以核定。

从上述计算公式看，出口退税在"销项税额"方面并非执行真正的零税率而是一种"超低税率"，即征税率与退税率（各货物不同）之差。

如果我们从会计制度看，上述"免、抵、退"税的计算原理更加清晰。根据企业会计制度的规定，对于实行"免、抵、退"税方法的生产企业，在会计上应当增设如下增值税专栏：

①"出口抵减内销产品应纳税额"借方专栏；

②"出口退税"贷方专栏。

另外，以"进项税额转出"贷方专栏核算"当期'免、抵、退'税不得免征和抵扣税额"，以"其他应收款——应收补贴款"科目核算"当期应退税额"。相关会计处理为：

①根据"当期'免、抵、退'税不得免征和抵扣税额"：

借：主营业务成本

　　贷：应交税费——应交增值税（进项税额转出）

②根据"当期免抵税额"：

借：应交税费——应交增值税（出口抵减内销产品应纳税额）

　　贷：应交税费——应交增值税（出口退税）

③根据"当期应退税额"：

借：其他应收款——应收补贴款

　　贷：应交税费——应交增值税（出口退税）

这笔分录，才是真正的退税。根据"当期应退税额"的计算过程可得知，退的是期末未抵扣完的留抵进项税额。由此可见，"出口退税"贷方专栏核算的是"当期免抵税额"与"当期应退税额"之和，即税法中规定的"当期'免、抵、退'税额"（即出口销售额×退税率）。

而出口货物实际执行的"超低税率"计算的"销项税额"被记入了"进项税额转出"贷方专栏。如果将该部分数额与"出口退税"贷方专栏数额相加，其实也就是内销情况下，应当缴纳的销项税额。所以，"出口退税"贷方专栏反映的并非真正的退税，而是出口货物较内销货物因执行税率的不同而少交的增值税销项税额。

（2）当期"免、抵、退"税额的计算。

当期"免、抵、退"税额 = 当期出口货物离岸价×外汇人民币折合率×

出口货物退税率 − 当期"免、抵、退"税额抵减额

当期"免、抵、退"税额抵减额 = 当期免税购进原材料价格×出口货物退税率

（3）当期应退税额和免抵税额的计算：

①当期期末留抵税额≤当期"免、抵、退"税额，则，

当期应退税额 = 当期期末留抵税额

当期免抵税额 = 当期"免、抵、退"税额 − 当期应退税额

②当期期末留抵税额＞当期"免、抵、退"税额，则，

$$当期应退税额＝当期"免、抵、退"税额$$
$$当期免抵税额＝0$$

当期期末留抵税额为当期增值税纳税申报表中的"期末留抵税额"。

（4）当期免税购进原材料价格包括当期国内购进的无进项税额且不计提进项税额的免税原材料的价格和当期进料加工保税进口料件的价格，其中当期进料加工保税进口料件的价格为进料加工出口货物耗用的保税进口料件金额：

$$\begin{array}{l}进料加工出口货物耗用 \\ 的保税进口料件金额\end{array}＝\begin{array}{l}进料加工出口货物 \\ 人民币离岸价\end{array}×\begin{array}{l}进料加工 \\ 计划分配率\end{array}$$
$$计划分配率＝计划进口总值÷计划出口总值×100\%$$

计算不得免征和抵扣税额时，应按当期全部出口货物的销售额扣除当期全部进料加工出口货物耗用的保税进口料件金额后的余额乘以征退税率之差计算。

进料加工出口货物收齐有关凭证申报免抵退税时，以收齐凭证的进料加工出口货物人民币离岸价扣除其耗用的保税进口料件金额后的余额计算免抵退税额。

2. 外贸企业出口货物、劳务和应税行为增值税免退税，依下列公式计算。

（1）外贸企业出口委托加工修理修配货物以外的货物：

$$增值税应退税额＝增值税退（免）税计税依据×出口货物退税率$$

（2）外贸企业出口委托加工修理修配货物：

$$\begin{array}{l}出口委托加工修理修配 \\ 货物的增值税应退税额\end{array}＝\begin{array}{l}委托加工修理修配的增值 \\ 税退（免）税计税依据\end{array}×\begin{array}{l}出口货物 \\ 退税率\end{array}$$

（3）外贸企业兼营的零税率应税行为增值税免退税的计算：

$$\begin{array}{l}外贸企业兼营的零税率 \\ 应税服务应退税额\end{array}＝\begin{array}{l}外贸企业兼营的零税率 \\ 应税行为免退税计税依据\end{array}×\begin{array}{l}零税率应税行为 \\ 增值税退税率\end{array}$$

3. 融资租赁出口货物退税的计算。融资租赁出租方将融资租赁出口货物租赁给境外承租方、将融资租赁海洋工程结构物租赁给海上石油天然气开采企业，向融资租赁出租方退还其购进租赁货物所含增值税。

其计算公式如下：

$$\begin{array}{l}增值税 \\ 应退税额\end{array}＝\begin{array}{l}购进融资租赁货物的增值税专用发票注明的金额 \\ 或海关(进口增值税)专用缴款书注明的完税价格\end{array}×\begin{array}{l}融资租赁货物适用 \\ 的增值税退税率\end{array}$$

4. 退税率低于适用税率的，相应计算出的差额部分的税款计入出口货物劳务成本。

5. 出口企业既有适用增值税"免、抵、退"项目，也有增值税即征即退、先征后退项目的，增值税即征即退和先征后退项目不参与出口项目"免、抵、退"税计算。出口企业应分别核算增值税"免、抵、退"项目和增值税即征即

退、先征后退项目，并分别申请享受增值税即征即退、先征后退和"免、抵、退"税政策。

用于增值税即征即退或者先征后退项目的进项税额无法划分的，按照下列公式计算：

$$\text{无法划分进项税额中用于增值税即征即退或者先征后退项目的部分} = \text{当月无法划分的全部进项税额} \times \frac{\text{当月增值税即征即退或者先征后退项目销售额}}{\text{当月全部销售额、营业额合计}}$$

6. 实行"免、抵、退"税办法的零税率应税行为提供者如同时有货物、劳务（劳务指对外加工修理修配劳务，下同）出口且未分别计算的，可一并计算"免、抵、退"税额。税务机关在审批时，按照出口货物、劳务、零税率应税行为"免、抵、退"税额比例划分出口货物劳务、零税率应税行为的退税额和免抵税额。

三、出口货物、劳务和跨境应税行为增值税免税政策

对符合下列条件的出口货物、劳务和跨境应税行为，除适用《通知》第七条（适用增值税征税政策的出口货物和劳务）规定外，按下列规定实行免征增值税（以下称增值税免税）政策。

（一）适用增值税免税政策的范围

适用增值税免税政策的出口货物、劳务和应税行为具体如下所述。

1. 出口企业或其他单位出口规定的货物，具体是指：

（1）增值税小规模纳税人出口的货物。

（2）避孕药品和用具，古旧图书。

（3）软件产品。其具体范围是指海关税则号前四位为"9803"的货物。

（4）含黄金、铂金成分的货物，钻石及其饰品。

（5）国家计划内出口的卷烟。其具体范围为：

①有出口经营权的卷烟生产企业（具体范围是指湖南中烟工业公司、浙江中烟工业公司、河南中烟工业公司、贵州中烟工业公司、湖北中烟工业公司、陕西中烟工业公司、安徽中烟工业公司）按国家批准的免税出口卷烟计划（以下简称出口卷烟计划）自营出口的自产卷烟。

②卷烟生产企业按出口卷烟计划委托卷烟出口企业（具体范围是指深圳烟草进出口有限公司、中国烟草辽宁进出口公司、中国烟草黑龙江进出口有限责任公司）出口的自产卷烟；北京卷烟厂按出口卷烟计划委托中国烟草上海进出口有限责任公司出口的自产"中南海"牌卷烟。

③口岸国际隔离区免税店销售的卷烟。

④卷烟出口企业（具体范围是指中国烟草上海进出口有限责任公司、中国烟草广东进出口公司、中国烟草山东进出口有限公司、云南烟草国际有限公司、川渝中烟工业公司、福建中烟工业公司）按出口卷烟计划出口的外购卷烟。

（6）非出口企业委托出口的货物。

（7）非列名生产企业出口的非视同自产货物。

（8）农业生产者自产农产品（农产品的具体范围按照《农业产品征税范围注释》的规定执行）。

（9）油、花生果仁、黑大豆等财政部和国家税务总局规定的出口免税的货物。

（10）外贸企业取得普通发票、废旧物资收购凭证、农产品收购发票、政府非税收入票据的货物。

（11）来料加工复出口的货物。

（12）特殊区域内的企业出口的特殊区域内的货物。

（13）以人民币现金作为结算方式的边境地区出口企业从所在省（自治区）的边境口岸出口到接壤国家的一般贸易和边境小额贸易出口货物。

（14）以旅游购物贸易方式报关出口的货物。

2. 出口企业或其他单位视同出口的下列货物和劳务。

（1）国家批准设立的免税店销售的免税货物〔包括进口免税货物和已实现退（免）税的货物〕。

（2）特殊区域内的企业为境外的单位或个人提供加工修理修配劳务。

（3）同一特殊区域、不同特殊区域内的企业之间销售特殊区域内的货物。

3. 出口企业或其他单位未按规定申报或未补齐增值税退（免）税凭证的出口货物和劳务。具体是指：

（1）未在国家税务总局规定的期限内申报增值税退（免）税的出口货物和劳务。

（2）未在规定期限内申报开具《代理出口货物证明》的出口货物和劳务。

（3）已申报增值税退（免）税，却未在国家税务总局规定的期限内向税务机关补齐增值税退（免）税凭证的出口货物和劳务。

对于适用增值税免税政策的出口货物和劳务，出口企业或其他单位可以依照现行增值税有关规定放弃免税，并依照《通知》第七条（适用增值税免税政策的出口货物和劳务）的规定缴纳增值税。

4. 境内的单位和个人销售的下列跨境应税行为免征增值税，但财政部和国家税务总局规定适用增值税零税率的除外：

（1）工程项目在境外的建筑服务。工程总承包方和工程分包方为施工地点在境外的工程项目提供的建筑服务，均属于工程项目在境外的建筑服务。

（2）工程项目在境外的工程监理服务。

（3）工程、矿产资源在境外的工程勘察勘探服务。

（4）会议展览地点在境外的会议展览服务。

（5）存储地点在境外的仓储服务。

（6）标的物在境外使用的有形动产租赁服务。

（7）在境外提供的广播影视节目（作品）的播映服务。在境外提供的广播影视节目（作品）播映服务，是指在境外的影院、剧院、录像厅及其他场所播映广播影视节目（作品）。通过境内的电台、电视台、卫星通信、互联网、有线电视等无线或者有线装置向境外播映广播影视节目（作品）不属于在境外提供的广播影视节目（作品）播映服务。

（8）在境外提供的文化体育服务、教育医疗服务、旅游服务。在境外提供的文化体育服务和教育医疗服务，是指纳税人在境外现场提供的文化体育服务和教育医疗服务。

为参加在境外举办的科技活动、文化活动、文化演出、文化比赛、体育比赛、体育表演、体育活动而提供的组织安排服务，属于在境外提供的文化体育服务。通过境内的电台、电视台、卫星通信、互联网、有线电视等媒体向境外单位或个人提供的文化体育服务或教育医疗服务，不属于在境外提供的文化体育服务、教育医疗服务。

（9）为出口货物提供的邮政服务、收派服务、保险服务。

①为出口货物提供的邮政服务，是指寄递函件、包裹等邮件出境，向境外发行邮票、出口邮册等邮品。

②为出口货物提供的收派服务，是指为出境的函件、包裹提供的收件、分拣、派送服务。纳税人为出口货物提供收派服务，免税销售额为其向寄件人收取的全部价款和价外费用。

③为出口货物提供的保险服务，包括出口货物保险和出口信用保险。

（10）向境外单位提供的完全在境外消费的电信服务。纳税人向境外单位或者个人提供的电信服务，通过境外电信单位结算费用的，服务接受方为境外电信单位，属于完全在境外消费的电信服务。

（11）向境外单位销售的完全在境外消费的知识产权服务。服务实际接受方为境内单位或者个人的知识产权服务，不属于完全在境外消费的知识产权服务。

（12）向境外单位销售的完全在境外消费的物流辅助服务（仓储服务、收派服务除外）。境外单位从事国际运输和港澳台运输业务经停我国机场、码头、车站、领空、内河、海域时，纳税人向其提供的航空地面服务、港口码头服务、货运客运站场服务、打捞救助服务、装卸搬运服务，属于完全在境外消费的物流辅助服务。

（13）向境外单位销售的完全在境外消费的鉴证咨询服务。下列情形不属于完全在境外消费的鉴证咨询服务：

①服务的实际接受方为境内单位或者个人。

②对境内的货物或不动产进行的认证服务、鉴证服务和咨询服务。

（14）向境外单位销售的完全在境外消费的专业技术服务。下列情形不属于完全在境外消费的专业技术服务：

①服务的实际接受方为境内单位或者个人。

②对境内的天气情况、地震情况、海洋情况、环境和生态情况进行的气象服务、地震服务、海洋服务、环境和生态监测服务。

③为境内的地形地貌、地质构造、水文、矿藏等进行的测绘服务。

④为境内的城、乡、镇提供的城市规划服务。

（15）向境外单位销售的完全在境外消费的商务辅助服务。

①纳税人向境外单位提供的代理报关服务和货物运输代理服务，属于完全在境外消费的代理报关服务和货物运输代理服务。

②纳税人向境外单位提供的外派海员服务，属于完全在境外消费的人力资源服务。外派海员服务，是指境内单位派出属于本单位员工的海员，为境外单位在境外提供的船舶驾驶和船舶管理等服务。

③纳税人以对外劳务合作方式，向境外单位提供的完全在境外发生的人力资源服务，属于完全在境外消费的人力资源服务。对外劳务合作，是指境内单位与境外单位签订劳务合作合同，按照合同约定组织和协助中国公民赴境外工作的活动。

④不属于完全在境外消费的商务辅助服务包括：服务的实际接受方为境内单位或者个人，对境内不动产的投资与资产管理服务、物业管理服务、房地产中介服务，拍卖境内货物或不动产过程中提供的经纪代理服务，为境内货物或不动产的物权纠纷提供的法律代理服务，为境内货物或不动产提供的安全保护服务。

（16）向境外单位销售的广告投放地在境外的广告服务。广告投放地在境外的广告服务，是指为在境外发布的广告提供的广告服务。

（17）向境外单位销售的完全在境外消费的无形资产（技术除外）。下列情形不属于向境外单位销售的完全在境外消费的无形资产：

①无形资产未完全在境外使用。

②所转让的自然资源使用权与境内自然资源相关。

③所转让的基础设施资产经营权、公共事业特许权与境内货物或不动产相关。

④向境外单位转让在境内销售货物、应税劳务、服务、无形资产或不动产的配额、经营权、经销权、分销权、代理权。

（18）为境外单位之间的货币资金融通及其他金融业务提供的直接收费金融服务，且该服务与境内的货物、无形资产和不动产无关。

为境外单位之间、境外单位和个人之间的外币、人民币资金往来提供的资金清算、资金结算、金融支付、账户管理服务，属于为境外单位之间的货币资金融通及其他金融业务提供的直接收费金融服务。

（19）属于以下情形的国际运输服务：

①以无运输工具承运方式提供的国际运输服务。

②以水路运输方式提供国际运输服务但未取得《国际船舶运输经营许可证》的。

③以公路运输方式提供国际运输服务但未取得《道路运输经营许可证》或者《国际汽车运输行车许可证》，或者《道路运输经营许可证》的经营范围未包括"国际运输"的。

④以航空运输方式提供国际运输服务但未取得《公共航空运输企业经营许可证》，或者其经营范围未包括"国际航空客货邮运输业务"的。

⑤以航空运输方式提供国际运输服务但未持有《通用航空经营许可证》，或者其经营范围未包括"公务飞行"的。

（20）符合零税率政策但适用简易计税方法或声明放弃适用零税率选择免税的下列应税行为：

①国际运输服务。

②航天运输服务。

③向境外单位提供的完全在境外消费的下列服务：研发服务；合同能源管理服务；设计服务；广播影视节目（作品）的制作和发行服务；软件服务；电路设计及测试服务；信息系统服务；业务流程管理服务；离岸服务外包业务。

④向境外单位转让完全在境外消费的技术。

上述所称"完全在境外消费"，是指：

第一，服务的实际接受方在境外，且与境内的货物和不动产无关。

第二，无形资产完全在境外使用，且与境内的货物和不动产无关。

第三，财政部和国家税务总局规定的其他情形。

纳税人向国内海关特殊监管区域内的单位或者个人销售服务、无形资产，不属于跨境应税行为，应照章征收增值税。

纳税人向境外单位销售服务或无形资产，按上述规定免征增值税的，该项销售服务或无形资产的全部收入应从境外取得，否则，不予免征增值税。下列情形视同从境外取得收入：

①纳税人向外国航空运输企业提供物流辅助服务，从中国民用航空局清算中心、中国航空结算有限责任公司或者经中国民用航空局批准设立的外国航空运输企业常驻代表机构取得的收入。

②纳税人与境外关联单位发生跨境应税行为，从境内第三方结算公司取得的收入。上述所称第三方结算公司，是指承担跨国企业集团内部成员单位资金集中运营管理职能的资金结算公司，包括财务公司、资金池、资金结算中心等。

③纳税人向外国船舶运输企业提供物流辅助服务，通过外国船舶运输企业指定的境内代理公司结算取得的收入。

④国家税务总局规定的其他情形。

纳税人发生跨境应税行为免征增值税的，应单独核算跨境应税行为的销售额，准确计算不得抵扣的进项税额，其免税收入不得开具增值税专用发票。

纳税人为出口货物提供收派服务，按照下列公式计算不得抵扣的进项税额：

不得抵扣的进项税额 = 当期无法划分的全部进项税额
　　　　　　　　　　×（当期简易计税方法计税项目销售额
　　　　　　　　　　＋免征增值税项目销售额
　　　　　　　　　　－为出口货物提供收派服务支付给境外合作方的费用）
　　　　　　　　　　÷当期全部销售额

5. 市场经营户自营或委托市场采购贸易经营者以市场采购贸易方式出口的货物免征增值税。"市场采购贸易方式出口货物"，是指经国家批准的专业市场集聚区内的市场经营户自营或委托从事市场采购贸易经营的单位，按照海关总署规定的市场采购贸易监管办法办理通关手续，并纳入涵盖市场采购贸易各方经营主体和贸易全流程的市场采购贸易综合管理系统管理的货物（国家规定不适用市场采购贸易方式出口的商品除外）。

（二）进项税额的处理和计算

1. 适用增值税免税政策的出口货物和劳务，其进项税额不得抵扣和退税，应当转入成本。

2. 出口卷烟不得抵扣的进项税额，依下列公式计算：

不得抵扣的进项税额 = 出口卷烟含消费税金额÷（出口卷烟含消费税金额
　　　　　　　　　　＋内销卷烟含消费税金额＋内销卷烟销售额）
　　　　　　　　　　×当期全部进项税额

（1）当生产企业销售的出口卷烟在国内有同类产品销售价格时：

出口卷烟含消费税金额 = 出口销售数量×销售价格

"销售价格"为同类产品生产企业国内实际调拨价格。如实际调拨价格低于税务机关公示的计税价格的，"销售价格"为税务机关公示的计税价格；高于公示计税价格的，销售价格为实际调拨价格。

（2）当生产企业销售的出口卷烟在国内没有同类产品销售价格时：

出口卷烟含税金额 = （出口销售额＋出口销售数量×消费税定额税率）
　　　　　　　　　÷（1－消费税比例税率）

"出口销售额"以出口发票上的离岸价为准。若出口发票不能如实反映离岸价，生产企业应按实际离岸价计算，否则，税务机关有权按照有关规定予以核定调整。

3. 除出口卷烟外，适用增值税免税政策的其他出口货物、劳务和应税行为的计算，按照增值税免税政策的统一规定执行。其中，如果涉及销售额，除来料加工复出口货物为其加工费收入外，其他均为出口离岸价或销售额。

4. 纳税人发生跨境应税行为时，纳税人以承运人身份与托运人签订运输服务合同，收取运费并承担承运人责任，然后委托实际承运人完成全部或部分运输服务时，自行采购并交给实际承运人使用的成品油和支付的道路、桥、闸通行费，同时符合下列条件的，其进项税额准予从销项税额中抵扣：

（1）成品油和道路、桥、闸通行费，应用于纳税人委托实际承运人完成的运输服务；

（2）取得的增值税扣税凭证符合现行规定。

第十节　税收优惠

一、增值税起征点的规定

《增值税暂行条例》规定，纳税人销售额未达到国务院财政、税务主管部门规定的增值税起征点的，免征增值税；达到起征点的，依照本条例规定全额计算缴纳增值税。

《增值税暂行条例实施细则》规定，增值税起征点仅适用于个人，包括：个体工商户和其他个人，但不适用于认定为一般纳税人的个体工商户。即：增值税起征点仅适用于按照小规模纳税人纳税的个体工商户和其他个人。

增值税起征点幅度如下：

1. 按期纳税的，为月销售额 5 000～20 000 元（含本数）。

2. 按次纳税的，为每次（日）销售额 300～500 元（含本数）。

起征点的调整由财政部和国家税务总局规定。省、自治区、直辖市财政厅（局）和国家税务局应当在规定的幅度内，根据实际情况确定本地区适用的起征点，并报财政部和国家税务总局备案。

2021 年 4 月 1 日至 2022 年 12 月 31 日，对月销售额 15 万元以下（含本数）的增值税小规模纳税人免征增值税。

按照《国家税务总局关于扩大小规模纳税人自行开具增值税专用发票试点范围等事项的公告》（国家税务总局公告 2019 年第 8 号）规定，自 2019 年 3 月 1 日起，住宿业，鉴证咨询业，建筑业，工业，信息传输、软件和信息技术服务业，租赁和商务服务业，科学研究和技术服务业，居民服务、修理和其他服务业的所有小规模纳税人均可以自愿使用增值税发票管理系统自行开具增值税专用发票，不受月销售额标准的限制。

二、其他税收优惠

（一）《增值税暂行条例》规定的免税项目

1. 农业生产者销售的自产农产品。农业生产者，包括从事农业生产的单位和个人。农业产品是指种植业、养殖业、林业、牧业、水产业生产的各类植物、动物的初级产品。对上述单位和个人销售的外购农产品，以及单位和个人外购农产品生产、加工后销售的仍然属于规定范围的农业产品，不属于免税的范围，应当按照规定的税率征收增值税。

纳税人采取"公司＋农户"经营模式从事畜禽饲养，即公司与农户签订委托养殖合同，向农户提供畜禽苗、饲料、兽药及疫苗等（所有权属于公司），农户饲养畜禽苗至成品后交付公司回收，公司将回收的成品畜禽用于销售。在上述经营模式下，纳税人回收再销售畜禽，属于农业生产者销售自产农产品，应根据《增值税暂行条例》的有关规定免征增值税。

2. 避孕药品和用具。

3. 古旧图书，是指向社会收购的古书和旧书。

4. 直接用于科学研究、科学试验和教学的进口仪器、设备。

5. 外国政府、国际组织无偿援助的进口物资和设备。

6. 由残疾人的组织直接进口供残疾人专用的物品。

7. 销售自己使用过的物品。自己使用过的物品，是指其他个人自己使用过的物品。

（二）"营改增通知"规定的免征增值税的项目

1. 托儿所、幼儿园提供的保育和教育服务。托儿所、幼儿园，是指经县级以上教育部门审批成立、取得办园许可证的实施 0～6 岁学前教育的机构，包括公办和民办的托儿所、幼儿园、学前班、幼儿班、保育院。

公办托儿所、幼儿园免征增值税的收入，是指在省级财政部门和价格主管部门审核报省级人民政府批准的收费标准以内收取的教育费、保育费。

民办托儿所、幼儿园免征增值税的收入，是指在报经当地有关部门备案并公示的收费标准范围内收取的教育费、保育费。

超过规定收费标准的收费，以开办实验班、特色班和兴趣班等为由另外收取的费用以及与幼儿入园挂钩的赞助费、支教费等超过规定范围的收入，不属于免征增值税的收入。

2. 养老机构提供的养老服务。养老机构，是指依照民政部《养老机构设立许可办法》设立并依法办理登记的为老年人提供集中居住和照料服务的各类养老机构；养老服务，是指上述养老机构按照民政部《养老机构管理办法》的规定，为收住的老年人提供的生活照料、康复护理、精神慰藉、文化娱乐等服务。

3. 残疾人福利机构提供的育养服务。

4. 婚姻介绍服务。

5. 殡葬服务。殡葬服务，是指收费标准由各地价格主管部门会同有关部门核定，或者实行政府指导价管理的遗体接运（含抬尸、消毒）、遗体整容、遗体防腐、存放（含冷藏）、火化、骨灰寄存、吊唁设施设备租赁、墓穴租赁及管理等服务。

6. 残疾人员本人为社会提供的服务。

7. 医疗机构提供的医疗服务。医疗机构，是指依据国务院《医疗机构管理条例》及原卫生部《医疗机构管理条例实施细则》的规定，经登记取得《医疗机构执业许可证》的机构，以及军队、武警部队各级各类医疗机构。具体包括：各级各类医院、门诊部（所）、社区卫生服务中心（站）、急救中心（站）、城乡卫生院、护理院（所）、疗养院、临床检验中心，各级政府及有关部门举办的卫生防疫站（疾病控制中心）、各种专科疾病防治站（所），各级政府举办的妇幼保健所（站）、母婴保健机构、儿童保健机构，各级政府举办的血站（血液中心）等医疗机构。

本项所称的医疗服务，是指医疗机构按照不高于地（市）级以上价格主管部门会同同级卫生主管部门及其他相关部门制定的医疗服务指导价格（包括政府指导价和按照规定由供需双方协商确定的价格等）为就医者提供《全国医疗服务价格项目规范》所列的各项服务，以及医疗机构向社会提供卫生防疫、卫生检疫的服务。

8. 从事学历教育的学校提供的教育服务。

（1）学历教育，是指受教育者经过国家教育考试或者国家规定的其他入学方式，进入国家有关部门批准的学校或者其他教育机构学习，获得国家承认的学历证书的教育形式。具体包括：

①初等教育：普通小学、成人小学。

②初级中等教育：普通初中、职业初中、成人初中。

③高级中等教育：普通高中、成人高中和中等职业学校（包括普通中专、成人中专、职业高中、技工学校）。

④高等教育：普通本专科、成人本专科、网络本专科、研究生（博士、硕士）、高等教育自学考试、高等教育学历文凭考试。

（2）从事学历教育的学校，是指：

①普通学校。

②经地（市）级以上人民政府或者同级政府的教育行政部门批准成立、国家承认其学员学历的各类学校。

③经省级及以上人力资源社会保障行政部门批准成立的技工学校、高级技工学校。

④经省级人民政府批准成立的技师学院。

上述学校均包括符合规定的从事学历教育的民办学校，但不包括职业培训机构等国家不承认学历的教育机构。

（3）提供教育服务免征增值税的收入，是指对列入规定招生计划的在籍学生提供学历教育服务取得的收入，具体包括：经有关部门审核批准并按规定标准收取的学费、住宿费、课本费、作业本费、考试报名费收入，以及学校食堂提供餐饮服务取得的伙食费收入。除此之外的收入，包括学校以各种名义收取的赞助费、择校费等，不属于免征增值税的范围。

学校食堂是指按照《学校食堂与学生集体用餐卫生管理规定》管理的学校食堂。

9. 学生勤工俭学提供的服务。

10. 农业机耕、排灌、病虫害防治、植物保护、农牧保险以及相关技术培训业务，家禽、牲畜、水生动物的配种和疾病防治。

农业机耕，是指在农业、林业、牧业中使用农业机械进行耕作（包括耕耘、种植、收割、脱粒、植物保护等）的业务；排灌，是指对农田进行灌溉或者排涝的业务；病虫害防治，是指从事农业、林业、牧业、渔业的病虫害测报和防治的业务；农牧保险，是指为种植业、养殖业、牧业种植和饲养的动植物提供保险的业务；相关技术培训，是指与牧业机耕、排灌、病虫害防治、植物保护业务相关以及为使农民获得农牧保险知识的技术培训业务；家禽、牲畜、水生动物的配种和疾病防治业务的免税范围，包括与该项服务有关的提供药品和医疗用具的业务。

11. 纪念馆、博物馆、文化馆、文物保护单位管理机构、美术馆、展览馆、书画院、图书馆在自己的场所提供文化体育服务取得的第一道门票收入。

12. 寺院、宫观、清真寺和教堂举办文化、宗教活动的门票收入。

13. 行政单位之外的其他单位收取的符合《营业税改征增值税试点实施办法》第十条规定条件的政府性基金和行政事业性收费。

14. 个人转让著作权。

15. 个人销售自建自用住房。

16. 台湾航运公司、航空公司从事海峡两岸海上直航、空中直航业务在大陆取得的运输收入。

台湾航运公司，是指取得交通运输部颁发的"台湾海峡两岸间水路运输许可证"且该许可证上注明的公司登记地址在台湾地区的航运公司。

台湾航空公司，是指取得中国民用航空局颁发的"经营许可"或者依据《海峡两岸空运协议》和《海峡两岸空运补充协议》规定，批准经营两岸旅客、货物和邮件不定期（包机）运输业务，且公司登记地址在台湾地区的航空公司。

17. 纳税人提供的直接或者间接国际货物运输代理服务。

（1）纳税人提供直接或者间接国际货物运输代理服务，向委托方收取的全部国际货物运输代理服务收入，以及向国际运输承运人支付的国际运输费用，必须通过金融机构进行结算。

（2）纳税人为大陆与香港、澳门、台湾地区之间的货物运输提供的货物运输代理服务参照国际货物运输代理服务有关规定执行。

（3）委托方索取发票的，纳税人应当就国际货物运输代理服务收入向委托方全额开具增值税普通发票。

18. 以下利息收入：

（1）2016年12月31日前，金融机构农户小额贷款。小额贷款，是指单笔且该农户贷款余额总额在10万元（含）以下的贷款。

（2）国家助学贷款。

（3）国债、地方政府债。

（4）中国人民银行对金融机构的贷款。

（5）住房公积金管理中心用住房公积金在指定的委托银行发放的个人住房贷款。

（6）外汇管理部门在从事国家外汇储备经营过程中，委托金融机构发放的外汇贷款。

（7）统借统还业务中，企业集团或企业集团中的核心企业以及集团所属财务公司按不高于支付给金融机构的借款利率水平或者支付的债券票面利率水平，向企业集团或者集团内下属单位收取的利息。

统借方向资金使用单位收取的利息，高于支付给金融机构借款利率水平或者支付的债券票面利率水平的，应全额缴纳增值税。

统借统还业务是指：

①企业集团或者企业集团中的核心企业向金融机构借款或对外发行债券取得资金后，将所借资金分拨给下属单位（包括独立核算单位和非独立核算单位，下同），并向下属单位收取用于归还金融机构或债券购买方本息的业务。

②企业集团向金融机构借款或对外发行债券取得资金后集团所属财务公司与企业集团或者集团内下属单位签订统借统还贷款合同并分拨资金，并向企业集团或者集团内下属单位收取本息，再转付企业集团，由企业集团统一归还金融机构或债券购买方的业务。

19. 保险公司开办的一年期以上人身保险产品取得的保费收入。一年期以上人身保险，是指保险期间为一年期及以上返还本利的人寿保险、养老年金保险，以及保险期间为一年期及以上的健康保险。

人寿保险，是指以人的寿命为保险标的的人身保险。

养老年金保险，是指以养老保障为目的，以被保险人生存为给付保险金条件，并按约定的时间间隔分期给付生存保险金的人身保险。养老年金保险应当同时符合下列条件：

（1）保险合同约定给付被保险人生存保险金的年龄不得小于国家规定的退休年龄。

（2）相邻两次给付的时间间隔不得超过一年。

健康保险，是指以因健康原因导致损失为给付保险金条件的人身保险。

上述免税政策实行备案管理，具体备案管理办法按照《国家税务总局关于一年期以上返还性人身保险产品免征营业税审批事项取消后有关管理问题的公告》规定执行。

20. 再保险服务。

（1）境内保险公司向境外保险公司提供的完全在境外消费的再保险服务，免征增值税。

（2）试点纳税人提供再保险服务（境内保险公司向境外保险公司提供的再

保险服务除外），实行与原保险服务一致的增值税政策。再保险合同对应多个原保险合同的，所有原保险合同均适用免征增值税政策时，该再保险合同适用免征增值税政策。否则，该再保险合同应按规定缴纳增值税。

原保险服务，是指保险分出方与投保人之间直接签订保险合同而建立保险关系的业务活动。

21. 下列金融商品转让收入。

（1）合格境外投资者（QFII）委托境内公司在我国从事证券买卖业务。

人民币合格境外投资者（RQFII）委托境内公司在我国从事证券买卖业务，以及经中国人民银行认可的境外机构投资银行间本币市场取得的收入也属于金融商品转让收入。银行间本币市场包括货币市场、债券市场以及衍生品市场。

（2）香港市场投资者（包括单位和个人）通过沪港通买卖上海证券交易所上市 A 股。

（3）对香港市场投资者（包括单位和个人）通过基金互认买卖内地基金份额。

（4）证券投资基金（包括封闭式证券投资基金和开放式证券投资基金）管理人运用基金买卖股票、债券。

（5）个人从事金融商品转让业务。

22. 金融同业往来利息收入。

（1）金融机构与中国人民银行所发生的资金往来业务。包括中国人民银行对一般金融机构贷款，以及中国人民银行对商业银行的再贴现等。商业银行购买央行票据、与央行开展货币掉期和货币互存等业务也属于金融机构与中国人民银行所发生的资金往来业务。

（2）银行联行往来业务，是指同一银行系统内部不同行、处之间所发生的资金账务往来业务。境内银行与其境外的总机构、母公司之间，以及境内银行与其境外的分支机构、全资子公司之间的资金往来业务也属于银行联行往来业务。

（3）金融机构之间的资金往来业务，是指经中国人民银行批准，进入全国银行间同业拆借市场的金融机构之间通过全国统一的同业拆借网络进行的短期（一年以下，含一年）无担保资金融通行为。

（4）金融机构之间开展的转贴现业务。金融机构是指：①银行，包括中国人民银行、商业银行、政策性银行。②信用合作社。③证券公司。④金融租赁公司、证券基金管理公司、财务公司、信托投资公司、证券投资基金。⑤保险公司。⑥其他经中国人民银行、银保监会、证监会批准成立且经营金融保险业务的机构等。

除上述情况外，下列情况也属于同业往来利息收入：

（1）同业存款。同业存款，是指金融机构之间开展的同业资金存入与存出业务，其中资金存入方仅为具有吸收存款资格的金融机构。

（2）同业借款。同业借款，是指法律法规赋予此项业务范围的金融机构开展的同业资金借出和借入业务。所称"法律法规赋予此项业务范围的金融机构"主要是指农村信用社之间以及在金融机构营业执照列示的业务范围中有反映为

"向金融机构借款"业务的金融机构。

（3）同业代付。同业代付，是指商业银行（受托方）接受金融机构（委托方）的委托向企业客户付款，委托方在约定还款日偿还代付款项本息的资金融通行为。

（4）买断式买入返售金融商品。买断式买入返售金融商品，是指金融商品持有人（正回购方）将债券等金融商品卖给债券购买方（逆回购方）的同时，交易双方约定在未来某一日期，正回购方再以约定价格从逆回购方买回相等数量同种债券等金融商品的交易行为。

（5）持有金融债券。金融债券，是指依法在中华人民共和国境内设立的金融机构法人在全国银行间和交易所债券市场发行的、按约定还本付息的有价证券。

（6）同业存单。同业存单，是指银行业存款类金融机构法人在全国银行间市场上发行的记账式定期存款凭证。

23. 纳税人提供技术转让、技术开发和与之相关的技术咨询、技术服务。

（1）技术转让、技术开发，是指《销售服务、无形资产、不动产注释》中"转让技术""研发服务"范围内的业务活动。技术咨询，是指就特定技术项目提供可行性论证、技术预测、专题技术调查、分析评价报告等业务活动。

与技术转让、技术开发相关的技术咨询、技术服务，是指转让方（或者受托方）根据技术转让或者开发合同的规定，为帮助受让方（或者委托方）掌握所转让（或者委托开发）的技术，而提供的技术咨询、技术服务业务，且这部分技术咨询、技术服务的价款与技术转让或者技术开发的价款应当在同一张发票上开具。

（2）备案程序。试点纳税人申请免征增值税时，须持技术转让、开发的书面合同，到纳税人所在地省级科技主管部门进行认定，并持有关的书面合同和科技主管部门审核意见证明文件报主管税务机关备查。

24. 政府举办的从事学历教育的高等、中等和初等学校（不含下属单位），举办进修班、培训班取得的全部归该学校所有的收入。

全部归该学校所有，是指举办进修班、培训班取得的全部收入进入该学校统一账户，并纳入预算全额上缴财政专户管理，同时由该学校对有关票据进行统一管理和开具。

举办进修班、培训班取得的收入进入该学校下属部门自行开设账户的，不予免征增值税。

25. 政府举办的职业学校设立的主要为在校学生提供实习场所，并由学校出资自办、由学校负责经营管理、经营收入归学校所有的企业，从事《销售服务、无形资产或者不动产注释》中"现代服务"（不含融资租赁服务、广告服务和其他现代服务）、"生活服务"（不含文化体育服务、其他生活服务和桑拿、氧吧）业务活动取得的收入。

26. 家政服务企业由员工制家政服务员提供家政服务取得的收入。

家政服务企业，是指在企业营业执照的规定经营范围中包括家政服务内容的企业。

员工制家政服务员，是指同时符合下列三个条件的家政服务员：

（1）依法与家政服务企业签订半年及半年以上的劳动合同或者服务协议，且在该企业实际上岗工作。

（2）家政服务企业为其按月足额缴纳了企业所在地人民政府根据国家政策规定的基本养老保险、基本医疗保险、工伤保险、失业保险等社会保险。对已享受新型农村养老保险和新型农村合作医疗等社会保险或者下岗职工原单位继续为其缴纳社会保险的家政服务员，如果本人书面提出不再缴纳企业所在地人民政府根据国家政策规定的相应的社会保险，并出具其所在乡镇或者原单位开具的已缴纳相关保险的证明，可视同家政服务企业已为其按月足额缴纳了相应的社会保险。

（3）家政服务企业通过金融机构向其实际支付不低于企业所在地适用的经省级人民政府批准的最低工资标准的工资。

27. 福利彩票、体育彩票的发行收入。

28. 军队空余房产租赁收入。

29. 为了配合国家住房制度改革，企业、行政事业单位按房改成本价、标准价出售住房取得的收入。

30. 将土地使用权转让给农业生产者用于农业生产。

31. 涉及家庭财产分割的个人无偿转让不动产、土地使用权。

家庭财产分割，包括下列情形：离婚财产分割；无偿赠与配偶、父母、子女、祖父母、外祖父母、孙子女、外孙子女、兄弟姐妹；无偿赠与对其承担直接抚养或者赡养义务的抚养人或者赡养人；房屋产权所有人死亡，法定继承人、遗嘱继承人或者受遗赠人依法取得房屋产权。

32. 土地所有者出让土地使用权和土地使用者将土地使用权归还给土地所有者。

33. 县级以上地方人民政府或自然资源行政主管部门出让、转让或收回自然资源使用权（不含土地使用权）。

34. 随军家属就业。

（1）为安置随军家属就业而新开办的企业，自领取税务登记证之日起，其提供的应税服务3年内免征增值税。

享受税收优惠政策的企业，随军家属必须占企业总人数的60%（含）以上，并有军（含）以上政治和后勤机关出具的证明。

（2）从事个体经营的随军家属，自办理税务登记事项之日起，其提供的应税服务3年内免征增值税。

随军家属必须有师以上政治机关出具的可以表明其身份的证明。

按照上述规定，每一名随军家属可以享受一次免税政策。

35. 军队转业干部就业。

（1）从事个体经营的军队转业干部，自领取税务登记证之日起，其提供的应税服务 3 年内免征增值税。

（2）为安置自主择业的军队转业干部就业而新开办的企业，凡安置自主择业的军队转业干部占企业总人数 60%（含）以上的，自领取税务登记证之日起，其提供的应税服务 3 年内免征增值税。

享受上述优惠政策的自主择业的军队转业干部必须持有师以上部队颁发的转业证件。

36. 各党派、共青团、工会、妇联、中科协、青联、台联、侨联收取党费、团费、会费，以及政府间国际组织收取会费，属于非经营活动，不征收增值税。

37. 青藏铁路公司提供的铁路运输服务免征增值税。

38. 中国邮政集团公司及其所属邮政企业提供的邮政普遍服务和邮政特殊服务，免征增值税。

39. 全国社会保障基金理事会、全国社会保障基金投资管理人运用全国社会保障基金买卖证券投资基金、股票、债券取得的金融商品转让收入，免征增值税。

40. 对下列国际航运保险业务免征增值税：

（1）注册在上海、天津的保险企业从事国际航运保险业务。

（2）注册在深圳的保险企业向注册在前海深港现代服务业合作区的企业提供国际航运保险业务。

（3）注册在平潭的保险企业向注册在平潭的企业提供国际航运保险业务。

第十一节　征收管理

一、纳税义务发生时间

《增值税暂行条例》《增值税暂行条例实施细则》和"营改增通知"明确规定了增值税纳税义务发生时间。纳税义务发生时间，是纳税人发生应税销售行为应当承担纳税义务的起始时间。纳税义务发生时间的作用在于：一是正式确认纳税人和扣缴义务人已经发生属于税法规定的应税销售行为时，应承担的纳税和扣缴义务；二是有利于税务机关实施税务管理，合理规定申报期限和纳税期限，监督纳税人切实履行纳税义务。

1. 应税销售行为纳税义务发生时间的一般规定。

《增值税暂行条例》明确规定：

（1）纳税人发生应税销售行为，其纳税义务发生时间为收讫销售款项或者取得索取销售款项凭据的当天；先开具发票的，为开具发票的当天。

收讫销售款项，是指纳税人发生应税销售行为过程中或者完成后收到的款项。

取得索取销售款项凭据的当天，是指书面合同确定的付款日期；未签订书面合同或者书面合同未确定付款日期的，为应税销售行为完成的当天或者不动产权属变更的当天。

（2）进口货物，为报关进口的当天。

（3）增值税扣缴义务发生时间为纳税人增值税纳税义务发生的当天。

2. 应税销售行为纳税义务发生时间的具体规定。

由于纳税人销售结算方式的不同，《增值税暂行条例实施细则》和"营改增通知"规定了具体的纳税义务发生时间。

（1）采取直接收款方式销售货物，不论货物是否发出，均为收到销售款或者取得索取销售款凭据的当天。

纳税人生产经营活动中采取直接收款方式销售货物，已将货物移送对方并暂估销售收入入账，但既未取得销售款或取得索取销售款凭据也未开具销售发票的，其增值税纳税义务发生时间为取得销售款或取得索取销售款凭据的当天；先开具发票的，为开具发票的当天。

（2）采取托收承付和委托银行收款方式销售货物，为发出货物并办妥托收手续的当天。

（3）采取赊销和分期收款方式销售货物，为书面合同约定的收款日期的当天，无书面合同的或者书面合同没有约定收款日期的，为货物发出的当天。

（4）采取预收货款方式销售货物，为货物发出的当天，但生产销售生产工期超过 12 个月的大型机械设备、船舶、飞机等货物，为收到预收款或者书面合同约定的收款日期的当天。

（5）委托其他纳税人代销货物，为收到代销单位的代销清单或者收到全部或者部分货款的当天。未收到代销清单及货款的，为发出代销货物满 180 天的当天。

（6）销售劳务，为提供劳务同时收讫销售款或者取得索取销售款的凭据的当天。

（7）纳税人发生除将货物交付其他单位或者个人代销和销售代销货物以外的视同销售货物行为，为货物移送的当天。

（8）纳税人提供建筑服务、租赁服务采取预收款方式的，其纳税义务发生时间为收到预收款的当天。例如，某试点纳税人出租一辆小轿车，租金为 5 000 元/月，一次性预收了对方一年的租金共 60 000 元，该纳税人则应在收到 60 000 元租金的当天确认纳税义务发生，并按 60 000 元确认收入。而不能将 60 000 元租金采取按月分摊确认收入的方法，也不能在该业务完成后再确认收入。

（9）纳税人从事金融商品转让的，为金融商品所有权转移的当天。

（10）纳税人发生视同销售服务、无形资产或者不动产情形的，其纳税义务发生时间为服务、无形资产转让完成的当天或者不动产权属变更的当天。

上述应税销售行为纳税义务发生时间和扣缴义务发生时间的确定，明确了企业在计算应纳税额时，对"当期销项税额"时间的限定，是增值税计税和征收管理中重要的规定。对于一些企业没有按照上述规定的纳税义务发生时间将实现的销售收入及时入账并计算纳税，而是采取延迟入账或不计销售收入等做法，以拖延纳税或逃避纳税的行为都是错误的。企业必须按上述规定的时限及时、准确地记录销售额和计算当期销项税额。

二、纳税期限

在明确了增值税纳税义务发生时间后，还需要掌握具体纳税期限，以保证按期缴纳税款。根据《增值税暂行条例》和"营改增通知"，增值税的纳税期限分别为1日、3日、5日、10日、15日、1个月或者1个季度。

纳税人的具体纳税期限，由主管税务机关根据纳税人应纳税额的大小分别核定。不能按照固定期限纳税的，可以按次纳税。

根据"营改增通知"和《增值税暂行条例实施细则》的规定，以1个季度为纳税期限的规定适用于小规模纳税人、银行、财务公司、信托投资公司、信用社，以及财政部和国家税务总局规定的其他纳税人。

纳税人以1个月或者1个季度为1个纳税期的，自期满之日起15日内申报纳税；以1日、3日、5日、10日或者15日为1个纳税期的，自期满之日起5日内预缴税款，于次月1日起15日内申报纳税并结清上月应纳税款。

扣缴义务人解缴税款的期限，依照前两款规定执行。

纳税人进口货物，应当自海关填发进口增值税专用缴款书之日起15日内缴纳税款。

三、纳税地点

1. 固定业户应当向其机构所在地主管税务机关申报纳税。总机构和分支机构不在同一县（市）的，应当分别向各自所在地的主管税务机关申报纳税；经财政部和国家税务总局或者其授权的财政和税务机关批准，可以由总机构汇总向总机构所在地的主管税务机关申报纳税。

根据税收属地管辖原则，固定业户应当向其机构所在地的主管税务机关申报纳税，这是一般性规定。这里的机构所在地是指纳税人的注册登记地。如果固定业户设有分支机构，且不在同一县（市）的，应当分别向各自所在地的主管税务机关申报纳税。经财政部和国家税务总局或者其授权的财政和税务机关批准，可以由总机构汇总向总机构所在地的主管税务机关申报纳税。具体审批权限如下：

（1）总机构和分支机构不在同一省、自治区、直辖市的，经财政部和国家税务总局批准，可以由总机构汇总向总机构所在地的主管税务机关申报纳税。

（2）总机构和分支机构不在同一县（市），但在同一省、自治区、直辖市范围内的，经省、自治区、直辖市财政厅（局）、国家税务局审批同意，可以由总机构汇总向总机构所在地的主管税务机关申报纳税。

2. 固定业户到外县（市）销售货物或者劳务，应当向其机构所在地的主管税务机关报告外出经营事项，并向其机构所在地的主管税务机关申报纳税；未报告的，应当向销售地或者劳务发生地的主管税务机关申报纳税；未向销售地或者劳务发生地的主管税务机关申报纳税的，由其机构所在地的主管税务机关补征税款。

3. 非固定业户销售货物或者劳务应当向销售地或者劳务发生地主管税务机关申报纳税；未向销售地或者劳务发生地的主管税务机关申报纳税的，由其机构所在地或者居住地主管税务机关补征税款。

4. 进口货物，应当向报关地海关申报纳税。

5. 扣缴义务人应当向其机构所在地或者居住地主管税务机关申报缴纳扣缴的税款。

知识巩固与能力提升

一、单项选择题

1. 纳税人提供景区游览场所并收取门票收入按照（　　）项目缴纳增值税。

A. 不征收增值税　　　　　　　B. 文化体育业

C. 娱乐业　　　　　　　　　　D. 其他生活服务

2. 下列说法错误的是（　　）。

A. 程租业务属于水路运输服务

B. 期租业务属于水路运输服务

C. 干租业务属于水路运输服务

D. 湿租业务属于航空运输服务

3. 某生产喷雾器的农机厂为增值税一般纳税人，2019 年 8 月生产销售喷雾器，取得不含税销售收入 50 万元，为农民修理喷雾器取得修理费收入 10 万元。当月购入零配件增值税专用发票上注明的税款为 3.2 万元，零配件已入库。发票已通过认定并在当月申报抵扣，则该厂 8 月应缴纳增值税（　　）万元。

A. 4.25　　　　　　B. 4.4　　　　　　C. 2.45　　　　　　D. 6.8

4. 关于增值税的销售额，下列说法中正确的是（　　）。

A. 经纪代理服务，以取得的全部价款和价外费用为销售额

B. 旅游服务，一律为取得的全部价款和价外费用为销售额

C. 航空运输企业的销售额不包括收取的机场建设费

D. 劳务派遣服务，一律以取得的全部价款和价外费用为销售额

5. 下列行为中，涉及的进项税额不得从销项税额中抵扣的是（　　）。

A. 将外购的货物用于单位集体福利

B. 将外购的货物分配给股东和投资者

C. 将外购的货物无偿赠送给其他个人

D. 将外购的货物作为投资提供给其他单位

6. 根据增值税法律制度的规定，下列各项中，不属于现代服务的是（　　）。

A. 租赁服务 B. 鉴证咨询服务

C. 建筑服务 D. 文化创意服务

7. 根据增值税法律制度的规定，一般纳税人提供交通运输业服务适用的税率是（　　）。

A. 6% B. 9% C. 13% D. 3%

8. 根据增值税法律制度的规定，应税销售额为纳税人销售货物或提供应税劳务向购买方收取的全部价款和价外费用。下列收入应计入应税销售额计算缴纳增值税的是（　　）。

A. 纳税人销售货物的同时向购买方收取的集资费

B. 纳税人销售货物向购买方收取的销项税额

C. 从事汽车销售的纳税人向购买方收取的代购买方缴纳的车辆牌照费

D. 受托加工消费税应税消费品，受托方代收代缴的消费税

9. 根据增值税法律制度的规定，下列可以按销售净额作为销售额计算增值税的是（　　）。

A. 以旧换新方式销售电冰箱，扣除旧货价值后的销售净额

B. 纳税人采取折扣方式销售货物，在同一张发票上的金额栏分别注明折扣额和销售额的折扣销售，扣除折扣额后的销售净额

C. 以物易物销售货物的，减除换入货物价值后的销售净额

D. 还本销售方式销售货物的，减除还本支出后的销售净额

10. 一般纳税人企业外购的下列货物，不可以作为进项税额抵扣的是（　　）。

A. 外购的生产经营用固定资产用于企业的生产经营活动

B. 外购的床单用于集体福利

C. 外购的电脑无偿赠送给客户

D. 外购机器设备用于对另一企业投资

二、多项选择题

1. 根据增值税法律制度的规定，下列项目中，属于增值税征税范围的有（　　）。

A. 供电局销售电力产品 B. 进口天然气

C. 家电修理部进行洗衣机修理 D. 化工厂出租仓库

2. 根据增值税法律制度的规定，下列各项中，属于增值税视同销售行为的有（　　）。

A. 甲商店将外购水泥捐赠给救灾区用于救灾

B. 乙工厂将委托加工收回的服装用于职工福利

C. 丙企业将自产的钢材用于投资

D. 丁企业购进一批饮料用于福利发放

3. 增值税一般纳税人将购买的货物用于下列项目时，不得抵扣进项税额的有（　　）。

A. 劳动保护 B. 免税项目 C. 无偿赠送 D. 个人消费

4. 根据增值税法律制度的规定，下列货物，适用9％增值税税率的有（ ）。

A. 天然气 B. 石油液化气 C. 洗衣液 D. 居民用煤炭制品

5. 下列选项中，不属于在境内销售服务、无形资产或者不动产的有（ ）。

A. 服务（租赁不动产除外）的销售方在境内

B. 所销售的不动产在境外

C. 所销售自然资源使用权的自然资源在境内

D. 所租赁的不动产在境外

6. 根据增值税法律制度的规定，下列各项中，不得将其进项税额从销项税额中抵扣的有（ ）。

A. 用于简易计税方法计税项目 B. 非正常损失的购进货物

C. 购进的旅客运输服务 D. 因自然灾害导致毁损的购进货物

7. 根据增值税法律制度的规定，下列各项中，不得开具增值税专用发票的有（ ）。

A. 某餐厅向消费者个人提供的餐饮服务

B. 某婚介所提供的婚姻介绍服务

C. 从事学历教育的学校提供的教育服务

D. 某咨询公司为企业提供的咨询服务

8. 根据《营业税改征增值税试点实施办法》的规定，下列各项中，可以免征增值税的有（ ）。

A. 土地所有者出让土地使用权和土地使用者将土地使用权归还给土地所有者

B. 纳税人提供技术转让、技术开发和与之相关的技术咨询、技术服务

C. 银行向企业发放贷款取得的利息收入

D. 寺院举办宗教活动的门票收入

9. 根据《营业税改征增值税试点实施办法》的规定，下列各项中，不得抵扣进项税额的有（ ）。

A. 用于免征增值税项目的进项税额

B. 用于旅客运输服务的进项税额

C. 用于适用简易计税方法计税项目的进项税额

D. 用于正常损失货物的进项税额

10. 根据《营业税改征增值税试点实施办法》的规定，下列各项中，属于现代服务业的有（ ）。

A. 研发和技术服务 B. 信息技术服务

C. 物流辅助服务 D. 不动产租赁服务

三、计算题

某生产企业为增值税一般纳税人，其生产的货物适用13％增值税税率，2021

年 6 月该企业的有关生产经营业务如下：

（1）销售甲产品给某大商场，开具了增值税专用发票，取得不含税销售额 80 万元；同时取得销售甲产品的送货运输收入 5.65 万元（含增值税价格，与销售货物不能分别核算）。

（2）销售乙产品，开具了增值税普通发票，取得含税销售额 28.25 万元。

（3）将自产的一批应税新产品用于本企业集体福利项目，成本价为 20 万元，该新产品无同类产品市场销售价格，国家税务总局确定该产品的成本利润率为 10%。

（4）销售 2018 年 10 月购进作为固定资产使用过的进口摩托车 5 辆，开具增值税专用发票，上面注明每辆取得销售额为 1 万元。

（5）购进货物取得增值税专用发票，上面注明的货款金额为 60 万元、税额为 7.8 万元；另外支付购货的运输费用 6 万元，取得运输公司开具的增值税专用发票，上面注明的税额为 0.54 万元。

（6）从农产品经营者（小规模纳税人）购进农产品一批（不适用于进项税额核定扣除办法），取得增值税专用发票上注明的金额为 30 万元、税额为 0.9 万元，同时支付给运输单位的运费为 5 万元（不含增值税），取得运输部门开具的增值税专用发票，上面注明的税额为 0.45 万元。本月下旬将购进的农产品的 20% 用于本企业职工福利。

（7）当月租入商用楼房一层，取得对方开具的增值税专用发票上注明的税额为 5.8 万元。

以上相关票据均符合税法的规定。

要求：请按下列顺序计算该企业 10 月应缴纳的增值税税额。

（1）计算销售甲产品的销项税额；

（2）计算销售乙产品的销项税额；

（3）计算自产自用新产品的销项税额；

（4）计算销售使用过的摩托车应纳税额；

（5）计算当月允许抵扣进项税额的合计数；

（6）计算该企业 5 月合计应缴纳的增值税税额。

第三章　消费税

【本章概览】

消费税是对特定消费品所征收的一种价内税。本章主要介绍消费税的纳税人、征税对象、税率、计税依据的确定、应纳税额的计算、出口消费税退（免）税及征收管理等内容。消费税往往具有引导公众消费的社会效应。

【学习目标】

1. 了解消费税纳税义务人的规定、销售数量的确定、进口应税消费品的基本规定、消费税退（免）税政策以及纳税义务发生时间、纳税地点等。

2. 熟悉消费税现行税率、委托加工应税消费品的确定、卷烟批发环节征收消费税的规定、消费税退（免）税政策以及纳税环节等。

3. 掌握消费税税目、适用税率的特殊规定、实行从量定额与从价定率计征办法的计税依据、应纳税额的一般计算、自产自用应税消费品应纳税额的计算、委托加工应税消费品应纳税额的计算、金银首饰征收消费税的若干规定以及进口应税消费品组成计税价格的计算等。

【情景引例】

2016 年 10 月 1 日，我国取消了对普通美容、修饰类化妆品征收消费税的规定，将"化妆品"税目名称更名为"高档化妆品"。征收范围包括高档美容、修饰类化妆品，高档护肤类化妆品和成套化妆品，税率也由原来的 30% 降低到 15%。2016 年 12 月 1 日，我国对超豪华小汽车，在生产（进口）环节按现行税率征收消费税的基础上，在零售环节又加征一道消费税，税率为 10%。

思考：上述消费税政策的调整将对人们的消费行为与企业的经营结构及国家的税收收入带来哪些影响？

第一节　消费税概述

一、消费税的概念

（一）消费税的概念和特别消费税的征收目的

消费税，是对特定的消费品和消费行为征收的一种税。我国目前的消费税是对在我国境内从事生产、委托加工和进口应税消费品的单位和个人，就其销售额或销售数量所征收的一种税。在实际运用中有一般消费税和特别消费税之分。一般消费税是指以所有或大部分消费品或消费行为为课税对象而征收的一类税。特别消费税是指对特定消费品或消费行为征收的一类税，如烟税、酒税、盐税、货物税、关税等。特别消费税属于选择性商品劳务税，由各国政府根据不同的政策目的而选择相应的商品或劳务作为征税对象。

各国征收消费税的项目数量差异很大，有的达 100 多种，有的只有几种甚至一种，而且名称各异，花样百出，如烟草税、酒税和其他饮料税、盐税、茶税、石油税、汽油税等，还有赌具税、彩票税、狩猎税、狗税等各种针对独特消费品或消费行为的税种。

目前，世界上已经有 100 多个国家和地区开征了消费税。我国在 1993 年底由国务院颁布了《中华人民共和国消费税暂行条例》（以下简称《消费税暂行条例》），并于 1994 年 1 月 1 日起对 11 类需要限制或调节的消费品开始征收消费税。20 多年来，为了持续不断贯彻国家的消费政策，保护自然资源，节能减排，引导消费方向，国家对消费税的征税范围、税目、税率及相关政策进行了多次调整。

（二）特别消费税的征收目的

特别消费税是世界各国普遍实行的税种，在各国税收收入总额中占有一定的比重，特别是发展中国家大多以商品劳务税为主体，特别消费税占有相当的比重。各国开征特别消费税的目的无外乎增加财政收入、促进资源配置和调节收入分配三个方面。历史上的消费税可能更多的是出于增加财政收入的考虑，而现代的消费税，其开征目的除了增加国库收入以外，更重要的是发挥其独特的灵活调节功能，以弥补市场的缺陷。

1. 限制不良消费。消费税可以对社会公认为应该加以限制的消费品或消费行为征收高额的税收，体现"寓禁于征"的精神，如对烟、烈性酒、焚化品等不良消费品征收高额消费税，起到限制其消费的目的，从而有利于有限资源的优化配置。

2. 改善环境质量。消费税还可以对产生外部成本的行为征税，使外部成本转换为内部成本，如对产生环境污染的生产经营者，通过征收环境污染税不仅可以为整治环境污染筹集资金，而且还可以促进纳税人采取各种措施，包括减少产量、调整生产经营项目、开发和应用新的治污技术和方法，促进社会经济整体状况的改善，增加全体人民的福利。

3. 促进收入公平分配。实行消费税还可以促进收入的公平分配，因为消费税的征税范围通常是那些低收入者不消费或不经常消费的商品和劳务，按消费金额和消费量实行比例税率或定额税率，具有累进性特点，即高收入者比低收入者承担更多的消费税。

二、消费税的特点

消费税与其他流转税相比，具有以下五个特点。

1. 征税对象具有选择性。消费税虽然是对消费品征税，但并不是对所有的消费品都征税，而只是选择了一部分特殊的消费品、奢侈品、高能耗消费品和不可再生的稀缺资源消费品作为征税对象。

2. 征收环节具有单一性。消费税是在生产（进口）、流通或消费的某一环节一次征收，而不是在消费品生产、流通或消费的每个环节多次征收，即通常所说的一次课征制。

3. 征收方法具有灵活性。为了适应不同应税消费品的情况，消费税采取了从价定率和从量定额两种征收方式。对一部分价格变化较大，且便于按价格核算的应税消费品，依消费品的价格实行从价定率征收；对一部分价格变动较小，品种、规格比较单一的大宗应税消费品，依消费品的数量实行从量定额征收。

4. 税率、税额具有差别性。消费税依据不同消费品的种类、档次、结构、功能或消费品某一部分的含量以及市场的供求状况、消费品价格水平等情况，制定了高低不同的税率和税额。

5. 税收负担具有转嫁性，属于价内税。消费税作为一种间接税，无论在哪个环节征收，消费品中所包含的消费税款最终都要转嫁到消费者身上，由消费者负担，因此，其税收负担具有转嫁性。

第二节　消费税的纳税人与征税对象

一、消费税的纳税人

《消费税暂行条例》规定，在我国国境内生产、委托加工或进口应税消费品的单位和个人，为消费税的纳税人。

在我国境内，是指生产、委托加工和进口属于应当缴纳消费税的消费品的起运地或者所在地在境内（仅限于大陆，不包括港澳台地区）。

单位，是指国有企业、集体企业、私有企业、股份制企业、外商投资企业和外国企业、其他企业和行政单位、事业单位、军事单位、社会团体及其他单位。

个人，是指个体经营者及其他个人。

具体来说，按照消费税征收环节和征收管理机关的不同，消费税的纳税人可以划分为国内生产经营纳税人和进口纳税人两大类。

（一）国内生产经营环节的纳税人

在国内生产经营环节的消费税纳税人包括以下五类。

1. 应税消费品自产自销者。在中国境内从事应税消费品的生产并销售业务的单位和个人，为消费税的纳税人。根据相关规定，自 2013 年 1 月 1 日起，工业企业以外的单位和个人将外购的消费税非应税产品以消费税应税产品对外销售，或者将外购的消费税低税率应税产品以高税率应税产品对外销售的行为，视为应税消费品的生产行为，按规定征收消费税。

2. 应税消费品的自产自用者。在中国境内从事应税消费品的生产并使用自产的应税消费品的，以生产单位或个人为消费税的纳税人。

3. 应税消费品委托加工者。在中国境内从事委托加工业务（委托他人生产）应税消费品业务的，以委托单位或个人为消费税的纳税人。委托加工是指委托方提供原料和主要材料，受托方只收取加工费和代垫部分辅助材料的交易模式。若有由受托方提供原材料和主要材料的行为，一律不得视为委托加工，而应作为自产应税消费品的行为。

4. 特殊应税消费品的零售者。自 1995 年 1 月 1 日起，凡从事金银首饰生产经营业务的，以及自 2002 年 1 月 1 日起从事钻石及其饰品生产经营业务的，以零售单位或个人为纳税人。生产、进口和批发上述消费品的，不征收消费税。

5. 卷烟批发销售者。自 2009 年 5 月 1 日起，在中国境内从事卷烟批发销售的单位和个人，就其销售的所有牌号规格的卷烟缴纳消费税。

（二）进口环节的纳税人

在中国境内从境外进口应税消费品的，进口报关单位或个人为消费税的纳税人。

二、消费税的征税范围

我国现行消费税的征税范围为生产、委托加工和进口的应税消费品，征税范围包括以下四大类十五种产品。

> 思考：
>
> 随着我国社会经济的发展，你认为还有哪些消费品或消费行为应该纳入消费税的征税范围？

1. 一些过度消费会对人类健康、社会秩序、生态环境等方面造成危害的特殊消费品，如烟、酒、鞭炮、焰火、电池、涂料等。

2. 非生活必需品，如高档化妆品、贵重首饰及珠宝玉石等。

3. 高能耗及高档消费品，如摩托车、小汽车、高尔夫球及球具、高档手表、游艇等。

4. 不可再生和不可替代的稀缺资源消费品，如成品油、木制一次性筷子、实木地板等。

目前消费税分为以下五个环节。

（一）生产应税消费品

纳税人生产的应税消费品，于纳税人销售时缴纳消费税。纳税人自产自用的应税消费品，用于连续生产应税消费品的，不纳税。用于其他方面的，于移送使用时纳税。

（二）委托加工应税消费品

委托加工的应税消费品，由受托方在向委托方交货时代收代缴消费税。委托个人加工的应税消费品，由委托方收回后缴纳消费税。

（三）进口应税消费品

单位和个人进口应税消费品，于报关进口时缴纳消费税。进口环节缴纳的消费税由海关代征。

（四）零售应税消费品

1. 金银首饰、铂金首饰、钻石及钻石饰品消费税只在零售环节征收。金银首饰仅限于金基、银基合金首饰以及金银和金基、银基合金的镶嵌首饰和铂金首饰。

2. 超豪华小汽车在零售环节加征一道消费税。自2016年12月1日起，对超豪华小汽车在生产（进口）环节按现行税率征收消费税的基础上，在零售环节加征一道消费税，税率为10%。

（五）批发销售卷烟

卷烟在生产（进口）环节征收消费税的基础上，批发环节加征一道消费税。即卷烟批发企业将卷烟销售给零售单位的，按其销售额征收11%的消费税，并按0.005元/支加征从量税。烟草批发企业将卷烟销售给其他烟草批发企业的，不再缴纳消费税。批发企业在计算批发环节应纳消费税时，不得扣除已含的生产环节的消费税税款。

三、消费税的税目

根据《消费税暂行条例》和其他相关规定，从2015年开始，消费税的征税对象包括15个大类的应税消费品。

（一）烟

凡是以烟叶为原料加工生产的产品，不论使用何种辅料，均属于本税目的征收消费税范围。本税目下设甲类卷烟、乙类卷烟、雪茄烟、烟丝四个子税目。

1. 卷烟。卷烟是指将各种烟叶切成烟丝，按照配方要求均匀混合，加入糖、酒、香料等辅料，用白色盘纸、棕色盘纸、涂布纸或烟草薄片经机器或手工卷制的普通卷烟和雪茄型卷烟。

（1）甲类卷烟。甲类卷烟是指每标准条（200 支，下同）调拨价格在 70 元（不含增值税）以上（含 70 元）的卷烟。

（2）乙类卷烟。乙类卷烟是指每标准条（200 支，下同）调拨价格在 70 元（不含增值税）以下的卷烟。

2. 雪茄烟。雪茄烟是指以晾晒烟为原料或者以晾晒烟和烤烟为原料，用烟叶或卷烟纸、烟草薄片作为烟支内包皮，再用烟叶作为烟支外包皮，经机器或手工卷制而成的烟草制品。按内包皮所用材料的不同可分为全叶卷雪茄烟和半叶卷雪茄烟。雪茄烟的征收范围包括各种规格、型号的雪茄烟。

3. 烟丝。烟丝是指将烟叶切成丝状、粒状、片状、末状或其他形状，再加入辅料，经过发酵、储存，不经卷制即可供销售吸用的烟草制品。

烟丝的征收范围包括以烟叶为原料加工生产的不经卷制的散装烟，如斗烟、莫合烟、烟末、水烟、黄红烟丝等。

（二）酒

酒是酒精度在 1 度以上的各种酒类饮料，包括白酒、黄酒、啤酒和其他酒。

啤酒每吨出厂价（含包装物及包装物押金）在 3 000 元（含 3 000 元，不含增值税）以上的是甲类啤酒；每吨出厂价（含包装物及包装物押金）在 3 000 元（不含增值税）以下的是乙类啤酒。包装物押金不包括重复使用的塑料周转箱的押金。对饮食业、商业、娱乐业举办的啤酒屋（啤酒坊）利用啤酒生产设备生产的啤酒，应当征收消费税。果啤属于啤酒，按啤酒征收消费税。

配制酒（露酒）是指以发酵酒、蒸馏酒或食用酒精为酒基，加入可食用或药食两用的辅料或食品添加剂，进行调配、混合或再加工制成的并改变了其原酒基风格的饮料酒。具体规定如下：

1. 以蒸馏酒或食用酒精为酒基，具有国家相关部门批准的国食健字或卫食健字文号并且酒精度低于 38 度（含）的配制酒，按消费税税目税率表"其他酒"10% 适用税率征收消费税。

2. 以发酵酒为酒基，酒精度低于 20 度（含）的配制酒，按消费税税目税率表"其他酒"10% 适用税率征收消费税。

3. 其他配制酒，按消费税税目税率表"白酒"适用税率征收消费税。

葡萄酒消费税适用"酒"税目下设的"其他酒"子税目。葡萄酒是指以葡萄为原料，经破碎（压榨）、发酵而成的酒精度在 1 度（含）以上的葡萄原酒和成品酒（不含以葡萄为原料的蒸馏酒）。

（三）高档化妆品

自 2016 年 10 月 1 日起，税目调整为包括高档美容、修饰类化妆品、高档护肤类化妆品和成套化妆品。

高档美容、修饰类化妆品和高档护肤类化妆品是指生产（进口）环节销售（完税）价格（不含增值税）在 10 元/毫升（克）或 15 元/片（张）及以上的美容、修饰类化妆品和护肤类化妆品。

美容、修饰类化妆品是指香水、香水精、香粉、口红、指甲油、胭脂、眉笔、唇笔、蓝眼油、眼睫毛以及成套化妆品。

舞台、戏剧、影视演员化妆用的上妆油、卸妆油、油彩，不属于本税目的征收范围。

（四）贵重首饰及珠宝玉石

包括以金、银、白金、宝石、珍珠、钻石、翡翠、珊瑚、玛瑙等高贵稀有物质以及其他金属、人造宝石等制作的各种纯金银首饰及镶嵌首饰（含人造金银、合成金银首饰等）。对出国人员免税商店销售的金银首饰征收消费税。

（五）鞭炮、焰火

本税目征收范围包括各种鞭炮、焰火。体育上用的发令纸、鞭炮药引线，不按本税目征收。

（六）成品油

本税目包括汽油、柴油、石脑油、溶剂油、航空煤油、润滑油、燃料油七个子税目；航空煤油暂缓征收消费税。

（七）摩托车

本税目征收范围包括轻便摩托车和摩托车两种。对最大设计超速车速不超过 50 千米/小时、发动机气缸总工作容积不超过 50 毫米的三轮摩托车不征收消费税。根据《财政部　国家税务总局关于调整消费税政策的通知》，自 2014 年 12 月 1 日起取消气缸容量 250 毫升（不含）以下的小排量摩托车消费税。

（八）小汽车

汽车是指由动力驱动，具有 4 个或 4 个以上车轮的非轨道承载的车辆。本税目征收范围包括乘用车、中轻型商用客车、超豪华小汽车三个子税目。

1. 乘用车。乘用车是指含驾驶员座位在内最多不超过 9 个座位（含）的，在设计和技术特性上用于载运乘客和货物的各类车辆。用排气量小于 1.5 升（含）的乘用车底盘（车架）改装、改制的车辆属于乘用车征收范围。

2. 中轻型商用客车。中轻型商用客车是指含驾驶员座位在内的座位数在 10～23 座（含 23 座）的在设计和技术特性上用于载运乘客和货物的各类车辆。车身长度大于 7 米（含），并且座位在 10～23 座（含）以下的商用客车，不属于中轻型商用客车，不征收消费税。

3. 超豪华小汽车。自2016年12月1日起，"小汽车"税目下增设"超豪华小汽车"子税目，即每辆零售价格130万元（不含增值税）的小汽车，在零售环节再加征10%的消费税。

电动汽车不属于本税目征收范围。沙滩车、雪地车、卡丁车、高尔夫车不属于消费税征收范围，不征收消费税。

（九）高尔夫球及球具

高尔夫球及球具是指从事高尔夫球运动所需的各种专用装备，包括高尔夫球、高尔夫球杆及高尔夫球包（袋）等。本税目征收范围包括高尔夫球、高尔夫球杆、高尔夫球包（袋）。高尔夫球杆的杆头、杆身和握把，属于本税目征收范围。

（十）高档手表

高档手表是指销售价格（不含增值税）每只在10 000元（含）以上的各类手表。本税目征收范围包括符合以上标准的各类手表。

（十一）游艇

游艇是指长度大于8米小于90米，船体由玻璃钢、铝合金、塑料等多种材料制作，可以在水上移动的水上浮载体。按照动力划分，游艇分为无动力艇、帆艇和机动艇。

（十二）木制一次性筷子

木制一次性筷子又称卫生筷子，是指以木材为原料，经过锯断、浸泡、旋切、刨切、烘干、筛选、打磨、倒角、包装等环节加工而成的各类一次性使用的筷子。本税目征收范围包括各种规格的木制一次性筷子。未经打磨、倒角的木制一次性筷子，属于本税目征税范围。

（十三）实木地板

实木地板是指以木材为原料，经锯割、干燥、刨光、截断、开榫、涂漆等工序加工而成的块状或条状的地面装饰材料。未经涂饰的素板属于本税目征税范围。

（十四）电池

电池是一种将化学能、光能等直接转换为电能的装置，一般由电极、电解质、容器、极端，通常还有隔离层组成的基本功能单元，以及用一个或多个基本功能单元装配成的电池组。其范围包括原电池、蓄电池、燃料电池、太阳能电池和其他电池。

自2015年2月1日起，对电池征收消费税，对无汞原电池、金属氢化物镍蓄电池（又称氢镍蓄电池或镍氢蓄电池）、锂原电池、锂电子蓄电池、太阳能电池、燃料电池、全钒液流电池免征消费税。2015 年 12 月 31 日前对铅蓄电池缓征消费税；自 2016 年 1 月 1 日起，对铅蓄电池按 4% 税率征收消费税。

（十五）涂料

涂料是指涂在物体表面能形成具有保护、装饰或特殊性能的固态涂膜的一类液体或固体材料的总称。自 2015 年 2 月 1 日起对涂料征收消费税，对施工状态下挥发性有机物（VOC）含量低于 420 克/升的涂料免征消费税。

第三节 消费税的税率

一、消费税税率的类型

《消费税暂行条例》根据不同应税消费品的具体情况，分别规定了比例税率和定额税率两种税率形式，还对某些兼营不同应税消费品的税率适用作出具体的规定。

（一）比例税率

比例税率主要适用于那些价格差异较大、计量单位难以规范的应税消费品，包括烟、除黄酒和啤酒以外的其他应税酒、化妆品、鞭炮烟火、贵重首饰、珠宝玉石、摩托车、小汽车、高尔夫球及球具、高档手表、游艇、木制一次性筷子、实木地板、电池和涂料等。

（二）定额税率

定额税率适用于计量单位规范的液体应税消费品，包括成品油税目的 7 个子税目和酒类产品中的黄酒和啤酒 2 个子税目。

（三）复合税率

卷烟和白酒两种应税消费品采用定额和比例相结合的复合税率。

（四）兼营不同税率消费品的税率确定

纳税人兼营（生产销售）两种税率以上的应税消费品，应当分别核算不同税率应税消费品的销售额、销售数量，未分别核算销售额、销售数量或者将不同税率的应税消费品组成成套消费品销售的，从高适用税率。

二、税率的具体规定

消费税税目税率（税额）如表 3-1 所示。

表 3-1 　　　　　　　　　　消费税税目税率（税额）表

税目	税率（额）
一、烟	
1. 卷烟	
（1）每标准条调拨价 70 元（含）以上的卷烟	56% 加 0.003 元/支
（2）每标准条调拨价 70 元以下的卷烟	36% 加 0.003 元/支
2. 雪茄烟	36%
3. 烟丝	30%
二、酒及酒精	
1. 白酒	20% 加 0.5 元/500 克（或者 500 毫升）
2. 黄酒	240 元/吨
3. 啤酒	
（1）甲类啤酒	250 元/吨
（2）乙类啤酒	220 元/吨
4. 其他酒	10%
三、高档化妆品	15%
四、贵重首饰及珠宝玉石	
1. 金银首饰、铂金首饰和钻石及钻石饰品	5%
2. 其他贵重首饰和珠宝玉石	10%
五、鞭炮、焰火	15%
六、成品油	
1. 汽油	1.52 元/升
2. 柴油	1.2 元/升
3. 航空煤油	1.2 元/升
4. 石脑油	1.52 元/升
5. 溶剂油	1.52 元/升
6. 润滑油	1.52 元/升
7. 燃料油	1.2 元/升
七、小汽车	
1. 乘用车	
（1）气缸容量（排气量，下同）1.0 升（含）以下的	1%
（2）气缸容量 1.0 升以上至 1.5 升（含）的	3%
（3）气缸容量 1.5 升以上至 2.0 升（含）的	5%
（4）气缸容量 2.0 升以上至 2.5 升（含）的	9%
（5）气缸容量 2.5 升以上至 3.0 升（含）的	12%
（6）气缸容量 3.0 升以上至 4.0 升（含）的	25%
（7）气缸容量 4.0 升以上的	40%
2. 中轻型商用客车	5%
3. 超豪华小汽车（零售环节）	10%
八、摩托车	
（1）气缸容量为 250 毫升的	3%
（2）气缸容量为 250 毫升以上	10%
九、高尔夫球及球具	10%
十、高档手表	20%

续表

税目	税率（额）
十一、游艇	10%
十二、木制一次性筷子	5%
十三、实木地板	5%
十四、电池	4%
十五、涂料	4%

第四节　消费税计税依据的确定

一、从价定率征收消费税的计税依据

实行从价定率计征办法的应税消费品，以含消费税而不含增值税的销售额为计税依据。

（一）销售额的确定

销售额为纳税人销售应税消费品向购买方收取的全部价款和价外费用。

比较一下：

消费税销售额与增值税销售额的差异。

所谓"价外费用"具体是指价外收取的基金、集资费、返还利润、补贴、违约金（延期付款利息）和手续费、包装费、储备费、优质费、运输装卸费、代收款项、代垫款项以及其他各种性质的价外收费。但下列款项不包括在内：

1. 同时符合以下条件的代垫运输费用：

（1）承运部门的运费发票开具给购货方的；

（2）纳税人将该项发票转交给购货方的。

2. 同时符合以下条件代为收取的政府性基金或者行政事业性收费：

（1）由国务院或者财政部批准设立的政府性基金，由国务院或者省级人民政府及其财政、价格主管部门批准设立的行政事业性收费；

（2）收取时开具省级以上财政部门印制的财政票据；

（3）所收款项全额上缴财政。

其他价外费用，无论是否属于纳税人的收入，均应并入销售额计算征税。

应税消费品的销售额，不包括向购买方收取的增值税税款。如果纳税人应税消费品的销售额中未扣除增值税税款或者因不得开具增值税专用发票而发生价款和增值税税款合并收取的，在计算消费税时，应当换算为不含增值税税款的销售额。换算公式为：

应税消费品的销售额＝含增值税的销售额÷（1＋增值税税率或征收率）

（二）包装物押金的处理

> 提示：
> 白酒押金收取时就要计征增值税和消费税，啤酒、黄酒押金逾期没收时只计征增值税。

实行从价定率办法计算应纳税额的应税消费品连同包装销售的，无论包装是否单独计价，也不论在会计上如何核算，均应并入应税消费品的销售额中征收消费税。如果包装物不作价随同产品销售，而是收取押金（收取酒类产品的包装物押金除外），且单独核算又未过期的，此项押金不应并入应税消费品的销售额中征税。但对因逾期未收回的包装物不再退还或者已收取一年以上押金，应并入应税消费品的销售额，按照应税消费品的适用税率征收消费税。

对既作价随同应税消费品销售，又另外收取的包装物押金，凡纳税人在规定的期限内不予退还的，均应并入应税消费品的销售额，按照应税消费品的适用税率征收消费税。

对酒类产品生产企业销售酒类产品（黄酒、啤酒除外）而收取的包装物押金，无论押金是否返还及会计上如何核算，均需并入酒类产品销售额中，依酒类产品的适用税率征收消费税。

（三）外汇结算销售额的处理

纳税人销售的应税消费品，以外汇结算销售额的，其销售额的人民币折合率可以选择结算的当天或者当月1日的国家外汇牌价（原则上为中间价）。纳税人应在事先确定采取何种折合率，确定后一年内不得变更。

二、从量定额征收消费税的计税依据

在从量定额计算方法下，以应税消费品的销售数量为计税依据。

（一）销售数量的确定

销售数量是指纳税人生产、加工和进口应税消费品的数量。具体规定为：
1. 销售应税消费品的，为应税消费品的销售数量。
2. 自产自用应税消费品的，为应税消费品的移送使用数量。
3. 委托加工应税消费品的，为纳税人收回的应税消费品数量。
4. 进口的应税消费品，为海关核定的应税消费品进口征税数量。

（二）计量单位的换算标准

在实际销售过程中，一些纳税人往往将计量单位混用，为了规范不同产品的计量单位，在税收制度中规定了吨与升之间的换算标准：

啤酒 1 吨 = 988 升   黄酒 1 吨 = 962 升

汽油 1 吨 = 1 388 升   柴油 1 吨 = 1 176 升

石脑油 1 吨 = 1 385 升   溶剂油 1 吨 = 1 282 升

润滑油 1 吨 = 1 126 升   燃料油 1 吨 = 1 015 升

航空煤油 1 吨 = 1 246 升

三、计税依据的特殊规定

1. 纳税人通过自设非独立核算门市部销售的自产应税消费品，应当按照门市部对外销售额或销售数量计税。

【例 3 - 1】某摩托车生产企业为增值税一般纳税人，6 月份将生产的某型号摩托车（气缸容量为 300 毫升，税率为 10%）30 辆，以每辆出厂价 12 000 元（不含增值税）发给自设非独立核算的门市部，门市部又以每辆 15 820 元（含增值税）销售给消费者。计算该企业 6 月份应缴纳的消费税。

【解析】应纳消费税税额 = 15 820 ÷ (1 + 13%) × 30 × 10% = 42 000（元）

2. 纳税人将应税消费品用于换取生产资料和消费资料，投资入股和抵偿债务等方面的，应以纳税人同类应税消费品的最高销售价格作为计税依据。

【例 3 - 2】某汽车制造厂以自产乘用车（气缸容量为 2.0 升，税率为 5%）10 辆换取某钢材厂生产的钢材 200 吨，每吨钢材 3 000 元。该厂生产的同一型号乘用车销售价格分别为 9.5 万元/辆、9 万元/辆和 8.5 万元/辆，计算用于换取钢材的乘用车应纳消费税（以上价格均不含增值税）。

【解析】应纳消费税税额 = 9.5 × 10 × 5% = 4.75（万元）

3. 白酒生产企业向商业销售单位收取的"品牌使用费"是随着应税白酒的销售而向购货方收取的，不论企业采取何种方式或以何种名义收取价款，均应并入白酒的销售额中缴纳消费税。

第五节　消费税应纳税额的计算

一、消费税的一般计税方法

（一）从价定率计税的计算方法

在从价定率计算方法下，应纳税额的计算取决于应税消费品的销售额和适用税率两个因素。计算公式为：

$$应纳税额 = 销售额 × 适用税率$$

【例 3 - 3】某汽车厂销售乘用车（气缸容量为 1.8 升，税率为 5%）10 辆，共计收取价款 120 万元（不含税），随同价款向对方共收取优质费 113 000 元，计算应缴纳的消费税。

【解析】计税销售额 = 1 200 000 + 113 000 ÷（1 + 13%）= 1 300 000（元）

应纳消费税税额 = 1 300 000 × 5% = 65 000（元）

（二）从量定额计税的计算方法

在从量定额计算方法下，应纳税额的计算取决于应税消费品的销售数量和单位税额两个因素。计算公式为：

$$应纳税额 = 销售数量 × 单位税额$$

【例3-4】某煤油厂某月份销售汽油 5 000 吨，销售柴油 3 000 吨。计算应缴纳的消费税。

【解析】销售汽油应纳消费税税额 = 5 000 × 1 388 × 1.52 = 1 054.88（万元）

销售柴油应纳消费税税额 = 3 000 × 1 176 × 1.2 = 423.36（万元）

（三）复合计税（从价定率和从量定额相结合）的计算方法

在目前的消费税中，只有卷烟和白酒采用复合计税的方法。计算公式为：

$$应纳税额 = 销售数量 × 单位税额 ÷ 销售额 × 适用税率$$

【例3-5】某酒厂4月份生产粮食白酒 20 万箱，其中销售 15 万箱，每箱单价 40 元（不含税），每箱 12 瓶，每瓶 500 克。为了扩大销路，向邻省某商场无偿赠送样品 40 箱；分给本厂职工每人 1 箱，全厂共计 250 人。计算该酒厂应缴纳的消费税。

【解析】从量征收应纳消费税税额 =（150 000 + 40 + 250）× 12 × 0.5

= 901 740（元）

从价征收应纳消费税税额 =（150 000 + 40 + 250）× 40 × 20% = 1 202 320（元）

应纳消费税税额合计 = 901 740 + 1 202 320 = 2 104 060（元）

【例3-6】某卷烟厂（一般纳税人）生产销售卷烟和烟丝。4月份将自产烟丝 10 吨用于生产 A、B 两种牌号的卷烟。

①3月 15 日，销售 A 牌号卷烟 10 箱（标准箱，下同），每箱调拨价为 2 万元（不含税，下同）；

②3月 20 日，销售 B 牌号卷烟 18 箱，每箱调拨价为 8 750 元；

③3月 29 日，销售烟丝 5 吨，每吨不含税销售款为 5 万元。

计算该卷烟厂应缴纳的消费税。

【解析】①3月 15 日销售卷烟：

从价征收：先确定税率。

每标准条的调拨价 = 20 000 ÷ 250 = 80（元）[因为：每标准箱为 5 万支，而每标准条为 200 支，所以，每标准箱 = 50 000 ÷ 200 = 250（条）]

由于 80 元 > 70 元，所以适用税率为 56%。

从价征收应纳消费税税额 = 20 000 × 10 × 56% = 112 000（元）

②3 月 20 日销售卷烟：

从量征收应纳消费税税额 = 150 × 18 = 2 700（元）

从价征收：先确定税率。

每标准条的调拨价 = 8 750 ÷ 250 = 35（元），由于 35 元 < 70 元，所以适用税率为 36%。

从价征收应纳消费税税额 = 8 750 × 18 × 36% = 56 700（元）

③3 月 29 日销售烟丝应纳消费税税额 = 50 000 × 5 × 30% = 75 000（元）

④该卷烟厂应纳消费税税额合计 = 1 500 + 112 000 + 2 700 + 56 700 + 75 000

= 247 900（元）

二、准予扣除消费税的计算

由于某些应税消费品是用外购已缴纳消费税的应税消费品连续生产出来的，在对这些连续生产出来的应税消费品计税时，应按照当期生产领用的数量计算准予扣除外购的应税消费品已纳的消费税税款（但用外购的已税珠宝玉石生产的改在零售环节征收消费税的金银首饰除外）。扣除的范围包括：

> 提示：
>
> 已纳消费税扣除应注意的问题：
>
> （1）扣税范围不包括酒类（葡萄酒除外）、小汽车、高档手表、游艇以及部分成品油、电池、涂料；
>
> （2）是对生产环节已纳消费税的扣除，批发、零售环节需要纳税的应税消费品不得扣除已纳消费税；
>
> （3）扣税前后的税目必须一致，不得跨税目抵扣。

1. 外购已税烟丝生产的卷烟。

2. 外购已税高档化妆品生产的高档化妆品。

3. 外购已税珠宝玉石生产的贵重首饰及珠宝玉石。

4. 外购已税鞭炮、焰火生产的鞭炮、焰火。

5. 外购已税摩托车生产的应税摩托车（如外购两轮摩托车改装三轮摩托车）。

6. 以外购已税杆头、杆身和握把为原料生产的高尔夫球杆。

7. 以外购已税木制一次性筷子为原料生产的木制一次性筷子。

8. 以外购已税实木地板为原料生产的实木地板。

9. 以外购已税汽油、柴油、石脑油、燃料油、润滑油为原料连续生产的应税成品油。

计算公式为：

$$\begin{aligned} \text{当期准予扣除的外购} \\ \text{应税消费品已纳税款} \end{aligned} = \begin{aligned} \text{当期准予扣除的外购} \\ \text{应税消费品的买价或数量} \end{aligned} \times \begin{aligned} \text{外购应税消费品的} \\ \text{适用税率或税额} \end{aligned}$$

而：

$$\begin{aligned} \text{当期准予扣除的外购} \\ \text{应税消费品的买价或数量} \end{aligned} = \begin{aligned} \text{期初库存的外购应税} \\ \text{消费品的买价或数量} \end{aligned} + \begin{aligned} \text{当期购进的应税} \\ \text{消费品的买价或数量} \end{aligned}$$
$$- \begin{aligned} \text{期末库存的外购应税} \\ \text{消费品的买价或数量} \end{aligned}$$

外购已税消费品的买价是指购货发票上注明的销售额（不包括增值税税款）。

值得注意的是，纳税人用外购的已税珠宝玉石生产的改在零售环节征收消费税的金银首饰（镶嵌首饰），在计税时一律不得扣除外购珠宝玉石的已纳税款。

【例3－7】 某卷烟生产企业，某月份库存外购应税烟丝金额为20万元，当月又外购应税烟丝金额为50万元（不含增值税），月末库存烟丝金额为10万元，其余被当月生产卷烟领用。计算当月准予扣除的外购烟丝已纳的消费税。

【解析】 当月准予扣除的外购烟丝已纳的消费税税额 $= (20 + 50 - 10) \times 30\%$
$= 18$（万元）

三、自产自用应税消费品应纳消费税的计算

在纳税人生产销售应税消费品中，有一种自产自用的形式。自产自用通常指的是纳税人生产应税消费品后，不是直接用于对外销售，而是用于连续生产应税消费品，或用于其他方面。

（一）用于连续生产应税消费品的规定

纳税人自产自用的应税消费品，用于连续生产应税消费品的，不纳税。所谓"纳税人自产自用的应税消费品，用于连续生产应税消费品的"，是指作为生产最终应税消费品的直接材料，并构成最终产品实体的应税消费品。比如，卷烟厂生产的烟丝，如果直接对外销售，应缴纳消费税。但如果烟丝用于本厂连续生产卷烟，用于连续生产卷烟的烟丝就不缴纳消费税，只对生产的卷烟征收消费税。这样的规定，体现了税不重征，且计税简便的原则。

（二）用于其他方面的规定

纳税人自产自用的应税消费品，除用于连续生产应税消费品的外，凡用于其他方面的，于移送使用时纳税。所谓"用于其他方面的"，是指纳税人用于生产非应税消费品和在建工程、管理部门、非生产机构、提供劳务，以及用于馈赠、赞助、集资、广告、样品、职工福利、奖励等方面的应税消费品。所谓"用于生产非应税消费品"，是指把自产的应税消费品用于生产消费税税目税率表中所列

15 类消费品以外的产品。纳税人把自产应税消费品用于本企业基本建设、专项工程、生活福利设施等其他方面，从形式上看，并没有取得销售收入，但却要视同对外销售，计征消费税。

（三）组成计税价格及税额的计算

纳税人自产自用的应税消费品，凡用于其他方面的，应当纳税。具体分为以下两种情况。

1. 有同类消费品的销售价格的，按照纳税人生产的同类消费品的销售价格计算纳税。计算公式为：

$$应纳税额 = 同类消费品销售单价 \times 自产自用数量 \times 适用税率$$

【例3-8】某汽车制造厂将自产的乘用车（气缸容量3.0升，税率为12%）一辆，用于厂领导工作所用（固定资产），该种车辆的对外销售价格为180 000元。计算应纳的消费税。

【解析】应纳消费税税额 = 180 000 × 1 × 12% = 21 600（元）

所谓"同类消费品的销售价格"，是指纳税人当月销售的同类消费品的销售价格。如果当月同类消费品各期销售价格高低不同，应按销售数量加权平均计算。

【例3-9】某卷烟厂在5月份分三批销售同一牌号的卷烟。第一批销售5 000箱，销售额为625万元；第二批销售3 000箱，销售额为360万元；第三批销售2 000箱，销售额为225万元。

【解析】三批卷烟当月的加权平均销售价格 = （625 + 360 + 225）÷（5 000 + 3 000 + 2 000）= 1 210（元/箱）

但销售的应税消费品有下列情况之一的，不得列入加权平均计算：（1）销售价格明显偏低又无正当理由的。（2）无销售价格的。如果当月无销售或者当月未完结，应按照同类消费品上月或最近月份的销售价格计算纳税。

注意：不征消费税的货物，在计算组成计税价格时，成本利润率均为10%。

2. 没有同类消费品销售价格的，应按照组成计税价格计税。其计算公式为：

$$应纳税额 = 组成计税价格 \times 适用税率$$

其中，组成计税价格的计算公式有以下两种情况。

（1）从价定率计税的应税消费品：

$$组成计税价格 = （成本 + 利润）÷（1 - 消费税税率）$$
$$= 成本 \times （1 + 成本利润率）÷（1 - 消费税税率）$$

（2）复合计税的应税消费品：

$$组成计税价格 = （成本 + 利润 + 自产自用数量 \times 定额税率）÷（1 - 消费税税率）$$
$$= \frac{成本 \times （1 + 成本利润率）+ 自产自用数量 \times 定额税率}{1 - 消费税税率}$$

公式中的"成本"，是指应税消费品的生产成本；"利润"，是指根据应税消费品的全国平均成本利润率计算的利润。

应税消费品全国平均成本利润率由国家税务总局确定：
- 甲类卷烟和粮食白酒为10%；
- 乘用车为8%；
- 摩托车、贵重首饰及珠宝玉石为6%；
- 乙类卷烟、雪茄烟、烟丝、薯类白酒、其他酒、高档化妆品、鞭炮、焰火均为5%；
- 高尔夫球及球具为10%；
- 高档手表为20%；
- 游艇为10%；
- 木制一次性筷子为5%；
- 实木地板为5%；
- 乘用车为8%；
- 中轻型商用客车为5%；
- 电池为4%；
- 涂料为7%。

【例3－10】某企业将生产的高档化妆品作为年终奖励发给本厂职工，无同类产品的销售价格，其生产成本为15 000元。该产品的成本利润率为5%，化妆品适用税率为15%。计算应纳的消费税。

【解析】组成计税价格＝15 000×（1＋5%）÷（1－15%）＝18 259.41（元）
应纳消费税税额＝18 529.41×15%＝2 779.41（元）

四、委托加工应税消费品应纳消费税的计算

（一）委托加工应税消费品的确定

委托加工的应税消费品，是指由委托方提供原料和主要材料，受托方只收取加工费和代垫部分辅助材料加工的应税消费品。对于由受托方提供原材料生产的应税消费品，或者受托方先将原材料卖给委托方，然后再接受加工的应税消费品，以及由受托方以委托方名义购进原材料生产的应税消费品，不论纳税人在财务上是否作销售处理，都不得作为委托加工应税消费品，而应当按照销售自制应税消费品缴纳消费税。

（二）代收代缴税款的规定

对于确实属于委托方提供原料和主要材料，受托方只收取加工费和代垫部分辅助材料加工的应税消费品，税法规定由受托方在向委托方交货时代收代缴消费税。这样受托方就是法定的代收代缴义务人。如果受托方对委托加工的应税消费

品没有代收代缴或少代收代缴消费税，应按照《税收征收管理法》的规定承担代收代缴的法律责任。因此，受托方必须严格履行代收代缴义务，正确计算和按时代缴税款。为了加强对受托方代收代缴税款的管理，委托个人（含个体工商户）加工的应税消费品，由委托方收回后缴纳消费税。

委托加工的应税消费品，受托方在交货时已代收代缴消费税，委托方将收回的应税消费品，以不高于受托方的计税价格出售的，为直接出售，不再缴纳消费税；委托方以高于受托方的计税价格出售的，不属于直接出售，需按照规定申报缴纳消费税，在计税时准予扣除受托方已代收代缴的消费税。

对于受托方没有按规定代收代缴税款，不能因此免除委托方补缴税款的责任。在对委托方进行税务检查中，如果发现受其委托加工应税消费品的受托方没有代收代缴税款，则应按照《税收征收管理法》规定对受托方处以应代收代缴税款50%以上3倍以下的罚款；委托方要补缴税款，对委托方补征税款的计税依据是：如果在检查时，收回的应税消费品直接销售的，按销售额计税；收回的应税消费品尚未销售或不能直接销售的（如收回后用于连续生产等），按组成计税价格计税。组成计税价格的计算公式与下列第（三）部分组成计税价格公式相同。

（三）组成计税价格及应纳税额的计算

1. 委托加工的应税消费品，如果有同类消费品的，应按照受托方的同类消费品的销售价格计算纳税。计算公式为：

$$应纳税额 = 同类消费品的销售单价 \times 委托加工的数量 \times 适用税率$$

【例3-11】甲卷烟厂委托乙烟厂加工烟丝8吨，已知乙烟厂当月销售同类烟丝的价格为每吨62 000元（不含税）。计算乙烟厂应代收代缴的消费税。

【解析】乙烟厂应代收代缴的消费税税额 = 62 000 × 8 × 30% = 148 800（元）

同类消费品的销售价格，是指受托方（即代收代缴义务人）当月销售的同类消费品的销售价格。如果当月同类消费品各期销售价格高低不同，应按销售数量加权平均计算。

2. 委托加工的应税消费品，如果没有受托方同类消费品销售价格的，按照组成计税价格计算纳税。组成计税价格的计算公式有以下两种情况。

（1）从价定率计税的应税消费品：

$$组成计税价格 = (材料成本 + 加工费) \div (1 - 消费税税率)$$

（2）复合计税的应税消费品：

$$组成计税价格 = \frac{材料成本 + 加工费 + 委托加工数量 \times 定额税率}{1 - 消费税税率}$$

$$应纳税额 = 组成计税价格 \times 消费税税率 + 委托加工数量 \times 消费税定额税率$$

其中，材料成本是指委托方所提供的加工材料的实际成本。即委托加工合同上注明的（或以其他方式提供的）材料成本。凡未提供材料成本的，受托方所在地主管税务机关有权核定其材料成本。加工费是指受托方加工应税消费品向委托方所收取的全部费用，包括代垫辅助材料的实际成本，但不包括随加工费收取的增值税税额和代收代缴的消费税。

【例 3-12】甲企业委托乙企业加工应税摩托车辆，甲企业为乙企业提供的原材料实际成本为 7 000 元，支付乙企业加工费 2 000 元（不含税），其中包括乙企业代垫的辅助材料 500 元。该应税消费品的消费税税率为 10%，受托方无同类消费品的销售价格。计算乙企业应代收代缴的消费税。

【解析】组成计税价格 =（7 000 + 2 000）÷（1 - 10%）= 10 000（元）

应代扣代缴的消费税税额 = 10 000 × 10% = 1 000（元）

（四）委托加工收回的应税消费品已纳税款的扣除

委托加工的应税消费品因为已由受托方代收代缴消费税，因此，委托方收回货物后用于连续生产应税消费品的，其已纳税款准予按照规定从连续生产的应税消费品应纳消费税税额中抵扣。根据税收制度的规定，下列连续生产的应税消费品准予从应纳消费税税额中按当期生产领用数量计算扣除委托加工收回的应税消费品已纳消费税税款（是指委托加工的应税消费品由受托方代收代缴的消费税）：

1. 以委托加工收回的已税烟丝为原料生产的卷烟；
2. 以委托加工收回的已税高档化妆品为原料生产的高档化妆品；
3. 以委托加工收回的已税珠宝玉石为原料生产的贵重首饰及珠宝玉石；
4. 以委托加工收回的已税鞭炮、焰火为原料生产的鞭炮、焰火；
5. 以委托加工收回的已税杆头、杆身和握把为原料生产的高尔夫球杆；
6. 以委托加工收回的已税木制一次性筷子为原料生产的木制一次性筷子；
7. 以委托加工收回的已税实木地板为原料生产的实木地板；
8. 以委托加工收回的已税汽油、柴油、石脑油、燃料油、润滑油为原料连续生产的应税成品油；
9. 以委托加工收回的已税摩托车连续生产应税摩托车（如用外购两轮摩托车改装三轮摩托车）。

上述当期准予扣除委托加工收回的应税消费品已纳消费税税款的计算公式为：

$$\text{当期准予扣除的委托加工应税消费品已纳税款} = \text{期初库存的委托加工应税消费品已纳税款} + \text{当期收回的委托加工应税消费品已纳税款} - \text{期末库存的委托加工应税消费品已纳税款}$$

需要说明的是，纳税人用委托加工收回的已税珠宝玉石生产的改在零售环节征收消费税的金银首饰，在计税时一律不得扣除委托加工收回的珠宝玉石的已纳消费税税款。

【例3－13】甲实木地板厂为增值税一般纳税人，6月份委托乙木板厂加工素板一批，乙木板厂同类产品售价为20万元（不含税），当月素板收回后，甲厂将其中的60%用于继续生产实木地板。已知实木地板当月销售额为50万元（不含税），消费税税率为5%，计算甲厂应纳消费税税额。

【解析】甲厂委托加工环节应纳消费税 = 200 000 × 5% = 10 000（元）

甲厂销售环节应纳消费税 = 500 000 × 5% = 25 000（元）

准予扣除的消费税 = 10 000 × 60% = 6 000（元）

销售环节实际应纳消费税 = 25 000 - 6 000 = 19 000（元）

五、进口应税消费品应纳消费税的计算

（一）进口应税消费品的基本规定

进口应税消费品应纳的消费税，由进口人或者其代理人向报关地海关申报，于报关进口时缴纳，由海关代征，自海关填发税款缴款书之日起15日内缴纳。

进口应税消费品应纳的消费税，以进口应税消费品的收货人或办理报关手续的单位和个人为纳税义务人；进口应税消费品的税目、税率（税额），依照"消费税税目税率（税额）表"执行。

（二）进口应税消费品的计税

1. 实行从价定率办法的，以组成计税价格计税。计算公式为：

$$应纳税额 = 组成计税价格 × 适用税率$$

$$组成计税价格 = （关税完税价格 + 关税）÷（1 - 消费税比例税率）$$

$$= 关税完税价格 × （1 + 关税税率）÷（1 - 消费税比例税率）$$

其中，关税完税价格是指海关核定的关税计税价格。

【例3－14】某公司从境外进口一批高档化妆品，经海关核定，关税的完税价格为54 000元，进口关税税率为25%，消费税税率为15%。计算该公司的应纳消费税。

【解析】组成计税价格 = （54 000 + 54 000 × 25%）÷（1 - 15%）

　　　　　　　　　 = 79 411.76（元）

应纳消费税税额 = 79 411.76 × 15% = 11 911.76（元）

2. 实行从量定额办法的，以进口应税消费品的数量计税。计算公式为：

$$应纳税额 = 进口应税消费品的数量 × 消费税定额税率$$

【例3－15】某企业进口柴油180吨。计算该企业的应纳消费税。

【解析】进口数量 = 180 × 1 176 = 211 680（升）

应纳消费税税额 = 211 680 × 1.2 = 254 016（元）

3. 实行从价定率和从量定额相结合办法的，分别以组成计税价格和进口应税消费品的数量计税。计算公式为：

$$应纳税额 = 组成计税价格 \times 消费税税率 + 进口应税消费品的数量 \times 消费税定额税率$$

$$组成计税价格 = \frac{关税完税价格 + 关税 + 进口数量 \times 定额税率}{1 - 消费税比例税率}$$

六、特殊环节应纳消费税的计算

（一）卷烟批发环节应纳消费税的计算

为了适当增加财政收入，完善烟产品消费税制度，自2009年5月1日起，在卷烟批发环节加征一道从价税。自2015年5月10日起，卷烟批发环节税率又有调整。

1. 纳税义务人：在中华人民共和国境内从事卷烟批发业务的单位和个人。

纳税人销售给纳税人以外的单位和个人的卷烟于销售时纳税。纳税人之间销售的卷烟不缴纳消费税。

2. 征收范围：纳税人批发销售的所有牌号规格的卷烟。

3. 适用税率：从价税税率为11%，从量税税率为0.005元/支。

4. 计税依据：纳税人批发卷烟的销售额（不含增值税）、销售数量。

纳税人应将卷烟销售额与其他商品销售额分开核算，未分开核算的，一并征收消费税。

纳税人兼营卷烟批发和零售业务的，应当分别核算批发和零售环节的销售额、销售数量；未分别核算批发和零售环节销售额、销售数量的，按照全部销售额、销售数量计征批发环节的消费税。

5. 纳税义务发生时间：纳税人收讫销售款或取得索取销售款凭据的当天。

6. 纳税地点：卷烟批发企业的机构所在地，总机构与分支机构不在同一地区的，由总机构申报纳税。

7. 卷烟消费税在生产和批发两个环节征收后，批发企业在计算纳税时不得扣除已含的生产环节的消费税税款。

（二）超豪华小汽车零售环节应纳消费税的计算

为了引导合理消费，促进节能减排，自2010年12月1日起，在生产（进口）环节按现行税率征收消费税的基础上，超豪华小汽车在零售环节加征一道消费税。

1. 征税范围：每辆零售价格为130万元（不含增值税）及以上的乘用车和中轻型商用客车，即乘用车和中轻型商用客车子税目中的超豪华小汽车。

2. 纳税人：将超豪华小汽车销售给消费者的单位和个人为超豪华小汽车零售环节的纳税人。

3. 税率为 10%。

4. 应纳税额的计算：

$$应纳税额 = 零售环节销售额(不含增值税) \times 零售环节税率$$

国内汽车生产企业直接销售给消费者的超豪华小汽车，消费税税率按照生产环节税率和零售环节税率加总计算。其消费税应纳税额的计算公式为：

$$应纳税额 = 销售额(不含增值税) \times (生产环节税率 + 零售环节税率)$$

第六节　出口消费品退税的计算

纳税人出口应税消费品与已纳增值税出口货物一样，可以享受退（免）税优惠。由于出口应税消费品同时涉及退（免）增值税和消费税，且退（免）消费税与出口货物退（免）增值税在退（免）税范围的限定、退（免）税办理程序、退（免）税审核及管理上都有许多一致的地方，因此，具体内容详见第二章的有关部分。本节仅介绍出口应税消费品退（免）消费税的某些规定。

一、退（免）税范围

（一）免税并退税

适用于有出口经营权的外贸企业购进应税消费品直接出口，以及外贸企业受其他外贸企业委托代理出口应税消费品。在报关出口时可退还其已在生产环节或委托加工环节征收的消费税税款。

（二）免税不退税

适用于有出口经营权的生产企业自营出口，或者生产企业委托外贸企业代理出口自产的应税消费品。依据其实际出口数量免征消费税，不予办理退还消费税。这是因为已免征生产环节的消费税，该应税消费品出口时，已不含有消费税，所以也就无须再办理退还消费税。

（三）不免税不退税

适用于一般商贸企业委托外贸企业代理出口的应税消费品。在报关出口时一律不予退（免）税。

二、退税税率的确定

出口应税消费品应退消费税的税率或单位税额，按照《消费税税目、税率

（税额）表》执行，即消费税出口退税率与征收率相同。但是企业应将不同消费税税率的出口消费品分开核算和申报，凡划分不清适用税率的，一律从低适用税率计算应退的消费税税额。

三、出口应税消费品退税的计算

外贸企业从生产企业购进货物直接出口或受其他外贸企业委托代理出口应税消费品的应退消费税税款，分两种情况处理。

1. 属于从价定率计征消费税的应税消费品，应依照外贸企业从工厂购进货物时征收消费税的价格计算应退消费税税款，计算公式为：

$$应退消费税税款 = 出口货物的工厂销售额 \times 税率$$

其中，出口货物的工厂销售额不包含增值税。对含增值税的销售额应换算为不含增值税的销售额。

2. 属于从量定额计征消费税的应税消费品，应依照货物购进和报关出口的数量计算应退消费税税款，计算公式为：

$$应退消费税税款 = 出口数量 \times 单位税额$$

四、出口应税消费品办理退（免）税后的管理

出口的应税消费品办理退税后，发生退关，或者国外退货进口时予以免税的，报关出口者必须及时向其所在地主管税务机关申报补缴已退的消费税税款。

纳税人直接出口的应税消费品办理免税后发生退关或国外退货，进口时已予以免税的，经所在地主管税务机关批准，可暂不办理补税，待其转为国内销售时，再向其主管税务机关申报补缴消费税。

【例 3 – 16】某外贸公司为增值税一般纳税人，从摩托车厂购进摩托车 300 辆，直接报关离境出口；取得的增值税专用发票注明的单价是每辆 6 000 元，支付从摩托车厂到出境口岸的运费 7 000 元，装卸费 3 000 元，离岸价每辆 1 200 美元（美元与人民币汇率为 1∶6.6），摩托车消费税税率为 3%。计算该公司出口应退消费税税额。

【解析】出口应退消费税税额 = 300 × 6 000 × 3% = 54 000（元）

第七节　消费税的征收管理

一、消费税纳税义务发生时间

纳税人生产的应税消费品，于销售时纳税。进口应税消费品应当于应税消费

品报关进口环节纳税。但金银首饰、铂金首饰、钻石及钻石饰品在零售环节纳税。消费税纳税义务发生时间，以货款结算方式或行为发生时间分别确定。

1. 纳税人销售的应税消费品，其纳税义务的发生时间为：

（1）纳税人采取赊销和分期收款结算方式的，其纳税义务的发生时间，为书面合同规定的收款日期的当天；书面合同没有约定收款日期或者无书面合同的，为发出应税消费品的当天。

（2）纳税人采取预收货款结算方式的，其纳税义务的发生时间，为发出应税消费品的当天。

（3）纳税人采取托收承付和委托银行收款方式销售的应税消费品，其纳税义务的发生时间，为发出应税消费品并妥收的当天。

（4）纳税人采取其他结算方式的，其纳税义务的发生时间，为收讫销售款或者取得索取销售款凭据的当天。

2. 纳税人自产自用的应税消费品，其纳税义务的发生时间，为移送使用的当天。

3. 纳税人委托加工的应税消费品，其纳税义务的发生时间，为纳税人提货的当天。

4. 纳税人进口的应税消费品，其纳税义务的发生时间，为报关进口的当天。

二、消费税的纳税期限

消费税的纳税期限分别为 1 日、3 日、5 日、10 日、15 日、1 个月或者 1 个季度。纳税人的具体纳税期限，由主管税务机关根据纳税人应纳税额的大小分别核定；不能按照固定期限纳税的，可以按次纳税。

纳税人以 1 个月或者 1 个季度为一个纳税期的，自期满之日起 15 日内申报纳税；以 1 日、3 日、5 日、15 日或者 15 日为一期纳税的，自期满之日起 5 日内预缴税款，于次月 1 日起 15 日内申报纳税并结清上月应纳税款。

纳税人进口应税消费品，应当自海关填发进口消费税专用缴款书之日起 15 日内缴纳税款。

三、消费税的纳税地点

消费税的纳税地点分为以下五种情况。

1. 纳税人销售的应税消费品以及自产自用的应税消费品，除国务院财政、税务主管部门另有规定外，应当向纳税人机构所在地或者居住地的主管税务机关申报纳税。

2. 委托加工的应税消费品，除受托方为个人外，由受托方向机构所在地或者居住地的主管税务机关解缴消费税税款。

3. 进口的应税消费品，由进口人或其代理人向报关地海关申报纳税。

4. 纳税人到外县（市）销售或者委托外县（市）代销自产应税消费品的，于应税消费品销售后，向机构所在地或者居住地主管税务机关申报纳税。

5. 纳税人的总机构与分支机构不在同一县（市）的，应当分别向各自机构所在地的主管税务机关申报纳税；经财政部、国家税务总局或者其授权的财政、税务机关批准，可以由总机构汇总向总机构所在地的主管税务机关申报纳税。

四、消费税的纳税申报

消费税的纳税人无论有无发生消费税的纳税义务，均应于次月1～15日内向主管税务机关办理消费税的纳税申报，并填制消费税纳税申报表。

消费税纳税申报资料包括消费税纳税申报表及其附列资料。

1. 消费税纳税申报表按应税消费品的类别设计。包括"烟类应税消费品消费税纳税申报表""酒类应税消费品消费税纳税申报表""成品油消费税纳税申报表""小汽车消费税纳税申报表""其他应税消费品消费税纳税申报表"等。

2. 消费税附列申报资料。主要包括本期准予扣除税额计算表、本期代收代缴税额计算表、销售明细表、准予扣除消费税凭证明细表、生产经营情况表等。

知识巩固与能力提升

一、单项选择题

1. 根据消费税的有关规定，下列各项中不属于应纳消费税的消费品是（　　）。

A. 润滑油　　　　B. 护肤护发品　　C. 涂料　　　　　D. 电池

2. 根据现行消费税政策，下列适合从量计征消费税的消费品是（　　）。

A. 鞭炮　　　　　B. 柴油　　　　　C. 金银首饰　　　D. 涂料

3. 消费税中从价定率计税的计税依据是销售额，其含义是（　　）。

A. 含消费税且含增值税的销售额　　B. 不含消费税也不含增值税的销售额

C. 不含消费税而含增值税的销售额　D. 含消费税而不含增值税的销售额

4. 根据现行消费税政策，下列消费品中实行从量定额与从价定率相结合征税办法的是（　　）。

A. 酒精　　　　　B. 烟丝　　　　　C. 黄酒　　　　　D. 白酒

5. 纳税人经营不同税率的应税消费品的，下列不符合税法规定的是（　　）。

A. 应当分别核算不同税率应税消费品的销售额

B. 应当分别核算不同税率应税消费品的销售数量

C. 未分别核算销售额、销售数量，按应税消费品的平均税率计税

D. 未分别核算销售额、销售数量，按应税消费品的最高税率计税

6. 纳税人委托某企业加工高档化妆品，下列不符合消费税政策规定的是（　　）。

A. 消费税由委托方收回高档化妆品后在委托方所在地缴纳

B. 委托方是消费税的纳税人

C. 受托方如果是单位则消费税由受托方代收代缴

D. 受托方如果是个人则不能代收代缴消费税

7. 下列各项中属于消费税征税范围的是（　　）。

A. 沙滩车　　　　B. 小轿车　　　　C. 卡丁车　　　　D. 电动汽车

8. 某鞭炮生产企业受托为某单位加工一批鞭炮，委托方提供原材料成本80万元，支付加工费5万元（不含税），鞭炮企业无同类产品售价，其代收代缴的消费税是（　　）万元。

A. 13　　　　　　B. 10　　　　　　C. 15　　　　　　D. 20

9. 某卷烟厂本月销售卷烟200条，零售价为113元（含税），该厂当月应纳消费税（　　）元。

A. 6 800　　　　B. 21 200　　　　C. 12 000　　　　D. 11 320

10. 委托加工的应税消费品收回后连续生产应税消费品的，准予从应纳消费税税额中按当期生产领用数量计算扣除委托加工收回的应税消费品已纳消费税税款，下列符合规定的是（　　）。

A. 委托加工酒精生产的白酒

B. 委托加工已税汽油生产的汽油

C. 委托加工已税白酒生产的高档白酒

D. 委托加工已税汽车轮胎生产的小汽车

二、多项选择题

1. 下列各项中，属于消费税纳税环节的有（　　）。

A. 生产环节　　　B. 零售环节　　　C. 进口环节　　　D. 委托加工环节

2. 根据消费税政策规定，下列行为应缴纳消费税的有（　　）。

A. 委托加工黄酒　　　　　　　　B. 零售卷烟

C. 进口高档化妆品　　　　　　　D. 零售金银首饰

3. 下列应税消费品中，采用从价从量复合计征方法计算消费税的有（　　）。

A. 白酒　　　　　B. 柴油　　　　　C. 汽油　　　　　D. 卷烟

4. 按现行消费税规定，下列关于消费税计税数量的说法中正确的有（　　）。

A. 进口应税消费品的，为海关核定的应税消费品进口征税数量

B. 自产自用应税消费品，为应税消费品的移送使用数量

C. 生产销售应税消费品的，为应税消费品的生产数量

D. 委托加工应税消费品的，为纳税人收回的应税消费品数量

5. 下列消费品中，不征收消费税的有（　　）。

A. 轮胎　　　　　B. 调味料酒　　　C. 油漆　　　　　D. 酒精

6. 按现行消费税规定，下列情形中的应税消费品，应当以纳税人同类应税消费品的最高销售价格作为计税依据计算消费税的有（　　）。

A. 将自产的应税消费品用于换取生产资料和消费资料

B. 将自产的应税消费品捐赠

C. 将自产的应税消费品用于职工福利

D. 将自产的应税消费品投资入股

7. 下列企业属于消费税纳税人的有（　　　）。

A. 生产小汽车的企业　　　　　　B. 批发鞭炮的企业

C. 零售超豪华小汽车的企业　　　D. 进口葡萄酒的企业

8. 用外购的已税消费品连续生产应税消费品，下列各项中，符合税法规定准予从应纳消费税税额中扣除按当期生产领用数量计算的外购已税消费品已纳消费税税款的有（　　　）。

A. 用外购已税杆头、杆身和握把为原料生产的高尔夫球杆

B. 用外购已税烟丝生产的卷烟

C. 用外购已税油漆生产的涂料

D. 用外购已税鞭炮、焰火生产的鞭炮、焰火

9. 下列组成消费税计税价格公式正确的有（　　　）。

A. 组成计税价格＝成本×（1＋成本利润率）÷（1＋消费税比例税率）

B. 组成计税价格＝成本×（1＋成本利润率）÷（1－消费税比例税率）

C. 组成计税价格＝（材料成本＋加工费）÷（1－消费税比例税率）

D. 组成计税价格＝（关税完税价格＋关税）÷（1－消费税比例税率）

10. 酒厂生产销售白酒取得的下列款项中，应并入销售额计征消费税的有（　　　）。

A. 包装物押金　　B. 包装物租金　　C. 品牌使用费　　D. 增值税

三、判断题

1. 为避免重复征税，对应税消费品征收消费税后，不再征收增值税。

（　　　）

2. 从价计征消费税的消费品，其计税依据是纳税人销售应税消费品向购买方收取的全部价款和价外费用，但不包括向购买方收取的增值税。（　　　）

3. 采用复合计税方法计算消费税的税目有白酒和卷烟。　　　（　　　）

4. 委托加工应税消费品需要组成计税价格时，公式中的"实际成本"，是指受托方提供材料的实际成本，但不含增值税。　　　　　　　（　　　）

5. 小汽车厂以自产的小汽车抵债务，应按同类小汽车的最高售价计算消费税。　　　　　　　　　　　　　　　　　　　　　　　　　　　（　　　）

6. 对于受托加工应税消费品的个体经营者，不应承担代收代缴消费税的义务。　　　　　　　　　　　　　　　　　　　　　　　　　　　（　　　）

7. 纳税人将应税消费品与非应税消费品组成成套消费品销售的，应当分别核算不同消费品的销售额、销售数量，只就应税消费品计征消费税税额。（　　　）

8. 纳税人用于投资入股的自产应税消费品，应按同类商品最高售价计征消费税。　　　　　　　　　　　　　　　　　　　　　　　　　　（　　　）

9. 葡萄酒、果啤、黄酒都采用从量计税方法计算消费税。　　（　　　）

10. 电动汽车不属于应纳消费税的消费品。　　　　　　　　　（　　　）

四、计算题

1. 某酒厂主要生产白酒、啤酒、黄酒等产品，本年6月发生下列经济业务：(1) 6月8日，销售白酒30吨，每吨不含税售价为4 000元，收取包装物押金22 600元；(2) 6月18日，销售啤酒60吨，每吨不含税售价为3 500元，收取包装物押金58 500元；(3) 6月28日，没收已逾期一年的啤酒、黄酒包装物押金46 800元；(4) 销售黄酒19 240升，取得销售收入126 360元（含税）。

要求：计算该酒厂当月应纳的消费税。

2. 8月5日，甲卷烟厂（一般纳税人）委托乙烟厂（一般纳税人）加工烟丝，发出材料成本106 140元（不含税）。

要求：计算乙烟厂代收代缴的消费税。

3. 某金银首饰商店9月份发生下列业务：(1) 销售金戒指一批，取得收入113 000元，随同金戒指销售单独计价的包装盒收入为2 260元；(2) 用足金戒指100克（含税零售价每克160元），从消费者手中换回旧金戒指100克，作价15 200元，实际收回价款800元；(3) 将外购的金项链180克奖励优秀职工，成本为18 000元，当月同类金项链的零售价格为150元/克；(4) 接受消费者委托加工金项链两条，收取加工费565元（含税），无同类金项链销售价格，黄金材料成本3 000元，当月加工完毕并将加工好的项链交还委托人。

要求：计算该金银首饰商店应纳的消费税。

4. 某木材加工厂本年5月特制实木地板一批，生产成本为600 000元，其中60%作为福利发给职工，40%作为礼品赠送有关单位，该厂无同类实木地板的售价。

要求：计算该厂应纳的消费税（实木地板的成本利润率为5%）。

5. 某啤酒厂本月销售啤酒100吨，不含增值税售价为2 800元/吨，每吨另收取包装物押金339元。

要求：计算该厂应纳的消费税。

第四章　城市维护建设税、教育费附加和烟叶税

【本章概览】

本章主要介绍了特定目的税类的相关税种，具体包括城市维护建设税、教育费附加和地方教育附加、烟叶税的征收范围、纳税人、计税依据、税率、税款的计算和征收管理等内容。通过对本章的学习，要求学生掌握特定目的税类的基本要素，能正确进行特定目的税类应纳税额的计算。

【学习目标】

1. 掌握特定目的税类相关税种的基本要素。
2. 掌握特定目的税类相关税种应纳税额的计算。
3. 熟悉特定目的税类相关税种征收管理的有关规定。

【情景引例】

某生物医药制造企业成立于 2016 年 1 月，当月被认定为增值税一般纳税人。城市维护建设税税率为 7%，教育费附加率为 3%，地方教育附加率为 2%。该企业 2017 年底期末留抵税额为 1 500 万元，2018 年 7 月期末留抵税额为 1 600 万元，假如其增值税扣税凭证全部为增值税专用发票。由于 2018 年 7 月期末留抵税额 1 600 万元大于 2017 年底期末留抵税额 1 500 万元，因此当期可退还的期末留抵税额为 2017 年底期末留抵税额 1 500 万元。假如该企业 8 月的销项税额为 700 万元，取得经认证可抵扣的增值税进项税额为 550 万元，则 8 月份应纳增值税税额 = 700 − 550 − 100 = 50（万元）；又由于上期退还留抵税额 1 500 万元，则本期应纳城市维护建设税、教育费附加和地方教育附加的计税（征）依据 = 50 − 1 500 = −1 450（万元），计算结果是负数，其实际计税（征）依据为 0。

思考：城市维护建设税、教育费附加和地方教育附加的计税依据是什么？

第一节　城市维护建设税

一、城市维护建设税概述

城市维护建设税法，是指国家制定的用以调整城市维护建设税征收与缴纳

权利及义务关系的法律规范。现行城市维护建设税的基本规范，是1985年2月8日国务院发布并于同年1月1日实施的《中华人民共和国城市维护建设税暂行条例》（以下简称《城市维护建设税暂行条例》）。《城市维护建设税法》（以下简称《城建税法》）于2020年8月11日通过，自2021年9月1日起施行。

二、纳税义务人、计税依据、税率及应纳税额的计算

（一）纳税义务人

城市维护建设税是对从事经营活动，缴纳增值税、消费税的单位和个人征收的一种税。

城市维护建设税的纳税义务人，是指负有缴纳增值税、消费税（以下简称两税）义务的单位和个人，包括国有企业、集体企业、私营企业、股份制企业、其他企业和行政单位、事业单位、军事单位、社会团体、其他单位，以及个体工商户及其他个人。

城市维护建设税的代扣代缴、代收代缴，一律比照增值税、消费税的有关规定办理。增值税、消费税的代扣代缴、代收代缴义务人同时也是城市维护建设税的代扣代缴、代收代缴义务人。

（二）计税依据、税率及应纳税额的计算

1. 计税依据。城市维护建设税的计税依据，是指纳税人实际缴纳的"两税"税额。纳税人违反"两税"有关税法而加收的滞纳金和罚款，是税务机关对纳税人违法行为的经济制裁，不作为城市维护建设税的计税依据，但纳税人在被查补"两税"和被处以罚款时，应同时对其偷漏的城市维护建设税进行补税、征收滞纳金和罚款。

城市维护建设税以"两税"税额为计税依据并同时征收，如果要免征或者减征"两税"，也就要同时免征或者减征城市维护建设税。

但对出口产品退还增值税、消费税的，不退还已缴纳的城市维护建设税。

自2005年1月1日起，经国家税务局正式审核批准的当期免抵的增值税税额应纳入城市维护建设税和教育费附加的计征范围，分别按规定的税（费）率征收城市维护建设税和教育费附加。2005年1月1日前，已按抵免的增值税税额征收的城市维护建设税和教育费附加不再退还，未征的不再补征。

2. 税率。城市维护建设税的税率，是指纳税人应缴纳的城市维护建设税税额与纳税人实际缴纳的"两税"税额之间的比率。城市维护建设税按纳税人所在地的不同，设置了三档地区差别比例税率，除特殊规定外，即：

（1）纳税人所在地为市区的，税率为7%。

（2）纳税人所在地为县城、镇的，税率为5%。撤县建市后，城市维护建设税适用税率为7%。

（3）纳税人所在地不在市区、县城或者镇的，税率为1%；开采海洋石油资源的中外合作油（气）田所在地在海上，其城市维护建设税适用1%的税率。

城市维护建设税的适用税率，一般按纳税人所在地的规定税率执行。但是，对下列两种情况，可按缴纳"两税"所在地的规定税率就地缴纳城市维护建设税：

（1）由受托方代扣代缴、代收代缴"两税"的单位和个人，其代扣代缴、代收代缴的城市维护建设税按受托方所在地适用税率执行；

（2）流动经营等无固定纳税地点的单位和个人，在经营地缴纳"两税"的，其城市维护建设税的缴纳按经营地适用税率执行。

3. 应纳税额的计算。城市维护建设税纳税人的应纳税额大小是由纳税人实际缴纳的"两税"税额决定的，其计算公式为：

$$应纳税额 = 纳税人实际缴纳的增值税、消费税税额 × 适用税率$$

【例4-1】某企业位于县城，2016年9月撤县设区，该企业2017年3月实际缴纳增值税500 000元，缴纳消费税400 000元。计算该企业应纳的城市维护建设税税额。

【解析】应纳城市维护建设税税额 = （实际缴纳的增值税 + 实际缴纳的消费税）× 适用税率 = （500 000 + 400 000）× 7% = 900 000 × 7% = 63 000（元）

由于城市维护建设税法实行纳税人所在地差别比例税率，所以在计算应纳税额时，应十分注意根据纳税人所在地来确定适用税率。

（三）税收优惠

城市维护建设税原则上不单独减免，但因城市维护建设税又具附加税性质，当主税发生减免时，城市维护建设税相应地发生税收减免。城市维护建设税的税收减免具体有以下五种情况。

1. 城市维护建设税按减免后实际缴纳的"两税"税额计征，即随"两税"的减免而减免。

2. 对于因减免税而需进行"两税"退库的，城市维护建设税也可同时退库。

3. 海关对进口产品代征的增值税、消费税，不征收城市维护建设税。

4. 对"两税"实行先征后返、先征后退、即征即退办法的，除另有规定外，对随"两税"附征的城市维护建设税和教育费附加，一律不退（返）还。

5. 为支持国家重大水利工程建设，对国家重大水利工程建设基金免征城市维护建设税。

第二节　教育费附加和地方教育附加

一、教育费附加和地方教育附加概述

教育费附加和地方教育附加是对缴纳增值税、消费税的单位和个人，就其实际缴纳的税额为计算依据征收的一种附加费。

教育费附加是为加快地方教育事业、扩大地方教育经费的资金而征收的一项专用基金。自 2006 年 9 月 1 日起施行的《中华人民共和国教育法》规定："税务机关依法足额征收教育费附加，由教育行政部门统筹管理，主要用于实施义务教育。省、自治区、直辖市人民政府根据国务院的有关规定，可以决定开征用于教育的地方附加费，专款专用。"2010 年财政部下发了《关于统一地方教育附加政策有关问题的通知》对各省、市、自治区的地方教育附加进行了统一。

二、征税范围、计征依据、计征比率及应纳税额的计算

（一）征收范围及计征依据

教育费附加和地方教育附加对缴纳增值税、消费税的单位和个人征收，以其实际缴纳的增值税、消费税为计征依据，分别与增值税、消费税同时缴纳。

（二）教育费附加和地方教育附加计征比率

教育费附加计征比率曾几经变化。1986 年开征时，规定为 1%；1990 年 5 月《国务院关于修改〈征收教育费附加的暂行规定〉的决定》中规定为 2%；按照 1994 年 2 月 7 日《国务院关于教育费附加征收问题的紧急通知》的规定，现行教育费附加征收比率为 3%，地方教育附加征收比率从 2010 年起统一为 2%。

（三）应纳税额的计算

教育费附加和地方教育附加的计算公式为：

$$应纳教育费附加或地方教育附加 = 实际缴纳的增值税、消费税 \times 征收比率（3\% 或 2\%）$$

【例 4-2】北京市区一家企业 2021 年 3 月实际缴纳增值税 300 000 元，缴纳消费税 300 000 元。计算该企业应缴纳的教育费附加和地方教育附加。

【解析】应纳教育费附加 =（实际缴纳的增值税 + 实际缴纳的消费税）× 征收比率
= （300 000 + 300 000）× 3% = 600 000 × 3%
= 18 000（元）

$$应纳地方教育附加 = （实际缴纳的增值税 + 实际缴纳的消费税）× 征收比率$$
$$= （300\ 000 + 300\ 000）× 2\% = 600\ 000 × 2\%$$
$$= 12\ 000\ （元）$$

三、减免规定

1. 对海关进口的产品征收的增值税、消费税，不征收教育费附加。

2. 对由于减免增值税、消费税而发生退税的，可同时退还已征收的教育费附加。但对出口产品退还增值税、消费税的，不退还已征的教育费附加。

3. 对国家重大水利工程建设基金免征教育费附加。

4. 自 2016 年 2 月 1 日起，按月纳税的月销售额或营业额不超过 10 万元（按季度纳税的季度销售额或营业额不超过 30 万元）的缴纳义务人，免征教育费附加、地方教育附加。

第三节　烟叶税

一、烟叶税概述

烟叶税是以纳税人收购烟叶的收购金额为计税依据征收的一种税。

烟叶税是新中国成立以后慢慢形成的一个税种，1958 年我国颁布实施《中华人民共和国农业税条例》（以下简称《农业税条例》）。2005 年 12 月 29 日，十届全国人大常委会第十九次会议决定，《农业税条例》自 2006 年 1 月 1 日起废止。至此，对烟叶征收农业特产农业税失去了法律依据。2006 年 4 月 28 日，国务院公布了《中华人民共和国烟叶税暂行条例》，并自公布之日起施行。

二、纳税义务人、征税范围、税率和应纳税额的计算

（一）纳税义务人

在中华人民共和国境内收购烟叶的单位为烟叶税的纳税人，应当依照《中华人民共和国烟叶税暂行条例》（以下简称《暂行条例》）的规定缴纳烟叶税。

（二）征税范围

按照《暂行条例》的规定，烟叶税的征税范围是指晾晒烟叶、烤烟叶。

（三）税率和应纳税额的计算

1. 税率。烟叶税实行比例税率，税率为 20%。烟叶税税率的调整由国务院决定。

2. 应纳税额的计算。烟叶税应纳税额按照《暂行条例》的规定，以纳税人收购烟叶的收购金额和规定的税率计算。应纳税额的计算公式为：

$$应纳税额 = 烟叶收购金额 \times 税率$$

收购金额包括纳税人支付给烟叶销售者的烟叶收购价款和价外补贴。按照简化手续、方便征收的原则，对价外补贴统一暂按烟叶收购价款的 10% 计入收购金额征税。计算公式为：

$$收购金额 = 收购价款 \times (1 + 10\%)$$

【例 4 - 3】某烟草公司系增值税一般纳税人，2021 年 8 月收购烟叶 100 000 千克，烟叶收购价格为 10 元/千克，总计 1 000 000 元，货款已全部支付。请计算该烟草公司 2021 年 8 月收购烟叶应缴纳的烟叶税。

【解析】应缴纳烟叶税 = 1 000 000 × (1 + 10%) × 20% = 220 000（元）

三、烟叶税的征收管理

依照《中华人民共和国税收征收管理法》及《暂行条例》的有关规定执行。

(一) 纳税义务发生时间

烟叶税的纳税义务发生时间为纳税人收购烟叶的当天。收购烟叶的当天是指纳税人向烟叶销售者收购付讫收购烟叶款项或者开具收购烟叶凭据的当天。

(二) 纳税地点

纳税人收购烟叶，应当向烟叶收购地的主管税务机关申报纳税。按照税法的有关规定，烟叶收购地的主管税务机关是指烟叶收购地的县级地方税务局或者其所指定的税务分局、所。

(三) 纳税期限

纳税人应当自纳税义务发生之日起 15 日内申报纳税。具体纳税期限由主管税务机关核定。

知识巩固与能力提升

一、单项选择题

1. 纳税人实际缴纳的下列税种中，属于城市维护建设税和教育费附加计税依据的是（　　）。

A. 增值税　　　　　　　　　　B. 土地增值税

C. 城镇土地使用税　　　　　　D. 耕地占用税

2. 某企业（位于市区）2022 年 4 月因进口货物由海关代征增值税 3 000 元，消费税为 2 000 元，内销应税消费品向主管税务机关缴纳增值税为 45 000 元，消费税为 30 000 元。当月还将 2012 年购进的机器出售出去（未放弃减税），取得含税收入 200 000 元。该企业当月应缴纳城市维护建设税（　　）元。

A. 5 950　　　　B. 6 300　　　　C. 5 775　　　　D. 5 521. 85

3. 某县城一生产企业 2022 年 4 月被查补增值税 30 000 元，消费税 50 000 元，土地增值税 40 000 元，房产税 10 000 元，企业所得税 70 000 元，被加收滞纳金 6 500 元，被处罚款 5 000 元。该企业当月应补缴城市维护建设税（　　）元。

A. 4 575　　　　B. 5 600　　　　C. 4 000　　　　D. 6 000

4. 甲烟草公司 2022 年 7 月收购一批晾晒烟叶，支付收购价款为 234 万元，同时支付了价外补贴 23.4 万元。则甲烟草公司应缴纳烟叶税（　　）万元。

A. 45.56　　　　B. 51.48　　　　C. 44　　　　D. 46.8

二、多项选择题

1. 纳税人实际缴纳的下列税种中，不属于城市维护建设税和教育费附加计税依据的有（　　）。

A. 车辆购置税　　　　　　　　　　B. 车船税

C. 进口增值税　　　　　　　　　　D. 进口消费税

E. 内销增值税

2. 下列关于城市维护建设税减免税优惠政策的说法中，不正确的有（　　）。

A. 某生产企业进口一台机器设备，海关代征其增值税的同时应代征城市维护建设税

B. 农业生产者销售自产农产品免征增值税的同时免征城市维护建设税

C. 某企业享受增值税即征即退的税收优惠政策，除另有规定外，随增值税附征的城市维护建设税，一律不予退还

D. 某企业享受增值税先征后返的税收优惠政策，其城市维护建设税也应先征后返

E. 外贸企业出口高档化妆品退还增值税、消费税的，应同时退还城市维护建设税

3. 下列关于城市维护建设税税率的表述中，正确的有（　　）。

A. 纳税人所在地为工矿区的，城市维护建设税税率统一为 7%

B. 由受托方代收代缴消费税的单位，其城市维护建设税按照受托方所在地适用税率执行

C. 城市维护建设税实行地区差别比例税率

D. 纳税人所在地在城市市区的，城市维护建设税税率为 7%

E. 纳税人所在地在县城、建制镇的，城市维护建设税税率为 3%

4. 根据烟叶税的有关规定，下列说法正确的有（　　）。

A. 在境内收购晾晒烟叶的单位和个人是烟叶税的纳税人

B. 烟叶税的纳税义务发生时间为纳税人向烟叶销售者付讫收购烟叶款项或者开具收购烟叶凭据的当天

C. 纳税人收购烟叶，应当向烟叶收购地的主管税务机关申报纳税

D. 烟叶税实行定额税率

E. 纳税人应当自纳税义务发生之日起 15 日内申报纳税

第五章 关 税

【本章概览】

关税是一国海关根据该国法律规定，对通过其关境的进出口货物课征的一种税收。关税在各国一般属于国家最高行政单位指定税率的高级税种，对于对外贸易发达的国家而言，关税往往是国家税收乃至国家财政的主要收入。

【学习目标】

1. 了解关税的含义、特点、分类及作用。

2. 掌握关税的纳税义务人及征税对象。

3. 掌握关税的完税价格的确定。

4. 掌握关税应纳税额的计算。

5. 熟悉关税征收管理的相关规定。

【情景引例】

1994年世界杯赛，巴西队捧回金杯的同时，据说也带回了17吨重的物品，装了5大卡车。

按照巴西税法，每位本国居民只要在国外购买价值500美元以上的商品就得缴纳关税。巴西足球队此次从国外带回的冰箱、彩电、录像机等物品，共须缴纳100万美元的关税。海关税官依法执法，不纳税就不放行，巴西足球队当时就像炸开了锅，自恃功高的足球明星们威胁说不参加盛大的庆祝游行，球星罗马里奥扬言要退回总统佛朗哥亲自授予他的体育勋章……但是，铁面无私的海关税官毫不动摇。

事情最后发展到财政部部长甚至总统亲自出面要求海关放行，但忠于法律和职责的税务局长无奈宣布辞职。视足球为生命的巴西人狂欢后开始清醒，就此事举行全国民意调查，结果有79%的人认为足球队员应该依法纳税。后来巴西政府迫不得已，于1994年7月22日改变以前的立场，决定对足球队征税。

思考：关税主要是针对什么进行征税？个人进境携带的物品都必须缴纳关税吗？

第一节 关税概述

一、关税的产生与发展

关税是随着商品交换领域不断扩大而产生并逐步发展的。关于关税的产生，威廉·配第在《赋税论》中写道："关税最初是为了保护进出口的货物免遭海盗劫掠而送给君主的报酬。"早在公元前 5 世纪，希腊的雅典就以使用港口的报酬为名，对出入的货物征收 2%～5% 的使用费。在我国，西周时期就在边境设立关卡，《周礼·地官》中有最早的"关市之征"的记载。

从关税的历史发展过程来看，关税的发展可以划分为三个阶段：

第一阶段是使用费时代。因为使用了桥梁、港口等设施，货物和商人受到了保护，向领主缴纳费作为补偿，这是关税的起源时期。

第二阶段是国内关税时代。关税在这个时期逐渐失去其原有的规费性质，封建领主在各自地盘征税，除了具有使用费的意义外，也具有税收的某些特征。

第三阶段是国境或关境关税时代。近代国家出现后，不再征收内地关税，逐渐演变为以进出国境或关境的货物为征税对象。

二、关税的概念与特点

（一）关税的概念

关税是海关依法对进出国境或关境货物、物品征收的一种税。所谓"国境"，是一个国家以边界为界限，全面行使国家主权的界限，包括领土、领海、领空；而"关境"，又称"海关境域"或"关税领域"，是国家海关法规全面实施的领域。在通常情况下，一国关境与其国境是一致的，但当某一国家在国境内设立了自由港、自由贸易区等，这些区域虽在国境之内，但就进出口关税而言却处在关境之外，这时该国家的关境小于国境。如我国的香港和澳门地区保持自由港地位，为我国单独的关境地区，即单独关境区。相反，当几个国家结成关税同盟，组成一个共同的关境，实行统一的关税法令和统一的对外税则时，这些国家彼此之间货物进出国境不征收关税，只对来自或运往其他国家的货物进出共同关境时征收关税，这些国家的关境大于国境，如欧盟。

（二）关税的特点

关税作为独特的税种，除了具有一般税收的特点以外，还具有以下特点：

1. 征收对象为进出境货物和物品。关税是对进出境的货品征税；在境内和境外流通的货物，不进出关境的，不征关税。

2. 单一环节价外税。关税的完税价格中不包括关税，即在征收关税时，是以实际成交价格为计税依据，关税不包括在内。但海关代为征收增值税、消费税时，增值税、消费税的计税依据包括关税在内。

3. 涉外性较强。关税只对进出境的货物和物品征收。因此，关税税则的制定、税率的高低，直接会影响到国际贸易的开展。随着经济全球化的发展，世界各国的经济联系越来越密切，贸易关系不仅反映简单经济关系，而且成为一种政治关系。这样，关税政策、关税措施也往往与经济政策、外交政策紧密相关，具有涉外性。

4. 只对有形货品征税。关税的征税对象是进出境的货物和物品，说明关税只对有形的货品征收，对无形的货品不征税。

三、关税的分类

（一）按征税商品的流向分类

按征税商品的流向，可将关税划分为进口税、出口税、过境税（通过税）三种。

1. 进口税。进口税是海关对进口货物和物品所征收的关税。它是关税中最主要的一种征税形式。目前，许多国家已不使用出口税和过境税，因此，经常所提到的关税，一般都指进口税。进口税是保护关税政策的主要手段，在各国财政收入中占有一定地位。

2. 出口税。出口税是海关对出口货物和物品所征收的关税。19世纪资本主义迅速发展后，各国普遍认识到，征收出口税不利于本国的生产和经济发展，会提高本国产品在国外的售价，从而降低同别国产品的市场竞争能力。

目前，各发达国家一般都取消了出口税。也有部分国家基于限制本国某些产品或自然资源的输出等原因，对部分出口货物征收出口税。

3. 过境税。过境货物是指由境外启运，通过境内继续运往境外的货物。对过境货物所征的关税叫作过境税。过境货物在海关监管下进出境，不准流入本国市场，对本国生产没有影响。如果允许过境货物自由通过本国，则不仅有利于国际贸易的开展，而且可以增加本国港口、仓储、运输等部门的收入。因此，各国相继取消过境税。

（二）按计征方式分类

按计征方式不同，可将关税分为从量税、从价税。此外，各国常用的征税标准还有复合税、选择税、滑准税等。

1. 从量税。按货物的计量单位（重量、长度、面积、容积、量等）作为征税标准，以每一计量单位应纳的关税金额作为税率，称为从量税。目前，世界各国多以货物重量为标准计征关税。

2. 从价税。以货物的价格作为征税标准而征收的税称为从价税。经海关审定作为计征关税依据的价格称为完税价格。目前多数国家以到岸价格作为完税价格。

3. 复合税。在税则的同一税目中，订有从价和从量两种税率，征税时既采用从量又采用从价两种税率计征税款的，称为复合税。

4. 选择税。在税则的同一税目中，订有从价和从量两种税率，征税时由海关选择其中一种计征的称为选择税。海关一般是选择税额较高的一种，也有选择税额较低的一种。实行选择税大多根据产品价格高低而定。

5. 滑准税。滑准税又称滑动税，是在税则中预先按产品的价格高低分档制定若干不同的税率，然后根据进出口商品价格的变动而增减进出口税率的一种关税。当商品价格上涨时，采用较低税率；当商品价格下跌时，则采用较高税率。其目的是使该种商品的国内市场价格保持稳定，免受或少受国际市场价格波动的影响。

（三）按征税目的分类

1. 财政关税，也称收入关税，即以增加财政收入为主要目的而征收的关税。

2. 保护关税，即以保护本国经济发展为首要目的而征收的关税。保护性关税主要体现在进口关税方面，一般设置较高的税率。

（四）按差别待遇及特定的实施情况分类

1. 进口附加税，又叫特别关税，是指正常进口关税以外额外征收的关税，是临时性的特定措施，对特定的商品和国家征收，如：

（1）反补贴税，即对直接或间接接受出口补贴或奖励的外国进口商品征收的一种进口附加税，税额相当于补贴或奖励的金额。

（2）反倾销税，即对进行低价倾销的进口商品征收的一种进口附加税。目的在于抵制国外倾销，保护本国产品和国内市场。

（3）报复性关税，即对本国出口货物受到歧视时，为了报复所征收的一种进口附加税。

（4）保障性关税，即对进口量剧增的商品征收的一种进口附加税。目的在于保护国内产业不至于受到进口剧增而给相关产业带来巨大威胁或损害。

2. 差价税，又称差额税，是按照国内市场和国际市场的价格差额对进口商品征收的关税。当本国商品国内价格高于同类进口商品价格时，按价格差额征税，以保护国内生产、国内市场。

3. 特惠税，又称优惠税，是对某个国家或地区进口的全部商品或部分商品，给予特别优惠的低关税或免税待遇。

4. 普遍优惠制，简称普惠制，是发达国家对从发展中国家或地区输入的商品，特别是制成品和半制成品，给予普遍的、非歧视性的和非互惠的优惠关税待遇。

小知识：中国作为发展中国家，目前已得到英国、法国、德国、意大利、荷兰、卢森堡、比利时、爱尔兰、丹麦、希腊、葡萄牙、西班牙、日本、挪威、新西兰、澳大利亚、瑞士、瑞典、芬兰、奥地利、加拿大和波兰等22个国家实行的普惠制待遇。

第二节　关税的纳税义务人与征税对象

一、纳税义务人

进口货物的收货人、出口货物的发货人、进出境物品的所有人是关税的纳税义务人。进出口货物的收、发货人是依法取得对外贸易经营权，并进口或者出口货物的法人或者其他社会团体。进出境物品的所有人包括该物品的所有人和推定为所有人的人。一般情况下，对于携带进境的物品，推定其携带人为所有人；对分离运输的行李，推定相应的进出境旅客为所有人；对以邮递方式进境的物品，推定其收件人为所有人；以邮递或其他运输方式出境的物品，推定其寄件人或托运人为所有人。

二、征税对象

关税的征税对象是准许进出境的货物和物品。货物是指贸易性商品；物品是指入境旅客随身携带的行李物品、个人邮递物品、各种运输工具上的服务人员携带进口的自用物品、馈赠物品以及其他方式进境的个人物品。

第三节　税率

一、进出口税则概况

进出口税则是一国政府根据国家关税政策和经济政策，通过一定的立法程序制定公布实施的进出口货物和物品应税的关税税率表。进出口税则以税率表为主体，通常还包括实施税则的法令、使用税则的有关说明和附录等。《海关进出口税则》是我国海关征收关税的法律依据，也是我国关税政策的具体体现。

二、税则归类

税则归类就是按照税则的规定，将每项具体进出口商品按其特性在税则中找出其最适合的某一个税号，即"对号入座"，以便确定其适用税率，计算关税税负。税则归类错误会导致关税的多征或少征，影响关税作用的发挥。税则归类一般按以下步骤进行。

1. 了解需要归类的具体进出口商品的构成、材料属性、成分组成、特性、用途和功能。

2. 查找有关商品在税则中拟归的类、章及税号。对于原材料性质的货品，应首先考虑按其属性归类；对于制成品，应首先考虑按其用途归类。

3. 将考虑采用的有关类、章及税号进行比较，筛选出最为合适的税号。在比较、筛选时，首先要看类、章的注释有无具体描述归类对象或其类似品，已具体描述的，按类、章的规定办理；其次是查阅《HS 注释》，确切地了解有关类、章及税号范围。

4. 通过以上方法也难以确定的税则归类商品，可运用归类总规则的有关条款来确定其税号。

三、税率

（一）进口关税税率

在我国加入世界贸易组织（WTO）之前，我国进口税则设有两栏税率，即普通税率和优惠税率。对原产于与我国未订有关税互惠协议的国家或者地区的进口货物，按照普通税率征税；对原产于与我国订有关税互惠协议的国家或者地区的进口货物，按照优惠税率征税。在我国加入 WTO 之后，为履行我国在加入 WTO 关税减让谈判中承诺的有关义务，享有 WTO 成员应有的权利，自 2002 年 1 月 1 日起，我国进口税则设有最惠国税率、协定税率、特惠税率、普通税率、关税配额税率等税率。

对进口货物在一定期限内可以实行暂定税率。最惠国税率适用原产于与我国共同适用最惠国待遇条款的 WTO 成员或地区的进口货物，或原产于与我国签订有相互给予最惠国待遇条款的双边贸易协定国家或地区进口的货物，以及原产于我国境内的进口货物。协定税率适用原产于我国参加的含有关税优惠条款的区域性贸易协定有关缔约方的进口货物。特惠税率适用原产于与我国签订有特殊优惠关税协定的国家或地区的进口货物。普通税率适用于原产于上述国家或地区以外的其他国家或地区的进口货物。

按照普通税率征税的进口货物，经国务院关税税则委员会特别批准，可以适用最惠国税率。适用最惠国税率、协定税率、特惠税率的国家或者地区名单，由国务院关税税则委员会决定，报国务院批准后执行。

（二）出口关税税率

我国出口税则为一栏税率，即出口税率。国家仅对少数资源性产品及易于竞相杀价、盲目进口、需要规范出口秩序的半制成品征收出口关税。现行税则对100 余种商品计征出口关税，主要是鳗鱼苗、部分有色金属矿砂及其精矿、生锑、磷、氟钽酸钾、苯、山羊板皮、部分铁合金、钢铁废碎料、铜和铝原料及其制品、镍锭、锌锭、锑锭。但对上述范围内的部分商品实行 0～25% 的暂定税率，此外，根据需要对其他 200 多种商品征收暂定税率。与进口暂定税率一样，出口暂定税率优先适用于出口税则中规定的出口税率。

（三）特别关税

特别关税包括反补贴税与反倾销税、报复性关税、保障性关税。征收特别关税的货物、适用国别、税率、期限和征收办法，由国务院关税税则委员会决定，海关总署负责实施。

（四）税率的运用

进出口货物，应当依照税则规定的归类原则归入合适的税号，并按照适用的税率征税。我国《进出口关税条例》和《中华人民共和国海关进出口货物征税管理办法》对税率的运用做出了明确规定，具体如下。

1. 进出口货物，应当适用海关接受该货物申报进口或者出口之日实施的税率。

2. 进口货物到达前，经海关核准先行申报的，应当适用装载该货物的运输工具申报进境之日实施的税率。

3. 进口转关运输货物，应当适用指运地海关接受该货物申报进口之日实施的税率；货物运抵指运地前，经海关核准先行申报的，应当适用装载该货物的运输工具抵达指运地之日实施的税率。

4. 出口转关运输货物，应当适用启运地海关接受该货物申报出口之日实施的税率。

5. 经海关批准，实行集中申报的进出口货物，应当适用每次货物进出口时，海关接受该货物申报之日实施的税率。

6. 因超过规定期限未申报而由海关依法变卖的进口货物，其税款计征应当适用装载该货物的运输工具申报进境之日实施的税率。

7. 因纳税义务人违反规定需要追征税款的进出口货物，应当适用违反规定的行为发生之日实施的税率；行为发生之日不能确定的，适用海关发现该行为之日实施的税率。

8. 已申报进境并放行的保税货物、减免税货物、租赁货物或者已申报进出境并放行的暂时进出境货物，有下列情形之一需缴纳税款的，应当适用海关接受纳税义务人再次填写报关单申报办理纳税及有关手续之日实施的税率。

（1）保税货物经批准不复运出境的；

（2）保税仓储货物转入国内市场销售的；

（3）减免税货物经批准转让或者移作他用的；

（4）可暂不缴纳税款的暂时进出境货物，经批准不复运出境或者进境的；

（5）租赁进口货物，分期缴纳税款的。

9. 补征和退还进出口货物关税，应当按照前述规定确定适用的税率。

第四节　关税的完税价格

《中华人民共和国海关法》（以下简称《海关法》）规定，进出口货物的完税价格，由海关以该货物的成交价格为基础审查确定；成交价格不能确定时，完税价格由海关依法估定。自我国加入世界贸易组织后，我国海关已全面实施《世界贸易组织估价协定》，遵循客观、公平、统一的估价原则，并依据 2014 年 2 月 1 日起实施的《中华人民共和国海关审定进出口货物完税价格办法》（以下简称《完税价格办法》），审定进出口货物的完税价格。

一、一般进口货物的完税价格

根据《海关法》，进口货物的完税价格包括货物的货价、货物运抵我国境内输入地点起卸前的运输及其相关费用、保险费。进口货物完税价格的确定方法大致可以划分为两类：一类是以进口货物的成交价格为基础进行调整，从而确定进口货物完税价格的估价方法（以下称成交价格估价方法）；另一类则是在进口货物的成交价格不符合规定条件或者成交价格不能确定的情况下，海关用以审查确定进口货物完税价格的估价方法（以下称海关估价方法）。

（一）成交价格估价方法

进口货物的成交价格，是指卖方向我国境内销售该货物时买方为进口该货物向卖方实付、应付的，并且按照《完税价格办法》有关规定调整后的价款总额，包括直接支付的价款和间接支付的价款。

1. 进口货物的成交价格应当符合以下条件。

（1）对买方处置或者使用进口货物不予限制，但是法律、行政法规规定实施的对货物销售地域的限制和对货物价格无实质性影响的限制除外。有下列情形之一的，应当视为对买方处置或者使用进口货物进行了限制：进口货物只能用于展示或者免费赠送的；进口货物只能销售给指定第三方的；进口货物加工为成品后只能销售给卖方或者指定第三方的；其他经海关审查，认定买方对进口货物的处置或者使用受到限制的。

（2）进口货物的价格不得受到使该货物成交价格无法确定的条件或者因素的影响。有下列情形之一的，应当视为进口货物的价格受到了使该货物成交价格无法确定的条件或者因素的影响：进口货物的价格是以买方向卖方购买一定数量的其他货物为条件而确定的；进口货物的价格是以买方向卖方销售其他货物为条件而确定的；其他经海关审查，认定货物的价格受到使该货物成交价格无法确定的条件或者因素影响的。

（3）卖方不得直接或者间接获得因买方销售、处置或者使用进口货物而产生的任何收益或者虽然有收益但是能够按照《完税价格办法》的规定做出调整的。

（4）买卖双方之间没有特殊关系，或者虽然有特殊关系但是按照规定未对成交价格产生影响，有下列情形之一的，应当认为买卖双方存在特殊关系：买卖双方为同一家族成员的；买卖双方互为商业上的高级职员或者董事的；一方直接或者间接地受另一方控制的；买卖双方都直接或者间接地受第三方控制的；买卖双方共同直接或者间接地控制第三方的；一方直接或者间接地拥有、控制或者持有对方5%以上（含5%）公开发行的有表决权的股票或者股份的；一方是另一方的雇员、高级职员或者董事的；买卖双方是同一合伙的成员的。买卖双方在经营上相互有联系，一方是另一方的独家代理、独家经销或者独家受让人，如果符合规定，也应当视为存在特殊关系。需要注意的是，买卖双方之间存在特殊关系，但是纳税义务人能证明其成交价格与同时或者大约同时发生的下列任何一款价格相近的，应当视为特殊关系未对进口货物的成交价格产生影响：向境内无特殊关系的买方出售的相同或者类似进口货物的成交价格；按照倒扣价格估价方法所确定的相同或者类似进口货物的完税价格；按照计算价格估价方法所确定的相同或者类似进口货物的完税价格。

2. 应计入完税价格的调整项目。采用成交价格估价方法，以成交价格为基础审查确定进口货物的完税价格时，未包括在该货物实付、应付价格中的下列费用或者价值应当计入完税价格。

（1）由买方负担的除购货佣金以外的佣金和经纪费。"购货佣金"指买方为购买进口货物向自己的采购代理人支付的劳务费用。"经纪费"指买方为购买进口货物向代表买卖双方利益的经纪人支付的劳务费用。

（2）由买方负担的与该货物视为一体的容器费用。

（3）由买方负担的包装材料费用和包装劳务费用。

（4）与该货物的生产和向中华人民共和国境内销售有关的，由买方以免费或者以低于成本的方式提供并可以按适当比例分摊的料件、工具、模具、消耗材料及类似货物的价款，以及在境外开发、设计等相关服务的费用。

（5）与该货物有关并作为卖方向我国销售该货物的一项条件，应当由买方向卖方或者有关方直接或间接支付的特许权使用费。"特许权使用费"是指进口货物的买方为取得知识产权权利人及权利人有效授权人关于专利权、商标权、专有技术、著作权、分销权或者销售权的许可或者转让而支付的费用。

（6）卖方直接或间接从买方对该货物进口后转售、处置或使用所得中获得的收益。纳税义务人应当向海关提供上述所列费用或者价值的客观量化数据资料。如果纳税义务人不能提供，海关与纳税义务人进行价格磋商后，按照《完税价格办法》列明的海关估价方法审查确定完税价格。

3. 不计入完税价格的调整项目。进口货物的价款中单独列明的下列税收、费用，不计入该货物的完税价格。

（1）厂房、机械或者设备等货物进口后发生的建设、安装、装配、维修或者技术援助费用，但是保修费用除外；

（2）进口货物运抵中华人民共和国境内输入地点起卸后发生的运输及其相关费用；

（3）进口关税、进口环节海关代征税及其他国内税；

（4）为在境内复制进口货物而支付的费用；

（5）境内外技术培训及境外考察费用；

（6）同时符合下列条件的利息费用：利息费用是买方为购买进口货物而融资所产生的；有书面融资协议的；利息费用单独列明的；纳税义务人可以证明有关利率不高于在融资当时当地此类交易通常应当具有的利率水平，且没有融资安排的相同或者类似进口货物的价格与进口货物的实付、应付价格非常接近的。

（二）进口货物海关估价方法

进口货物的成交价格不符合规定条件或者成交价格不能确定的，海关经了解有关情况，并且与纳税义务人进行价格磋商后，依次以相同货物成交价格估价方法、类似货物成交价格估价方法、倒扣价格估价方法、计算价格估价方法及其他合理方法审查确定该货物的完税价格。纳税义务人向海关提供有关资料后，可以提出申请，颠倒倒扣价格估价方法和计算价格估价方法的适用次序。

1. 相同货物成交价格估价方法。即海关以与进口货物同时或者大约同时向中华人民共和国境内销售的相同货物的成交价格为基础，审查确定进口货物的完税价格的估价方法。

（1）按照该方法审查确定进口货物的完税价格时，应当使用与该货物具有相同商业水平且进口数量基本一致的相同货物的成交价格。使用上述价格时，应当以客观量化的数据资料，对该货物与相同货物之间由于运输距离和运输方式不同而在成本和其他费用方面产生的差异进行调整。在没有前述的相同货物的成交价格的情况下，可以使用不同商业水平或者不同进口数量的相同货物的成交价格。使用上述价格时，应当以客观量化的数据资料，对因商业水平、进口数量、运输距离和运输方式不同而在价格、成本和其他费用方面产生的差异做出调整。

（2）按照该方法审查确定进口货物的完税价格时，应当先使用同一生产商生产的相同货物的成交价格；没有同一生产商生产的相同货物的成交价格的，可以使用同一生产国或者地区其他生产商生产的相同货物的成交价格；如果有多个相同货物的成交价格，应当以最低的成交价格为基础审查确定进口货物的完税价格。

上述"相同货物"，是指与进口货物在同一国家或地区生产的，在物理性质、质量和信誉等所有方面都相同的货物，但是表面的微小差异允许存在。"大约同时"，是指海关接受货物申报之日的大约同时，最长不应当超过前后 45 日。按照倒扣价格法审查确定进口货物的完税价格时，如果进口货物、相同或者类似货物没有在海关接受进口货物申报之日前后 45 日内在境内销售，可以将在境内销售的时间延长至接受货物申报之日前后 90 日内（下同）。

2. 类似货物成交价格估价方法。即海关以与进口货物同时或者大约同时向中华人民共和国境内销售的类似货物的成交价格为基础，审查确定进口货物的完税价格的估价方法。

（1）按照该方法审查确定进口货物的完税价格时，应当使用与该货物具有相同商业水平且进口数量基本一致的类似货物的成交价格。使用上述价格时，应当以客观量化的数据资料，对该货物与类似货物之间由于运输距离和运输方式不同而在成本和其他费用方面产生的差异进行调整。在没有前述的类似货物的成交价格的情况下，可以使用不同商业水平或者不同进口数量的类似货物的成交价格。使用上述价格时，应当以客观量化的数据资料，对因商业水平、进口数量、运输距离和运输方式不同而在价格、成本和其他费用方面产生的差异做出调整。

（2）按照该方法审查确定进口货物的完税价格时，应当首先使用同一生产商生产的类似货物的成交价格；没有同一生产商生产的类似货物的成交价格的，可以使用同一生产国或者地区其他生产商生产的类似货物的成交价格；如果有多个类似货物的成交价格，应当以最低的成交价格为基础审查确定进口货物的完税价格。

上述"类似货物"，是指与进口货物在同一国家或地区生产的，虽然不是在所有方面都相同，但是却具有相似的特征、相似的组成材料、同样的功能，并且在商业中可以互换的货物。

3. 倒扣价格估价方法。即海关以进口货物、相同或者类似进口货物在境内的销售价格为基础，扣除境内发生的有关费用后，审查确定进口货物完税价格的估价方法。该销售价格应当同时符合下列条件：

（1）是在该货物进口的同时或者大约同时，将该货物、相同或者类似进口货物在境内销售的价格；

（2）是按照货物进口时的状态销售的价格；

（3）是在境内第一销售环节销售的价格；

（4）是向境内无特殊关系方销售的价格；

（5）按照该价格销售的货物合计销售总量最大。

按照倒扣价格估价方法审查确定进口货物完税价格的，下列各项应当扣除：

（1）同等级或者同种类货物在境内第一销售环节销售时，通常的利润和一般费用（包括直接费用和间接费用）以及通常支付的佣金；

（2）货物运抵境内输入地点起卸后的运输及其相关费用、保险费；

（3）进口关税、进口环节海关代征税及其他国内税。

4. 计算价格估价方法。即海关以下列各项的总和为基础，审查确定进口货物完税价格的估价方法。

（1）生产该货物所使用的料件成本和加工费用；

（2）向境内销售同等级或者同种类货物通常的利润和一般费用（包括直接费用和间接费用）；

（3）该货物运抵境内输入地点起卸前的运输及相关费用、保险费。

按照上述规定审查确定进口货物的完税价格时，海关在征得境外生产商同意并且提前通知有关国家或者地区政府后，可以在境外核实该企业提供的有关资料。

5. 合理方法。即当海关不能根据成交价格估价方法、相同货物成交价格估价方法、类似货物成交价格估价方法、倒扣价格估价方法和计算价格估价方法确定完税价格时，海关遵循客观、公平、统一的原则，以客观量化的数据资料为基础审查确定进口货物完税价格的估价方法。海关在采用合理方法确定进口货物的完税价格时，不得使用以下价格：

（1）境内生产的货物在境内的销售价格；

（2）可供选择的价格中较高的价格；

（3）货物在出口地市场的销售价格；

（4）以计算价格估价方法规定之外的价值或者费用计算的相同或者类似货物的价格；

（5）出口到第三国或者地区的货物的销售价格；

（6）最低限价或者武断、虚构的价格。

（三）进口货物完税价格中的运输及相关费用、保险费的计算

1. 进口货物的运输及其相关费用，应当按照由买方实际支付或者应当支付的费用计算。如果进口货物的运输及其相关费用无法确定的，海关应当按照该货物进口同期的正常运输成本审查确定。

2. 运输工具作为进口货物，利用自身动力进境的，海关在审查确定完税价格时，不再另行计入运输及其相关费用。

3. 进口货物的保险费，应当按照实际支付的费用计算。如果进口货物的保险费无法确定或者未实际发生，海关应当按照"货价加运费"两者总额的3‰计算保险费，其计算公式如下：

$$保险费 = （货价 + 运费） \times 3‰$$

4. 邮运进口的货物，应当以邮费作为运输及其相关费用、保险费。

二、特殊进口货物的完税价格

1. 加工贸易进口料件及其制成品需征税或内销补税的，海关按照一般进口货物的完税价格规定，审定完税价格。

2. 从保税区或出口加工区销往区外、从保税仓库出库内销的进口货物（加

工贸易进口料件及其制成品除外），以海关审定的价格估定完税价格。对经审核销售价格不能确定的，海关应当按照一般进口货物估价办法的规定，估定完税价格。如销售价格中未包括在保税区、出口加工区或保税仓库中发生的仓储、运输及其他相关费用的，应当按照客观量化的数据资料予以计入。

3. 运往境外修理的机械器具、运输工具或其他货物，出境时已向海关报明，并在海关规定期限内复运进境的，应当以海关审定的境外修理费和料件费为基础审查确定完税价格。

4. 运往境外加工的货物，出境时已向海关报明，并在海关规定期限内复运进境的，应当以海关审定的境外加工费和料件费，以及该货物复运进境的运输及其相关费用、保险费为基础估定完税价格。

5. 对于经海关批准的暂时进境的货物，应当按照一般进口货物估价办法的规定，估定完税价格。

6. 租赁方式进口的货物中，以租金方式对外支付的租赁货物，在租赁期间以海关审定的租金作为完税价格，利息应当予以计入；留购的租赁货物，以海关审定的留购价格作为完税价格；纳税义务人申请一次性缴纳税款的，经海关同意，按照一般进口货物估价办法的规定估定完税价格。

7. 对于境内留购的进口货样、展览品和广告陈列品，以海关审定的留购价格作为完税价格。

8. 减税或免税进口的货物在转让或出售需要补税时，应当以海关审定的该货物原进口时的价格，扣除折旧部分价值作为完税价格，计算公式如下：

$$完税价格 = \frac{海关审定的该货物}{原进口时的价格} \times \left[1 - \frac{申请补税时实际}{已使用的时间(月)} \div (监管年限 \times 12) \right]$$

（申请补税时实际已使用的时间按月计算，不足1个月但超过15日的，按1个月计算；不超过15日的，不予计算）

【例5-1】2017年6月1日国内某公司由于承担国家重要工程项目，经批准免税进口了一套电子设备。该公司使用该电子设备3年后项目完工。2020年5月31日该公司将该设备出售给了国内另一家企业。该电子设备的到岸价格为600万元，关税税率为10%，海关规定的监管年限为6年，试计算该公司应补缴的关税税额。

【解析】应补缴关税税额 = 600 × (1 - 3 ÷ 6) × 10% = 30（万元）

9. 以易货贸易、寄售、捐赠、赠送等其他方式进口的货物，应当按照一般进口货物估价办法的规定，估定完税价格。

三、出口货物的完税价格

1. 以成交价格为基础的完税价格。出口货物的完税价格，由海关以该货物的成交价格为基础审查确定，并且应当包括货物运至我国境内输出地点装载前的运输及其相关费用、保险费。出口货物的成交价格，是指该货物出口销售时，卖方为出口该货物应当向买方直接收取和间接收取的价款总额。下列税收、费用不计入出口货物的完税价格：

（1）出口关税；

（2）在货物价款中单独列明的货物运至我国境内输出地点装载后的运输及其相关费用、保险费。

2. 出口货物海关估价方法。出口货物的成交价格不能确定时，海关经了解有关情况，并且与纳税义务人进行价格磋商后，依次以下列价格审查确定该货物的完税价格：

（1）同时或者大约同时向同一国家或者地区出口的相同货物的成交价；

（2）同时或者大约同时向同一国家或者地区出口的类似货物的成交价格；

（3）根据境内生产相同或者类似货物的成本、利润和一般费用（包括直接费用和间接费用）、境内发生的运输及其相关费用、保险费计算所得的价格；

（4）按照合理方法估定的价格。

第五节 应纳税额的计算

一、从价关税应纳税额的计算

应纳关税税额 = 应税进（出）口货物数量×单位完税价格×税率

【例5-2】某公司进口一台设备，成交价格为560万元，运费和保险费共2万元，成交价格中包含有该公司向境外采购代理人支付的购货佣金10万元，进口关税税率为15%，试计算该公司应纳进口关税。

【解析】应纳关税税额 = (560 - 10 + 2)×15% = 82.8（万元）

二、从量关税应纳税额的计算

应纳关税税额 = 应税进（出）口货物数量×单位货物税额

【例5-3】某公司进（出）口原油230万吨，出口国无法确定。原油的关税税率为普通税率95元/吨，最惠国税率为0。试计算该公司进口环节应纳关税税额。

【解析】应纳关税税额 = 230×95 = 21 850（万元）

三、复合税应纳税额的计算

应纳关税税额 = 应税进（出）口货物数量×单位货物税额
+ 应税进（出）口货物数量×单位完税价格×税率

【例5-4】某公司20××年5月进口某种机器30台，该批机器单价为每台3万元，运费及保险费共9万元。已知机器关税税率为：每台完税价格低于或等于2.6万元的，执行单一从价税，税率为30%；每台完税价格高于2.6万元的，执行从量税，税额为0.6万元，加上4%从价税。计算该公司应纳关税。

【解析】①判断：$(30 \times 3 + 9) \div 30 = 3.3 > 2.6$，即应纳关税执行复合计税。

②应纳进口关税税额 $= 30 \times 0.6 + (30 \times 3 + 9) \times 4\% = 21.96$（万元）

四、滑准税应纳税额的计算

应纳关税税额 = 应税进（出）口货物数量 × 单位完税价格 × 滑准税税率

【例5-5】某商场于20××年2月进口一批高档美容修饰类化妆品。该批货物在国外的买价为120万元，货物运抵我国入关前发生的运输费、保险费和其他费用分别为10万元、6万元和4万元。货物报关后，该商场按规定缴纳了进口环节的增值税和消费税并取得了海关开具的缴款书。将化妆品从海关运往商场所在地取得增值税专用发票，注明运输费用5万元、增值税进项税额0.45万元，该批化妆品当月在国内全部销售，取得不含税销售额520万元（假定化妆品进口关税税率为20%，增值税税率为13%，消费税税率为15%）。

要求：计算该批化妆品进口环节应缴纳的关税、增值税、消费税和国内销售环节应缴纳的增值税。

【解析】（1）关税完税价格 $= 120 + 10 + 6 + 4 = 140$（万元）

（2）应缴纳进口关税 $= 140 \times 20\% = 28$（万元）

（3）进口环节应缴纳增值税的组成计税价格 $= (140 + 28) \div (1 - 15\%)$
$$= 197.65（万元）$$

（4）进口环节应缴纳增值税 $= 197.65 \times 13\% = 25.69$（万元）

（5）进口环节应缴纳消费税 $= 197.65 \times 15\% = 29.65$（万元）

（6）国内销售环节应缴纳增值税 $= 520 \times 13\% - 0.45 - 25.69 = 41.46$（万元）

第六节　关税减免

知识扩展：跨境电商零售进口过渡期不断延长，政策红利有两个：一是对于经营者可以继续通过"邮政税"以降低运营成本；二是回避了跨境电商进口组成计税价格计算的争议问题。

关税减免是对某些纳税人和征税对象给予鼓励和照顾的一种特殊调节手段。正是有了这一手段，使关税政策工作兼顾了普遍性和特殊性、原则性和灵活性。因此，关税减免是贯彻国家关税政策的一项重要措施。关税减免分为法定减免税、特定减免税和临时减免税。根据《海关法》规定，除法定减免税外的其他减免税均由国务院决定。减征关税在我国加入世界贸易组织之前以税则规定税率为基准，在我国加入世界贸易组织之后以最惠国税率或者普通税率为基准。

一、法定减免税

法定减免税是税法中明确列出的减税或免税。符合税法规定可予减免税的进出口货物，纳税义务人无须提出申请，海关可按规定直接予以减免税。海关对法定减免税货物一般不进行后续管理。

我国《海关法》和《进出口关税条例》明确规定，下列货物、物品予以减免关税：

1. 关税税额在人民币 50 元以下的一票货物，可免征关税。
2. 无商业价值的广告品和货样，可免征关税。
3. 外国政府、国际组织无偿赠送的物资，可免征关税。
4. 进出境运输工具装载的途中必需的燃料、物料和饮食用品，可予免税。
5. 在海关放行前损失的货物，可免征关税。
6. 在海关放行前遭受损坏的货物，可以根据海关认定的受损程度减征关税。
7. 我国缔结或者参加的国际条约规定减征、免征关税的货物、物品，按照规定予以减免关税。
8. 法律规定减征、免征关税的其他货物、物品。

二、特定减免税

特定减免税也称政策性减免税，在法定减免税之外，国家按照国际通行规则和我国实际情况，制定发布的有关进出口货物减免关税的政策，称为特定或政策性减免税。特定减免税货物一般有地区、企业和用途的限制，海关需要进行后续管理，也需要进行减免税统计。

（一）科教用品

为有利于我国科研、教育事业发展，推动科教兴国战略的实施，经国务院批准，财政部、海关总署、国家税务总局制定了《科学研究和教学用品免征进口税收规定》，对科学研究机构和学校，以科学研究和教学为目的，在合理数量范围内进口国内不能生产或者性能不能满足需要的科学研究和教学用品，免征进口关税和进口环节增值税、消费税。该规定对享受该优惠的科研机构和学校资格、类别以及可以免税的物品都作了明确规定。

（二）残疾人专用品

为支持残疾人的康复工作，经国务院批准，海关总署发布了《残疾人专用品免征进口税收暂行规定》，对规定的残疾人个人专用品，免征进口关税和进口环节增值税、消费税；对康复、福利机构、假肢厂和荣誉军人康复医院进口国内不能生产的、该规定明确的残疾人专用品，免征进口关税和进口环节增值税。该规定对可以免税的残疾人专用品种类和品名作了明确规定。

（三）慈善捐赠物资

为促进慈善事业的健康发展，支持慈善事业发挥扶贫济困的积极作用，经国务院批准，财政部、国家税务总局、海关总署发布了《慈善捐赠物资免征进口税收暂行办法》。对境外自然人、法人或者其他组织等境外捐赠人，无偿向国务院有关部门和各省、自治区、直辖市人民政府，中国红十字会总会、中华全国妇女联合会、中国残疾人联合会、中华慈善总会、中国初级卫生保健基金会、中国宋庆龄基金会和中国癌症基金会，以及经民政部或省级民政部门登记注册且被评定为5A级的以人道救助和发展慈善事业为宗旨的社会团体或基金会等受赠人捐赠的直接用于慈善事业的物资，免征进口关税和进口环节增值税。慈善事业是指非营利的慈善救助等社会慈善和福利事业，包括以捐赠财产方式自愿开展的扶贫济困、扶助老幼病残等困难群体，促进教育、科学、文化、卫生、体育等事业发展，防治污染和其他公害，保护和改善环境等慈善活动。该办法对可以免税的捐赠物资种类和品名作了明确规定。

其他还有加工贸易产品、边境贸易进口物资等的减免关税规定。

三、临时减免税

（一）暂时免税

暂时进境或者暂时出境的下列货物，在进境或者出境时纳税义务人向海关缴纳相当于应纳税款的保证金或者提供其他担保的，可以暂不缴纳关税，并应当自进境或者出境之日起6个月内复运出境或者复运进境；需要延长复运出境或者复运进境期限的，纳税义务人应当根据海关总署的规定向海关办理延期手续。

1. 在展览会、交易会、会议及类似活动中展示或者使用的货物。
2. 文化、体育交流活动中使用的表演、比赛用品。
3. 进行新闻报道或者摄制电影、电视节目使用的仪器、设备及用品。
4. 开展科研、教学、医疗活动使用的仪器、设备及用品。
5. 在上述第1项至第4项所列活动中使用的交通工具及特种车辆。
6. 货样。
7. 供安装、调试、检测设备时使用的仪器、工具。
8. 盛装货物的容器。
9. 其他用于非商业目的的货物。

暂时进境货物在规定的期限内未复运出境的，或者暂时出境货物在规定的期限内未复运进境的，海关应当依法征收关税。可以暂时免征关税范围以外的其他暂时进境货物，应当按照该货物的完税价格和其在境内滞留时间与折旧时间的比例计算征收进口关税。具体办法由海关总署规定。

（二）临时减免税

临时减免税是指以上法定和特定减免税以外的其他减免税，即由国务院根据《海关法》对某个单位、某类商品、某个项目或某批进出口货物的特殊情况，给予特别照顾，一案一批，专文下达的减免税。一般有单位、品种、期限、金额或数量等限制，不能比照执行。

我国已加入世界贸易组织，为遵循统一、规范、公平、公开的原则，有利于统一税法、公平税负、平等竞争，国家严格控制减免税，一般不办理个案临时性减免税，对特定减免税也在逐步规范、清理，对不符合国际惯例的税收优惠政策将逐步予以废止。

第七节 关税的征收管理

一、关税的缴纳

进口货物的纳税义务人应当自运输工具申报进境之日起 14 日内；出口货物的纳税义务人除海关特准的外，应当在货物运抵海关监管区后、装货的 24 小时以前，向货物的进出境地海关申报，海关根据税则归类和完税价格计算应缴纳的关税和进口环节代征税，并填发税款缴款书。纳税义务人应当自海关填发税款缴款书之日起 15 日内，向指定银行缴纳税款。如关税缴款期限届满日遇星期六、星期日等休息日或者法定节假日，则关税缴纳期限顺延至休息日或者法定节假日之后的第一个工作日。为方便纳税义务人，经申请且海关同意，进（出）口货物的纳税义务人可以在设有海关的指运地（启运地）办理海关申报、纳税手续。

关税纳税义务人因不可抗力或者在国家税收政策调整的情形下，不能按期缴纳税款的，经依法提供税款担保后，可以延期缴纳税款，但最长不得超过 6 个月。

二、关税的强制执行

纳税义务人未在关税缴纳期限内缴纳税款，即构成关税滞纳。为保证海关征收关税决定的有效执行和国家财政收入的及时入库，《海关法》赋予海关对滞纳关税的纳税义务人强制执行的权利。强制措施主要有两类。

1. 征收关税滞纳金。滞纳金自关税缴纳期限届满滞纳之日起，至纳税义务人缴纳关税之日止，按滞纳税款 0.5‰的比例按日征收，周末或法定节假日不予扣除。具体计算公式为：

$$关税滞纳金金额 = 滞纳关税税额 \times 滞纳金征收比率 \times 滞纳天数$$

2. 强制征收。如纳税义务人自缴纳税款期限届满之日起 3 个月仍未缴纳税款，经直属海关关长或者其授权的隶属海关关长批准，海关可以采取强制扣缴、变价抵缴等强制措施。强制扣缴即海关书面通知纳税义务人开户银行或者其他金融机构从其存款中扣缴税款。变价抵缴即海关将纳税义务人的应税货物依法变卖，或者扣留并依法变卖其价值相当于应纳税款的货物或者其他财产，以变卖所得抵缴税款。

三、关税的退还

关税的退还是关税纳税义务人按海关核定的税额缴纳关税后，因某种原因的出现，海关将实际征收多于应当征收的税额（称为溢征关税）退还给原纳税义务人的一种行政行为。根据《海关法》和《进出口关税条例》的规定，海关多征的税款，海关发现后应当立即退还；纳税义务人发现多缴税款的，自缴纳税款之日起 1 年内，可以以书面形式要求海关退还多缴的税款并加算银行同期活期存款利息；海关应当自受理退税申请之日起 30 日内查实并通知纳税义务人办理退还手续。此外，有下列情形之一的，纳税义务人自缴纳税款之日起 1 年内，可以申请退还关税，并应当以书面形式向海关说明理由，提供原缴款凭证及相关资料：

1. 已征进口关税的货物，因品质或者规格原因，原状退货复运出境的；
2. 已征出口关税的货物，因品质或者规格原因，原状退货复运进境，并已重新缴纳因出口而退还的国内环节有关税收的；
3. 已征出口关税的货物，因故未装运出口、申报退关的。

海关应当自受理退税申请之日起 30 日内查实并通知纳税义务人办理退还手续；纳税义务人应当自收到通知之日起 3 个月内办理有关退税手续。前述第 1 项和第 2 项规定强调的是，"因货物品质或者规格原因，原状复运进境或者出境的"。如果属于其他原因且不能以原状复运进境或者出境，不能退税。

四、补征与追征

补征和追征是海关在关税纳税义务人按海关核定的税额缴纳关税后，发现实际征收税额少于应当征收的税额（称为短征关税）时，责令纳税义务人补缴所差税款的一种行政行为。《海关法》根据短征关税的原因，将海关征收原短征关税的行为分为补征和追征两种。由于纳税人违反海关规定造成短征关税的，称为追征；非因纳税人违反海关规定造成短征关税的，称为补征。区分关税追征和补征的目的是区别不同情况适用不同的征收时效，超过时效规定的期限，海关就丧失了追补关税的权力。

根据《海关法》和《进出口关税条例》的规定，进出境货物和物品放行后，海关发现少征或者漏征税款，应当自缴纳税款或者货物、物品放行之日起 1 年内，向纳税义务人补征税款；因纳税义务人违反规定而造成的少征或者漏征的税款，海关可以自纳税义务人缴纳税款或者货物、物品放行之日起 3 年以内追征，并从缴纳税款或者货物、物品放行之日起按日加收少征或者漏征税款 0.5‰的滞纳金；海关发现其监管货物因纳税义务人违反规定造成少征或者漏征税款的，应当自纳税义务人应缴纳税款之日起 3 年内追征税款，并从应缴纳税款之日起按日加收少征或者漏征税款 0.5‰的滞纳金。

知识巩固与能力提升

一、单项选择题

1. 关于关税特点的说法，正确的是（   ）。
   A. 关税的高低对进口国的生产影响较大，对国际贸易影响不大
   B. 关税是多环节的价内税
   C. 关税是单一环节的价外税
   D. 关税不仅对进出境的货物征税，还对进出境的劳务征税

2. 关税税率随进口商品价格由高到低而由低到高设置，这种计征关税的方法称为（   ）。
   A. 从价税   B. 从量税   C. 复合税   D. 滑准税

3. 下列税费中，应计入进口货物关税完税价格的是（   ）。
   A. 单独核算的境外技术培训费
   B. 进口货物运抵我国境内输入地点起卸前的保险费
   C. 报关时海关代征的增值税和消费税
   D. 由买方单独支付的入关后的运输费用

4. 某企业海运进口一批货物，海关审定货价折合人民币 5 000 万元，运抵境内输入地点起卸前的运费折合人民币 20 万元，保险费无法查明，该批货物进口关税税率为 5%，则该企业应纳关税（   ）万元。
   A. 250   B. 251   C. 251.75   D. 260

5. 进出口货物完税放行后，如发现少征或者漏征关税税款（非纳税人原因），海关应自缴纳税款或者货物、物品放行之日起（   ）年内，向纳税人补征。
   A. 1   B. 2   C. 3   D. 5

二、多项选择题

1. 下列各项中，属于关税纳税人的有（   ）。
   A. 进口货物的收货人   B. 出口货物的发货人
   C. 进出口货物的经纪人   D. 进出境物品的携带人

2. 以下关于关税税率的表述，错误的有（   ）。

A. 进口适用税率的选择是根据货物的不同起运地而确定的

B. 适用最惠国税率、协定税率、特惠税率的国家或地区的名单，由国务院关税税则委员会决定

C. 我国进口商品绝大部分采用从价定率的征税方法

D. 原产地不明的进口货物不予征税

3. 采用倒扣价格方法估定进口货物关税完税价格时，下列各项应当予以扣除的有（　　）。

A. 进口关税

B. 该货物的同种类货物在境内第一销售环节销售时通常的利润和一般费用

C. 货物运抵境内输入地点起卸后的运费

D. 境外生产该货物所使用的原材料价值

4. 下列关于出口货物关税完税价格的说法，正确的有（　　）。

A. 出口关税不计入完税价格

B. 在境内输入地点装载前发生的运费，应包含在完税价格中

C. 出口货物关税完税价格包含出口关税税额

D. 在境内输出地点装载后发生的保险费，不计入完税价格

5. 下列措施中，属于《海关法》赋予海关可以采取的强制措施有（　　）。

A. 补征税额　　　B. 强制扣缴　　　C. 变价抵缴　　　D. 征收关税滞纳金

三、计算题

上海某进出口公司从美国进口货物一批，货物以离岸价格成交，成交价折合人民币为1 410万元（包括单独计价并经海关审查属实的向境外采购代理人支付的买方佣金10万元，但不包括使用该货物而向境外支付的软件费50万元、向卖方支付的佣金15万元），另支付货物运抵我国上海港的运费、保险费等35万元。假设该货物适用关税税率为20%，增值税税率为13%，消费税税率为10%。

要求：请分别计算该公司应纳关税、消费税和增值税。

第六章 企业所得税

【本章概览】

企业所得税的征收与管理是随着企业的发展以及国家政策的变化而发生变化的。按照 2008 年 1 月 1 日起施行的《中华人民共和国企业所得税法》(简称《企业所得税法》) 及其实施条例的规定，企业所得税是对我国内资企业和经营单位的生产经营所得和其他所得征收的一种税，因此凡是符合企业所得税法规定的企业或组织都应对于企业所得税的纳税人、征税对象和税率的基本税制要素有足够的了解。本章主要介绍了企业所得税的基本税制要素、应纳税额的计算、税收优惠以及征收管理等内容。

【学习目标】

1. 了解企业所得税的概念、特点、征税范围。能熟练运用企业所得税相关规定解决实际工作中的涉税问题。

2. 掌握纳税人及居民企业、非居民企业的划分标准并作出准确判断。

3. 掌握企业所得税的纳税人一般收入、不征税收入和免税收入的确认。

4. 掌握企业所得税应纳税所得额的计算。

5. 掌握固定资产、无形资产、存货等资产的税务处理，应纳税额的计算。

6. 理解企业重组的所得税处理以及特别纳税调整。

【情景引例】

2014 年美国大企业外迁潮一浪高过一浪。7 月，芝加哥制药公司艾伯维宣布以 540 亿美元收购英国制药商夏尔，新公司总部预计迁至英国。

早前，匹兹堡大型药企迈兰以 53 亿美元收购荷兰雅培制药。最新调查发现，过去 10 年里至少有 47 家美国大公司 (近两年不下 27 家) 迁往海外。

越来越多的美国企业缘何抛弃祖国，"适彼乐土"？答案简单，"税"之过。美国公司所得税居发达国家之冠，反观中国的税率只有 25%，爱尔兰只有 12.5%。

富兰克林说："节省一分钱等于赚了一分钱。"美国税法律师说得更绝："省一美元的税强过赚一美元。别忘了，后者还要缴税。"美国大企业无不使出浑身解数逃税，外迁公司总部到低税率的爱尔兰、英国、荷兰等国，从而大大减轻公司税负，好一招瞒天过海的妙计。

奥巴马在国情咨文中的批评之辞——"众多游说人士钻税法的空子，以便为某些公司和行业牟取利益。利用会计师或律师操纵这一体系的那些人，最终可能什么税都不缴，而其他人则要承担全球最高的企业税率。"

《纽约时报》三年前刊登题为《美国绝大部分跨国企业涉嫌避税》的文章，此后，揭露大企业偷税漏税的报道层出不穷。苹果公司、谷歌、新闻集团、波音、辉瑞制药、甲骨文、微软、摩根士丹利和 IBM 等大集团都存在避税行为。

学者哀叹期待美国税法全面改革。马克·吐温曾经说过："人们常常谈论天气，但总是无能为力。"公司税制改革也是如此，全盘大修难于登天。加之共和党议员一边倒地同情大公司，阻挠修法。这股美国企业外迁风潮，看来还得再刮一阵。

（资料来源：凤凰财经，2014 年 7 月 25 日）

思考：缴纳企业所得税对企业经营的影响？国家征收企业所得税的依据和目的？我国企业的税负是否过重？

第一节　企业所得税概述

一、企业所得税的概念

企业所得税是对我国境内的企业和其他取得收入组织的生产经营所得和其他所得征收的一种税。较之其他国家的公司所得税，我国企业所得税纳税人的范围更广。企业所得税以应纳税所得额为计税依据，是国家参与企业利润分配的法定形式。企业所得税的多寡，直接影响每个企业的税后利润，进而影响其再投资的规模。虽然我国不是以所得税为主的国家，但是近年来企业所得税占税收收入的比重不断提高，已成为我国第二大主体税种。《中共中央关于全面深化改革若干重大问题的决定》明确提出："逐步提高直接税比重"。

二、企业所得税的特点

1. 征税范围广泛。企业所得税是对我国境内企业的生产经营所得和其他所得征收的税种。涉及每一个参与生产经营取得收入的纳税人：既包括我国企业，也包括取得相应收入的外国企业；既包括各种所有制形式的内资，也包括中外合资经营企业、中外合作经营企业、外商投资企业等三资企业；既包括经常参与各种生产经营的企业性单位，也包括取得收入的非企业性组织。除了规定的免税项目外，企业的各类所得都在企业所得税的征税范围。企业所得税征税范围的广泛，不仅使其成为国家取得财政收入的主要税种，更是体现国家经济产业政策的重要税种。

2. 税负公平。企业所得税税负公平的特点体现在两个方面：一方面，企业所得税对各类企业，不分企业资本的来源，不分所有制形式，不分地区行业，实行统一的比例税率，用一个标准调整所有企业的盈利水平，企业所得税使各类企业税负水平相当，有利于促进各类企业的公平竞争；另一方面，企业所得税是对企业的各类所得征收的，即从企业的收入中扣减必要的成本费用之后的净收入，因而企业一般都有缴税能力。所得多的多纳税，所得少的少纳税，无所得的不纳税，即纳税人的纳税多少与其缴税能力成正比。因此，企业所得税是能够充分体现税负公平的一个税种。

3. 计税依据是应纳税所得额。企业所得税的计税依据是应纳税所得额，即纳税人每个纳税年度的收入总额减去准予扣除项目金额之后的余额。应纳税所得额并不等同于企业的实际所得，而是根据《企业所得税法》的规定核算各类收入以及成本费用后计算而得的法定所得。纳税人在计算应纳税额时，必须按照企业所得税法的规定确认每笔收入，核算每笔成本、费用、税金、损失等各项支出；否则，税务机关可以做必要的纳税调整。如果纳税人的行为已触犯行政法律、刑事法律的，还要承担相应的行政责任甚至刑事责任。较之其他税种，企业所得税的计税依据具有更鲜明的法定性。

4. 属于典型的直接税。企业所得税属于典型的直接税，即企业所得税的纳税人和负税人是同一个人。按照纳税顺序，企业所得税按年计征，属于纳税人最终缴纳的税种，纳税人一般不易将所缴税款转嫁给他人，而由纳税人自己负担。更重要的是，企业所得税法不允许计算税款时将企业所得税税款作为税金从应纳税所得额中扣除，表明了"不允许所得税发生转嫁"的态度，即企业所得税是一种法定的直接税。

第二节　纳税人

企业所得税的纳税义务人，是指在中华人民共和国境内的企业和其他取得收入的组织。《企业所得税法》第一条规定，除个人独资企业、合伙企业不适用《企业所得税法》外，凡在我国境内，企业和其他取得收入的组织（以下统称企业）为企业所得税的纳税人，依照本法规定缴纳企业所得税。

企业所得税的纳税人分为居民企业和非居民企业，这是根据企业纳税义务范围的宽窄进行的分类方法，不同的企业在向中国政府缴纳所得税时，纳税义务不同。把企业分为居民企业和非居民企业，是为了更好地保障我国税收管辖权的有效行使。税收管辖权是一国政府在征税方面的主权，是国家主权的重要组成部分。根据国际上的通行做法，我国选择了地域管辖权和居民管辖权的双重管辖权标准，最大限度地维护我国的税收利益。

一、居民企业

居民企业，是指依法在中国境内成立，或者依照外国（地区）法律成立但实际管理机构在中国境内的企业。

其中，有生产、经营所得和其他所得的其他组织，是指经国家有关部门批准，依法注册、登记的事业单位、社会团体等组织。由于我国的一些社会团体组织、事业单位在完成国家事业计划的过程中，开展多种经营和有偿服务活动，取得除财政部门各项拨款、财政部和国家物价部门批准的各项规费收入以外的经营收入，具有了经营的特点，应当视同企业纳入征税范围。实际管理机构，是指对企业的生产经营、人员、账务、财产等实施实质性全面管理和控制的机构。

我国判定居民企业的两个标准：一是登记注册地标准；二是实际管理机构所在地标准。居民企业应当就来源于中国境内、境外的所得缴纳企业所得税。这里的企业包括国有企业、集体企业、私营企业、联营企业、股份制企业，外商投资企业、外国企业以及有生产、经营所得和其他所得的其他组织。

二、非居民企业

非居民企业，是指依照外国（地区）法律成立且实际管理机构不在中国境内，但在中国境内设立机构、场所的，或者在中国境内未设立机构、场所，但有来源于中国境内所得的企业。

上述所称机构、场所，是指在中国境内从事生产经营活动的机构、场所，包括：

1. 管理机构、营业机构、办事机构。
2. 工厂、农场、开采自然资源的场所。
3. 提供劳务的场所。
4. 从事建筑、安装、装配、修理、勘探等工程作业的场所。
5. 其他从事生产经营活动的机构、场所。

非居民企业委托营业代理人在中国境内从事生产经营活动的，包括委托单位或者个人经常代其签订合同，或者储存、交付货物等，该营业代理人视为非居民企业在中国境内设立的机构、场所。

三、扣缴义务人

1. 对非居民企业在中国境内未设立机构、场所的，或者虽设立机构、场所但取得的所得与其所设机构、场所没有实际联系的所得应缴纳的所得税，实行源泉扣缴，以支付人为扣缴义务人。税款由扣缴义务人在每次支付或者到期应支付时，从支付或者到期应支付的款项中扣缴。

2. 对非居民企业在中国境内取得工程作业和劳务所得应缴纳的所得税，税务机关可以指定工程价款或者劳务费的支付人为扣缴义务人。

第三节　征税对象和税率

一、征税对象

企业所得税的征税对象，是指企业的生产经营所得、其他所得和清算所得。

（一）居民企业的征税对象

居民企业应就来源于中国境内、境外的所得作为征税对象。所得包括销售货物所得、提供劳务所得、转让财产所得、股息红利等权益性投资所得、利息所得、租金所得、特许权使用费所得、接受捐赠所得和其他所得。

（二）非居民企业的征税对象

非居民企业在中国境内设立机构、场所的，应当就其所设机构、场所取得的来源于中国境内的所得，以及发生在中国境外但与其所设机构、场所有实际联系的所得，缴纳企业所得税。非居民企业在中国境内未设立机构、场所的，或者虽设立机构、场所但取得的所得与其所设机构、场所没有实际联系的，应就其来源于中国境内的所得缴纳企业所得税。

上述实际联系，是指非居民企业在中国境内设立的机构、场所拥有的据以取得所得的股权、债权，以及拥有、管理、控制据以取得所得的财产。

二、所得来源的确定

1. 销售货物所得，按照交易活动发生地确定。
2. 提供劳务所得，按照劳务发生地确定。
3. 转让财产所得。（1）不动产转让所得按照不动产所在地确定。（2）动产转让所得按照转让动产的企业或者机构、场所所在地确定。（3）权益性投资资产转让所得按照被投资企业所在地确定。
4. 股息、红利等权益性投资所得，按照分配所得的企业所在地确定。
5. 利息所得、租金所得、特许权使用费所得，按照负担、支付所得的企业或者机构、场所所在地确定，或者按照负担、支付所得的个人住所地确定。
6. 其他所得，由国务院财政、税务主管部门确定。

三、税率

企业所得税税率是体现国家与企业分配关系的核心要素。税率设计的原则是兼顾国家、企业、职工个人三者利益，既要保证财政收入的稳定增长，又要使企业在发展生产、经营方面有一定的财力保证；既要考虑到企业的实际情况和负担能力，又要维护税率的统一性。

企业所得税实行比例税率。比例税率简便易行，透明度高，不会因征税而改变企业之间收入分配比例，有利于促进效率的提高。现行规定是：

1. 基本税率为25%。适用于居民企业和在中国境内设有机构、场所且所得与机构、场所有关联的非居民企业。现行企业所得税基本税率设定为25%，既考虑了我国财政承受能力，又考虑了企业负担水平。

2. 低税率为20%。适用于在中国境内未设立机构、场所的，或者虽设立机构、场所但取得的所得与其所设机构、场所没有实际联系的非居民企业。但实际征税时适用10%的税率（在本章第七节税收优惠中介绍）。

3. 优惠税率为20%和15%。符合条件的小型微利企业，按20%的税率缴纳企业所得税；国家需要重点扶持的高新技术企业减按15%的税率缴纳企业所得税。

第四节　应纳税所得额的计算

一、应纳税所得额的计算方法

应纳税所得额是企业所得税的计税依据，按照企业所得税法的规定，应纳税所得额为企业每一个纳税年度的收入总额，减除不征税收入、免税收入、各项扣除以及允许弥补的以前年度亏损后的余额。基本公式为：

$$应纳税所得额 = 收入总额 - 不征税收入 - 免税收入 - 各项扣除$$
$$- 允许弥补的以前年度亏损$$

企业应纳税所得额的计算以权责发生制为原则，属于当期的收入和费用，不论款项是否收付，均作为当期的收入和费用；不属于当期的收入和费用，即使款项已经在当期收付，也不作为当期的收入和费用。应纳税所得额的正确计算直接关系到国家财政收入和企业的税收负担，并且同成本、费用核算关系密切。因此，企业所得税法对应纳税所得额计算作了明确规定。其主要内容包括收入总额、扣除范围和标准、资产的税务处理、亏损弥补等。

二、收入的确定

企业的收入总额包括以货币形式和非货币形式从各种来源取得的收入，具体有：销售货物收入，提供劳务收入，转让财产收入，股息、红利等权益性投资收益，利息收入，租金收入，特许权使用费收入，接受捐赠收入，其他收入。

企业取得收入的货币形式，包括现金、存款、应收账款、应收票据、准备持有至到期的债券投资以及债务的豁免等；纳税人以非货币形式取得的收入，包括固定资产、生物资产、无形资产、股权投资、存货、不准备持有至到期的债券投资、劳务以及有关权益等，这些非货币资产应当按照公允价值确定收入额，公允价值是指按照市场价格确定的价值。

（一）一般收入的确认

1. 销售货物收入，是指企业销售商品、产品、原材料、包装物、低值易耗品以及其他存货取得的收入。

2. 提供劳务收入，是指企业从事建筑安装、修理修配、交通运输、仓储租赁、金融保险、邮电通信、咨询经纪、文化体育、科学研究、技术服务、教育培训、餐饮住宿、中介代理、卫生保健、社区服务、旅游、娱乐、加工以及其他劳务服务活动取得的收入。

3. 转让财产收入，是指企业转让固定资产、生物资产、无形资产、股权、债权等财产取得的收入。

企业转让股权收入，应于转让协议生效且完成股权变更手续时，确认收入的实现。转让股权收入扣除为取得该股权所发生的成本后，为股权转让所得。企业在计算股权转让所得时，不得扣除被投资企业未分配利润等股东留存收益中按该项股权所可能分配的金额。

被清算企业的股东分得的剩余资产的金额，其中相当于被清算企业累计未分配利润和累计盈余公积中按该股东所占股份比例计算的部分，应确认为股息所得；剩余资产减除股息所得后的余额，超过或低于股东投资成本的部分，应确认为股东的投资转让所得或损失。

投资企业从被投资企业撤回或减少投资，其取得的资产中，相当于初始出资的部分，应确认为投资收回；相当于被投资企业累计未分配利润和累计盈余公积按减少实收资本比例计算的部分，应确认为股息所得；其余部分确认为投资资产转让所得。

4. 股息、红利等权益性投资收益，是指企业因权益性投资从被投资方取得的收入。股息、红利等权益性投资收益，除国务院财政、税务主管部门另有规定外，按照被投资方做出利润分配决定的日期确认收入的实现。

被投资企业将股权（票）溢价所形成的资本公积转为股本的，不作为投资方企业的股息、红利收入，投资方企业也不得增加该项长期投资的计税基础。

依据《财政部　国家税务总局　证监会关于沪港股票市场交易互联互通机制试点有关税收政策的通知》的规定，自 2014 年 11 月 17 日起，对内地企业投资者通过沪港通投资香港联交所上市股票取得的股息、红利所得，计入其收入总额，依法计征企业所得税。其中，内地居民企业连续持有 H 股满 12 个月取得的股息、红利所得，依法免征企业所得税。

香港联交所上市 H 股公司应向中国结算提出申请，由中国结算向 H 股公司提供内地企业投资者名册，H 股公司对内地企业投资者不代扣股息、红利所得税款，应纳税款由企业自行申报缴纳。

内地企业投资者自行申报缴纳企业所得税时，对香港联交所非 H 股上市公司已代扣代缴的股息红利所得税税额，可依法申请税收抵免。

5. 利息收入，是指企业将资金提供他人使用但不构成权益性投资，或者因他人占用本企业资金取得的收入，包括存款利息、贷款利息、债券利息、欠款利息等收入。利息收入，按照合同约定的债务人应付利息的日期确认收入的实现。

自 2013 年 9 月 1 日起，企业混合性投资业务，是指兼具权益和债权双重特性的投资业务。同时符合下列条件的混合性投资业务，按下列规定进行企业所得税处理：

（1）被投资企业接受投资后，需要按投资合同或协议约定的利率定期支付利息（或定期支付保底利息、固定利润、固定股息，下同）；

（2）有明确的投资期限或特定的投资条件，并在投资期满或者满足特定投资条件后，被投资企业需要赎回投资或偿还本金；

（3）投资企业对被投资企业净资产不拥有所有权；

（4）投资企业不具有选举权和被选举权；

（5）投资企业不参与被投资企业日常生产经营活动。

符合上述（1）至（5）项规定的混合性投资业务，按下列规定进行企业所得税处理：

对于被投资企业支付的利息，投资企业应于被投资企业应付利息的日期，确认收入的实现并计入当期应纳税所得额；被投资企业应于应付利息的日期，确认利息支出，并按税法和《国家税务总局关于企业所得税若干问题的公告》第一条的规定，进行税前扣除。

对于被投资企业赎回的投资，投资双方应于赎回时将赎价与投资成本之间的差额确认为债务重组损益，分别计入当期应纳税所得额。

6. 租金收入，是指企业提供固定资产、包装物或者其他有形资产的使用权取得的收入。租金收入，按照合同约定的承租人应付租金的日期确认收入的实现。其中，如果交易合同或协议中规定租赁期限跨年度，且租金提前一次性支付的，根据《企业所得税法实施条例》第九条规定的收入与费用配比原则，出租人可对上述已确认的收入，在租赁期内，分期均匀计入相关年度收入。

7. 特许权使用费收入，是指企业提供专利权、非专利技术、商标权、著作权以及其他特许权的使用权取得的收入。特许权使用费收入，按照合同约定的特许权使用人应付特许权使用费的日期确认收入的实现。

8. 接受捐赠收入，是指企业接受的来自其他企业、组织或者个人无偿给予的货币性资产、非货币性资产。接受捐赠收入，按照实际收到捐赠资产的日期确认收入的实现。

9. 其他收入，是指企业取得的除以上收入外的其他收入，包括企业资产溢余收入、逾期未退包装物押金收入、确实无法偿付的应付款项、已作坏账损失处理后又收回的应收款项、债务重组收入、补贴收入、违约金收入、汇兑收益等。

（二）特殊收入的确认

1. 以分期收款方式销售货物的，按照合同约定的收款日期确认收入的实现。

2. 企业受托加工制造大型机械设备、船舶、飞机，以及从事建筑、安装、装配工程业务或者提供其他劳务等，持续时间超过 12 个月的，按照纳税年度内完工进度或者完成的工作量确认收入的实现。

3. 采取产品分成方式取得收入的，按照企业分得产品的日期确认收入的实现，其收入额按照产品的公允价值确定。

4. 企业发生非货币性资产交换，以及将货物、财产、劳务用于捐赠、偿债、赞助、集资、广告、样品、职工福利或者利润分配等用途的，应当视同销售货物、转让财产或者提供劳务，但国务院财政、税务主管部门另有规定的除外。

（三）处置资产收入的确认

1. 企业发生下列情形的处置资产，除将资产转移至境外以外，由于资产所有权属在形式和实质上均不发生改变，可作为内部处置资产，不视同销售确认收入，相关资产的计税基础延续计算。

（1）将资产用于生产、制造、加工另一产品。

（2）改变资产形状、结构或性能。

（3）改变资产用途（如自建商品房转为自用或经营）。

（4）将资产在总机构及其分支机构之间转移。

（5）上述两种或两种以上情形的混合。

（6）其他不改变资产所有权属的用途。

2. 企业将资产移送他人的下列情形，因资产所有权属已发生改变而不属于内部处置资产，应按规定视同销售确定收入。

（1）用于市场推广或销售。

（2）用于交际应酬。

（3）用于职工奖励或福利。

（4）用于股息分配。

（5）用于对外捐赠。

（6）其他改变资产所有权属的用途。

3. 属于企业自制的资产，应按企业同类资产同期对外销售价格确定销售收入；属于外购的资产，可按购入时的价格确定销售收入。

（四）非货币性资产投资企业所得税处理

非货币性资产，是指现金、银行存款、应收账款、应收票据以及准备持有至到期的债券投资等货币性资产以外的资产。

1. 居民企业（以下简称企业）以非货币性资产对外投资确认的非货币性资产转让所得，可在不超过 5 年期限内，分期均匀计入相应年度的应纳税所得额，按规定计算缴纳企业所得税。

2. 企业以非货币性资产对外投资，应对非货币性资产进行评估并按评估后的公允价值扣除计税基础后的余额，计算确认非货币性资产转让所得。

企业以非货币性资产对外投资，应于投资协议生效并办理股权登记手续时，确认非货币性资产转让收入的实现。

3. 企业以非货币性资产对外投资而取得被投资企业的股权，应以非货币性资产的原计税成本为计税基础，加上每年确认的非货币性资产转让所得，逐年进行调整。

被投资企业取得非货币性资产的计税基础，应按非货币性资产的公允价值确定。

4. 企业在对外投资5年内转让上述股权或投资收回的，应停止执行递延纳税政策，并就递延期内尚未确认的非货币性资产转让所得，在转让股权或投资收回当年的企业所得税年度汇算清缴时，一次性计算缴纳企业所得税；企业在计算股权转让所得时，可按规定将股权的计税基础一次调整到位。

企业在对外投资5年内注销的，应停止执行递延纳税政策，并就递延期内尚未确认的非货币性资产转让所得，在注销当年的企业所得税年度汇算清缴时，一次性计算缴纳企业所得税。

5. 此处所称非货币性资产投资，限于以非货币性资产出资设立新的居民企业，或将非货币性资产注入现存的居民企业。

6. 企业发生非货币性资产投资，符合《财政部　国家税务总局关于企业重组业务企业所得税处理若干问题的通知》等文件规定的特殊性税务处理条件的，也可选择按特殊性税务处理规定执行。

（五）企业转让上市公司限售股有关所得税处理

根据国家税务总局公告2011年第39号规定，自2011年7月1日起，企业转让上市公司限售股有关所得税的处理按以下规定执行。

1. 纳税义务人的范围界定问题。根据《企业所得税法》第一条及其《实施条例》第三条的规定，转让限售股取得收入的企业（包括事业单位、社会团体、民办非企业单位等），为企业所得税的纳税义务人。

2. 企业转让代个人持有的限售股征税问题。因股权分置改革造成原由个人出资而由企业代持有的限售股，企业在转让时按以下规定处理：

（1）企业转让上述限售股取得的收入，应作为企业应税收入计算纳税。

上述限售股转让收入扣除限售股原值和合理税费后的余额为该限售股转让所得。企业未能提供完整、真实的限售股原值凭证，不能准确计算该限售股原值的，主管税务机关一律按该限售股转让收入的15%，核定为该限售股原值和合理税费。

依照规定完成纳税义务后的限售股转让收入余额转付给实际所有人时不再纳税。

（2）依法院判决、裁定等原因，通过证券登记结算公司，企业将其代持的个人限售股直接变更到实际所有人名下的，不视同转让限售股。

3. 企业在限售股解禁前转让限售股征税问题。企业在限售股解禁前将其持有的限售股转让给其他企业或个人（以下简称受让方），其企业所得税问题按以下规定处理：

（1）企业应按减持在证券登记结算机构登记的限售股取得的全部收入，计入企业当年度应税收入计算纳税。

（2）企业持有的限售股在解禁前已签订协议转让给受让方，但未变更股权登记、仍由企业持有的，企业实际减持该限售股取得的收入，依照上述第2条第（1）项规定纳税后，其余额转付给受让方的，受让方不再纳税。

（六）企业接收政府和股东划入资产的企业所得税处理

1. 企业接收政府划入资产的企业所得税处理。

（1）县级以上人民政府（包括政府有关部门，下同）将国有资产明确以股权投资方式投入企业，企业应作为国家资本金（包括资本公积）处理。该项资产如为非货币性资产，应按政府确定的接收价值确定计税基础。

（2）县级以上人民政府将国有资产无偿划入企业，凡指定专门用途并按《财政部 国家税务总局关于专项用途财政性资金企业所得税处理问题的通知》规定进行管理的，企业可作为不征税收入进行企业所得税处理。其中，该项资产属于非货币性资产的，应按政府确定的接收价值计算不征税收入。

（3）县级以上人民政府将国有资产无偿划入企业，属于上述第（1）、第（2）项以外情形的，应按政府确定的接收价值计入当期收入总额计算缴纳企业所得税。政府没有确定接收价值的，按资产的公允价值计算确定应税收入。

2. 企业接收股东划入资产的企业所得税处理。

（1）企业接收股东划入资产（包括股东赠与资产、上市公司在股权分置改革过程中接收原非流通股股东和新非流通股股东赠与的资产、股东放弃本企业的股权，下同），凡合同、协议约定作为资本金（包括资本公积）且在会计上已做实际处理的，不计入企业的收入总额，企业应按公允价值确定该项资产的计税基础。

（2）企业接收股东划入资产，凡作为收入处理的，应按公允价值计入收入总额，计算缴纳企业所得税，同时按公允价值确定该项资产的计税基础。

（七）相关收入实现的确认

除《企业所得税法》及其《实施条例》前述收入的规定外，企业销售收入的确认，必须遵循权责发生制原则和实质重于形式原则。

1. 企业销售商品同时满足下列条件的，应确认收入的实现：

（1）商品销售合同已经签订，企业已将商品所有权相关的主要风险和报酬转移给购货方。

（2）企业对已售出的商品既没有保留通常与所有权相联系的继续管理权，也没有实施有效控制。

（3）收入的金额能够可靠地计量。

（4）已发生或将发生的销售方的成本能够可靠地核算。

2. 符合上款收入确认条件，采取下列商品销售方式的，应按以下规定确认收入实现时间：

（1）销售商品采用托收承付方式的，在办妥托收手续时确认收入。

（2）销售商品采取预收款方式的，在发出商品时确认收入。

（3）销售商品需要安装和检验的，在购买方接受商品以及安装和检验完毕时确认收入。如果安装程序比较简单，可在发出商品时确认收入。

（4）销售商品采用支付手续费方式委托代销的，在收到代销清单时确认收入。

3. 采用售后回购方式销售商品的，销售的商品按售价确认收入，回购的商品作为购进商品处理。有证据表明不符合销售收入确认条件的，如以销售商品方式进行融资，收到的款项应确认为负债，回购价格大于原售价的，差额应在回购期间确认为利息费用。

4. 销售商品以旧换新的，销售商品应当按照销售商品收入确认条件确认收入，回收的商品作为购进商品处理。

5. 企业为促进商品销售而在商品价格上给予的价格扣除属于商业折扣，商品销售涉及商业折扣的，应当按照扣除商业折扣后的金额确定销售商品收入金额。

债权人为鼓励债务人在规定的期限内付款而向债务人提供的债务扣除属于现金折扣，销售商品涉及现金折扣的，应当按扣除现金折扣前的金额确定销售商品收入金额，现金折扣在实际发生时作为财务费用扣除。

企业因售出商品的质量不合格等原因而在售价上给予的减让属于销售折让；企业因售出商品质量、品种不符合要求等原因而发生的退货属于销售退回。企业已经确认销售收入的售出商品发生销售折扣和销售退回时，应当在发生当期冲减当期销售商品收入。

6. 企业在各个纳税期末，提供劳务交易的结果能够可靠估计的，应采用完工进度（完工百分比）法确认提供劳务收入。

（1）提供劳务交易的结果能够可靠估计，是指同时满足下列条件：

①收入的金额能够可靠地计量。

②交易的完工进度能够可靠地确定。

③交易中已发生和将发生的成本能够可靠地核算。

（2）企业提供劳务完工进度的确定，可选用下列方法：

①已完成工作的测量。

②已提供劳务占劳务总量的比例。

③发生成本占总成本的比例。

（3）企业应按照从接受劳务方已收或应收的合同或协议价款确定劳务收入总额，根据纳税期末提供劳务收入总额乘以完工进度扣除以前纳税年度累计已确认提供劳务收入后的金额，确认为当期劳务收入；同时，按照提供劳务估计总成本乘以完工进度扣除以前纳税期间累计已确认劳务成本后的金额，结转为当期劳务成本。

（4）下列提供劳务满足收入确认条件的，应按规定确认收入：

①安装费。应根据安装完工进度确认收入。安装工作是商品销售附带条件的，安装费在确认商品销售实现时确认收入。

②宣传媒介的收费。应在相关的广告或商业行为出现于公众面前时确认收入。广告的制作费，应根据制作广告的完工进度确认收入。

③软件费。为特定客户开发软件的收费，应根据开发的完工进度确认收入。

④服务费。包含在商品售价内可区分的服务费，在提供服务的期间分期确认收入。

⑤艺术表演、招待宴会和其他特殊活动的收费。在相关活动发生时确认收入。收费涉及几项活动的，预收的款项应合理分配给每项活动，分别确认收入。

⑥会员费。申请入会或加入会员，只允许取得会籍，所有其他服务或商品都要另行收费的，在取得该会员费时确认收入。申请入会或加入会员后，会员在会员期内不再付费就可得到各种服务或商品，或者以低于非会员的价格销售商品或提供服务的，该会员费应在整个受益期内分期确认收入。

⑦特许权费。属于提供设备和其他有形资产的特许权费，在交付资产或转移资产所有权时确认收入；属于提供初始及后续服务的特许权费，在提供服务时确认收入。

⑧劳务费。长期为客户提供重复的劳务收取的劳务费，在相关劳务活动发生时确认收入。

7. 企业以买一赠一等方式组合销售本企业商品的，不属于捐赠，应将总的销售金额按各项商品的公允价值的比例来分摊确认各项的销售收入。

8. 企业取得财产（包括各类资产、股权、债权等）转让收入、债务重组收入、接受捐赠收入、无法偿付的应付款收入等，不论是以货币形式还是非货币形式体现，除另有规定外，均应一次性计入确认收入的年度并计算缴纳企业所得税。

三、不征税收入和免税收入

（一）不征税收入

1. 财政拨款，是指各级人民政府对纳入预算管理的事业单位、社会团体等组织拨付的财政资金，但国务院和国务院财政、税务主管部门另有规定的除外。

2. 依法收取并纳入财政管理的行政事业性收费、政府性基金。行政事业性收费是指依照法律法规等有关规定，按照国务院规定程序批准，在实施社会公共管理以及在向公民、法人或者其他组织提供特定公共服务过程中，向特定对象收取并纳入财政管理的费用。政府性基金，是指企业依照法律、行政法规等有关规定，代政府收取的具有专项用途的财政资金。

3. 国务院规定的其他不征税收入，是指企业取得的，由国务院财政、税务主管部门规定专项用途并经国务院批准的财政性资金。财政性资金，是指企业取得的来源于政府及其有关部门的财政补助、补贴、贷款贴息，以及其他各类财政专项资金，包括直接减免的增值税和即征即退、先征后退、先征后返的各种税收，但不包括企业按规定取得的出口退税款。

（1）企业取得的各类财政性资金，除属于国家投资和资金使用后要求归还本金的以外，均应计入企业当年收入总额。国家投资是指国家以投资者身份投入企业的并按有关规定相应增加企业实收资本（股本）的直接投资。

（2）对企业取得的由国务院财政、税务主管部门规定专项用途并经国务院批准的财政性资金，准予作为不征税收入，在计算应纳税所得额时从收入总额中减除。

（3）纳入预算管理的事业单位、社会团体等组织按照核定的预算和经费报领关系收到的由财政部门或上级单位拨入的财政补助收入，准予作为不征税收入，在计算应纳税所得额时从收入总额中减除，但国务院和国务院财政、税务主管部门另有规定的除外。

4. 专项用途财政性资金企业所得税处理的具体规定。根据《财政部　国家税务总局关于专项用途财政性资金企业所得税处理问题的通知》的规定，自 2011 年 1 月 1 日起，企业取得的专项用途财政性资金企业所得税处理按以下规定执行：

（1）企业从县级以上各级人民政府财政部门及其他部门取得的应计入收入总额的财政性资金，凡同时符合以下条件的，可以作为不征税收入，在计算应纳税所得额时从收入总额中减除：

①企业能够提供规定资金专项用途的资金拨付文件；

②财政部门或其他拨付资金的政府部门对该资金有专门的资金管理办法或具体管理要求；

③企业对该资金以及该资金发生的支出单独进行核算。

（2）根据《企业所得税法实施条例》第二十八条的规定，上述不征税收入用于支出所形成的费用，不得在计算应纳税所得额时扣除；用于支出所形成的资产，其计算的折旧、摊销不得在计算应纳税所得额时扣除。

（3）企业将符合上述（1）规定条件的财政性资金作不征税收入处理后，在 5 年（60 个月）内未发生支出且未缴回财政部门或其他拨付资金的政府部门的部分，应计入取得该资金第 6 年的应税收入总额；计入应税收入总额的财政性资金发生的支出，允许在计算应纳税所得额时扣除。

（二）免税收入

1. 国债利息收入。

2. 符合条件的居民企业之间的股息、红利等权益性收益。

3. 在中国境内设立机构、场所的非居民企业从居民企业取得与该机构、场所有实际联系的股息、红利等权益性投资收益。该收益都不包括连续持有居民企业公开发行并上市流通的股票不足 12 个月取得的投资收益。

4. 符合条件的非营利组织的收入。

非营利组织的下列收入为免税收入：

（1）接受其他单位或者个人捐赠的收入。

（2）除《企业所得税法》第七条规定的财政拨款以外的其他政府补助收入，但不包括因政府购买服务取得的收入。

（3）按照省级以上民政、财政部门规定收取的会费。

（4）不征税收入和免税收入孳生的银行存款利息收入。

（5）财政部、国家税务总局规定的其他收入。

四、扣除范围和扣除标准

（一）扣除项目的范围

《企业所得税法》规定，企业实际发生的与取得收入有关的、合理的支出，包括成本、费用、税金、损失和其他支出，准予在计算应纳税所得额时扣除。在实际计算应纳税所得额时还应注意三个方面的内容：第一，企业发生的支出应当区分收益性支出和资本性支出。收益性支出在发生当期直接扣除；资本性支出应当分期扣除或者计入有关资产成本，不得在发生当期直接扣除。第二，企业的不征税收入用于支出所形成的费用或者财产不得扣除，且计算对应的折旧、摊销也不得扣除。第三，除《企业所得税法》及《实施条例》另有规定外，企业实际发生的成本、费用、税金、损失和其他支出，不得重复扣除。

1. 成本，是指企业在生产经营活动中发生的销售成本、销货成本、业务支出以及其他耗费，即企业销售商品（产品、材料、下脚料、废料、废旧物资等）、提供劳务、转让固定资产、无形资产（包括技术转让）的成本。

企业必须将经营活动中发生的成本合理划分为直接成本和间接成本。直接成本是可直接计入有关成本计算对象或劳务的经营成本中的直接材料、直接人工等。间接成本是指多个部门为同一成本对象提供服务的共同成本，或者同一种投入可以制造、提供两种或两种以上的产品或劳务的联合成本。

直接成本可根据有关会计凭证、记录直接计入有关成本计算对象或劳务的经营成本中。间接成本必须根据与成本计算对象之间的因果关系、成本计算对象的产量等，以合理的方法分配计入有关成本计算对象中。

2. 费用，是指企业每一个纳税年度为生产、经营商品和提供劳务等所发生的销售（经营）费用、管理费用和财务费用，已经计入成本的有关费用除外。

销售费用，是指应由企业负担的为销售商品而发生的费用，包括广告费、业务宣传费、运输费、装卸费、包装费、展览费、保险费、销售佣金（能直接认定的进口佣金调整商品进价成本）、代销手续费、经营性租赁费及销售部门发生的差旅费、工资、福利费等费用。

管理费用，是指企业的行政管理部门为管理组织经营活动提供各项支援性服务而发生的费用。

财务费用，是指企业筹集经营性资金而发生的费用，包括利息净支出、汇兑净损失、金融机构手续费以及其他非资本化支出。

3. 税金，是指企业发生的除企业所得税和允许抵扣的增值税以外的企业缴纳的各项税金及其附加。

4. 损失，是指企业在生产经营活动中发生的固定资产和存货的盘亏、毁损、报废损失，转让财产损失，呆账损失，坏账损失，自然灾害等不可抗力因素造成的损失以及其他损失。

企业发生的损失，减除责任人赔偿和保险赔款后的余额，依照国务院财政、税务主管部门的规定扣除。

企业已经作为损失处理的资产，在以后纳税年度又全部收回或者部分收回时，应当计入当期收入。

5. 扣除的其他支出，是指除成本、费用、税金、损失外，企业在生产经营活动中发生的与生产经营活动有关的、合理的支出。

（二）扣除项目及其标准

在计算应纳税所得额时，下列项目可按照实际发生额或规定的标准扣除。

1. 工资、薪金支出。

（1）企业发生的合理的工资、薪金支出准予据实扣除。工资、薪金支出是企业每一个纳税年度支付给本企业任职或与其有雇佣关系的员工的所有现金或非现金形式的劳动报酬，包括基本工资、奖金、津贴、补贴、年终加薪、加班工资以及与任职或者是受雇有关的其他支出。

（2）属于国有性质的企业，其工资薪金不得超过政府有关部门给予的限定数额；超过部分，不得计入企业工资薪金总额，也不得在计算企业应纳税所得额时扣除。

（3）企业因雇用季节工、临时工、实习生、返聘离退休人员以及接受外部劳务派遣用工所实际发生的费用，应区分为工资薪金支出和职工福利费支出，并按《企业所得税法》规定在计算企业所得税前扣除。其中属于工资薪金支出的，准予计入企业工资薪金总额的基数，作为计算其他各项相关费用扣除的依据。

（4）《关于我国居民企业实行股权激励计划有关企业所得税处理问题的公

告》规定，为推进我国资本市场改革，促进企业建立健全激励与约束机制，就上市公司实施股权激励计划有关企业所得税处理问题，规定如下：

上述所称股权激励，是指《上市公司股权激励管理办法》（以下简称《管理办法》）中规定的上市公司以本公司股票为标的，对其董事、监事、高级管理人员及其他员工（以下简称激励对象）进行的长期性激励。股权激励实行方式包括授予限制性股票、股票期权以及其他法律法规规定的方式。限制性股票，是指《管理办法》中规定的激励对象按照股权激励计划规定的条件，从上市公司获得的一定数量的本公司股票。股票期权，是指《管理办法》中规定的上市公司按照股权激励计划授予激励对象在未来一定期限内，以预先确定的价格和条件购买本公司一定数量股票的权利。

上市公司依照《管理办法》要求建立职工股权激励计划，并按我国企业会计准则的有关规定，在股权激励计划授予激励对象时，按照该股票的公允价格及数量，计算确定作为上市公司相关年度的成本或费用，作为换取激励对象提供服务的对价。上述企业建立的职工股权激励计划，其企业所得税的处理，自2012年7月1日起按以下规定执行。

①股权激励计划实行后立即可以行权的，上市公司可以根据实际行权时该股票的公允价格与激励对象实际行权支付价格的差额和数量，计算确定作为上市公司当年工资薪金支出，依照税法规定进行税前扣除。

②对股权激励计划实行后，需一定服务年限或者达到规定业绩条件（以下简称等待期）方可行权的。上市公司等待期内会计上计算确认的相关成本费用，不得在对应年度计算缴纳企业所得税时扣除。在股权激励计划可行权后，上市公司方可根据该股票实际行权时的公允价格与当年激励对象实际行权支付价格的差额及数量，计算确定作为上市公司当年工资薪金支出，依照税法规定进行税前扣除。

③上述所指股票实际行权时的公允价格，以实际行权日该股票的收盘价格确定。

（5）企业福利性补贴支出税前扣除。《国家税务总局关于企业工资薪金和职工福利费等支出税前扣除问题的公告》规定，列入企业员工工资薪金制度、固定与工资薪金一起发放的福利性补贴，符合《国家税务总局关于企业工资薪金及职工福利费扣除问题的通知》中第一条规定的合理工资、薪金条件的，可作为企业发生的工资薪金支出，按规定在税前扣除。

不能同时符合上述合理工资、薪金支出条件的福利性补贴，应作为《国家税务总局关于企业工资薪金及职工福利费扣除问题的通知》第三条规定的职工福利费，按规定计算限额并于税前扣除。

（6）企业年度汇算清缴结束前支付汇缴年度工资薪金的税前扣除。企业在年度汇算清缴结束前向员工实际支付的已预提汇缴年度工资薪金，准予在汇缴年度按规定扣除。

（7）企业接受外部劳务派遣用工所实际发生的费用，应分两种情况按规定在税前扣除：按照协议（合同）约定直接支付给劳务派遣公司的费用，应作为劳务费支出；直接支付给员工个人的费用，应作为工资薪金支出和职工福利费支出。其中属于工资薪金支出的费用，准予计入企业工资薪金总额的基数，作为计算其他各项相关费用扣除的依据。

2. 职工福利费、工会经费、职工教育经费。企业发生的职工福利费、工会经费、职工教育经费按标准扣除，未超过标准的按实际数扣除，超过标准的只能按标准扣除。

（1）企业发生的职工福利费支出，不超过工资薪金总额14%的部分准予扣除。

企业职工福利费，包括以下内容：

①尚未实行分离办社会职能的企业，其内设福利部门所发生的设备、设施和人员费用，包括职工食堂、职工浴室、理发室、医务所、托儿所、疗养院等集体福利部门的设备、设施及维修保养费用和福利部门工作人员的工资薪金、社会保险费、住房公积金、劳务费等。

②为职工卫生保健、生活、住房、交通等所发放的各项补贴和非货币性福利，包括企业向职工发放的因公外地就医费用、未实行医疗统筹企业职工医疗费用、职工供养直系亲属医疗补贴、供暖费补贴、职工防暑降温费、职工困难补贴、救济费、职工食堂经费补贴、职工交通补贴等。

③按照其他规定发生的其他职工福利费，包括丧葬补助费、抚恤费、安家费、探亲假路费等。

值得注意的是，企业发生的职工福利费，应该单独设置账册，进行准确核算。没有单独设置账册准确核算的，税务机关应责令企业在规定的期限内进行改正。逾期仍未改正的，税务机关可对企业发生的职工福利费进行合理的核定。

（2）企业拨缴的工会经费，不超过工资薪金总额2%的部分准予扣除。

（3）按照《财政部 国家税务总局关于企业职工教育经费税前扣除政策的通知》的规定，自2018年1月1日起，企业发生的职工教育经费支出，不超过工资薪金总额8%的部分，准予在计算企业所得税应纳税所得额时扣除；超过部分，准予在以后纳税年度结转扣除。

需注意的是，按照现行《企业所得税法》的规定，合伙企业、个人独资企业不适用企业所得税法。根据财政部、国家税务总局《关于调整个体工商户个人独资企业和合伙企业个人所得税税前扣除标准有关问题的通知》的规定，个人独资企业和合伙企业发生的职工教育经费支出在工资薪金总额2.5%的标准内据实扣除。

上述计算职工福利费、工会经费、职工教育经费的工资薪金总额，是指企业按照上述规定实际发放的工资薪金总和，不包括企业的职工福利费、职工教育经费、工会经费以及养老保险费、医疗保险费、失业保险费、工伤保险费、生育保险费等社会保险费和住房公积金。属于国有性质的企业，其工资薪金，不得超过政府有关部门给予的限定数额；超过部分，不得计入企业工资薪金总额，也不得在计算企业应纳税所得额时扣除。

3. 社会保险费。

（1）企业依照国务院有关主管部门或者省级人民政府规定的范围和标准为职工缴纳的"五险一金"，即基本养老保险费、基本医疗保险费、失业保险费、工伤保险费、生育保险费等基本社会保险费和住房公积金准予扣除。

（2）企业为投资者或者职工支付的补充养老保险费、补充医疗保险费，在国务院财政、税务主管部门规定的范围和标准内，准予扣除。企业依照国家有关规定为特殊工种职工支付的人身安全保险费和符合国务院财政、税务主管部门规定可以扣除的商业保险费准予扣除。

（3）企业参加财产保险，按照规定缴纳的保险费，准予扣除。企业为投资者或者职工支付的商业保险费，不得扣除。

4. 利息费用。企业在生产、经营活动中发生的利息费用，按下列规定扣除。

（1）非金融企业向金融企业借款的利息支出、金融企业的各项存款利息支出和同业拆借利息支出、企业经批准发行债券的利息支出可据实扣除。

（2）非金融企业向非金融企业借款的利息支出，不超过按照金融企业同期同类贷款利率计算的数额的部分可据实扣除，超过部分不许扣除。

鉴于目前我国对金融企业利率要求的具体情况，企业在按照合同要求首次支付利息并进行税前扣除时，应提供金融企业的同期同类贷款利率情况说明，以证明其利息支出的合理性。

（3）关联企业利息费用的扣除。企业从其关联方接受的债权性投资与权益性投资的比例超过规定标准而发生的利息支出，不得在计算应纳税所得额时扣除。

①在计算应纳税所得额时，企业实际支付给关联方的利息支出，不超过以下规定比例和《企业所得税法》及其《实施条例》有关规定计算的部分，准予扣除；超过的部分不得在发生当期和以后年度扣除。

企业实际支付给关联方的利息支出，除符合下面②规定外，其接受关联方债权性投资与其权益性投资比例为：金融企业 5∶1；其他企业 2∶1。

②企业如果能够按照《企业所得税法》及其《实施条例》的有关规定提供相关资料，并证明相关交易活动符合独立交易原则的；或者该企业的实际税负不高于境内关联方的，其实际支付给境内关联方的利息支出，在计算应纳税所得额时准予扣除。

③企业同时从事金融业务和非金融业务，其实际支付给关联方的利息支出，应按照合理方法分开计算；没有按照合理方法分开计算的，一律按前述①中有关其他企业的比例计算准予税前扣除的利息支出。

④企业自关联方取得的不符合规定的利息收入应按照有关规定缴纳企业所得税。

（4）企业向自然人借款的利息支出在企业所得税税前的扣除。

①企业向股东或其他与企业有关联关系的自然人借款的利息支出，应根据《企业所得税法》第四十六条及《财政部　国家税务总局关于企业关联方利息支出税前扣除标准有关税收政策问题的通知》规定的条件，计算企业所得税扣

除额。

②企业向除①规定以外的内部职工或其他人员借款的利息支出，其借款情况同时符合以下条件的，其利息支出中不超过按照金融企业同期同类贷款利率计算的数额的部分，准予扣除。

条件一，企业与个人之间的借贷是真实、合法、有效的，并且不具有非法集资目的或其他违反法律、法规的行为；

条件二，企业与个人之间签订了借款合同。

5. 借款费用。

（1）企业在生产经营活动中发生的合理的不需要资本化的借款费用，准予扣除。

（2）企业为购置及建造固定资产、无形资产和经过12个月以上的建造才能达到预定可销售状态的存货发生借款的，在有关资产购置、建造期间发生的合理的借款费用，应予以资本化，作为资本性支出计入有关资产的成本；有关资产交付使用后发生的借款利息，可在发生当期扣除。

（3）企业通过发行债券、取得贷款、吸收保户储金等方式融资而发生的合理的费用支出，符合资本化条件的，应计入相关资产成本；不符合资本化条件的，应作为财务费用，准予在企业所得税前据实扣除。

6. 汇兑损失。企业在货币交易中以及纳税年度终了时，将人民币以外的货币性资产、负债按照期末即期人民币汇率中间价折算为人民币时产生的汇兑损失，除已经计入有关资产成本以及与向所有者进行利润分配相关的部分外，准予扣除。

7. 业务招待费。

（1）企业发生的与生产经营活动有关的业务招待费支出，按照发生额的60%扣除，但最高不得超过当年销售（营业）收入的5‰。

（2）对从事股权投资业务的企业（包括集团公司总部、创业投资企业等），其从被投资企业所分配的股息、红利以及股权转让收入，可以按规定的比例计算业务招待费扣除限额。

（3）企业在筹建期间，发生的与筹办活动有关的业务招待费支出，可按实际发生额的60%计入企业筹办费，并按有关规定在税前扣除。

8. 广告费和业务宣传费。

（1）企业发生的符合条件的广告费和业务宣传费支出，除国务院财政、税务主管部门另有规定外，不超过当年销售（营业）收入15%的部分，准予扣除；超过部分，准予结转以后纳税年度扣除。

（2）自2016年1月1日起至2020年12月31日止，对化妆品制造或销售、医药制造和饮料制造（不含酒类制造）企业发生的广告费和业务宣传费支出，不超过当年销售（营业）收入30%的部分，准予扣除；超过部分，准予在以后纳税年度结转扣除。

（3）对签订广告费和业务宣传费分摊协议（以下简称分摊协议）的关联企

业，其中一方发生的不超过当年销售（营业）收入税前扣除限额比例内的广告费和业务宣传费支出可以在本企业扣除，也可以将其中的部分或全部按照分摊协议归集至另一方扣除。另一方在计算本企业广告费和业务宣传费支出的企业所得税税前扣除限额时，可将按照上述办法归集至本企业的广告费和业务宣传费不计算在内。

（4）企业在筹建期间，发生的广告费和业务宣传费，可按实际发生额计入企业筹办费，按上述规定在税前扣除。

（5）烟草企业的烟草广告费和业务宣传费支出，一律不得在计算应纳税所得额时扣除。企业申报扣除的广告费支出应与赞助支出严格区分。

企业申报扣除的广告费支出，必须符合下列条件：广告是通过工商部门批准的专门机构制作的；已实际支付费用，并已取得相应发票；通过一定的媒体传播。

9. 环境保护专项资金。企业依照法律、行政法规有关规定提取的用于环境保护、生态恢复等方面的专项资金，准予扣除。上述专项资金提取后改变用途的，不得扣除。

10. 保险费。

（1）企业参加财产保险，按照规定缴纳的保险费，准予扣除。

（2）《国家税务总局关于责任保险费企业所得税税前扣除有关问题的公告》规定，自2018年度及以后年度企业所得税汇算清缴，企业参加雇主责任险、公众责任险等责任保险，按照规定缴纳的保险费，准予在企业所得税税前扣除。

11. 租赁费。企业为满足生产经营活动的需要租入固定资产支付的租赁费，按照以下方法扣除：

（1）以经营租赁方式租入固定资产发生的租赁费支出，按照租赁期限均匀扣除。经营性租赁是指所有权不转移的租赁。

（2）以融资租赁方式租入固定资产发生的租赁费支出，按照规定构成融资租入固定资产价值的部分应当提取折旧费用，分期扣除。融资租赁是指在实质上转移与一项资产所有权有关的全部风险和报酬的一种租赁。

12. 劳动保护费。企业发生的合理的劳动保护支出，准予扣除。自2011年7月1日起，企业根据其工作性质和特点，由企业统一制作并要求员工工作时统一着装所发生的工作服饰费用，根据《企业所得税法实施条例》第二十七条的规定，可以作为企业合理的支出在税前扣除。

13. 公益性捐赠支出。公益性捐赠，是指企业通过公益性社会团体或者县级（含县级）以上人民政府及其部门，用于《中华人民共和国公益事业捐赠法》规定的公益事业的捐赠。

企业发生的公益性捐赠支出，不超过年度利润总额12%的部分，准予扣除；超过年度利润总额12%的部分，准予以后三年内在计算应纳税所得额时结转扣除。年度利润总额，是指企业依照国家统一会计制度的规定计算的年度会计利润。

企业发生的公益性捐赠支出未在当年税前扣除的部分，准予向以后年度结转扣除，但结转年限自捐赠发生年度的次年起计算最长不得超过三年。企业在对公益性捐赠支出扣除时，应先扣除以前年度结转的捐赠支出，再扣除当年发生的捐赠支出。

纳税人直接向受赠人的捐赠不允许扣除。

14. 有关资产的费用。企业转让各类固定资产发生的费用，允许扣除。企业按规定计算的固定资产折旧费、无形资产和递延资产的摊销费，准予扣除。

15. 总机构分摊的费用。非居民企业在中国境内设立的机构、场所，就其中国境外总机构发生的与该机构、场所生产经营有关的费用，能够提供总机构出具的费用汇集范围、定额、分配依据和方法等证明文件，并合理分摊的，准予扣除。

16. 资产损失。企业当期发生的固定资产和流动资产盘亏、毁损净损失，由其提供清查盘存资料经主管税务机关审核后，准予扣除。

17. 依照有关法律、行政法规和国家有关税法规定准予扣除的其他项目。如会员费、合理的会议费、差旅费、违约金、诉讼费用等。

18. 手续费及佣金支出。

（1）企业发生的与生产经营有关的手续费及佣金支出，不超过以下规定计算限额以内的部分，准予扣除；超过部分，不得扣除。

①保险企业：财产保险企业按当年全部保费收入扣除退保金等后余额的15%（含本数，下同）计算限额；人身保险企业按当年全部保费收入扣除退保金等后余额的10%计算限额。

②其他企业：按与具有合法经营资格中介服务机构或个人（不含交易双方及其雇员、代理人和代表人等）所签订服务协议或合同确认的收入金额的5%计算限额。

（2）企业应与具有合法经营资格的中介服务企业或个人签订代办协议或合同，并按国家有关规定支付手续费及佣金。除委托个人代理外，企业以现金等非转账方式支付的手续费及佣金不得在税前扣除。企业为发行权益性证券支付给有关证券承销机构的手续费及佣金不得在税前扣除。

（3）企业不得将手续费及佣金支出计入回扣、业务提成、返利、进场费等费用中。

（4）企业已计入固定资产、无形资产等相关资产的手续费及佣金支出，应当通过折旧、摊销等方式分期扣除，不得在发生当期直接扣除。

（5）企业支付的手续费及佣金不得直接冲减服务协议或合同金额，并如实入账。

（6）企业应当如实向当地主管税务机关提供当年手续费及佣金计算分配表和其他相关资料，并依法取得合法真实凭证。

（7）电信企业在发展客户、拓展业务等过程中（如委托销售电话入网卡、电话充值卡等），需向经纪人、代办商支付手续费及佣金的，其实际发生的相关手续费及佣金支出，不超过企业当年收入总额5%的部分，准予在企业所得税税前据实扣除。

（8）从事代理服务、主营业务收入为手续费或佣金的企业（如证券、期货、保险代理等企业），其为取得该类收入而实际发生的营业成本（包括手续费及佣金支出），准予在企业所得税税前据实扣除。

19. 根据《企业所得税法》第二十一条的规定，对企业依据财务会计制度规定，并实际在财务会计处理上已确认的支出，凡没有超过《企业所得税法》和有关税收法规规定的税前扣除范围和标准的，可按企业实际会计处理确认的支出，在企业所得税税前扣除，计算其应纳税所得额。

20. 企业维简费支出在企业所得税税前扣除的规定。企业实际发生的维简费支出，属于收益性支出的，可作为当期费用税前扣除；属于资本性支出的，应计入有关资产成本，并按《企业所得税法》规定将计提的折旧或摊销费用在税前扣除。

自2013年1月1日起，除煤矿企业继续执行《国家税务总局关于煤矿企业维简费和高危行业企业安全生产费用企业所得税税前扣除问题的公告》外，其他企业按以下规定执行。

（1）企业按照有关规定预提的维简费，不得在当期税前扣除。

（2）本规定实施前，企业按照有关规定提取且已在当期税前扣除的维简费，按以下规定处理：

①尚未使用的维简费并未作纳税调整的，可不作纳税调整，应先抵减2013年实际发生的维简费，仍有余额的，继续抵减以后年度实际发生的维简费，至余额为零时，企业方可按收益性支出、资本性支出各自的规定处理；已作纳税调整的，不再调回，直接按收益性支出、资本性支出各自的规定处理。

②已用于资产投资并形成相关资产全部成本的，该资产提取的折旧或摊销额，不得税前扣除；已用于资产投资并形成相关资产部分成本的，该资产提取的折旧或摊销额中与该部分成本对应的部分，不得税前扣除；已税前扣除的，应调整作为2013年度应纳税所得额。

21. 与企业参与政府统一组织的棚户区改造有关的企业所得税政策。

（1）企业参与政府统一组织的工矿（含中央下放煤矿）棚户区改造、林区棚户区改造、垦区危房改造并同时符合一定条件的棚户区改造支出，准予在企业所得税税前扣除。

（2）同时符合一定条件的棚户区改造支出，是指同时满足以下条件的棚户区改造支出：

①棚户区远离城镇、交通不便，市政公用、教育医疗等社会公共服务缺乏城镇依托的独立矿区、林区或垦区；

②该独立矿区、林区或垦区不具备商业性房地产开发条件；

③棚户区市政排水、给水、供电、供暖、供气、垃圾处理、绿化、消防等市政服务或公共配套设施不齐全；

④棚户区房屋集中连拆户数不低于 50 户，其中，实际在该棚户区居住且在本地区无其他住房的职工（含离退休职工）户数占总户数的比例不低于 75%；

⑤棚户区房屋按照《房屋完损等级评定标准》和《危险房屋鉴定标准》评定属于危险房屋、严重损坏房屋的套内面积不低于该片棚户区建筑面积的 25%；

⑥棚户区改造已纳入地方政府保障性安居工程建设规划和年度计划，并由地方政府牵头按照保障性住房标准组织实施；异地建设的原棚户区土地由地方政府统一规划使用或者按规定实行土地复垦、生态恢复。

（3）在企业所得税年度纳税申报时，企业应向主管税务机关提供其棚户区改造支出符合上述（2）中规定条件的书面说明材料。

22. 按照《国家税务总局关于扩大境外投资者以分配利润直接投资暂不征收预提所得税政策适用范围有关问题的公告》中的规定，自 2018 年 1 月 1 日起，对境外投资者从中国境内居民企业分配的利润，用于境内直接投资的暂不征收预提所得税政策的适用范围，由外商投资鼓励类项目扩大至所有非禁止外商投资的项目和领域。

23. 与设备、器具扣除有关的企业所得税政策。根据《财政部　税务总局关于设备器具扣除有关企业所得税政策的通知》的规定，企业在 2018 年 1 月 1 日至 2020 年 12 月 31 日期间新购进的设备、器具，单位价值不超过 500 万元的，允许一次性计入当期成本费用并在计算应纳税所得额时扣除，不再分年度计算折旧。设备、器具，是指除房屋、建筑物以外的固定资产。

24. 与创业投资企业和天使投资个人有关的企业所得税政策。

《财政部　国家税务总局关于创业投资企业和天使投资个人有关税收政策的通知》规定，自 2018 年 1 月 1 日起：

（1）公司制创业投资企业采取股权投资方式直接投资于种子期、初创期科技型企业（以下简称初创科技型企业）满 2 年（24 个月，下同）的，可以按照投资额的 70% 在股权持有满 2 年的当年抵扣该公司制创业投资企业的应纳税所得额；当年不足抵扣的，可以在以后纳税年度结转抵扣。

（2）有限合伙制创业投资企业（以下简称合伙创投企业）采取股权投资方式直接投资于初创科技型企业满 2 年的，该合伙创投企业的合伙人分别按以下方式处理：

①法人合伙人可以按照对初创科技型企业投资额的 70% 抵扣法人合伙人从合伙创投企业分得的所得；当年不足抵扣的，可以在以后纳税年度结转抵扣。

②个人合伙人可以按照对初创科技型企业投资额的 70% 抵扣个人合伙人从合伙创投企业分得的经营所得；当年不足抵扣的，可以在以后纳税年度结转抵扣。

（3）天使投资个人采取股权投资方式直接投资于初创科技型企业满 2 年的，可以按照投资额的 70% 抵扣转让该初创科技型企业股权取得的应纳税所得额；当期不足抵扣的，可以在以后取得转让该初创科技型企业股权的应纳税所得额时结转抵扣。天使投资个人投资多个初创科技型企业的，对其中办理注销清算的初创科技型企业，天使投资个人对其投资额的 70% 尚未抵扣完的，可自注销清算之日起 36 个月内抵扣天使投资个人转让其他初创科技型企业股权取得的应纳税所得额。

（4）初创科技型企业，应同时符合以下条件：

①在中国境内（不包括港、澳、台地区）注册成立、实行查账征收的居民企业；

②接受投资时，从业人数不超过 200 人，其中具有大学本科以上学历的从业人数不低于 30%，资产总额和年销售收入均不超过 3 000 万元；

③接受投资时设立时间不超过 5 年（60 个月）；

④接受投资时以及接受投资后 2 年内未在境内外证券交易所上市；

⑤接受投资当年及下一纳税年度，研发费用总额占成本费用支出的比例不低于 20%。

（5）享受规定税收政策的创业投资企业，应同时符合以下条件：

①在中国境内（不含港、澳、台地区）注册成立、实行查账征收的居民企业或合伙创投企业，且不属于被投资初创科技型企业的发起人；

②符合《创业投资企业管理暂行办法》的规定或者《私募投资基金监督管理暂行办法》关于创业投资基金的特别规定，按照上述规定完成备案且规范运作；

③投资后 2 年内，创业投资企业及其关联方持有被投资初创科技型企业的股权比例合计应低于 50%。

（6）享受规定的税收政策的天使投资个人，应同时符合以下条件：

①不属于被投资初创科技型企业的发起人、雇员或其亲属（包括配偶、父母、子女、祖父母、外祖父母、孙子女、外孙子女、兄弟姐妹，下同），且与被投资初创科技型企业不存在劳务派遣等关系；

②投资后 2 年内，本人及其亲属持有被投资初创科技型企业股权比例合计应低于 50%。

（7）享受规定的税收政策的投资，仅限于通过向被投资初创科技型企业直接支付现金方式取得的股权投资，不包括受让其他股东的存量股权。

25. 企业委托境外研究开发费用税前加计扣除企业所得税政策。《财政部国家税务总局 科技部关于企业委托境外研究开发费用税前加计扣除有关政策问题的通知》规定，自 2018 年 1 月 1 日起：

（1）委托境外进行研发活动所发生的费用，按照费用实际发生额的 80% 计入委托方的委托境外研发费用。委托境外研发费用不超过境内符合条件的研发费用 2/3 的部分，可以按规定在企业所得税税前加计扣除。

上述费用实际发生额应按照独立交易原则确定。委托方与受托方存在关联关系的，受托方应向委托方提供研发项目费用支出明细情况。

（2）委托境外进行研发活动应签订技术开发合同，并由委托方到科技行政主管部门进行登记。相关事项按技术合同认定登记管理办法及技术合同认定规则执行。

26. 2021年5月14日，国家税务总局发布《研发费用税前加计扣除新政指引》，除制造业以外的企业，且不属于烟草制造业、住宿和餐饮业、批发和零售业、房地产业、租赁和商务服务业、娱乐业。企业开展研发活动中实际发生的研发费用，未形成无形资产计入当期损益的，在按规定据实扣除的基础上，至2023年12月31日期间，再按照实际发生额的75%在税前加计扣除；形成无形资产的，在上述期间按照无形资产成本的175%在税前摊销。制造业企业开展研发活动实际发生的研发费用，自2021年1月1日起，在按规定据实扣除的基础上，再按照实际发生额的100%在税前加计扣除，形成无形资产的，按照无形资产成本的200%在税前摊销。

五、不得扣除的项目

在计算应纳税所得额时，下列支出不得扣除：

1. 向投资者支付的股息、红利等权益性投资收益款项。

2. 企业所得税税款。

3. 税收滞纳金，是指纳税人违反税收法规，被税务机关处以的滞纳金。

4. 罚金、罚款和被没收财物的损失，是指纳税人违反国家有关法律、法规规定，被有关部门处以的罚款，以及被司法机关处以的罚金和被没收财物。

5. 超过规定标准的捐赠支出。

6. 赞助支出，是指企业发生的与生产经营活动无关的各种非广告性质支出。

7. 未经核定的准备金支出，是指不符合国务院财政、税务主管部门规定的各项资产减值准备、风险准备等准备金支出。

8. 企业之间支付的管理费、企业内营业机构之间支付的租金和特许权使用费，以及非银行企业内营业机构之间支付的利息，不得扣除。

9. 与取得收入无关的其他支出。

六、亏损弥补

1. 亏损，是指企业依照《企业所得税法》及其《暂行条例》的规定，将每一个纳税年度的收入总额减除不征税收入、免税收入和各项扣除后小于零的数额。税法规定，企业某一纳税年度发生的亏损可以用下一年度的所得弥补；下一年度的所得不足以弥补的，可以逐年延续弥补，但最长不得超过5年。而且，企业在汇总计算缴纳企业所得税时，其境外营业机构的亏损不得抵减境内营业机构的盈利。

2. 企业筹办期间不计算为亏损年度，企业自开始生产经营的年度，为开始计算企业损益的年度。企业从事生产经营之前进行筹办活动期间发生筹办费用支出，不得计算为当期的亏损，企业可以在开始经营之日的当年一次性扣除，也可以按照新税法中有关长期待摊费用的处理规定处理，但一经选定，不得改变。

3. 税务机关对企业以前年度纳税情况进行检查时调增的应纳税所得额，凡企业以前年度发生亏损且该亏损属于企业所得税法规定允许弥补的，应允许调增的应纳税所得额弥补该亏损。弥补该亏损后仍有余额的，按照企业所得税法规定计算缴纳企业所得税。对检查调增的应纳税所得额应根据其情节，依照《税收征收管理法》有关规定进行处理或处罚。

4. 对企业发现以前年度实际发生的、按照税收规定应在企业所得税前扣除而未扣除或者少扣除的支出，企业做出专项申报及说明后，准予追补至该项目发生年度计算扣除，但追补确认期限不得超过5年。

企业由于上述原因多缴的企业所得税税款，可以在追补确认年度企业所得税应纳税款中抵扣；不足抵扣的，可以向以后年度递延抵扣或申请退税。

亏损企业追补确认以前年度未在企业所得税前扣除的支出，或盈利企业经过追补确认后出现亏损的，应首先调整该项支出所属年度的亏损额，然后再按照弥补亏损的原则计算以后年度多缴的企业所得税款，并按前款规定处理。

第五节　资产的税务处理

资产是由于资本投资而形成的财产，对于资本性支出以及无形资产受让、开办、开发费用，不允许作为成本、费用从纳税人的收入总额中做一次性扣除，只能采取分次计提折旧或分次摊销的方式予以扣除。即纳税人经营活动中使用的固定资产的折旧费用、无形资产和长期待摊费用的摊销费用可以扣除。税法规定，纳入税务处理范围的资产形式主要有固定资产、生物资产、无形资产、长期待摊费用、投资资产、存货等，均以历史成本为计税基础。历史成本是指企业取得该项资产时实际发生的支出。企业持有各项资产期间资产增值或者减值，除国务院财政、税务主管部门规定可以确认损益外，不得调整该资产的计税基础。

一、固定资产的税务处理

固定资产，是指企业为生产产品、提供劳务、出租或者经营管理而持有的、使用时间超过12个月的非货币性资产，包括房屋、建筑物、机器、机械、运输工具以及其他与生产经营活动有关的设备、器具、工具等。

（一）固定资产计税基础

1. 外购的固定资产，以购买价款和支付的相关税费以及直接归属于使该资产达到预定用途发生的其他支出为计税基础。

2. 自行建造的固定资产，以竣工结算前发生的支出为计税基础。

3. 融资租入的固定资产，以租赁合同约定的付款总额和承租人在签订租赁合同过程中发生的相关费用为计税基础，租赁合同未约定付款总额的，以该资产的公允价值和承租人在签订租赁合同过程中发生的相关费用为计税基础。

4. 盘盈的固定资产，以同类固定资产的重置价值为计税基础。

5. 通过捐赠、投资、非货币性资产交换、债务重组等方式取得的固定资产，以该资产的公允价值和支付的相关税费为计税基础。

6. 改建的固定资产，除已足额提取折旧的固定资产和租入的固定资产以外的其他固定资产，以改建过程中发生的改建支出增加额为计税基础。

（二）固定资产折旧的范围

在计算应纳税所得额时，企业按照规定计算的固定资产折旧，准予扣除。下列固定资产不得计算折旧扣除：

1. 房屋、建筑物未投入使用的固定资产。

2. 以经营租赁方式租入的固定资产。

3. 以融资租赁方式租出的固定资产。

4. 已足额提取折旧仍继续使用的固定资产。

5. 与经营活动无关的固定资产。

6. 单独估价作为固定资产入账的土地。

7. 其他不得计算折旧扣除的固定资产。

（三）固定资产折旧的计提方法

1. 新增的固定资产企业应当自固定资产投入使用月份的次月起计算折旧；停止使用的固定资产，应当自停止使用月份的次月起停止计算折旧。

2. 企业应当根据固定资产的性质和使用情况，合理确定固定资产的预计净残值。固定资产的预计净残值一经确定，不得变更。

3. 固定资产按照直线法计算的折旧，准予扣除。

（四）固定资产折旧的计提年限

除国务院财政、税务主管部门另有规定外，固定资产计算折旧的最低年限如下：

1. 房屋、建筑物，为20年。

2. 飞机、火车、轮船、机器、机械和其他生产设备，为10年。

3. 与生产经营活动有关的器具、工具、家具等，为5年。

4. 飞机、火车、轮船以外的运输工具，为4年。

5. 电子设备，为3年。

从事开采石油、天然气等矿产资源的企业，在开始商业性生产前发生的费用和有关固定资产的折耗、折旧方法，由国务院财政、税务主管部门另行规定。

（五）固定资产折旧的企业所得税处理

1. 企业固定资产会计折旧年限如果短于税法规定的最低折旧年限，其按会计折旧年限计提的折旧高于按税法规定的最低折旧年限计提的折旧部分，应调增当期应纳税所得额；企业固定资产会计折旧年限已期满且会计折旧已提足，但税法规定的最低折旧年限尚未到期且税收折旧尚未足额扣除，其未足额扣除的部分准予在剩余的税收折旧年限继续按规定扣除。

2. 企业固定资产会计折旧年限如果长于税法规定的最低折旧年限，其折旧应按会计折旧年限计算扣除，税法另有规定除外。

3. 企业按会计规定提取的固定资产减值准备，不得税前扣除，其折旧仍按税法确定的固定资产计税基础计算扣除。

4. 企业按税法规定实行加速折旧的，其按加速折旧办法计算的折旧额可全额在税前扣除。

5. 石油天然气开采企业在计提油气资产折耗（折旧）时，由于会计与税法规定的计算方法不同导致的折耗（折旧）差异，应按税法规定进行纳税调整。

（六）固定资产改扩建的税务处理

自 2011 年 7 月 1 日起，企业对房屋、建筑物固定资产在未足额提取折旧前进行改扩建的，如属于推倒重置的，该资产原值减除提取折旧后的净值，应并入重置后的固定资产计税成本，并在该固定资产投入使用后的次月起，按照税法规定的折旧年限，一并计提折旧；如属于提升功能、增加面积的，该固定资产的改扩建支出，并入该固定资产计税基础，并从改扩建完工投入使用后的次月起，重新按税法规定的该固定资产折旧年限计提折旧，如该改扩建后的固定资产尚可使用的年限低于税法规定的最低年限，可以按尚可使用的年限计提折旧。

二、生物资产的税务处理

生物资产，是指有生命的动物和植物。生物资产分为消耗性生物资产、生产性生物资产和公益性生物资产。消耗性生物资产，是指为出售而持有的或在将来收获为农产品的生物资产，包括生长中的农田作物、蔬菜、用材林以及存栏待售的牲畜等。生产性生物资产，是指为生产农产品、提供劳务或出租等目的而持有的生物资产，包括经济林、薪炭林、产畜和役畜等。公益性生物资产，是指以防护、环境保护为主要目的的生物资产，包括防风固沙林、水土保持林和水源涵养林等。

（一）生物资产的计税基础

生产性生物资产按照以下方法确定计税基础：

1. 外购的生产性生物资产，以购买价款和支付的相关税费为计税基础。

2. 通过捐赠、投资、非货币性资产交换、债务重组等方式取得的生产性生物资产，以该资产的公允价值和支付的相关税费为计税基础。

（二）生物资产的折旧方法和折旧年限

生产性生物资产按照直线法计算的折旧，准予扣除。企业应当自生产性生物资产投入使用月份的次月起计算折旧；停止使用的生产性生物资产，应当自停止使用月份的次月起停止计算折旧。

企业应当根据生产性生物资产的性质和使用情况，合理确定生产性生物资产的预计净残值。生产性生物资产的预计净残值一经确定，不得变更。

生产性生物资产计算折旧的最低年限如下：

1. 林木类生产性生物资产，为 10 年。

2. 畜类生产性生物资产，为 3 年。

三、无形资产的税务处理

无形资产，是指企业长期使用、但没有实物形态的资产，包括专利权、商标权、著作权、土地使用权、非专利技术、商誉等。

（一）无形资产的计税基础

无形资产按照以下方法确定计税基础：

1. 外购的无形资产，以购买价款和支付的相关税费以及直接归属于使该资产达到预定用途发生的其他支出为计税基础。

2. 自行开发的无形资产，以开发过程中该资产符合资本化条件后至达到预定用途前发生的支出为计税基础。

3. 通过捐赠、投资、非货币性资产交换、债务重组等方式取得的无形资产，以该资产的公允价值和支付的相关税费为计税基础。

（二）无形资产摊销的范围

在计算应纳税所得额时，企业按照规定计算的无形资产摊销费用，准予扣除。

下列无形资产不得计算摊销费用扣除：

1. 自行开发的支出已在计算应纳税所得额时扣除的无形资产。

2. 自创商誉。

3. 与经营活动无关的无形资产。

4. 其他不得计算摊销费用扣除的无形资产。

（三）无形资产的摊销方法及年限

无形资产的摊销采取直线法计算。无形资产的摊销年限不得低于 10 年。作为投资或者受让的无形资产，有关法律规定或者合同约定了使用年限的，可以按照规定或者约定的使用年限分期摊销。外购商誉的支出，在企业整体转让或者清算时，准予扣除。

四、长期待摊费用的处理

长期待摊费用，是指企业发生的应在 1 个年度以上（不含 1 年）进行摊销的费用。在计算应纳税所得额时，企业发生的下列支出作为长期待摊费用，按照规定摊销的，准予扣除。

1. 已足额提取折旧的固定资产的改建支出。

2. 租入固定资产的改建支出。

3. 固定资产的大修理支出。

4. 其他应当作为长期待摊费用的支出。

企业的固定资产修理支出可在发生当期直接扣除。企业的固定资产改良支出，如果有关固定资产尚未提足折旧，可增加固定资产价值；如果有关固定资产已提足折旧，可作为长期待摊费用，在规定的期间内平均摊销。

固定资产的改建支出，是指改变房屋或者建筑物结构、延长使用年限等发生的支出。已足额提取折旧的固定资产的改建支出，按照固定资产预计尚可使用年限分期摊销；租入固定资产的改建支出，按照合同约定的剩余租赁期限分期摊销；改建的固定资产延长使用年限的，除已足额提取折旧的固定资产、租入固定资产的改建支出外，其他的固定资产发生改建支出，应适当延长折旧年限。

大修理支出，按照固定资产尚可使用年限分期摊销。

企业所得税法中所指固定资产的大修理支出，是指同时符合下列条件的支出：

1. 修理支出达到取得固定资产时计税基础的 50% 以上。

2. 修理后固定资产的使用年限延长 2 年以上。

其他应当作为长期待摊费用的支出，自支出发生月份的次月起，分期摊销，摊销年限不得低于 3 年。

五、存货的税务处理

存货，是指企业持有以备出售的产品或者商品、处在生产过程中的在产品、在生产或者提供劳务过程中耗用的材料和物料等。

（一）存货的计税基础

存货按照以下方法确定成本：

1. 通过支付现金方式取得的存货，以购买价款和支付的相关税费为成本。

2. 通过支付现金以外的方式取得的存货，以该存货的公允价值和支付的相关税费为成本。

3. 生产性生物资产收获的农产品，以产出或者采收过程中发生的材料费、人工费和分摊的间接费用等必要支出为成本。

（二）存货的成本计算方法

企业使用或者销售的存货的成本计算方法，可以在先进先出法、加权平均法、个别计价法中选用一种。计价方法一经选用，不得随意变更。

企业转让资产，在计算企业应纳税所得额时，资产的净值允许扣除。其中，资产的净值是指有关资产、财产的计税基础减除已经按照规定扣除的折旧、折耗、摊销、准备金等后的余额。

除国务院财政、税务主管部门另有规定外，企业在重组过程中，应当在交易发生时确认有关资产的转让所得或者损失，相关资产应当按照交易价格重新确定计税基础。

六、投资资产的税务处理

投资资产，是指企业对外进行权益性投资和债权性投资而形成的资产。

（一）投资资产的成本

投资资产按以下方法确定投资成本：
1. 通过支付现金方式取得的投资资产，以购买价款为成本。
2. 通过支付现金以外的方式取得的投资资产，以该资产的公允价值和支付的相关税费为成本。

（二）投资资产成本的扣除方法

企业对外投资期间，投资资产的成本在计算应纳税所得额时不得扣除；企业在转让或者处置投资资产时，投资资产的成本准予扣除。

（三）投资企业撤回或减少投资的税务处理

自2011年7月1日起，投资企业从被投资企业撤回或减少投资，其取得的资产中，相当于初始出资的部分，应确认为投资收回；相当于被投资企业累计未分配利润和累计盈余公积按减少实收资本比例计算的部分，应确认为股息所得；其余部分确认为投资资产转让所得。

被投资企业发生的经营亏损，由被投资企业按规定结转弥补；投资企业不得调整减低其投资成本，也不得将其确认为投资损失。

（四）非货币性资产投资企业所得税处理

非货币性资产，是指现金、银行存款、应收账款、应收票据以及准备持有至到期的债券投资等货币性资产以外的资产。与非货币性资产有关的规定如下。

1. 居民企业（以下简称企业）以非货币性资产对外投资确认的非货币性资产转让所得，可在不超过 5 年期限内，分期均匀计入相应年度的应纳税所得额，按规定计算缴纳企业所得税。

2. 企业以非货币性资产对外投资，应对非货币性资产进行评估并按评估后的公允价值扣除计税基础后的余额，计算确认非货币性资产转让所得。

企业以非货币性资产对外投资，应于投资协议生效并办理股权登记手续时，确认非货币性资产转让收入的实现。

3. 企业以非货币性资产对外投资而取得被投资企业的股权，应以非货币性资产的原计税成本为计税基础，加上每年确认的非货币性资产转让所得，逐年进行调整。

被投资企业取得非货币性资产的计税基础，应按非货币性资产的公允价值确定。

4. 企业在对外投资 5 年内转让上述股权或投资收回的，应停止执行递延纳税政策，并就递延期内尚未确认的非货币性资产转让所得，在转让股权或投资收回当年的企业所得税年度汇算清缴时，一次性计算缴纳企业所得税；企业在计算股权转让所得时，可按规定将股权的计税基础一次调整到位。

企业在对外投资 5 年内注销的，应停止执行递延纳税政策，并就递延期内尚未确认的非货币性资产转让所得，在注销当年的企业所得税年度汇算清缴时，一次性计算缴纳企业所得税。

5. 非货币性资产投资，限于以非货币性资产出资设立新的居民企业，或将非货币性资产注入现存的居民企业。

6. 企业发生非货币性资产投资，符合《财政部 国家税务总局关于企业重组业务企业所得税处理若干问题的通知》等文件规定的特殊性税务处理条件的，也可选择按特殊性税务处理规定执行（见本章第八节）。

第六节 应纳税额的计算

一、居民企业应纳税额的计算

居民企业应缴纳所得税额等于应纳税所得额乘以适用税率，基本计算公式为：

$$应纳税额 = 应纳税所得额 \times 适用税率 - 减免税额 - 抵免税额$$

根据计算公式可以看出，应纳税额的多少，取决于应纳税所得额和适用税率两个因素。在实际过程中，应纳税所得额的计算一般有两种方法。

（一）直接计算法

在直接计算法下，企业每一纳税年度的收入总额减除不征税收入、免税收入、各项扣除以及允许弥补的以前年度亏损后的余额为应纳税所得额。计算公式为：

$$应纳税所得额 = 收入总额 - 不征税收入 - 免税收入 - 各项扣除金额$$
$$- 允许弥补的以前年度亏损$$

（二）间接计算法

在间接计算法下，在会计利润总额的基础上加或减按照税法规定调整的项目金额后，即为应纳税所得额。计算公式为：

$$应纳税所得额 = 会计利润总额 \pm 纳税调整项目金额$$

纳税调整项目金额包括两方面的内容：一是税收规定范围与会计规定不一致的应予以调整的金额；二是税法规定扣除标准与会计规定不一致的应予以调整的金额。

【例6-1】某企业为居民企业，2017年发生经营业务如下：

①取得产品销售收入4 000万元。

②发生产品销售成本2 600万元。

③发生销售费用770万元（其中广告费650万元）；管理费用480万元（其中业务招待费25万元）；财务费用60万元。

④销售税金160万元（含增值税120万元）。

⑤营业外收入80万元，营业外支出50万元（含通过公益性社会团体向贫困山区捐款30万元，支付税收滞纳金6万元）。

⑥计入成本、费用中的实发工资总额200万元、拨缴职工工会经费5万元、发生职工福利费31万元、发生职工教育经费7万元。

要求：计算该企业2017年度实际应缴纳的企业所得税。

【解析】①会计利润总额 = 4 000 + 80 - 2 600 - 770 - 480 - 60 - 40 - 50 = 80（万元）

②广告费和业务宣传费调增所得额 = 650 - 4 000 × 15% = 650 - 600 = 50（万元）

③业务招待费调增所得额 = 25 - 25 × 60% = 25 - 15 = 10（万元）

4 000 × 5‰ = 20（万元）> 25 × 60% = 15（万元）

④捐赠支出应调增所得额 = 30 - 80 × 12% = 20.4（万元）

⑤工会经费应调增所得额 = 5 - 200 × 2% = 1（万元）

⑥职工福利费应调增所得额 = 31 - 200 × 14% = 3（万元）

⑦职工教育经费应调增所得额 = 7 - 200 × 8% = -9（万元）

⑧应纳税所得额 = 80 + 50 + 10 + 20.4 + 6 + 1 + 3 = 170.4（万元）

⑨2017 年应缴纳企业所得税 = 170.4 × 25% = 42.6（万元）。

【例 6 - 2】某工业企业为居民企业，2017 年度发生经营业务如下：

全年取得产品销售收入 5 600 万元，发生产品销售成本 4 000 万元；其他业务收入 800 万元，其他业务成本 694 万元；取得购买国债的利息收入 40 万元；缴纳非增值税销售税金及附加 300 万元；发生的管理费用 760 万元，其中新技术的研究开发费用 60 万元、业务招待费用 70 万元；发生财务费用 200 万元；取得直接投资其他居民企业的权益性收益 34 万元（已在投资方所在地按 15% 的税率缴纳了所得税）；取得营业外收入 100 万元，发生营业外支出 250 万元（其中含公益捐赠 38 万元）。

要求：计算该企业 2017 年应缴纳的企业所得税。

【解析】①利润总额 = 5 600 + 800 + 40 + 34 + 100 - 4 000 - 694 - 300 - 760 - 200 - 250 = 370（万元）。

②国债利息收入免征企业所得税，应调减所得额 40 万元。

③技术开发费调减所得额 = 60 × 100% = 60（万元）。

④按实际发生业务招待费的 60% 计算 = 70 × 60% = 42（万元）。

按销售（营业）收入的 5‰ 计算 = (5 600 + 800) × 5‰ = 32（万元）。

按照规定税前扣除限额应为 32 万元，实际应调增应纳税所得额 = 70 - 32 = 38（万元）。

⑤取得直接投资其他居民企业的权益性收益属于免税收入，应调减应纳税所得额 34 万元。

⑥捐赠扣除标准 = 370 × 12% = 44.4（万元）。

实际捐赠额 38 万元小于扣除标准 44.4 万元，可按实捐数扣除，不做纳税调整。

⑦应纳税所得额 = 370 - 40 - 60 + 38 - 34 = 274（万元）。

⑧该企业 2017 年应缴纳企业所得税 = 274 × 25% = 68.5（万元）。

二、境外所得已纳税款的处理

企业取得的下列所得已在境外缴纳的所得税税额，可以从其当期应纳税额中抵免，抵免限额为该项所得依照企业所得税法规定计算的应纳税额；超过抵免限额的部分，可以在以后 5 个年度内，用每年度抵免限额抵免当年应抵税额后的余额进行抵补。前述 5 个年度，是指从企业取得的来源于中国境外的所得，已经在中国境外缴纳的企业所得税性质的税额超过抵免限额的当年的次年起连续 5 个纳税年度。

1. 居民企业来源于中国境外的应税所得。

2. 非居民企业在中国境内设立机构、场所，取得发生在中国境外但与该机构、场所有实际联系的应税所得。

居民企业从其直接或者间接控制的外国企业分得的来源于中国境外的股息、

红利等权益性投资收益，外国企业在境外实际缴纳的所得税税额中属于该项所得负担的部分，可以作为该居民企业的可抵免境外所得税税额，在企业所得税法规定的抵免限额内抵免。

上述所称直接控制，是指居民企业直接持有外国企业20%以上股份。

上述所称间接控制，是指居民企业以间接持股方式持有外国企业20%以上股份，具体认定办法由国务院财政、税务主管部门另行制定。

已在境外缴纳的所得税税额，是指企业来源于中国境外的所得，依照中国境外税收法律以及相关规定应当缴纳并已经实际缴纳的企业所得税性质的税款。企业依照企业所得税法的规定抵免企业所得税税额时，应当提供中国境外税务机关出具的税款所属年度的有关纳税凭证。

抵免限额，是指企业来源于中国境外的所得，依照企业所得税法和实施条例的规定计算的应纳税额。除国务院财政、税务主管部门另有规定外，该抵免限额应当分国（地区）不分项计算，计算公式为：

$$抵免限额 = 中国境内、境外所得依照企业所得税法和条例规定计算的应纳税总额 \times \frac{来源于某国（地区）的应纳税所得额}{中国境内、境外应纳税所得总额}$$

三、非居民企业应纳税额的计算

对于在中国境内未设立机构、场所的，或者虽设立机构、场所但取得的所得与其所设机构、场所没有实际联系的非居民企业的所得，按照下列方法计算应纳税所得额：

1. 股息、红利等权益性投资收益和利息、租金、特许权使用费所得，以收入全额为应纳税所得额。

2. 转让财产所得，以收入全额减除财产净值后的余额为应纳税所得额。

3. 其他所得，参照前两项规定的方法计算应纳税所得额。

财产净值是指财产的计税基础减除已经按照规定扣除的折旧、折耗、摊销、准备金等后的余额。

具体征收管理规定如下：

1. 扣缴义务人在每次向非居民企业支付或者到期应支付所得时，应从支付或者到期应支付的款项中扣缴企业所得税。

到期应支付的款项，是指支付人按照权责发生制原则应当计入相关成本、费用的应付款项。

扣缴义务人每次代扣代缴税款时，应当向其主管税务机关报送《中华人民共和国扣缴企业所得税报告表》（以下简称《扣缴表》）及相关资料，并自代扣之日起7日内缴入国库。

2. 扣缴企业所得税应纳税额计算公式为：

$$扣缴企业所得税应纳税额 = 应纳税所得额 \times 实际征收率$$

其中，实际征收率是指企业所得税法及其实施条例等相关法律法规规定的税率，或者税收协定规定的更低的税率。

3. 扣缴义务人对外支付或者到期应支付的款项为人民币以外货币的，在申报扣缴企业所得税时，应当按照扣缴当日国家公布的人民币汇率中间价，折合成人民币计算应纳税所得额。

4. 扣缴义务人与非居民企业签订应税所得与有关的业务合同时，凡合同中约定由扣缴义务人负担应纳税款的，应将非居民企业取得的不含税所得换算为含税所得后计算征税。

5. 按照企业所得税法及其实施条例和相关税收法规规定，给予非居民企业减免税优惠的，应按相关税收减免管理办法和行政审批程序的规定办理。对未经审批或者减免税申请未得到批准之前，扣缴义务人发生支付款项的，应按规定代扣代缴企业所得税。

6. 非居民企业可以适用的税收协定与国内相关法规有不同规定的，可申请执行税收协定规定；非居民企业未提出执行税收协定规定申请的，按国内税收法律法规的有关规定执行。

7. 非居民企业已按国内税收法律法规的有关规定征税后，提出享受减免税或税收协定待遇申请的，主管税务机关经审核确认应享受减免税或税收协定待遇的，对多缴纳的税款应依据税收征管法及其实施细则的有关规定予以退税。

8. 因非居民企业拒绝代扣税款的，扣缴义务人应当暂停支付相当于非居民企业应纳税款的款项，并在 1 天之内向其主管税务机关报告，同时报送书面情况说明。

9. 扣缴义务人未依法扣缴或者无法履行扣缴义务的，非居民企业应于扣缴义务人支付或者到期应支付之日起 7 日内，到所得发生地主管税务机关申报缴纳企业所得税。

股权转让交易双方为非居民企业且在境外交易的，由取得所得的非居民企业自行或委托代理人向被转让股权的境内企业所在地主管税务机关申报纳税。被转让股权的境内企业应协助税务机关向非居民企业征缴税款。

扣缴义务人所在地与所得发生地不在一地的，扣缴义务人所在地主管税务机关应自确定扣缴义务人未依法扣缴或者无法履行扣缴义务之日起 5 个工作日内，向所得发生地主管税务机关发送《非居民企业税务事项联络函》，告知非居民企业的申报纳税事项。

10. 非居民企业依照有关规定申报缴纳企业所得税，但在中国境内存在多处所得发生地，并选定其中之一申报缴纳企业所得税的，应向申报纳税所在地主管税务机关如实报告有关情况。

11. 非居民企业未依照有关规定申报缴纳企业所得税，由申报纳税所在地主管税务机关责令限期缴纳，逾期仍未缴纳的，申报纳税所在地主管税务机关可以收集、查实该非居民企业在中国境内其他收入项目及其支付人（以下简称其他支付人）的相关信息，并向其他支付人发出《税务事项通知书》，从其他支付人应付的款项中，追缴该非居民企业的应纳税款和滞纳金。

其他支付人所在地与申报纳税所在地不在一地的，其他支付人所在地主管税务机关应给予配合和协助。

12. 对多次付款的合同项目，扣缴义务人应当在最后一次付款前15日内，向主管税务机关报送合同全部付款明细、前期扣缴表和完税凭证等资料，办理扣缴税款清算手续。

第七节　税收优惠

一、税额式减免

税额式减免是税收减免的一种以税额为内容的具体形式，是通过直接减少税额的方式来实现的税收减免。具体包括全部免征、减半征收、核定减征率征收以及另定减征额等。

企业的下列所得，可以免征、减征企业所得税。企业如果从事国家限制和禁止发展的项目，不得享受企业所得税优惠。

（一）从事农、林、牧、渔业项目的所得

企业从事农、林、牧、渔业项目的所得，包括免征和减征两部分。

1. 企业从事下列项目的所得，免征企业所得税：

（1）蔬菜、谷物、薯类、油料、豆类、棉花、麻类、糖料、水果、坚果的种植。

（2）农作物新品种的选育。

（3）中药材的种植。

（4）林木的培育和种植。

（5）牲畜、家禽的饲养。

（6）林产品的采集。

（7）灌溉、农产品初加工、兽医、科技推广、农机作业和维修等，以及农、林、牧、渔服务业项目。

（8）远洋捕捞。

2. 企业从事下列项目的所得，减半征收企业所得税：

（1）花卉、茶以及其他饮料作物和香料作物的种植。

（2）海水养殖、内陆养殖。

（二）从事国家重点扶持的公共基础设施项目投资经营的所得

企业所得税法所称国家重点扶持的公共基础设施项目，是指《公共基础设施项目企业所得税优惠目录》规定的港口码头、机场、铁路、公路、电力、水利等

项目。

1. 企业从事国家重点扶持的公共基础设施项目投资经营的所得，自项目取得第一笔生产经营收入所属纳税年度起，第 1~3 年免征企业所得税，第 4~6 年减半征收企业所得税。

2. 企业承包经营、承包建设和内部自建自用本条规定的项目，不得享受本条规定的企业所得税优惠。

3. 企业投资经营符合《公共基础设施项目企业所得税优惠目录》规定条件和标准的公共基础设施项目，采用一次核准、分批次（如码头、泊位、航站楼、跑道、路段、发电机组等）建设的，凡同时符合以下条件的，可按每一批次为单位计算所得，并享受企业所得税"三免三减半"优惠：

（1）不同批次在空间上相互独立；

（2）每一批次自身具备取得收入的功能；

（3）以每一批次为单位进行会计核算，单独计算所得，并合理分摊期间费用。

（三）从事符合条件的环境保护、节能节水项目的所得

环境保护、节能节水项目的所得，自项目取得第一笔生产经营收入所属的纳税年度起，第 1~第 3 年免征企业所得税，第 4~第 6 年减半征收企业所得税。

符合条件的环境保护、节能节水项目，包括公共污水处理、公共垃圾处理、沼气综合开发利用、节能减排技术改造、海水淡化等。项目的具体条件和适用范围由国务院财政、税务主管部门商国务院有关部门制定，报国务院批准后公布施行。

但是以上规定享受减免税优惠的项目，在减免税期限内转让的，受让方自受让之日起，可以在剩余期限内享受规定的减免税优惠；减免税期限届满后转让的，受让方不得就该项目重复享受减免税优惠。

（四）符合条件的技术转让所得

1. 企业所得税法所称符合条件的技术转让所得免征、减征企业所得税，是指一个纳税年度内，居民企业转让技术所有权所得不超过 500 万元的部分，免征企业所得税；超过 500 万元的部分，减半征收企业所得税。

2. 技术转让的范围，包括居民企业转让专利技术、计算机软件著作权、集成电路布图设计权、植物新品种、生物医药新品种、5 年（含）以上非独占许可使用权，以及财政部和国家税务总局确定的其他技术。

3. 符合条件的技术转让所得的计算方法：

$$技术转让所得 = 技术转让收入 - 技术转让成本 - 相关税费$$

或 技术转让所得 = 技术转让收入 - 无形资产摊销费用 - 相关税费 - 应分摊期间费用

（1）技术转让收入是指当事人履行技术转让合同后获得的价款，不包括销售或转让设备、仪器、零部件、原材料等非技术性收入。不属于与技术转让项目密不可分的技术咨询、技术服务、技术培训等收入，不得计入技术转让收入。

（2）技术转让成本是指转让的无形资产的净值，即该无形资产的计税基础减除在资产使用期间按照规定计算的摊销扣除额后的余额。

（3）相关税费是指技术转让过程中实际发生的有关税费，包括除企业所得税和允许抵扣的增值税以外的各项税金及其附加、合同签订费用、律师费等相关费用及其他支出。

4. 享受减免企业所得税优惠的技术转让应符合以下条件：

（1）享受优惠的技术转让主体是企业所得税法规定的居民企业；

（2）技术转让属于财政部、国家税务总局规定的范围；

（3）境内技术转让经省级以上科技部门认定；

（4）向境外转让技术经省级以上商务部门认定；

（5）国务院税务主管部门规定的其他条件。

5. 技术转让应签订技术转让合同。其中，境内的技术转让须经省级以上（含省级）科技部门认定登记；跨境的技术转让须经省级以上（含省级）商务部门认定登记，涉及财政经费支持的技术转让，需省级以上（含省级）科技部门审批。

6. 居民企业技术出口应由有关部门按照商务部、科技部发布的《中国禁止出口限制出口技术目录》进行审查。居民企业取得的禁止出口和限制出口技术转让所得，不享受技术转让减免企业所得税优惠政策。

7. 居民企业从直接或间接持有股权之和达到100%的关联方取得的技术转让所得，不享受技术转让减免企业所得税优惠政策。

8. 享受技术转让所得减免企业所得税优惠的企业，应单独计算技术转让所得，并合理分摊企业的期间费用；没有单独计算的，不得享受技术转让所得企业所得税优惠。

9. 企业发生技术转让，应在纳税年度终了后至报送年度纳税申报表以前，向主管税务机关办理减免税备案手续。

（五）电网企业电网新建项目享受所得税的优惠政策

根据《企业所得税法》及其实施条例的有关规定，居民企业从事符合《公共基础设施项目企业所得税优惠目录（2008年版）》规定条件和标准的电网（输变电设施）的新建项目，可依法享受"三免三减半"的企业所得税优惠政策。基于企业电网新建项目的核算特点，暂以资产比例法，即以企业新增输变电固定资产原值占企业总输变电固定资产原值的比例，合理计算电网新建项目的应纳税所得额，并据此享受"三免三减半"的企业所得税优惠政策。

（六）税额抵免优惠

税额抵免，是指企业购置并实际使用《环境保护专用设备企业所得税优惠目录（2017 年版）》《节能节水专用设备企业所得税优惠目录（2017 年版）》《安全生产专用设备企业所得税优惠目录》规定的环境保护、节能节水、安全生产等专用设备的，该专用设备的投资额的 10% 可以从企业当年的应纳税额中抵免；当年不足抵免的，可以在以后 5 个纳税年度结转抵免。

享受前述规定的企业所得税优惠的企业，应当实际购置并自身实际投入使用前述规定的专用设备；企业购置上述专用设备在 5 年内转让、出租的，应当停止享受企业所得税优惠，并补缴已经抵免的企业所得税税款。转让的受让方可以按照该专用设备投资额的 10% 抵免当年企业所得税应纳税额；当年应纳税额不足抵免的，可以在以后 5 个纳税年度结转抵免。

企业同时从事适用不同企业所得税待遇的项目的，其优惠项目应当单独计算所得，并合理分摊企业的期间费用；没有单独计算的，不得享受企业所得税优惠。

自 2009 年 1 月 1 日起，增值税一般纳税人购进固定资产发生的进项税额可从其销项税额中抵扣。如增值税进项税额允许抵扣，其专用设备投资额不再包括增值税进项税额；如增值税进项税额不允许抵扣，其专用设备投资额应为增值税专用发票上注明的价税合计金额。企业购买专用设备取得普通发票的，其专用设备投资额为普通发票上注明的金额。

（七）民族自治地方的优惠

民族自治地方的自治机关对本民族自治地方的企业应缴纳的企业所得税中属于地方分享的部分，可以决定减征或者免征。自治州、自治县决定减征或者免征的，须报省、自治区、直辖市人民政府批准。

对民族自治地方内国家限制和禁止行业的企业，不得减征或者免征企业所得税。

民族自治地方在新税法实施前已经按照《财政部、国家税务总局、海关总署关于西部大开发税收优惠政策问题的通知》第二条第二款有关减免税规定批准享受减免企业所得税（包括减免中央分享企业所得税的部分）的，自 2008 年 1 月 1 日起计算，对减免税期限在 5 年以内（含 5 年）的，继续执行至期满后停止；对减免税期限超过 5 年的，从第 6 年起按新《税法》第二十九条规定执行。

二、税基式减免

税基式减免是税收减免的一种以税基为内容的具体形式。是通过缩小计税依据的方式来实现的税收减免。具体包括起征点、免征额、项目扣除及跨期结转等。

（一）加计扣除优惠

1. 一般企业研究开发费。

研究开发费，未形成无形资产计入当期损益的，在按照规定据实扣除的基础上，按照研究开发费用的75%加计扣除；形成无形资产的，按照无形资产成本的175%摊销。

2018年1月1日至2020年12月31日期间，可以加计扣除的研究开发费按下列相关规定执行：

（1）人员人工费用。人员人工费用指直接从事研发活动人员的工资薪金、基本养老保险费、基本医疗保险费、失业保险费、工伤保险费、生育保险费和住房公积金，以及外聘研发人员的劳务费用。

（2）直接投入费用。直接投入费用指研发活动直接消耗的材料、燃料和动力费用；用于中间试验和产品试制的模具、工艺装备开发及制造费，不构成固定资产的样品、样机及一般测试手段购置费，试制产品的检验费；用于研发活动的仪器、设备的运行维护、调整、检验、维修等费用，以及通过经营租赁方式租入的用于研发活动的仪器、设备租赁费。

（3）折旧费用。折旧费用指用于研发活动的仪器、设备的折旧费。

（4）无形资产摊销费用。无形资产摊销费用指用于研发活动的软件、专利权、非专利技术（包括许可证、专有技术、设计和计算方法等）的摊销费用。

（5）新产品设计费、新工艺规程制定费、新药研制的临床试验费、勘探开发技术的现场试验费。

（6）其他相关费用。其他相关费用指与研发活动直接相关的其他费用，如技术图书资料费、资料翻译费、专家咨询费、高新科技研发保险费，研发成果的检索、分析、评议、论证、鉴定、评审、评估、验收费用，知识产权的申请费、注册费、代理费，差旅费、会议费，职工福利费、补充养老保险费、补充医疗保险费。此类费用总额不得超过可加计扣除研发费用总额的10%。

（7）其他事项。

①企业取得的政府补助，会计处理时采用直接冲减研发费用方法且税务处理时未将其确认为应税收入的，应按冲减后的余额计算加计扣除金额。

②企业取得研发过程中形成的下脚料、残次品、中间试制品等特殊收入，在计算确认收入当年的加计扣除研发费用时，应从已归集研发费用中扣减该特殊收入，不足扣减的，加计扣除研发费用按零计算。

③企业开展研发活动中实际发生的研发费用形成无形资产的，其资本化的时点与会计处理保持一致。

④失败的研发活动所发生的研发费用可享受税前加计扣除政策。

⑤国家税务总局公告2015年第97号第三条所称"研发活动发生费用"是指委托方实际支付给受托方的费用。无论委托方是否享受研发费用税前加计扣除政策，受托方均不得加计扣除。

委托方委托关联方开展研发活动的，受托方需向委托方提供研发过程中实际发生的研发项目费用支出明细情况。

（8）执行时间和适用对象。上述规定适用于2017年度及以后年度汇算清缴，以前年度已经进行税务处理的不再调整。涉及追溯享受优惠政策情形的，按照规定执行。科技型中小企业研发费用加计扣除事项按上述规定执行。

2. 高科技型中小企业研究开发费用。

（1）《财政部 税务总局 科技部关于提高研究开发费用税前加计扣除比例的通知》规定，科技型中小企业开展研发活动中实际发生的研发费用，未形成无形资产计入当期损益的，在按规定据实扣除的基础上，2018年1月1日至2020年12月31日期间，再按照实际发生额的75%在税前加计扣除；形成无形资产的，在上述期间按照无形资产成本的175%在税前摊销。

（2）企业享受研发费用税前加计扣除政策的其他政策口径和管理要求按照《财政部 国家税务总局 科技部关于完善研究开发费用税前加计扣除政策的通知》《财政部 国家税务总局 科技部关于企业委托境外研究开发费用税前加计扣除有关政策问题的通知》《国家税务总局关于企业研究开发费用税前加计扣除政策有关问题的公告》等文件规定执行。

（3）科技型中小企业条件和管理办法由科技部、财政部和国家税务总局另行发布。科技、财政和税务部门应建立信息共享机制，及时共享科技型中小企业的相关信息，加强协调配合，保障优惠政策落实到位。

3. 企业安置残疾人员所支付的工资。企业安置残疾人员所支付工资费用的加计扣除，是指企业安置残疾人员的，在按照支付给残疾职工工资据实扣除的基础上，按照支付给残疾职工工资的100%加计扣除。残疾人员的范围适用《中华人民共和国残疾人保障法》的有关规定。企业安置国家鼓励安置的其他就业人员所支付的工资的加计扣除办法，由国务院另行规定。

（二）创业投资企业和天使投资个人优惠

创业投资企业从事国家需要重点扶持和鼓励的创业投资，可以按投资额的一定比例抵扣应纳税所得额。《财政部 税务总局关于创业投资企业和天使投资个人有关税收政策的通知》以及《财政部 税务总局关于实施小微企业普惠性税收减免政策的通知》的有关规定如下。

1. 公司制创业投资企业采取股权投资方式直接投资于种子期、初创期科技型企业（以下简称初创科技型企业）满2年（24个月，下同）的，可以按照投资额的70%在股权持有满2年的当年抵扣该公司制创业投资企业的应纳税所得额；当年不足抵扣的，可以在以后纳税年度结转抵扣。

2. 有限合伙制创业投资企业（以下简称合伙创投企业）采取股权投资方式直接投资于初创科技型企业满2年的，该合伙创投企业的合伙人分别按以下方式处理。

（1）法人合伙人可以按照对初创科技型企业投资额的70%抵扣法人合伙人从合伙创投企业分得的所得；当年不足抵扣的，可以在以后纳税年度结转抵扣。

（2）个人合伙人可以按照对初创科技型企业投资额的70%抵扣个人合伙人从合伙创投企业分得的经营所得；当年不足抵扣的，可以在以后纳税年度结转抵扣。

3. 天使投资个人采取股权投资方式直接投资于初创科技型企业满 2 年的，可以按照投资额的 70% 抵扣转让该初创科技型企业股权取得的应纳税所得额；当期不足抵扣的，可以在以后取得转让该初创科技型企业股权的应纳税所得额时结转抵扣。

天使投资个人投资多个初创科技型企业的，对其中办理注销清算的初创科技型企业，天使投资个人对其投资额的 70% 尚未抵扣完的，可自注销清算之日起 36 个月内抵扣天使投资个人转让其他初创科技型企业股权取得的应纳税所得额。

4. 认定管理。

（1）初创科技型企业，应同时符合以下条件：

①在中国境内（不包括港、澳、台地区）注册成立、实行查账征收的居民企业。

②接受投资时，从业人数不超过 300 人，其中具有大学本科以上学历的从业人数不低于 30%；资产总额和年销售收入均不超过 5 000 万元。

③接受投资时设立时间不超过 5 年（60 个月）。

④接受投资时以及接受投资后 2 年内未在境内外证券交易所上市。

⑤接受投资当年及下一纳税年度，研发费用总额占成本费用支出的比例不低于 20%。

（2）享受规定税收政策的创业投资企业，应同时符合以下条件：

①在中国境内（不含港、澳、台地区）注册成立、实行查账征收的居民企业或合伙创投企业，且不属于被投资初创科技型企业的发起人。

②符合《创业投资企业管理暂行办法》规定或者《私募投资基金监督管理暂行办法》关于创业投资基金的特别规定，按照上述规定完成备案且规范运作。

③投资后 2 年内，创业投资企业及其关联方持有被投资初创科技型企业的股权比例合计应低于 50%。

（3）享受本通知规定的税收政策的天使投资个人，应同时符合以下条件：

①不属于被投资初创科技型企业的发起人、雇员或其亲属（包括配偶、父母、子女、祖父母、外祖父母、孙子女、外孙子女、兄弟姐妹，下同），且与被投资初创科技型企业不存在劳务派遣等关系。

②投资后 2 年内，本人及其亲属持有被投资初创科技型企业股权比例合计低于 50%。

（4）享受本通知规定的税收政策的投资，仅限于通过向被投资初创科技型企业直接支付现金方式取得的股权投资，不包括受让其他股东的存量股权。

（三）加速折旧优惠

1. 可以加速折旧的固定资产。企业的固定资产由于技术进步等原因，确需加速折旧的，可以缩短折旧年限或者采取加速折旧的方法。可采用以上折旧方法的固定资产是指：

（1）由于技术进步，产品更新换代较快的固定资产。

（2）常年处于强震动、高腐蚀状态的固定资产。

采取缩短折旧年限方法的，最低折旧年限不得低于规定折旧年限的 60%；采取加速折旧方法的，可以采取双倍余额递减法或者年数总和法。

2. 生物药品制造等 6 行业加速折旧规定。依据《财政部　国家税务总局关于完善固定资产加速折旧企业所得税政策的通知》，对有关固定资产加速折旧企业所得税政策问题规定如下：

（1）对生物药品制造业，专用设备制造业，铁路、船舶、航空航天和其他运输设备制造业，计算机、通信和其他电子设备制造业，仪器仪表制造业，信息传输、软件和信息技术服务业等 6 个行业的企业 2014 年 1 月 10 日后新购进的固定资产，可缩短折旧年限或采取加速折旧的方法。

对上述 6 个行业的小型微利企业 2014 年 1 月 1 日后新购进的研发和生产经营共用的仪器、设备，单位价值不超过 100 万元的，允许一次性计入当期成本费用在计算应纳税所得额时扣除，不再分年度计算折旧；单位价值超过 100 万元的，可缩短折旧年限或采取加速折旧的方法。

（2）对所有行业企业 2014 年 1 月 1 日后新购进的专门用于研发的仪器、设备，单位价值不超过 100 万元的，允许一次性计入当期成本费用在计算应纳税所得额时扣除，不再分年度计算折旧；单位价值超过 100 万元的，可缩短折旧年限或采取加速折旧的方法。

（3）对所有行业企业持有的单位价值不超过 5 000 元的固定资产，允许一次性计入当期成本费用在计算应纳税所得额时扣除，不再分年度计算折旧。

（4）企业按上述（1）、（2）中规定缩短折旧年限的，对其购置的新固定资产，最低折旧年限不得低于《企业所得税法实施条例》规定的折旧年限的 60%；企业购置已使用过的固定资产，其最低折旧年限不得低于《企业所得税法实施条例》规定的最低折旧年限减去已使用年限后剩余年限的 60%。采取加速折旧方法的，可采取双倍余额递减法或者年数总和法。（1）～（3）中规定之外的企业固定资产加速折旧所得税处理问题，继续按照企业所得税法及其实施条例和现行税收政策规定执行。

3. 轻工、纺织、机械、汽车四个领域重点行业加速折旧规定。

（1）对轻工、纺织、机械、汽车四个领域重点行业（以下简称四个领域重点行业）企业 2015 年 1 月 1 日后新购进的固定资产（包括自行建造，下同），允许缩短折旧年限或采取加速折旧方法。

四个领域重点行业按照《财政部　国家税务总局关于进一步完善固定资产加速折旧企业所得税政策的通知》附件"轻工、纺织、机械、汽车四个领域重点行业范围"确定。今后国家有关部门更新国民经济行业分类与代码，从其规定。

四个领域重点行业企业是指以上述行业业务为主营业务，其固定资产投入使用当年的主营业务收入占企业收入总额 50%（不含）以上的企业。所称收入总额，是指《企业所得税法》第六条规定的收入总额。

（2）对四个领域重点行业小型微利企业 2015 年 1 月 1 日后新购进的研发和

生产经营共用的仪器、设备，单位价值不超过 100 万元（含）的，允许在计算应纳税所得额时一次性全额扣除；单位价值超过 100 万元的，允许缩短折旧年限或采取加速折旧方法。

用于研发活动的仪器、设备范围口径，按照《国家税务总局关于印发〈企业研究开发费用税前扣除管理办法（试行）〉的通知》或《科学技术部　财政部国家税务总局关于印发〈高新技术企业认定管理工作指引〉的通知》的规定执行。

（3）企业按（1）、（2）中规定缩短折旧年限的，对其购置的新固定资产，最低折旧年限不得低于《实施条例》第六十条规定的折旧年限的 60%；对其购置的已使用过的固定资产，最低折旧年限不得低于实施条例规定的最低折旧年限减去已使用年限后剩余年限的 60%。最低折旧年限一经确定，不得改变。

（4）企业按上述（1）、（2）中规定采取加速折旧方法的，可以采用双倍余额递减法或者年数总和法。加速折旧方法一经确定，不得改变。

（四）减计收入优惠

企业综合利用资源，生产符合国家产业政策规定的产品所取得的收入，可以在计算应纳税所得额时减计收入。

综合利用资源，是指企业以《资源综合利用企业所得税优惠目录》规定的资源作为主要原材料，生产国家非限制和非禁止并符合国家和行业相关标准的产品取得的收入，减按 90% 计入收入总额。

上述所称原材料占生产产品材料的比例不得低于《资源综合利用企业所得税优惠目录》规定的标准。

三、税率式减免

税率式减免是税收减免的一种以税率为内容的具体形式。是通过降低税率的方式来实现的税收减免。归入低税率是将某一课税对象的税率由原税率改为其他课税对象所适用的较低的税率，如在我国产品税中，将同一产品加工改制按 5% 的税率计征。税率为零，是在实行增值税的情况下，对出口产品实行彻底退税的一项制度。

（一）高新技术企业优惠

1. 国家需要重点扶持的高新技术企业减按 15% 的税率征收企业所得税。国家需要重点扶持的高新技术企业，是指拥有核心自主知识产权，并同时符合下列条件的企业：

（1）企业申请认定时须注册成立一年以上。

（2）企业通过自主研发、受让、受赠、并购等方式，获得对其主要产品（服务）在技术上发挥核心支持作用的知识产权的所有权。

（3）对企业主要产品（服务）发挥核心支持作用的技术属于《国家重点支持的高新技术领域》规定的范围。

（4）企业从事研发和相关技术创新活动的科技人员占企业当年职工总数的比例不低于10%。

（5）企业近三个会计年度（实际经营期不满三年的按实际经营时间计算，下同）的研究开发费用总额占同期销售收入总额的比例符合如下要求：

①最近一年销售收入小于5 000万元（含）的企业，比例不低于5%；

②最近一年销售收入在5 000万元至2亿元（含）的企业，比例不低于4%；

③最近一年销售收入在2亿元以上的企业，比例不低于3%。

其中，企业在中国境内发生的研究开发费用总额占全部研究开发费用总额的比例不低于60%。

（6）近一年高新技术产品（服务）收入占企业同期总收入的比例不低于60%。

（7）企业创新能力评价应达到相应要求。

（8）企业申请认定前一年内未发生重大安全、重大质量事故或严重环境违法行为。

2. 高新技术企业境外所得适用税率及税收抵免规定。根据《财政部　国家税务总局关于高新技术企业境外所得适用税率及税收抵免问题的通知》规定，自2010年1月1日起，高新技术企业境外所得适用税率及税收抵免有关问题按以下规定执行：

（1）以与境内、境外全部生产经营活动有关的研究开发费用总额、总收入、销售收入总额、高新技术产品（服务）收入等指标申请并经认定的高新技术企业，其来源于境外的所得可以享受高新技术企业所得税优惠政策，即对其来源于境外所得可以按照15%的优惠税率缴纳企业所得税，在计算境外抵免限额时，可按照15%的优惠税率计算境内外应纳税总额。

（2）上述高新技术企业境外所得税收抵免的其他事项，仍按照《财政部　国家税务总局关于企业境外所得税收抵免有关问题的通知》的有关规定执行。

（3）此处所称高新技术企业，是指依照《中华人民共和国企业所得税法》及其实施条例规定，经认定机构按照《高新技术企业认定管理办法》和《高新技术企业认定管理工作指引》认定取得高新技术企业证书并正在享受企业所得税15%税率优惠的企业。

3. 高新技术企业资格复审期间企业所得税预缴规定。根据国家税务总局公告2011年第4号规定，高新技术企业资格复审结果公示之前企业所得税预缴按以下规定执行：

高新技术企业应在资格期满前三个月内提出复审申请，在通过复审之前，在其高新技术企业资格有效期内，其当年企业所得税暂按15%的税率预缴。

4. 已认定的高新技术企业有下列行为之一的，由认定机构取消其高新技术企业资格。

（1）在申请认定过程中存在严重弄虚作假行为的。

（2）发生重大安全、重大质量事故或有严重环境违法行为的。

（3）未按期报告与认定条件有关重大变化情况，或累计两年未填报年度发展情况报表的。

对被取消高新技术企业资格的企业，由认定机构通知税务机关按《税收征管法》及有关规定，追缴其自发生上述行为之日所属年度起已享受的高新技术企业税收优惠。

（二）技术先进型服务企业优惠

1. 自 2017 年 1 月 1 日起，在全国范围内对经认定的技术先进型服务企业，减按 15% 的税率征收企业所得税。

2. 享受企业所得税优惠政策的技术先进型服务企业必须同时符合以下条件：

（1）在中国境内（不包括港、澳、台地区）注册的法人企业。

（2）从事《技术先进型服务业务认定范围（试行）》中的一种或多种技术先进型服务业务，采用先进技术或具备较强的研发能力。

（3）具有大专以上学历的员工占企业职工总数的 50% 以上。

（4）从事《技术先进型服务业务认定范围（试行）》中的技术先进型服务业务取得的收入占企业当年总收入的 50% 以上。

（5）从事离岸服务外包业务取得的收入不低于企业当年总收入的 35%。

从事离岸服务外包业务取得的收入，是指企业根据境外单位与其签订的委托合同，由本企业或其直接转包的企业为境外单位提供《技术先进型服务业务认定范围（试行）》中所规定的信息技术外包服务（ITO）、技术性业务流程外包服务（BPO）和技术性知识流程外包服务（KPO），而从上述境外单位取得的收入。

3. 技术先进型服务企业的认定管理。

（1）省级科技部门会同本级商务、财政、税务和发展改革部门根据规定制定本省（自治区、直辖市、计划单列市）技术先进型服务企业认定管理办法，并负责本地区技术先进型服务企业的认定管理工作。各省（自治区、直辖市、计划单列市）技术先进型服务企业认定管理办法应报科技部、商务部、财政部、税务总局和国家发展改革委备案。

（2）符合条件的技术先进型服务企业应向所在省级科技部门提出申请，由省级科技部门会同本级商务、财政、税务和发展改革部门联合评审后发文认定，并将认定企业名单及有关情况通过科技部"全国技术先进型服务企业业务办理管理平台"备案，科技部与商务部、财政部、税务总局和国家发展改革委共享备案信息。符合条件的技术先进型服务企业需按时报送数据。

（3）经认定的技术先进型服务企业，持相关认定文件向所在地主管税务机关办理享受企业所得税优惠政策事宜。享受企业所得税优惠的技术先进型服务企业条件发生变化的，应当自发生变化之日起 15 日内向主管税务机关报告；不再符合享受税收优惠条件的，应当依法履行纳税义务。主管税务机关在执行税收优惠政策过程中，发现企业不具备技术先进型服务企业资格的，应提请认定机构复核。复核后确认不符合认定条件的，应取消企业享受税收优惠政策的资格。

（4）省级科技、商务、财政、税务和发展改革部门对经认定并享受税收优惠政策的技术先进型服务企业应做好跟踪管理，对变更经营范围、合并、分立、转业、迁移的企业，如不再符合认定条件，应及时取消其享受税收优惠政策的资格。

（5）省级财政、税务、商务、科技和发展改革部门要认真贯彻落实各项规定，在认定工作中对内外资企业一视同仁，平等对待，切实做好沟通与协作工作。在政策实施过程中发现问题，要及时反映上报财政部、税务总局、商务部、科技部和国家发展改革委。

（6）省级科技、商务、财政、税务和发展改革部门及其工作人员在认定技术先进型服务企业工作中，存在违法违纪行为的，按照《公务员法》《行政监察法》等国家有关规定追究相应责任；涉嫌犯罪的，移送司法机关处理。

（三）小型微利企业优惠

1. 小型微利企业认定。小型微利企业是指从事国家非限制和禁止行业，且同时符合年度应纳税所得额不超过300万元、从业人数不超过300人、资产总额不超过5 000万元三个条件的企业。

从业人数，包括与企业建立劳动关系的职工人数和企业接受的劳务派遣用工人数。所称从业人数和资产总额指标，应按企业全年的季度平均值确定。具体计算公式如下：

$$季度平均值＝（季初值＋季末值）÷2$$
$$全年季度平均值＝全年各季度平均值之和÷4$$

年度中间开业或者终止经营活动的，以其实际经营期作为一个纳税年度确定上述相关指标。

2. 小型微利企业税收优惠政策。《财政部 国家税务总局关于实施小微企业普惠性税收减免政策的通知》规定，2019年1月1日至2021年12月31日，对小型微利企业年应纳税所得额不超过100万元的部分，减按25%计入应纳税所得额，按20%的税率缴纳企业所得税；对年应纳税所得额超过100万元但不超过300万元的部分，减按50%计入应纳税所得额，按20%的税率缴纳企业所得税。

（四）非居民企业优惠

非居民企业减按10%的税率征收企业所得税。这里的非居民企业，是指在中国境内未设立机构、场所的，或者虽设立机构、场所但取得的所得与其所设机构、场所没有实际联系的企业。该类非居民企业取得下列所得免征企业所得税。

1. 外国政府向中国政府提供贷款取得的利息所得。
2. 国际金融组织向中国政府和居民企业提供优惠贷款取得的利息所得。

3. 经国务院批准的其他所得。

（五）特殊行业优惠

1. 关于鼓励软件产业和集成电路产业发展的优惠政策。为进一步鼓励软件产业和集成电路产业发展，《财政部　国家税务总局关于进一步鼓励软件产业和集成电路产业发展企业所得税政策的通知》规定了相应的企业所得税优惠政策，主要有：

（1）集成电路线宽小于0.8微米（含）的集成电路生产企业，经认定后，在2017年12月31日前自获利年度起计算优惠期，第1～2年免征企业所得税，第3～5年按照25%的法定税率减半征收企业所得税，并享受至期满为止。

（2）集成电路线宽小于0.25微米或投资额超过80亿元的集成电路生产企业，经认定后，减按15%的税率征收企业所得税，其中经营期在15年以上的，在2017年12月31日前自获利年度起计算优惠期，第1～5年免征企业所得税，第6～10年按照25%的法定税率减半征收企业所得税，并享受至期满为止。

（3）我国境内新办的集成电路设计企业和符合条件的软件企业，经认定后，在2017年12月31日前自获利年度起计算优惠期，第1～2年免征企业所得税，第3～5年按照25%的法定税率减半征收企业所得税，并享受至期满为止。

软件企业所得税优惠政策适用于经认定并实行查账征收方式的软件企业。所称经认定，是指经国家规定的软件企业认定机构按照软件企业认定管理的有关规定进行认定并取得软件企业认定证书。

软件企业的获利年度，是指软件企业开始生产经营后，第一个应纳税所得额大于零的纳税年度，包括对企业所得税实行核定征收方式的纳税年度。软件企业享受定期减免税优惠的期限应当连续计算，不得因中间发生亏损或其他原因而间断。

（4）国家规划布局内的重点软件企业和集成电路设计企业，如当年未享受免税优惠的，可减按10%的税率征收企业所得税。

2. 关于鼓励证券投资基金发展的优惠政策。

（1）对证券投资基金从证券市场中取得的收入，包括买卖股票、债券的差价收入，股权的股息、红利收入，债券的利息收入及其他收入，暂不征收企业所得税。

（2）对投资者从证券投资基金分配中取得的收入，暂不征收企业所得税。

（3）对证券投资基金管理人运用基金买卖股票、债券的差价收入，暂不征收企业所得税。

3. 节能服务公司的优惠政策。自2011年1月1日起，对符合条件的节能服务公司实施合同能源管理项目，符合企业所得税税法有关规定的，自项目取得第一笔生产经营收入所属纳税年度起，第1～3年免征企业所得税，第4～6年按照25%的法定税率减半征收企业所得税。

四、其他优惠

（一）西部大开发的税收优惠

1. 适用范围。适用范围包括重庆市、四川省、贵州省、云南省、西藏自治区、陕西省、甘肃省、宁夏回族自治区、青海省、新疆维吾尔自治区、新疆生产建设兵团、内蒙古自治区和广西壮族自治区（上述地区统称西部地区）。湖南省湘西土家族苗族自治州、湖北省恩施土家族苗族自治州、吉林省延边朝鲜族自治州、江西省赣州市，可以比照西部地区的税收优惠政策执行。

2. 具体内容。

（1）对设在西部地区国家鼓励类产业企业，2011 年 1 月 1 日至 2020 年 12 月 31 日期间，减按 15% 的税率征收企业所得税。

国家鼓励类产业企业，是指以《产业结构调整指导目录》（2005 年版）中规定的产业项目为主营业务，其主营业务收入占企业总收入 70% 以上的企业。

（2）对西部地区 2010 年 12 月 31 日前新办的，根据《财政部　国家税务总局　海关总署关于西部大开发税收优惠政策问题的通知》的规定，可以享受企业所得税"两免三减半"的交通、电力、水利、广播电视企业，其享受的企业所得税"两免三减半"优惠可以继续享受到期满为止。

（3）对在西部地区新办交通、电力、水利、邮政、广播电视企业，上述项目业务收入占企业总收入 70% 以上的，可以享受企业所得税如下优惠政策；内资企业自开始生产经营之日起，第 1~2 年免征企业所得税，第 3~5 年减半征收企业所得税。

新办交通企业，是指投资新办从事公路、铁路、航空、港口、码头运营和管道运输的企业。新办电力企业，是指投资新办从事电力运营的企业。新办水利企业，是指投资新办从事江河湖泊综合治理、防洪除涝、灌溉、供水、水资源保护、水力发电、水土保持、河道疏浚、河海堤防建设等开发水利、防治水害的企业。新办邮政企业，是指投资新办从事邮政运营的企业。新办广播电视企业，是指投资新办从事广播电视运营的企业。

上述企业同时符合本规定条件的，第 3~5 年减半征收企业所得税时，按 15% 税率计算出应纳所得税额后减半执行。

上述所称工业，是指投资主体自建、运营上述项目的企业，单纯承揽上述项目建设的施工企业不得享受两年免征、三年减半征收企业所得税的政策。

3. 对实行汇总（合并）纳税企业，应当将西部地区的成员企业与西部地区以外的成员企业分开，分别汇总（合并）申报纳税，分别适用税率。

4. 赣州市执行西部大开发政策的规定。2012 年 1 月 1 日至 2020 年 12 月 31 日，对设在赣州市的鼓励类产业的内资企业和外商投资企业减按 15% 的税率征收企业所得税。

税　法（第2版）

鼓励类产业的内资企业是指以《产业结构调整指导目录》中规定的鼓励类产业项目为主营业务，且其主营业务收入占企业收入总额70%以上的企业。

鼓励类产业的外商投资企业是指以《外商投资产业指导目录》中规定的鼓励类项目和《中西部地区外商投资优势产业目录》中规定的江西省产业项目为主营业务，且其主营业务收入占企业收入总额70%以上的企业。

（二）其他事项

1. 享受企业所得税过渡优惠政策的企业，应按照新税法和实施条例中有关收入和扣除的规定计算应纳税所得额。

2. 企业所得税过渡优惠政策与新税法及实施条例规定的优惠政策存在交叉的，由企业选择最优惠的政策执行，不得叠加享受，且一经选择，不得改变。

3. 在法律设置的发展对外经济合作和技术交流的特定地区内，以及国务院已规定执行上述地区特殊政策的地区内新设立的国家需要重点扶持的高新技术企业，可以享受过渡性税收优惠，具体办法由国务院规定。

4. 国家已确定的其他鼓励类企业，可以按照国务院规定享受减免税优惠。

5. 对企业取得的2009年及以后年度发行的地方政府债券利息所得，免征企业所得税。地方政府债券是指经国务院批准，以省、自治区、直辖市和计划单列市政府为发行和偿还主体的债券。

第八节　企业重组的所得税处理

一、企业重组概述

企业重组，是指企业在日常经营活动以外发生的法律结构或经济结构重大改变的交易，包括企业法律形式改变、债务重组、股权收购、资产收购、合并、分立等。

企业法律形式改变，是指企业注册名称、住所以及企业组织形式等的简单改变，但符合本通知规定的其他重组类型除外。

债务重组，是指在债务人发生财务困难的情况下，债权人按照其与债务人达成的书面协议或者法院裁定书，就其债务人的债务做出让步的事项。

股权收购，是指一家企业（以下称为收购企业）购买另一家企业（以下称为被收购企业）的股权，以实现对被收购企业控制的交易。收购企业支付对价的形式包括股权支付、非股权支付或两者的组合。

资产收购，是指一家企业（以下称为受让企业）购买另一家企业（以下称为转让企业）实质经营性资产的交易。受让企业支付对价的形式包括股权支付、非股权支付或两者的组合。

合并，是指一家或多家企业（以下称为被合并企业）将其全部资产和负债

· 210 ·

转让给另一家现存或新设企业（以下称为合并企业），被合并企业股东换取合并企业的股权或非股权支付，实现两个或两个以上企业的依法合并。

分立，是指一家企业（以下称为被分立企业）将部分或全部资产分离转让给现存或新设的企业（以下称为分立企业），被分立企业股东换取分立企业的股权或非股权支付，实现企业的依法分立。

股权支付，是指企业重组中购买、换取资产的一方支付的对价中，以本企业或其控股企业的股权、股份作为支付的形式。

非股权支付，是指以本企业的现金、银行存款、应收款项、本企业或其控股企业股权和股份以外的有价证券、存货、固定资产、其他资产以及承担债务等作为支付的形式。

自 2008 年 1 月 1 日起，企业发生上述重组事项的，按下面的相关规定进行所得税处理。

二、企业重组的一般性税务处理

1. 企业由法人转变为个人独资企业、合伙企业等非法人组织，或将登记注册地转移至中华人民共和国境外（包括港澳台地区），应视同企业进行清算、分配，股东重新投资成立新企业。企业的全部资产以及股东投资的计税基础均应以公允价值为基础确定。

企业发生其他法律形式简单改变的，可直接变更税务登记，除另有规定外，有关企业所得税纳税事项（包括亏损结转、税收优惠等权益和义务）由变更后企业承继，但因住所发生变化而不符合税收优惠条件的除外。

2. 企业债务重组相关交易的处理。

（1）以非货币资产清偿债务，应当分解为转让相关非货币性资产、按非货币性资产公允价值清偿债务两项业务，确认相关资产的所得或损失。

（2）发生债权转股权的，应当分解为债务清偿和股权投资两项业务，确认有关债务清偿所得或损失。

（3）债务人应当按照支付的债务清偿额低于债务计税基础的差额，确认债务重组所得；债权人应当按照收到的债务清偿额低于债权计税基础的差额，确认债务重组损失。

（4）债务人的相关所得税纳税事项原则上保持不变。

3. 企业股权收购、资产收购重组交易中相关交易的处理。

（1）被收购方应确认股权、资产转让所得或损失。

（2）收购方取得股权或资产的计税基础应以公允价值为基础确定。

（3）被收购企业的相关所得税事项原则上保持不变。

4. 企业合并当事各方的税务处理。

（1）合并企业应按公允价值确定接受被合并企业各项资产和负债的计税基础。

（2）被合并企业及其股东都应按清算进行所得税处理。

（3）被合并企业的亏损不得在合并企业结转弥补。

5. 企业分立当事各方的税务处理。

（1）被分立企业对分立出去的资产应按公允价值确认资产转让所得或损失。

（2）分立企业应按公允价值确认接受资产的计税基础。

（3）被分立企业继续存在时，其股东取得的对价应视同被分立企业分配进行处理。

（4）被分立企业不再继续存在时，被分立企业及其股东都应按清算进行所得税处理。

（5）企业分立相关企业的亏损不得相互结转弥补。

三、企业重组的特殊性税务处理

（一）适用特殊性税务处理的条件

企业重组同时符合下列条件的，适用特殊性税务处理规定：

1. 具有合理的商业目的，且不以减少、免除或者推迟缴纳税款为主要目的。

2. 被收购、合并或分立部分的资产或股权比例符合下面（二）规定的比例。

3. 企业重组后的连续 12 个月内不改变重组资产原来的实质性经营活动。

4. 重组交易对价中涉及股权支付金额符合下面（二）规定的比例。

5. 企业重组中取得股权支付的原主要股东，在重组后连续 12 个月内，不得转让所取得的股权。

（二）企业重组符合上述特殊性税务处理条件的，交易各方对其交易中的股权支付部分的税务处理

1. 企业债务重组确认的应纳税所得额占该企业当年应纳税所得额 50% 以上，可以在 5 个纳税年度的期间内，均匀计入各年度的应纳税所得额。

企业发生债权转股权业务，对债务清偿和股权投资两项业务暂不确认有关债务清偿所得或损失，股权投资的计税基础以原债权的计税基础确定。企业的其他相关所得税事项保持不变。

2. 股权收购，收购企业购买的股权不低于被收购企业全部股权的 50%，且收购企业在该股权收购发生时的股权支付金额不低于其交易支付总额的 85%，可以选择按以下规定处理：

（1）被收购企业的股东取得收购企业股权的计税基础，以被收购股权的原有计税基础确定。

（2）收购企业取得被收购企业股权的计税基础，以被收购股权的原有计税基础确定。

（3）收购企业、被收购企业的原有各项资产和负债的计税基础和其他相关

所得税事项保持不变。

3. 资产收购，受让企业收购的资产不低于转让企业全部资产的 50%，且受让企业在该资产收购发生时的股权支付金额不低于其交易支付总额的 85%，可以选择按以下规定处理：

（1）转让企业取得受让企业股权的计税基础，以被转让资产的原有计税基础确定。

（2）受让企业取得转让企业资产的计税基础，以被转让资产的原有计税基础确定。

4. 企业合并，企业股东在该企业合并发生时取得的股权支付金额不低于其交易支付总额的 85%，以及同一控制下且不需要支付对价的企业合并，可以选择按以下规定处理：

（1）合并企业接受被合并企业资产和负债的计税基础，以被合并企业的原有计税基础确定。

（2）被合并企业合并前的相关所得税事项由合并企业承继。

（3）可由合并企业弥补的被合并企业亏损的限额 = 被合并企业净资产公允价值 × 截至合并业务发生当年年末国家发行的最长期限的国债利率。

（4）被合并企业股东取得合并企业股权的计税基础，以其原持有的被合并企业股权的计税基础确定。

5. 企业分立，被分立企业所有股东按原持股比例取得分立企业的股权，分立企业和被分立企业均不改变原来的实质经营活动，且被分立企业股东在该企业分立发生时取得的股权支付金额不低于其交易支付总额的 85%，可以选择按以下规定处理：

（1）分立企业接受被分立企业资产和负债的计税基础，以被分立企业的原有计税基础确定。

（2）被分立企业已分立出去资产相应的所得税事项由分立企业承继。

（3）被分立企业未超过法定弥补期限的亏损额可按分立资产占全部资产的比例进行分配，由分立企业继续弥补。

（4）被分立企业的股东取得分立企业的股权（以下简称新股），如需部分或全部放弃原持有的被分立企业的股权（以下简称旧股），新股的计税基础应以放弃旧股的计税基础确定。如不需要放弃旧股，则其取得新股的计税基础可从以下两种方法中选择确定：直接将新股的计税基础确定为零；或者以被分立企业分立出去的净资产占被分立企业全部净资产的比例先调减原持有的旧股的计税基础，再将调减的计税基础平均分配到新股上。

6. 重组交易各方按上述 1~5 项规定对交易中股权支付暂不确认有关资产的转让所得或损失的，其非股权支付仍应在交易当期确认相应的资产转让所得或损失，并调整相应资产的计税基础。其计算公式如下：

$$\text{非股权支付对应的资产转让所得或损失} = \left(\text{被转让资产的公允价值} - \text{被转让资产的计税基础}\right) \times \left(\text{非股权支付金额} \div \text{被转让资产的公允价值}\right)$$

【例6-3】甲公司共有股权1 000万股，为了将来有更好的发展，将80%的股权让乙公司收购，然后成为乙公司的子公司。假定收购日甲公司每股资产的计税基础为7元，每股资产的公允价值为9元。在收购对价中乙公司以股权形式支付6 480万元，以银行存款支付720万元。

【解析】甲公司取得非股权支付额对应的资产转让所得 =（7 200 - 5 600）×（720÷7 200）= 1 600×10% = 160（万元）

7. 对100%直接控制的居民企业之间，以及受同一或相同多家居民企业100%直接控制的居民企业之间按账面净值划转股权或资产，凡具有合理商业目的、不以减少、免除或者推迟缴纳税款为主要目的，股权或资产划转后连续12个月内不改变被划转股权或资产原来实质性经营活动，且划出方企业和划入方企业均未在会计上确认损益的，可以选择按以下规定进行特殊性税务处理：

（1）划出方企业和划入方企业均不确认所得。

（2）划入方企业取得被划转股权或资产的计税基础，以被划转股权或资产的原账面净值确定。

（3）划入方企业取得的被划转资产，应按其原账面净值计算折旧扣除。

上述所称"对100%直接控制的居民企业之间，以及受同一或相同多家居民企业100%直接控制的居民企业之间"是指：

①100%直接控制的母子公司之间，母公司向子公司按账面净值划转其持有的股权或资产，母公司获得子公司100%的股权支付。母公司按增加长期股权投资处理，子公司按接受投资（包括资本公积，下同）处理。母公司获得子公司股权的计税基础以划转股权或资产的原计税基础确定。

②100%直接控制的母子公司之间，母公司向子公司按账面净值划转其持有的股权或资产，母公司没有获得任何股权或非股权支付。母公司按冲减实收资本（包括资本公积，下同）处理，子公司按接受投资处理。

③100%直接控制的母子公司之间，子公司向母公司按账面净值划转其持有的股权或资产，子公司没有获得任何股权或非股权支付。母公司按收回投资处理，或按接受投资处理，子公司按冲减实收资本处理。母公司应按被划转股权或资产的原计税基础，相应调减持有子公司股权的计税基础。

④受同一或相同多家母公司100%直接控制的子公司之间，在母公司主导下，一家子公司向另一家子公司按账面净值划转其持有的股权或资产，划出方没有获得任何股权或非股权支付。划出方按冲减所有者权益处理，划入方按接受投资处理。

（三）企业发生涉及中国境内与境外之间（包括港澳台地区）的股权和资产收购交易，除应符合（一）中规定的条件外，还应同时符合下列条件，才可选择适用特殊性税务处理规定

1. 非居民企业向其100%直接控股的另一非居民企业转让其拥有的居民企业股权，没有因此造成以后该项股权转让所得预提税负变化，且转让方非居民企业向主管税务机关书面承诺在 3 年（含 3 年）内不转让其拥有受让方非居民企业的股权；

2. 非居民企业向与其具有 100% 直接控股关系的居民企业转让其拥有的另一居民企业股权；

3. 居民企业以其拥有的资产或股权向其 100% 直接控股的非居民企业进行投资；

4. 财政部、国家税务总局核准的其他情形。

上述第 3 条所指的居民企业以其拥有的资产或股权向其 100% 直接控股的非居民企业进行投资，其资产或股权转让收益如选择特殊性税务处理，可以在 10 个纳税年度内均匀计入各年度应纳税所得额。

（四）在企业吸收合并中，合并后的存续企业性质及适用税收优惠的条件未发生改变的，可以继续享受合并前该企业剩余期限的税收优惠，其优惠金额按存续企业合并前一年的应纳税所得额（亏损计为零）计算；在企业存续分立中，分立后的存续企业性质及适用税收优惠的条件未发生改变的，可以继续享受分立前该企业剩余期限的税收优惠，其优惠金额按该企业分立前一年的应纳税所得额（亏损计为零）乘以分立后存续企业资产占分立前该企业全部资产的比例计算

（五）企业在重组发生前后连续 12 个月内分步对其资产、股权进行交易，应根据实质重于形式原则将上述交易作为一项企业重组交易进行处理

（六）企业发生符合上述规定的特殊性重组条件并选择特殊性税务处理的，当事各方应在该重组业务完成当年企业所得税年度申报时，向主管税务机关提交书面备案资料，证明其符合各类特殊性重组规定的条件。企业未按规定书面备案的，一律不得按特殊重组业务进行税务处理

第九节 特别纳税调整

一、特别纳税调整概述

企业与其关联方之间的业务往来，不符合独立交易原则而减少企业或者其关联方应纳税收入或者所得额的，税务机关有权按照合理方法进行调整。

企业与其关联方共同开发、受让无形资产，或者共同提供、接受劳务发生的成本，在计算应纳税所得额时应当按照独立交易原则进行分摊。

关联方是指与企业有下列关联关系之一的企业、其他组织或者个人。

1. 在资金、经营、购销等方面存在直接或者间接的控制关系；

2. 直接或者间接地同为第三者控制；

3. 在利益上具有相关联的其他关系。

独立交易原则是指没有关联关系的交易各方，按照公平成交价格和营业常规进行业务往来所遵循的原则。

特别纳税调整适用于税务机关对企业的转让定价、预约定价安排、成本分摊协议、受控外国企业、资本弱化以及一般反避税等特别纳税调整事项的管理。

二、转让定价管理

企业发生关联交易以及税务机关审核、评估关联交易均应遵循独立交易原则，选用合理的转让定价方法。

转让定价方法包括：

1. 可比非受控价格法，是指以非关联方之间进行的与关联交易相同或类似企业活动所收取的价格作为关联交易的公平成交价格的方法。

【例6-4】2021年，A国的N汽车制造公司在B国设立了一个子公司（A国的企业所得税税率为30%，B国的企业所得税税率为15%），N汽车制造公司将其生产的汽车以每辆10万美元的价格销售给B国子公司。A国税务当局检查发现，当地市场上同样规格汽车的成交价格是13万美元。A国税务当局应怎样调整？

【解析】A国税务当局可以按照可比非受控价格法进行调整，向A国母公司就调整后增加的3万美元（=13-10）的所得补征企业所得税0.9万美元（=3×30%）。

2. 再销售价格法，是指以关联方购进商品再销售给非关联方的价格减去可比非关联交易毛利后的金额作为关联方购进商品的公平成交价格的方法。其计算公式如下：

$$公平成交价格 = 再销售给非关联方的价格 \times (1 - 可比非关联交易毛利率)$$

$$可比非关联交易毛利率 = \frac{可比非关联交易毛利}{可比非关联交易收入净额} \times 100\%$$

【例6-5】2021年，A国的N汽车制造公司在B国设立了一个公司（A国的企业所得税税率为30%，B国的企业所得税税率为15%），N汽车制造公司的汽车制造成本为每辆8万美元，在A国市场上还没有销售过，现以每辆10万美元的价格销售给B国子公司一批汽车，B国子公司最后以15万美元的价格在当地售出这批汽车。根据B国税务当局调查证明，当地非关联企业同类汽车的销售毛利率为20%。B国税务当局应怎样调整？

【解析】按照再销售价格法，这个企业集团内部A国N公司向其B国子公司销售汽车的每辆价格应调整为：

15 × (1 - 20%) = 12（万美元）

有关税务当局按照再销售价格法，可以认定A国N公司这批汽车的销售收入，即每辆汽车应收12万美元进行分配。

3. 成本加成法，是指以关联交易发生的合理成本加上可比非关联交易毛利作为关联交易的公平成交价格的方法。其计算公式如下：

$$公平成交价格 = 关联交易的合理成本 \times (1 + 可比非关联交易成本加成率)$$

$$可比非关联交易成本加成率 = \frac{可比非关联交易毛利}{可比非关联交易成本} \times 100\%$$

【例6-6】在既无可比非受控价格，又无再销售价格的情况下，A国N汽车制造公司将汽车以成本价格（每辆8万美元）销售给B国子公司，B国子公司以每辆汽车15万美元的价格在当地出售。但是，A国税务当局认为，根据A国的市场资料，A国N公司这批汽车的一般生产费用率为60%。A国税务当局应怎样调整？

【解析】按照成本加成法，对A国N公司销售这批汽车的收入（价格）每辆调整为：

8÷60% =13.33（万美元）

有关税务当局按照成本加成法可以认定A国N公司这批汽车的销售收入，即每辆汽车应按13.33万美元进行分配。

4. 交易净利润法，是指以可比非关联交易的利润率指标确定关联交易净利润的方法。利润率指标包括资产收益率、销售利润率、完全成本加成率、贝里比率等。

5. 利润分割法，是指根据企业与其关联方对关联交易合并利润的贡献计算各自应该分配的利润额的方法。利润分割法分为一般利润分割法和剩余利润分割法。

6. 其他符合独立交易原则的方法。

三、预约定价安排管理

企业可以向税务机关提出与其关联方进行业务往来的定价原则和计算方法，税务机关与企业协商、确认后，达成预约定价安排。

预约定价安排是指企业就其未来年度关联交易的定价原则和计算方法，计算提出申请，与税务机关按照独立交易原则协商、确认后达成的协议。

预约定价安排的谈签与执行通常要经过预备会谈、正式申请、审核评估、磋商、签订安排和监控执行六个阶段。预约定价安排包括单边、双边和多边三种类型。

四、成本分摊协议管理

企业与其关联方共同开发、受让无形资产，或者共同提供、接受劳务发生的成本，在计算应纳税所得额时应当按照独立交易原则进行分摊。

企业可以依照上述规定，按照独立交易原则与其关联方分摊共同发生的成本，达成成本分摊协议。企业与其关联方分摊成本时，应当按照成本与预期收益相配比的原则进行分摊，并在税务机关规定的期限内，按照税务机关的要求报送有关资料。企业与其关联方分摊成本时违反此规定的，其自行分摊的成本不得在计算应纳税所得额时扣除。

【例6－7】假设集团的总公司A和子公司B、C共同接受服务，服务支付总价款为100万元。假设接受这项服务后，我们能够计算出，A企业能增加预期收益50万元，B企业能增加预期收益10万元，C企业能增加预期收益40万元，则A企业、B企业、C企业应分配多少成本？

【解析】按照成本分摊协议管理，A企业应分配的成本为50万元（＝100×50/100），B企业应分配的成本为10万元（＝100×10/100），C企业应分配的成本为40万元（＝100×40/100），也就是成本的分配比例要与收益比例一致。

五、受控外国企业管理

受控外国企业是指根据《企业所得税法》第四十五条的规定，由居民企业，或者由居民企业和居民个人（以下统称中国居民股东，包括中国居民企业股东和中国居民个人股东）控制的设立在实际税负低于《企业所得税法》第四条第一款规定税率水平的国家（地区），并非出于合理经营需要对利润不作分配或减少分配的外国企业。

控制，是指在股份、资金、经营、购销等方面构成实质控制。其中，股份控制是指由中国居民股东在纳税年度任何一天单层直接或多层间接单一持有外国企业10%以上有表决权的股份，且共同持有该外国企业50%以上股份。

中国居民股东多层间接持有股份按各层持股比例相乘计算，中间层持有股份超过50%的，按100%计算。

六、资本弱化管理

资本弱化管理是指税务机关按照《企业所得税法》第四十六条的规定，对企业接受关联方债权性投资与企业接受的权益性投资的比例是否符合规定比例或独立交易原则进行审核评估和调查调整等工作的总称。

1. 在计算应纳税所得额时，企业实际支付给关联方的利息支出，不超过以下规定的比例和《企业所得税法》基期实施条例有关规定计算的部分，准予扣除；超过的部分不得在发生当期和以后年度扣除。

企业实际支付给关联方的利息支出，除符合《财政部、国家税务总局关于企业关联方利息支出税前扣除标准有关税收政策问题的通知》（以下简称《通知》）第三条规定外，其接受关联方债权性投资与权益性投资的比例为：

（1）金融企业为5:1。

（2）其他企业为2:1。

2. 不得在计算应纳税所得额时扣除的利息支出应按以下公式计算：

$$不得扣除利息支出 = 年度实际支付的全部关联方利息 \times (1 - \frac{标准比例}{关联债资比例})$$

标准比例是指《财政部、国家税务总局关于企业关联方利息支出税前扣除标准有关税收政策问题的通知》规定的比例。

关联债资比例是指根据《企业所得税法》第四十六条及其《实施条例》第一百一十九条的规定，企业从其全部关联方接受的债权性投资（以下简称关联债权投资）占企业接受的权益性投资（以下简称权益投资）的比例，关联债权投资包括关联方以各种形式提供担保的债权性投资。

关联债资比例的具体计算方法如下：

$$关联债资比例 = 年度各月平均关联债权投资之和 \div 年度各月平均权益投资之和$$

其中：

各月平均关联债权投资 = (关联债权投资月初账面余额 + 月末账面余额) ÷ 2
各月平均权益投资 = (权益投资月初账面余额 + 月末账面余额) ÷ 2

权益投资为企业资产负债表中所列示的所有者权益金额。如果所有者权益小于实收资本（股本）与资本公积之和，则权益投资为实收资本（股本）与资本公积之和；如果实收资本（股本）与资本公积之和小于实收资本（股本）金额，则权益投资为实收资本（股本）金额。

3. 如果企业能够按照《企业所得税法》及其实施条例中的有关规定提供相关资料，并证明相关交易活动符合独立交易原则；或者该企业的实际税负不高于境内关联方的，其实际支付给境内关联方的利息支出，在计算应纳税所得额时准予扣除。

4. 企业同时从事金融业务和非金融业务，其实际支付给关联方的利息支出，应按照合理方法分开计算；没有按照合理方法分开计算的，一律按《通知》第一条有关其他企业的比例计算准予税前扣除的利息支出。

5. 企业自关联方取得的不符合规定的利息收入应按照有关规定缴纳企业所得税。

第十节　征收管理

一、纳税期限

企业所得税按年计征，分月或者分季预缴，年终汇算清缴，多退少补。

企业所得税的纳税年度，自公历 1 月 1 日起至 12 月 31 日止。企业在一个纳税年度的中间开业，或者由于合并、关闭等原因终止经营活动，使该纳税年度的实际经营期不足 12 个月的，应当以其实际经营期为 1 个纳税年度。企业清算时，应当以清算期间作为 1 个纳税年度。

自年度终了之日起 5 个月内，向税务机关报送年度企业所得税纳税申报表，并汇算清缴，结清应缴应退税款。

企业在年度中间终止经营活动的，应当自实际经营终止之日起 60 日内，向税务机关办理当期企业所得税汇算清缴。

为了推进办税便利化改革，从 2016 年 4 月开始，小型微利企业统一实行按季度预缴企业所得税。因此，按季度预缴企业所得税的企业，在年度中间 4 月、7 月、10 月的纳税申报期进行预缴申报时，如果按照规定判断为小型微利企业的，其纳税期限将统一调整为按季度预缴。为了避免年度内频繁调整纳税期限，2019 年 1 月 18 日《国家税务总局关于实施小型微利企业普惠性所得税减免政策有关问题的公告》中进一步明确，一经调整为按季度预缴，当年度内不再变更。

二、纳税地点

1. 除税收法律、行政法规另有规定外，居民企业以企业登记注册地为纳税地点；但登记注册地在境外的，以实际管理机构所在地为纳税地点。企业注册登记地是指企业依照国家有关规定登记注册的住所地。

2. 居民企业在中国境内设立不具有法人资格的营业机构的，应当汇总计算并缴纳企业所得税。企业汇总计算并缴纳企业所得税时，应当统一核算应纳税所得额，具体办法由国务院财政、税务主管部门另行制定。

3. 非居民企业在中国境内设立机构、场所的，应当就其所设机构、场所取得的来源于中国境内的所得，以及发生在中国境外但与其所设机构、场所有实际联系的所得，以机构、场所所在地为纳税地点。非居民企业在中国境内设立两个或者两个以上机构、场所的，经税务机关审核批准，可以选择由其主要机构、场所汇总缴纳企业所得税。非居民企业经批准汇总缴纳企业所得税后，需要增设、合并、迁移、关闭机构、场所或者停止机构、场所业务的，应当事先由负责汇总申报缴纳企业所得税的主要机构、场所向其所在地税务机关报告；需要变更汇总缴纳企业所得税的主要机构、场所的，依照前款规定办理。

4. 非居民企业在中国境内未设立机构、场所的，或者虽设立机构、场所但取得的所得与其所设机构、场所没有实际联系的所得，以扣缴义务人所在地为纳税地点。

5. 除国务院另有规定外，企业之间不得合并缴纳企业所得税。

三、纳税申报

按月或按季预缴的，应当自月份或者季度终了之日起 15 日内，向税务机关报送预缴企业所得税纳税申报表，预缴税款。

企业在报送企业所得税纳税申报表时，应当按照规定附送财务会计报告和其他有关资料。

企业应当在办理注销登记前，就其清算所得向税务机关申报并依法缴纳企业所得税。

依照企业所得税法缴纳的企业所得税，以人民币计算。所得以人民币以外的货币计算的，应当折合成人民币计算并缴纳税款。

企业在纳税年度内无论盈利或者亏损，都应当依照《企业所得税法》第五十四条规定的期限，向税务机关报送预缴企业所得税纳税申报表、年度企业所得税纳税申报表、财务会计报告和税务机关规定应当报送的其他有关资料。

知识巩固与能力提升

一、单项选择题

1. 根据企业所得税的相关规定，下列各项属于居民企业的是（　　）。

A. 依照中国法律在中国境内成立的合伙企业

B. 依照中国法律在中国境内成立的有限责任公司

C. 依照外国法律成立且实际管理机构在中国境外的企业

D. 依照中国法律在中国境内成立的个人独资企业

2. 根据企业所得税的相关规定，企业外购资产用于下列情形的，应当视同销售确认收入的是（　　）。

A. 作为原材料投入生产

B. 作为门市房对外出租

C. 移送至境外分公司用于继续加工

D. 移送至境内分公司用于连续加工

3. 下列关于企业所得税收入确认的表述，不符合规定的是（　　）。

A. 销售商品采用支付手续费方式委托代销的，在收到代销清单时确认收入

B. 为特定客户开发软件的收费，应根据开发的完工进度确认收入

C. 属于提供初始及后续服务的特许权费，在提供服务时确认收入

D. 申请入会收取的会员费，均在取得该会员费时确认收入

4. 某商场采用买一赠一的方式销售商品，规定以1 500元（不含增值税，下同）购买手机的客户可获赠一个价值200元的电饭锅；2017年该商场一共销售了100部手机，取得收入150 000元。则该商场在计算2017年企业所得税时，应确认手机的销售收入为（　　）元。

A. 132 352.94　　B. 150 000　　　C. 170 000　　　D. 17 647.06

5. 某工业企业2016年销售（营业）收入为1 800万元（不含税，下同），当年实际发生广告费支出350万元；2017年取得销售收入1 900万元，出租房屋取得收入100万元；转让商标所有权取得收入240万元，当年实际发生广告费支出200万元。则该企业在计算2017年企业所得税应纳税所得额时准予扣除的广

告费为（　　）万元。

    A. 120   B. 200   C. 280   D. 300

  6. 根据企业所得税的相关规定，下列各项中，在计算应纳税所得额时可以税前扣除的项目是（　　）。

    A. 非广告性质的赞助支出

    B. 被司法机关处以的罚金

    C. 向投资者支付的股息

    D. 银行企业内营业机构之间支付的利息

  7. 根据企业所得税的相关规定，下列资产中，在计算应纳税所得额时计提折旧或摊销费用准予在税前扣除的是（　　）。

    A. 未投入使用的机器设备

    B. 单独估价作为固定资产入账的土地

    C. 自创商誉

    D. 未投入使用的建筑物

  8. 境内居民企业甲 2015 年 5 月用 100 万元购买居民企业乙 20% 的股权，2017 年 8 月乙企业因经营不善导致破产并依法进行清算，甲企业从乙企业的剩余资产中分得 150 万元。清算时乙企业累计未分配利润和盈余公积共计为 150 万元，则甲企业应确认的投资资产转让所得为（　　）万元。

    A. 10   B. 20   C. 30   D. 50

  9. 2017 年 6 月，A 企业吸收合并 B 企业，B 企业全部资产公允价值为 5 700 万元、全部负债为 3 200 万元、未超过弥补年限的亏损额为 620 万元。合并时，A 企业支付给 B 企业的股权支付额为 2 300 万元、银行存款 200 万元。该合并业务符合企业重组特殊性税务处理的条件，且 A 企业选择按照特殊性税务处理的规定处理。假定当年末国家发行的最长期限的国债年利率为 6%。则可由 A 企业弥补的 B 企业的亏损额为（　　）万元。

    A. 0   B. 150   C. 570.4   D. 620

  10. 下列关于房地产开发经营业务企业所得税处理的说法中，不正确的是（　　）。

    A. 已销开发产品的计税成本，按当期已实现销售的可售面积和可售面积单位工程成本确认

    B. 房地产开发企业对尚未出售的已完工开发产品和按照有关法律法规或合同规定对已售开发产品（包括共用部位、共用设施设备）进行日常维护、保养、修理等实际发生的维修费用，准予在当期据实扣除

    C. 房地产开发企业代有关部门、单位和企业收取的各种基金、费用和附加等，未纳入开发产品价内并由房地产开发企业之外的其他收取部门、单位开具发票的，可作为代收代缴款项进行管理，不计入应税收入中

    D. 房地产开发企业将开发产品转为自用的，其实际使用时间累计未超过 12 个月又销售的，其自用期间计提的折旧费用可以在税前扣除

11. 某美国企业实际管理机构不在中国境内，但在中国境内设立了分支机构。2017 年该分支机构在中国境内取得咨询不含税所得 500 万元；在美国取得与该分支机构无实际联系的所得 80 万元。2017 年度该境内机构在中国应缴纳企业所得税（　　）万元。

  A. 125　　　　　B. 50　　　　　C. 100　　　　　D. 145

12. 某非居民企业设在中国境内的经营机构 2017 年从事劳务活动发生的经费支出 450 万元，相关收入和成本费用总额均不能正确核算。当地主管税务机关核定其利润率为 20%，劳务活动适用的相关税率为 5%。该经营机构 2017 年应在中国境内缴纳企业所得税（　　）万元。

  A. 12　　　　　B. 30　　　　　C. 28.13　　　　　D. 22.5

13. 下列关于对企业在 2015 年 1 月 1 日后新购进的固定资产，不符合加速折旧企业所得税政策的是（　　）。

  A. 对于机械行业的企业新购进固定资产，可缩短折旧年限或采取加速折旧的方法

  B. 对于纺织行业的小型微利企业新购进的研发和生产经营共用的仪器、设备，单位价值不超过 100 万元的，允许一次性计入当期成本费用在计算应纳税所得额时扣除

  C. 购进专门用于研发活动的仪器、设备，单位价值不超过 100 万元的，可以一次性在计算应纳税所得额时扣除

  D. 持有的单位价值不超过 10 000 元的固定资产，可以一次性在计算应纳税所得额时扣除

14. 根据企业所得税的有关规定，下列关于源泉扣缴的表述中，不正确的是（　　）。

  A. 非居民企业应缴纳的企业所得税，实行源泉扣缴，以支付人为扣缴义务人

  B. 对实行源泉扣缴的非居民企业在中国境内取得工程作业和劳务所得应缴纳的所得税，税务机关可以指定工程价款或者劳务费的支付人为扣缴义务人

  C. 应当扣缴的所得税，扣缴义务人未依法扣缴或者无法履行扣缴义务的，由企业在所得发生地缴纳

  D. 扣缴义务人每次代扣的税款，应当自代扣之日起 7 日内缴入国库

15. 在中国境内未设立机构、场所的非居民企业 A 从中国境内 B 企业取得租金所得 50 万元、利息所得 20 万元、特许权使用费所得 30 万元；并向 B 企业转让位于我国境内的一处房产，取得转让收入 500 万元，该房产净值为 420 万元。假设不考虑其他税费，B 企业应代扣代缴 A 企业的预提所得税为（　　）万元。

  A. 17.1　　　　　B. 18　　　　　C. 26　　　　　D. 36

二、多项选择题

1. 根据企业所得税的相关规定，下列属于居民企业的有（　　）。

A. 依法在上海成立的个体工商户

B. 依法在深圳成立的外商投资企业

C. 境外企业在北京设立的办事机构

D. 依照日本法律成立，实际管理机构在日本的企业

E. 依照美国法律成立，实际管理机构在我国境内的企业

2. 根据企业所得税法的相关规定，下列有关不征税收入的表述，正确的有（　　）。

A. 企业依法收取的政府性基金和行政事业性收费，未上缴财政的部分，准予作为不征税收入

B. 企业取得的由国务院财政、税务主管部门规定专项用途并经国务院批准的财政性资金，准予作为不征税收入

C. 企业将符合规定条件的财政性资金作不征税收入处理后，在 2 年内未发生支出的部分，应计入取得资金第 3 年的应税收入总额

D. 企业的不征税收入用于支出所形成的费用，不得在计算应纳税所得额时扣除

E. 企业的不征税收入用于支出所形成的资产，其计算的折旧、摊销不得在计算应纳税所得额时扣除

3. 企业取得的下列收入，属于企业所得税免税收入的有（　　）。

A. 国债利息收入

B. 企业债券利息收入

C. 符合条件的居民企业之间的红利、股息等权益性投资收益

D. 居民企业从在中国境内设立机构、场所的非居民企业取得的股息等权益性投资收益

E. 在中国境内设立机构、场所的非居民企业连续持有居民企业公开发行并上市流通的股票 1 年以上取得的投资收益

4. 下列有关企业所得税税前扣除的表述正确的有（　　）。

A. 与向所有者进行利润分配相关的汇兑损失准予据实扣除

B. 烟草企业的烟草广告费和业务宣传费支出，一律不得扣除

C. 企业依照有关规定提取的用于环境保护的专项资金准予扣除

D. 企业发生的合理的劳动保护支出准予扣除

E. 企业对外投资期间，投资资产的成本准予扣除

5. 根据企业所得税法律制度的规定，企业使用或者销售存货的成本计算方法，可以在（　　）中选用一种。计价方法一经选用，不得随意变更。

A. 先进先出法　　　　B. 后进先出法　　　　C. 加权平均法

D. 个别计价法　　　　E. 成本加成法

6. 下列无形资产中，不得在企业所得税前直接扣除或计算摊销费用扣除的有（　　）。

A. 自行开发的支出已在计算应纳税所得额时扣除的无形资产

B. 为推广产品外购的商标权

C. 自创商誉

D. 与经营活动无关的无形资产

E. 企业整体转让时外购商誉的支出

7. 根据企业所得税法的相关规定，下列关于长期待摊费用的表述，正确的有（　　）。

A. 外购房屋发生的装修费用不得作为长期待摊费用计算摊销在税前扣除

B. 已足额提取折旧的固定资产的改建支出应作为长期待摊费用计算摊销在税前扣除

C. 租入固定资产的改建支出应作为长期待摊费用计算摊销在税前扣除

D. 固定资产的大修理支出应作为长期待摊费用计算摊销在税前扣除

E. 企业的筹办费用支出只能作为长期待摊费用计算摊销在税前扣除

8. 下列居民企业中，不得核定征收企业所得税的有（　　）。

A. 汇总纳税企业

B. 保险公司

C. 专门从事股权投资业务的企业

D. 小型微利企业

E. 会计师事务所

9. 根据企业所得税法的相关规定，在中国境内未设立机构、场所的非居民企业从中国境内取得的下列所得，应按收入全额计算征收企业所得税的有（　　）。

A. 股息、红利所得

B. 利息所得

C. 租金所得

D. 特许权使用费所得

E. 转让财产所得

10. 下列关于非居民企业所得税纳税地点的表述，正确的有（　　）。

A. 非居民企业在中国境内未设立机构、场所的，以扣缴义务人所在地为纳税地点

B. 非居民企业在中国境内设立机构、场所，但取得的所得与其所设机构、场所没有实际联系的，以机构、场所所在地为纳税地点

C. 非居民企业在中国境内设立机构、场所的，其所设机构、场所取得的来源于中国境内的所得，以机构、场所所在地为纳税地点

D. 非居民企业在中国境内设立两个机构、场所，其所设机构、场所取得的来源于中国境内的所得，经税务机关审核批准可以选择由其主要机构、场所汇总缴纳企业所得税

E. 非居民企业在中国境内设立机构、场所的，其发生在中国境外但与其所设机构、场所有实际联系的所得，以机构、场所所在地为纳税地点

三、计算题

位于北京市区的居民企业甲 2021 年核算的会计利润为 1 600 万元，税务师事务所在对甲企业进行纳税审查时发现下列涉税事项：

（1）营业外收入中有技术转让收入 800 万元，与技术转让有关的成本费用为 100 万元。

（2）投资收益中含从 A 国取得税后收益折合人民币（下同）70 万元，已按照 A 国的相关规定缴纳了企业所得税。另从 B 国取得税后投资收益 60 万元，已在 B 国缴纳企业所得税税款。（不考虑预提所得税且该企业采用分国不分项的抵免方法）

（3）该企业在十一黄金周为打折促销，将一批市场不含税价为 100 万元的商品按八折对外销售；甲企业开具发票时将折扣额与销售额在同一张发票"金额栏"上分别注明。已知该商品的成本为 20 万元，该企业的账务处理为：

借：主营业务成本　　　　　　　　　　　　　　　　　　20

贷：库存商品　　　　　　　　　　　　　　　　　　　　　　20

（4）当年通过当地省级人民政府向贫困地区捐款 250 万元。

已知：甲企业适用的企业所得税税率为 25%，A 国的企业所得税税率为 30%，B 国的企业所得税税率为 20%。

要求：根据上述资料，回答下列问题。

1. 甲企业 2021 年技术转让收入应调减的企业所得税应纳税所得额为（　　）万元。

A. 500　　　　　B. 600　　　　　C. 700　　　　　D. 800

2. 甲企业 2021 年境外所得应在我国补缴企业所得税（　　）万元。

A. 3　　　　　B. 3.75　　　　　C. 4.25　　　　　D. 5.65

3. 甲企业 2021 年应补缴的增值税、城建税和教育费附加合计为（　　）万元。（不考虑其他税费）

A. 14.96　　　　　B. 18.7　　　　　C. 13.6　　　　　D. 15.58

4. 甲企业 2021 年对外捐赠应调整的企业所得税应纳税所得额为（　　）万元。（不考虑地方教育附加）

A. 0　　　　　B. 48.56　　　　　C. 45.68　　　　　D. 50.25

四、综合分析题

某市一居民企业为增值税一般纳税人，主要生产销售同一型号的空调。2021 年 1~11 月实现销售收入 7 000 万元，与收入相配比的销售成本 4 200 万元（占销售收入的 60%），缴纳增值税 450 万元、城市维护建设税和教育费附加 45 万元，发生销售费用 800 万元，管理费用 950 万元（其中含业务招待费 80 万元），财务费用 300 万元（未包括支付给关联企业借款的利息），1~11 月份实现会计利润 705 万元。

2021 年 12 月发生相关业务如下：

（1）12 月 8 日销售一批空调给某大型商场，不含税价款 700 万元，与收入相配比的销售成本 420 万元。合同约定，如果商场在 12 月 22 日前付清全部款项，企业将给予商场不含税价款 3% 的销售折扣。12 月 20 日商场付清了全部款项。

（2）12 月 15 日，因空调质量原因，某电器商城将上月购进的空调退货，企业开具红字增值税专用发票注明价款 –200 万元，增值税 –34 万元。

（3）12 月 18 日购进符合规定的安全生产专用设备，取得普通发票注明价款 24 万元，当月投入使用。

（4）12 月购进原材料共计 300 万元，取得增值税专用发票注明增值税税额 51 万元；取得货运增值税专用发票注明运输费用 10 万元。

（5）12 月 25 日通过公益性社会团体向某山区小学捐款 60 万元，取得公益性社会团体开具的合法票据。

（6）12 月 30 日转让 2 年前投资的股权取得收入 150 万元，该股权的投资成本为 100 万元。

（7）12 月 31 日归还关联企业一年期借款本金 1 200 万元，另支付利息费用 90 万元（注：关联企业对该居民企业的权益性投资额为 480 万元，且实际税负低于该居民企业，银行同期同类贷款年利率为 5.8%）。

（8）12 月份共计发生销售费用 90 万元、管理费用 300 万元（其中含业务招待费 10 万元）。

要求：根据上述资料，回答下列问题（不考虑地方教育附加）。

1. 2021 年 12 月该企业应缴纳城建税及教育费附加（　　）万元。

    A. 2.98　　　　　B. 3.4　　　　　C. 6.73　　　　　D. 3.29

2. 计算该企业 2021 年应纳税所得额时，可直接在企业所得税税前扣除的有（　　）。

    A. 增值税税款　　　　　　B. 教育费附加

    C. 城市维护建设税　　　　D. 股权投资成本

    E. 公益性捐赠支出

3. 该企业 2021 年度实现的会计利润总额是（　　）万元。

    A. 470.67　　　B. 390.71　　　C. 411.67　　　D. 391.02

4. 计算该企业 2021 年企业所得税应纳税所得额时，业务招待费和公益性捐赠合计调整金额是（　　）万元。

    A. 65.61　　　B. 68.14　　　C. 75.22　　　D. 64.62

5. 计算企业所得税应纳税所得额时，关联企业利息费用调整金额是（　　）万元。

    A. 20.4　　　B. 34.32　　　C. 26.42　　　D. 45.65

6. 该企业 2021 年度应缴纳企业所得税（　　）万元。

    A. 120.26　　　B. 122.65　　　C. 140.25　　　D. 120.88

第七章 个人所得税

【本章概览】

近年来我国个人所得税税制改革正在如火如荼地进行，尤其是2018年我国完成了由原来的分类税制转变为综合与分类相结合的税制改革。本章内容相对于以前的教材变化非常之大，从纳税主体的界定到应纳税所得额、应纳税额的计算乃至征收方式都有很大变化。同时，本章内容也关系到每位公民的切身利益，普及意义巨大。

【学习目标】

1. 掌握个人所得税的基本法规知识，能判断居民个人、非居民个人，划分应税所得项目，选择适用税率。

2. 掌握个人所得税各应税项目所得额的确定，理解相关税收优惠政策，会根据各项应税所得分别计算应纳个人所得税额。

3. 熟悉自行申报和源泉扣缴两种个人所得税的申报方式，掌握自行申报方式的纳税期限和纳税地点。

【情景引例】

2018年12月13日国务院发布《个人所得税专项附加扣除暂行办法》，12月21日国家税务总局公开《个人所得税专项附加扣除操作办法（试行）》，对子女教育、继续教育、大病医疗、住房贷款利息、住房租金和赡养老人六项专项附加扣除在政策及税收管理上进行了详细的规定。总体而言，专项附加扣除办法的出台是我国现代个人所得税制度的完善，同时，更重要的意义在于其在减税的背景下实现了一定的社会政策目标。具体而言，主要着力于教育、医疗、养老及住房四个社会最为关注的民生问题。

子女教育及继续教育的扣除具有明显的社会政策导向，把近年来国家倡导的"多生娃、多学习"的理念置于与大众利益息息相关的个税扣除之中。医疗支出、住房贷款支出、住房租金支出对于许多普通家庭而言都是沉重的负担，允许在税前予以扣除，是减轻家庭负担，让全民享受税改红利的体现。我国进入老龄化社会已是不争的现实，并且我国有着尊老爱幼的传统美德，这次将赡养老人作为专项附加扣除项目，对减轻老百姓赡养老人的家庭支出负担具有积极的社会意义。

总之，首次设立的专项附加扣除是这次个税改革的突出亮点。能聚焦教育、医疗、住房、养老等老百姓最关心、最现实的利益问题，有利于推动实现幼有所育、学有所教、病有所医、住有所居、老有所养的和谐社会的建立。

思考：为什么说专项附加扣除制度是国家赋予公民享受减负改革的最大红利之一？我国目前规定的专项附加扣除标准各是多少？

第一节　个人所得税概述

一、个人所得税的概念及特点

（一）概念

个人所得税是对我国居民个人来源于中国境内外的所得和非居民个人来源于中国境内的所得征收的一种税。

对个人收入课税是世界各国普遍采取的做法，目前，世界上已有 140 多个国家开征了个人所得税。我国在新中国成立初期曾开征过薪给报酬所得税和（存款）利息所得税，但真正意义上的个人所得税的开征是在改革开放之后。当时，随着我国经济形势的重大变化，社会成员之间的收入水平逐渐拉大，来华工作的外籍人员越来越多，为了加强调控，防止社会成员的收入差距过分悬殊，我国于 1980 年 9 月 10 日在第五届全国人大第三次会议上通过了《中华人民共和国个人所得税法》（以下简称《个人所得税法》），规定对中外个人征收个人所得税。1986 年 1 月 7 日国务院发布《城乡个体工商户所得税暂行条例》，规定对个体工商户的生产经营所得征收所得税。随着我国国民经济和社会发展的情况，全国人大常委会于 1993 年 10 月 31 日、1999 年 8 月 30 日、2005 年 10 月 27 日、2007 年 6 月 29 日、2007 年 12 月 29 日、2011 年 6 月 30 分别对《个人所得税法》进行了六次修订，国务院也对 1994 年 1 月 28 日发布的《中华人民共和国个人所得税法实施条例》进行了相应的修订。

2016 年，国家开始着手建立综合与分类相结合的个人所得税制的改革。2018 年 8 月 31 日，第十三届全国人民代表大会常务委员会第五次会议通过了第七次修订的《个人所得税法》，此次个人所得税法修改，建立了综合与分类相结合的个人所得税制，对部分劳动性所得实行综合征税，优化调整了税率结构，提高了综合所得基本减除费用标准，设立了专项附加扣除项目，并相应健全了个人所得税征管制度。2018 年 12 月 13 日国务院公布了《个人所得税专项附加扣除暂行办法》，同年 12 月 22 日国务院公布了修订后的《中华人民共和国个人所得税法实施条例》。以上三部法律法规均于 2019 年 1 月 1 日起实施。

（二）特点

我国个人所得税主要有以下特点。

1. 实行综合与分类相结合的个人所得税制。世界各国的个人所得税制大体可分为三种类型：分类所得税制、综合所得税制和混合所得税制，这三种税制各有所长，各国可根据本国具体情况进行选择。我国过去采取分类个人所得税制，在这轮个人所得税制改革中，调整为综合与分类相结合的个人所得税制。即将个人取得的各种所得划分为九类，其中将居民个人的工资薪金所得、劳务报酬所得、稿酬所得、特许权使用费所得作为综合所得，按纳税年度合并计算个人所得税，其他五项采取分类计税方式，分别适用不同的费用减除规定、不同的税率和不同的计税方法。实行综合与分类相结合的个人所得税制，更能体现税负公平，减轻人民税收负担。

2. 累进税率与比例税率并用。分类所得税制一般采用比例税率，综合所得税制通常采用累进税率。比例税率计算简便，便于实行源泉扣缴；累进税率能够合理调节收入分配，体现公平原则。我国现行个人所得税法根据各类个人所得的不同性质和特点，将这两种形式的税率综合运用于个人所得税制中。其中，对综合所得采用七级超额累进税率，对经营所得采用五级超额累进税率；对利息、股息、红利所得、财产租赁所得、财产转让所得、偶然所得采用比例税率。

3. 费用扣除额较宽。各国的个人所得税均有费用扣除的规定，只是扣除的方法及额度不尽相同。我国在这次个人所得税制改革中，在原有的扣除项目基础上增加了综合所得的专项附加扣除，允许把与纳税人息息相关的支出，包括子女教育、继续教育、大病医疗、住房贷款利息或住房租金、赡养老人等予以扣除。对于居民个人的综合所得，可以扣除费用 60 000 元以及专项扣除、专项附加扣除，其中劳务报酬所得、稿酬所得、特许权使用费所得每次可以扣除20%的费用。对于财产租赁所得，每次收入不超过 4 000 元的，可以减除费用 800 元；4 000 元以上的，可以减除20%的费用。对于财产转让所得，可以减除财产原值和合理费用。整体来看，我国个人所得税的费用扣除标准较宽，且有逐渐增长的趋势。

4. 采取源泉扣除制和自行申报制两种征纳方法。我国《个人所得税法》规定，对纳税人的应纳税额分别采取由支付单位源泉扣缴和纳税人自行申报两种方法。对凡是可以在应税所得的支付环节扣缴个人所得税的，均由扣缴义务人履行代扣代缴义务；对于综合所得采取按月或按次预扣预缴，年末汇算清缴的方法；纳税人取得应税所得没有扣缴义务人的或具备法律法规规定的应自行申报的情形的，应在规定的时限内主动向税务机关报送纳税申报表，并缴纳税款。

二、个人所得税的作用

个人所得税的作用主要体现在以下三个方面。

（一）调节收入分配、体现社会公平

在谋求经济增长和实行市场经济体制的发展中国家，社会收入分配差距在一定时期的扩大是不可避免的。改革开放以来，随着经济的发展，我国人民的生活

水平不断提高，一部分人已达到较高的收入水平。因此，有必要对个人收入进行适当的税收调节。在保证人们基本生活费用支出不受影响的前提下，本着高收入者多纳税、中等收入者少纳税、低收入者不纳税的原则，通过征收个人所得税来缓解社会收入分配不公的矛盾，有利于在不损害效率的前提下，体现社会公平，保持社会稳定。

（二）有利于公民增强纳税意识，树立义务观念

由于历史的原因和计划经济体制的影响，我国公民的纳税意识一直较为淡薄，义务观念比较缺乏。通过宣传个人所得税法，建立个人所得税的纳税申报、源泉扣缴制度，强化个人所得税的征收管理和对违反税法行为的处罚等措施，可以逐步培养并普及全民依法履行纳税义务的观念，有利于提高全体人民的公民意识和法制意识，为社会主义市场经济的发展创造良好的社会环境。

（三）有利于扩大聚财渠道，增加财政收入

个人所得税是市场经济发展的产物，个人所得税收入是随着一国经济的市场化、工业化、城市化程度和人均 GDP 水平提高而不断增长的。目前，一些主要的西方发达国家都实行以所得税为主体的税制，个人所得税的规模和比重均比较大。随着社会主义市场经济体制的建立和我国经济的进一步发展，我国居民的收入水平将逐步提高，个人所得税税源将不断扩大，个人所得税收入占国家税收总额的比重将逐年增加，最终将发展成为具有活力的一个主体税种。

第二节　纳税义务人

一、纳税义务人的一般规定

个人所得税的纳税义务人是指在中国境内有住所，或者虽无住所但一个纳税年度内在中国境内居住累计满 183 天的，以及无住所也不居住或居住未满 183 天，但有从中国境内取得所得的个人，包括中国公民、个体工商户以及在中国境内有所得的外籍人员（包括无国籍人员）和中国港澳台同胞。自 2000 年 1 月 1 日起，个人独资企业和合伙企业投资者也作为个人所得税的纳税人。

我国根据国际惯例，按照住所和居住时间两个标准，将个人所得税的纳税人划分为居民个人和非居民个人。

二、居民个人与非居民个人的判定标准

（一）住所标准

根据住所标准，凡是在中国境内有住所的个人为居民个人，凡是在中国境内

无住所又不居住的个人为非居民个人。

住所分为永久性住所和习惯性住所。我国《民法总则》第 25 条规定的"住所"为永久性的住所，具有法律意义，一个公民只能有一个住所。经常性居住地则属于习惯性住所，它与永久性住所有时是一致的，有时又是不一致的。根据这种情况，我国《个人所得税法实施条例》将在中国境内有住所界定为："因户籍、家庭、经济利益关系而在中国境内习惯性居住。"可见，我国目前采用的住所标准实际上是习惯性住所标准，即在学习、工作、探亲等原因消除后，没有理由在其他地方居留，必须回到的地方，并非指实际居住地或特定时期内的居住地，如在国外留学后回到中国定居的中国留学生就属于居民个人。

实践中，一般拥有中国国籍与户籍的人均为居民个人，不包括华侨和中国香港、澳门、台湾地区同胞。

（二）居住时间标准

居住时间是指个人在我国境内实际居住的天数。根据居住时间标准，虽然在中国境内无住所但一个纳税年度内在中国境内居住累计满 183 天的个人为居民个人，在中国境内无住所但一个纳税年度内在中国境内居住不满 183 天的个人为非居民个人。纳税年度，自公历 1 月 1 日起至 12 月 31 日止。

【例 7-1】假设美国人史密斯 2019 年 2 月 12 日来华工作，2020 年 2 月 15 日回国，2020 年 3 月 2 日返回中国，2020 年 11 月 15 日至 2020 年 11 月 30 日期间因工作需要去了日本，2020 年 12 月 1 日返回中国，后于 2021 年 11 月 20 日离华回国，按照新的《个人所得税法》的规定，则该纳税人（   ）。

A. 2019 年度为我国居民个人，2020 年度为我国非居民个人

B. 2019 年度为我国居民个人，2021 年度为我国非居民个人

C. 2019 年度、2020 年度、2021 年度均为我国非居民个人

D. 2019 年度、2020 年度、2021 年度均为我国居民个人

【答案】D

【解析】史密斯在中国境内无住所，但 2019~2021 年度均在中国境内居住满 183 天，按照新《个人所得税法》的规定，史密斯在这三个纳税年度均为居民个人。

三、居民个人与非居民个人的纳税义务

（一）居民个人的纳税义务

居民个人负无限纳税义务，即对从中国境内和境外取得的所得，均需缴纳个人所得税。所谓"从中国境内取得的所得"，是指来源于中国境内的所得；所谓"从中国境外取得的所得"，是指来源于中国境外的所得。

（二）非居民个人的纳税义务

非居民个人负有限纳税义务，只对从中国境内取得的所得缴纳个人所得税。

对居民个人与非居民个人判定标准及征税对象范围的比较，如表7-1所示。

表7-1　　　　　　　　居民个人与非居民个人相关情况的比较

纳税义务人	判定标准	征税对象范围
居民个人（负无限纳税义务）	（1）在中国境内有住所的个人； （2）在中国境内无住所，但一个纳税年度内（即公历1月1日起至12月31日止，下同）在中国境内居住累计满183天的个人	境内所得 境外所得
非居民个人（负有限纳税义务）	（1）在中国境内无住所且不居住的个人； （2）在中国境内无住所但一个纳税年度内在中国境内居住不满183天的个人	境内所得

四、所得来源地的确定

除国务院财政、税务主管部门另有规定外，下列所得，不论支付地点是否在中国境内，均为来源于中国境内的所得：

（1）因任职、受雇、履约等在中国境内提供劳务取得的所得；

（2）将财产出租给承租人在中国境内使用而取得的所得；

（3）许可各种特许权在中国境内使用而取得的所得；

（4）转让中国境内的不动产等财产或者在中国境内转让其他财产取得的所得；

（5）从中国境内企业、事业单位、其他组织以及居民个人取得的利息、股息、红利所得。

五、扣缴义务人

我国对纳税人的应纳税额采取由支付单位源泉扣缴和纳税人自行申报两种方法。在九项应税所得项目中，对除经营所得以外的其他各项应税所得，其应纳的个人所得税均以支付应税所得的单位或个人为扣缴义务人。

第三节　征税范围

我国《个人所得税法》第二条列举了九项个人所得，即工资、薪金所得、劳务报酬所得、稿酬所得、特许权使用费所得、经营所得、利息、股息、红利所得、财产租赁所得、财产转让所得、偶然所得。其中居民个人取得工资、薪金所得、劳务报酬所得、稿酬所得、特许权使用费所得称为综合所得，按纳税年度合并计算个人所得税；非居民个人取得工资、薪金所得、劳务报酬所得、稿酬所得、特许权使用费所得，按月或者按次分项计算个人所得税。纳税人取得经营所得按纳税年度计算个人所得税，利息、股息、红利所得、财产租赁所得、财产转让所得、偶然所得，按次分别计算个人所得税。

一、综合所得

（一）工资、薪金所得

工资、薪金所得，是指个人因任职或者受雇取得的工资、薪金、奖金、年终加薪、劳动分红、津贴、补贴以及与任职或者受雇有关的其他所得，包括现金、实物、有价证券和其他形式的经济利益。

对于一些不具有工资、薪金性质的补贴、津贴，不属于工资、薪金所得征税范围，不予征税。这些项目包括如下内容：

一是独生子女补贴；

二是托儿补助费；

三是执行公务员工资制度未纳入基本工资总额的补贴、津贴差额和家属成员的副食品补贴；

四是差旅费补贴、误餐补贴（指因工作在同城不能及时赶回原地而在外就餐的补助）。

根据国家税务总局的相关通知与批复，下列所得也属于工资、薪金所得征税范围，应征收个人所得税。

1. 机关、企事业单位对未达到法定退休年龄、正式办理提前退休手续的个人，按照统一标准向提前退休工作人员支付一次性补贴。

2. 对于个人因解除劳动合同而取得一次性经济补偿的收入。

3. 退休人员再任职取得的收入。

4. 公司职工取得的用于购买企业国有股权的劳动分红。

5. 对商品营销活动中，企业和单位对营销业绩突出人员以培训班、研讨会、工作考察等名义组织旅游活动，通过免收差旅费、旅游费对个人实行的营销业绩奖励（包括实物、有价证券等）。

（二）劳务报酬所得

劳务报酬所得，是指个人从事设计、装潢、安装、制图、化验、测试、医疗、法律、会计、咨询、讲学、新闻、广播、翻译、审稿、书画、雕刻、影视、录音、录像、演出、表演、广告、展览、技术服务、介绍服务、经纪服务、代办服务以及其他劳务取得的所得。

劳务报酬所得与工资薪金所得最大的区别在于：工资薪金所得是纳税人非独立的个人劳动所得，纳税人与支付单位之间是雇佣关系；而劳务报酬所得是纳税人独立的个人劳动所得，纳税人与支付单位之间是非雇佣关系。

个人担任董事、监事，且不在公司任职、受雇的情形，属于劳务报酬性质，按劳务报酬所得征税。个人在公司任职、受雇同时兼任董事、监事职务，应将取得的董事费、监事费与个人工资收入合并，按"工资、薪金所得"征税。

在校学生因参与勤工俭学活动（包括参与学校组织的勤工俭学活动）而取得属于《个人所得税法》规定的应税所得项目所得，应按"劳务报酬所得"项目缴纳个人所得税。

对商品营销活动中，企业和单位对营销业绩突出的非雇员以培训班、研讨会、工作考察等名义组织旅游活动，通过免收差旅费、旅游费对个人实行营销业绩奖励（包括实物、有价证券等），应根据所发生费用的全额作为该营销人员当期的劳务收入，按照"劳务报酬所得"项目征收个人所得税，并由提供上述费用的企业和单位代扣代缴。

个人兼职取得的收入，应按照劳务报酬所得项目缴纳个人所得税。

（三）稿酬所得

稿酬所得，是指个人因其作品以图书、报刊形式出版、发表而取得的所得。这里所说的作品，包括文学作品、书画作品、摄影作品以及其他作品。对不以图书、报刊形式出版、发表的翻译、审稿、书画所得归为劳务报酬所得。

作者去世后，财产继承人取得的遗著稿酬，按稿酬所得缴纳个人所得税。

对报纸、杂志、出版等单位的职工在本单位的刊物上发表作品、出版图书取得所得的税务处理如下。

1. 任职、受雇于报纸、杂志等单位的记者、编辑等专业人员，因在本单位的报纸、杂志上发表作品取得的所得，属于因任职、受雇而取得的所得，应与其当月工资收入合并，按"工资、薪金所得"项目计算缴纳个人所得税。除上述专业人员以外，其他人员在本单位的报刊、杂志上发表作品取得的所得，应按"稿酬所得"项目计算缴纳个人所得税。

2. 出版社的专业作者撰写、编写或翻译的作品，由本社以图书形式出版而取得的稿费收入，应按"稿酬所得"项目计算缴纳个人所得税。

（四）特许权使用费所得

> 相关链接：提供土地使用权所得按财产租赁所得或财产转让所得项目计缴个人所得税。

特许权使用费所得，是指个人提供专利权、商标权、著作权、非专利技术以及其他特许权的使用权取得的所得，不包括提供土地使用权所得；提供著作权的使用权取得的所得，不包括稿酬所得。

对于将自己的文字作品手稿原件或复印件公开拍卖（竞价）取得的所得，属于提供著作权的使用所得，应按"特许权使用费所得"项目征收个人所得税。

从2005年5月1日起，编剧从电视剧的制作单位取得的剧本使用费，不再区分剧本的使用方是否为其任职单位，统一按特许权使用费所得项目计征个人所得税。

【例7-2】2022年6月，某电视剧制作中心编剧刘某从该中心取得工资5 000元、第二季度的奖金2 000元及剧本使用费10 000元，那么刘某6月的所得将按何项目计缴个人所得税？

【解析】刘某5 000元工资、2 000元季度奖按"工资、薪金"项目计缴个人所得税，10 000元剧本使用费按"特许权使用费"项目计缴个人所得税。

二、经营所得

经营所得是指个体工商户从事工业、手工业、建筑业、交通运输业、商业、饮食业、服务业、修理业以及其他行业生产、经营取得的所得；个人独资企业投资人、合伙企业的个人合伙人来源于境内注册的个人独资企业、合伙企业生产、经营的所得以及个人对企业、事业单位承包经营、承租经营以及转包、转租取得的所得。具体属于本征税项目的所得包括如下五种。

（一）个体工商户从事生产、经营活动取得的所得

个体工商户的生产、经营所得是指以下三方面。

1. 个体工商户从事工业、手工业、建筑业、交通运输业、商业、饮食业、服务业、修理业以及其他行业生产、经营取得的所得。

2. 个人因从事彩票代销业务而取得的所得。

3. 从事个体出租车运营的出租车驾驶员取得的收入。出租车属个人所有，但挂靠出租汽车经营单位或企事业单位，驾驶员向挂靠单位缴纳管理费的，或出租汽车经营单位将出租车所有权转移给驾驶员的出租车驾驶员从事客货运营取得的收入，按"经营所得"项目缴纳个人所得税。

（二）个人独资企业投资人、合伙企业的个人合伙人的生产经营所得

从2000年1月1日起，个人独资企业和合伙企业停止征收企业所得税，其投资者的生产经营所得，比照"个体工商户的生产、经营所得"计税。在新《个人所得税法》中明确了"个人独资企业投资人、合伙企业的个人合伙人来源于境内注册的个人独资企业、合伙企业生产、经营的所得"为经营所得。

个人独资企业、合伙企业的个人合伙人以企业资金为本人、家庭成员及其相关人员支付与企业生产经营无关的消费性支出及购买汽车、住房等财产性支出，依照"经营所得"项目计征个人所得税。

【例 7 - 3】王某为一家个人独资企业的投资者，2019 年该企业以企业资金为王某购买了一辆汽车，这应依照"经营所得"项目计征个人所得税，该表述是否正确？

【答案】正确。

【解析】根据个人所得税法律制度的规定，个人独资企业、合伙企业的个人合伙人以企业资金为本人、家庭成员及其相关人员支付与企业生产经营无关的消费性支出及购买汽车、住房等财产性支出，依照"经营所得"项目计征个人所得税。王某所得的小汽车应按"经营所得"项目计缴个人所得税。

（三）个人对企业、事业单位承包经营、承租经营以及转包、转租取得的所得

个人对企业、事业单位承包经营、承租经营以及转包、转租取得的所得一般包括两种情形。

1. 企业实行个人承包、承租经营后，如果工商登记仍为企业的，不管其分配方式如何，均应先按照企业所得税的有关规定缴纳企业所得税。承包经营、承租经营者按照承包、承租经营合同（协议）规定取得的所得，依照个人所得税法的有关规定缴纳个人所得税，具体如下。

（1）承包、承租人对企业经营成果不拥有所有权，仅是按合同（协议）规定取得一定所得的，其所得按"工资、薪金所得"项目征税。

（2）承包、承租人按合同（协议）的规定只向发包、出租方交纳一定费用后，企业经营成果归其所有的，承包、承租人取得的所得，按"经营所得"项目征税。

2. 企业实行个人承包、承租经营后，如工商登记改变为个体工商户的，应依照"经营所得"项目计征个人所得税，不再征收企业所得税。

（四）个人依法从事办学、医疗、咨询以及其他有偿服务活动取得的所得

（五）个人从事其他生产、经营活动取得的所得

三、利息、股息、红利所得

利息、股息、红利所得，是指个人拥有债权、股权而取得的利息、股息、红利所得。其中，利息一般是指存款、贷款和债券的利息；股息、红利是指个人因拥有股权取得的公司、企业分红，按照一定的比率派发的每股息金，称为股息；分派股息之后按持股比例向股东分配的剩余利润，称为红利。

对于国债利息收入、国家发行的金融债券利息收入、教育储蓄存款利息所得，免征个人所得税。自 2008 年 10 月 9 日（含）起，暂免征收储蓄存款利息所得税。按照国家或省级地方政府规定的比例缴付的住房公积金、医疗保险金、基

本养老保险金、失业保险金存入银行个人账户所取得的利息所得，免予征收个人所得税。

为了支持企业改组改制的顺利进行，对于企业在改革过程中个人取得量化资产的征税问题按以下规定处理。

1. 对职工个人以股份形式取得的不拥有所有权的企业量化资产，仅作为分红依据，不征收个人所得税。

2. 对职工个人以股份形式取得的企业量化资产参与企业分配而获得的股息、红利，应按"利息、股息、红利所得"项目征收个人所得税。

【例7－4】下列各项个人所得中，应当征收个人所得税的有（　　）。

A. 企业集资利息　　　　　　　　B. 从股份公司取得股息

C. 企业债券利息　　　　　　　　D. 国家发行的金融债券利息

【答案】ABC

【解析】国家发行的金融债券利息属于免征个人所得税的情形，其他三项都应按"利息、股息、红利所得"项目计缴个人所得税。

四、财产租赁所得

财产租赁所得，是指个人出租建筑物、土地使用权、机器设备、车船以及其他财产取得的所得。个人取得的财产转租收入，属于"财产租赁所得"的征税范围。

在确认纳税义务人时，应以产权凭证为依据。对无产权凭证的，由主管税务机关根据实际情况确定；产权所有人死亡的，在未办理产权继承手续期间，该财产出租而有租金收入的，以领取租金的个人为纳税义务人。

房地产开发企业与商店购买者个人签订协议规定，房地产开发企业按优惠价格出售其开发的商店给购买者个人，但购买者个人在一定期限内必须将购买的商店无偿提供给房地产开发企业对外出租使用。其实质是购买者个人以所购商店交由房地产开发企业出租而取得的房屋租赁收入支付了部分购房价款。对购买者个人少支出的购房价款，应视同个人财产租赁所得，按照"财产租赁所得"项目征收个人所得税。每次财产租赁所得的收入额，按照少支出的购房价款和协议规定的租赁月份数平均计算确定。

五、财产转让所得

财产转让所得，是指个人转让有价证券、股权、建筑物、土地使用权、机器设备、车船以及其他财产取得的所得。

根据个人所得税法律制度的规定，具体包括如下情形。

1.（上市公司）股票转让所得暂不征收个人所得税，（非上市公司）股份转让所得征收个人所得税。

2. 量化资产股份的转让。

（1）集体所有制企业在改制为股份合作企业时，对职工个人以股份形式取得的拥有所有权的企业量化资产，暂缓征收个人所得税；

（2）个人将股份转让时，就其转让收入额，减除个人取得该股份时实际支付的费用支出和合理转让费用后的余额，按"财产转让所得"项目计征个人所得税。

> 相关链接：个人出售自有住房一般应缴纳增值税、契税、个人所得税、城市维护建设税和教育费附加等。注意总结个人出售自有住房各税种的相应税收优惠政策。

3. 个人出售自有住房。

（1）个人出售自有住房取得的所得应按照"财产转让所得"项目征收个人所得税。

（2）个人出售自有住房的应纳税所得额分三种情况确定：

一是个人出售除已购公有住房以外的其他自有住房，其应纳税所得额按照个人所得税法的有关规定确定。

二是个人出售已购公有住房，其应纳税所得额为个人出售已购公有住房的销售价，减除住房面积标准的经济适用住房价款、原支付超过住房面积标准的房价款、向财政或原产权单位缴纳的所得收益以及税法规定的合理费用后的余额。其中"已购公有住房"是指城镇职工根据国家和县级（含县级）以上人民政府有关城镇住房制度改革政策规定，按照成本价（或标准价）购买的公有住房。经济适用住房价格按县级（含县级）以上地方人民政府规定的标准确定。

三是职工以成本价（或标准价）出资的集资合作建房、安居工程住房、经济适用住房以及拆迁安置住房，比照已购公有住房确定应纳税所得额。

（3）对个人转让自用5年以上并且是家庭唯一生活用房取得的所得，免征个人所得税。

（4）对出售自有住房并拟在1年内按市场价重新购房的纳税人，不再减免个人所得税。

六、偶然所得

偶然所得，是指个人得奖、中奖、中彩以及其他偶然性质的所得。得奖是指参加各种有奖竞赛取得的奖金；中奖、中彩是指参加各种有奖活动，如有奖销售、有奖储蓄或购买彩票，经过规定程序，抽中、摇中号码而取得的奖金。因此，个人参加有奖储蓄取得的各种形式的中奖所得、个人从境外取得的博彩所得、个人因参加企业的有奖销售活动而取得的赠品所得，均应按"偶然所得"项目计征个人所得税。

第四节　税率与应纳税所得额的确定

一、税率

我国个人所得税采用综合与分类相结合的所得税制，不同的应税项目分别采用不同的税率，归纳起来，可分为超额累进税率和比例税率两种，除综合所得、生产经营所得适用超额累进税率外，其他应税项目均适用比例税率。

具体规定如下：

（1）综合所得适用七级超额累进税率，税率从 3% 至 45%，如表 7 - 2 所示；

（2）经营所得适用五级超额累进税率，税率从 5% 至 35%，如表 7 - 3 所示；

（3）财产租赁所得、财产转让所得、利息股息红利所得、偶然所得，均适用 20% 的税率。

对个人按市场价格出租的居民住房取得的所得减按 10% 的税率征收个人所得税。

表 7 - 2　　　　　　　　　　个人所得税税率表
（综合所得适用）

级数	全年应纳税所得额	税率（%）	速算扣除数
1	不超过 36 000 元的部分	3	0
2	超过 36 000 元至 144 000 元的部分	10	2 520
3	超过 144 000 元至 300 000 元的部分	20	16 920
4	超过 300 000 元至 420 000 元的部分	25	31 920
5	超过 420 000 元至 660 000 元的部分	30	52 920
6	超过 660 000 元至 960 000 元的部分	35	85 920
7	超过 960 000 元的部分	45	181 920

注：（1）本表所称全年应纳税所得额是指居民个人取得综合所得，以每一纳税年度收入额减除费用 60 000 元以及专项扣除、专项附加扣除和依法确定的其他扣除后的余额。

（2）非居民个人取得工资薪金所得、劳务报酬所得、稿酬所得和特许权使用费所得，按照本表按月换算后计算应纳税额。

表 7 - 3　　　　　　　　　　个人所得税税率表
（经营所得适用）

级数	全年应纳税所得额	税率（%）	速算扣除数
1	不超过 30 000 元的部分	5	0
2	超过 30 000 元至 90 000 元的部分	10	1 500
3	超过 90 000 元至 300 000 元的部分	20	10 500
4	超过 300 000 元至 500 000 元的部分	30	40 500
5	超过 500 000 元的部分	35	65 500

注：本表所称全年应纳税所得额是指以每一纳税年度收入总额减除成本、费用以及损失后的余额。

二、应纳税所得额的确定

由于个人所得税的应税项目不同，并且取得某项所得所需费用也不相同，因此，除综合所得外，计算个人应纳税所得额，需按不同应税项目分项计算，即以某项应税项目的收入额减去税法规定的该项目费用扣除标准后的余额为该应税项目的应纳税所得额。

（一）每次收入的确定

《个人所得税法》规定的征税方法有三种：一是按年计征，如居民个人的综合所得、经营所得；二是按月计征，如非居民个人的工资、薪金所得；三是按次计征，如非居民个人的劳务报酬所得、稿酬所得、特许权使用费所得等。在按次征收情况下，各应税项目对于"次"的界定存在差异，具体如下。

1. 劳务报酬所得。劳务报酬所得，属于一次性收入的，以取得该项收入为一次；属于同一项目连续性收入的，以一个月内取得的收入为一次。

例如：王某业余时间为某厂塑造雕像一尊，合计报酬 6 000 元，分三次支付，每月支付 2 000 元，王某的报酬虽然是分三次支付的，但由于其属于完成一项事项，故属于一次性收入，则王某以 6 000 元收入作为一次计缴个人所得税。

再例如：李某在游乐厅演唱半年，每周 1 次，每次 600 元，对于李某的行为，属于同一项目连续性收入，应以一个月内取得的收入为一次，即以 2 400 元为一次计缴个人所得税。

2. 稿酬所得。稿酬所得，以每次出版、发表取得的收入为一次。

个人每次以图书、报刊方式出版、发表同一作品（文字作品、书画作品、摄影作品以及其他作品），不论出版单位是预付还是分笔支付稿酬，或者加印该作品后再付稿酬，均应合并其稿酬所得按一次计征个人所得税。

在两处或两处以上出版、发表或再版同一作品而取得稿酬所得，则可将各处取得的所得或再版所得按分次所得计征个人所得税。

个人的同一作品在报刊上连载，应合并其因连载而取得的所有稿酬所得为一次，按税法规定计征个人所得税。在其连载之后又出书取得稿酬所得，或先出书后连载取得稿酬所得，应视同再版稿酬分次计征个人所得税。

【例 7 - 5】下列稿酬所得中，应合并为一次所得计征个人所得税的有（　　）。

A. 同一作品在报刊上连载，分次取得的稿酬

B. 同一作品再版取得的稿酬

C. 同一作品出版社分三次支付的稿酬

D. 同一作品出版后加印而追加的稿酬

【答案】ACD

3. 特许权使用费所得。特许权使用费所得，以一项特许权的一次许可使用

所取得的收入为一次。纳税人拥有多项特许权或将一项特许权多次转让、分别取得收入的，应分别作为一次征税；如果该次转让取得的收入是分笔支付的，则应将各笔收入相加作为一次收入，计征个人所得税。对个人从事技术转让所支付的中介费，若能提供有效合法凭证，允许从其所得中扣除。而且是先按规定标准扣除费用后，再扣除中介费。

4. 财产租赁所得，以一个月内取得的收入为一次。

5. 利息、股息、红利所得，以支付利息、股息、红利时取得的收入为一次。

6. 偶然所得，以每次取得该项收入为一次。

（二）费用减除标准

1. 居民个人的综合所得。居民个人的综合所得，以每一纳税年度的收入额减除费用60 000元以及专项扣除、专项附加扣除和依法确定的其他扣除后的余额，作为应纳税所得额。

（1）专项扣除。专项扣除包括居民个人按照国家规定的范围和标准缴纳的基本养老保险、基本医疗保险、失业保险等社会保险费和住房公积金等。

（2）专项附加扣除。专项附加扣除包括子女教育、继续教育、大病医疗、住房贷款利息或住房租金、赡养老人等六项支出。2018年12月13日国务院发布的《个人所得税专项附加扣除暂行办法》详细规定了专项附加扣除的具体范围、标准和实施步骤。

①子女教育。纳税人的子女接受学前教育和全日制学历教育的相关支出，按照每个子女每月1 000元的标准定额扣除。

学历教育包括义务教育（小学、初中教育）、高中阶段教育（普通高中、中等职业、技工教育）、高等教育（大学专科、大学本科、硕士研究生、博士研究生教育）。学前教育是指年满3岁至小学入学前的幼儿教育。

父母可以选择由其中一方按扣除标准的100%扣除，也可以选择由双方分别按扣除标准的50%扣除，具体扣除方式在一个纳税年度内不能变更。

纳税人子女在中国境外接受教育的，纳税人应当留存境外学校录取通知书、留学签证等相关教育的证明资料备查。

②继续教育。纳税人在中国境内接受学历（学位）继续教育的支出，在学历（学位）教育期间按照每月400元定额扣除。同一学历（学位）继续教育的扣除期限不能超过48个月。纳税人接受技能人员职业资格继续教育、专业技术人员职业资格继续教育的支出，在取得相关证书的当年，按照3 600元定额扣除。

个人接受本科及以下学历（学位）继续教育，符合规定扣除条件的，可以选择由其父母扣除，也可以选择由本人扣除。

纳税人接受技能人员职业资格继续教育、专业技术人员职业资格继续教育的，应当留存相关证书等资料备查。

③大病医疗。在一个纳税年度内，纳税人及其配偶、未成年子女发生的与基

本医保相关的医药费用支出，扣除医保报销后个人负担（指医保目录范围内的自付部分）累计超过 15 000 元的部分，由纳税人在办理年度汇算清缴时，在 80 000 元限额内据实扣除。

纳税人发生的医药费用支出可以选择由本人或者其配偶扣除；未成年子女发生的医药费用支出可以选择由其父母一方扣除。

纳税人应当留存医药服务收费及医保报销相关票据原件（或者复印件）等资料备查。医疗保障部门应当向患者提供在医疗保障信息系统记录的本人年度医药费用信息查询服务。

④住房贷款利息。纳税人本人或者配偶单独或共同使用商业银行或者住房公积金个人住房贷款为本人或者其配偶购买中国境内住房，发生的首套住房贷款利息支出，在实际发生贷款利息的年度，按照每月 1 000 元的标准定额扣除，扣除期限最长不超过 240 个月。纳税人只能享受一次首套住房贷款的利息扣除。这里所称首套住房贷款是指购买住房享受首套住房贷款利率的住房贷款。

经夫妻双方约定，可以选择由其中一方扣除，具体扣除方式在一个纳税年度内不能变更。

夫妻双方婚前分别购买住房发生的首套住房贷款，其贷款利息支出，婚后可以选择其中一套购买的住房，由购买方按扣除标准的 100% 扣除，也可以由夫妻双方对各自购买的住房分别按扣除标准的 50% 扣除，具体扣除方式在一个纳税年度内不能变更。

纳税人应当留存住房贷款合同、贷款还款支出凭证备查。

⑤住房租金。纳税人在主要工作城市没有自有住房而发生的住房租金支出，可以按照以下标准定额扣除：直辖市、省会（首府）城市、计划单列市以及国务院确定的其他城市，扣除标准为每月 1 500 元；除前项所列城市以外，市辖区户籍人口超过 100 万人的城市，扣除标准为每月 1 100 元；市辖区户籍人口不超过 100 万人的城市，扣除标准为每月 800 元。

纳税人的配偶在纳税人的主要工作城市有自有住房的，视同纳税人在主要工作城市有自有住房。市辖区户籍人口以国家统计局公布的数据为准。这里所称"主要工作城市"是指纳税人任职受雇的直辖市、计划单列市、副省级城市、地级市（地区、州、盟）全部行政区域范围；纳税人无任职受雇单位的，为受理其综合所得汇算清缴的税务机关所在城市。

夫妻双方主要工作城市相同的，只能由一方扣除住房租金支出。纳税人及其配偶在一个纳税年度内不能同时分别享受住房贷款利息和住房租金专项附加扣除。

住房租金支出由签订租赁住房合同的承租人扣除。纳税人应当留存住房租赁合同、协议等有关资料备查。

⑥赡养老人。纳税人赡养一位及以上被赡养人的赡养支出，统一按照以下标准定额扣除：纳税人为独生子女的，按照每月 2 000 元的标准定额扣除；纳税人为非独生子女的，由其与兄弟姐妹分摊每月 2 000 元的扣除额度，每人分摊的额

度不能超过每月1 000元。可以由赡养人均摊或者约定分摊，也可以由被赡养人指定分摊。约定或者指定分摊的须签订书面分摊协议，指定分摊优先于约定分摊。具体分摊方式和额度在一个纳税年度内不能变更。

这里所称"被赡养人"是指年满60岁的父母，以及子女均已去世的年满60岁的祖父母、外祖父母。

【例7-6】张某是独生子女，女儿上小学，父母年满60岁，北京无购置住房，租房居住，自己正在攻读在职研究生学历，工资每月2万元，在不考虑"三险一金"的情况下，张某每月应缴纳个人所得税的应税所得额为多少？

【解析】张某为独生子女，父母已过60岁，每月可以扣除赡养支出2 000元；租房居住在北京，每月可以扣除租金支出1 500元；正在攻读在职研究生，每月可以扣除400元；女儿上小学，每月可以扣除子女教育1 000元，故其每月应纳税所得额=20 000-5 000-2 000-1 500-400-1 000=10 100（元）。

设立专项附加扣除，是这次个税改革的突出亮点，是新修订的《个人所得税法》的配套措施，使居民个人应纳税收入在减除基本费用标准的基础上，再享有教育、医疗、养老等多方面附加扣除，确保扣除后的应纳税收入起点明显高于5 000元，进一步减轻群众税收负担，增加居民实际收入、增强消费能力。

由于专项附加扣除制度涉及绝大多数居民个人，国家税务总局为了更高效便利地指导公民个人享受专项附加扣除政策，特颁布《专项附加扣除操作指引》，并研制开发了"个人所得税"手机App等平台，目前该平台专项附加扣除信息填报功能已正式投入使用，纳税人可通过手机App申报个人所得税专项附加扣除，大大简化了手续，提高了办税效率。同时，针对大家比较关心的专项附加扣除相关问题，国家税务总局还发布了《专项附加扣除200问》。

2. 非居民个人工资薪金所得、劳务报酬所得、稿酬所得、特许权使用费所得。非居民个人不采用综合所得项目计税，而是按月或者按次分项计算个人所得税。

（1）工资、薪金所得。工资、薪金所得，以每月收入额减除费用5 000元后的余额为应纳税所得额。

（2）劳务报酬所得、稿酬所得、特许权使用费所得应纳税所得额的确定。劳务报酬所得、稿酬所得、特许权使用费所得，以每次收入额为应纳税所得额。劳务报酬所得、稿酬所得、特许权使用费所得以收入减除20%的费用后的余额为收入额，即：

$$收入额=每次收入总额×(1-20\%)$$

稿酬所得的收入额减按70%计算，即：

$$应纳税所得额=每次收入总额×(1-20\%)×(1-30\%)。$$

3. 经营所得。经营所得，以每一纳税年度的收入总额减除成本、费用以及损失后的余额，为应纳税所得额。

成本、费用是指纳税义务人从事生产经营所发生的各项直接支出，分配计入成本的间接费用，以及销售费用、管理费用、财务费用。损失是指纳税义务人在生产经营过程中发生的各项营业外支出。

从事生产经营的纳税义务人未提供完整准确的纳税资料，不能正确计算应纳税所得额的，由主管税务机关核定其应纳税所得额。

个人独资企业的投资者以全部生产经营所得为应纳税所得额。合伙企业的投资者按照合伙企业的全部生产经营所得和合伙协议约定的分配比例确定应纳税所得额；合伙协议没有约定分配比例的，以全部生产经营所得和合伙人数量平均计算每个投资者的应纳税所得额。

上述所称生产经营所得，包括企业分配给投资者个人的所得和企业当年留存的所得（利润）。

承包、承租经营所得，以每一纳税年度的收入总额减除必要费用后的余额为应纳税所得额，每一纳税年度的收入总额是指纳税义务人按照承包经营、承租经营合同规定分得的经营利润和工资薪金性质的所得。

对个体工商户业主、个人独资企业和合伙企业自然人投资者以及个人对企事业单位承包、承租的生产经营所得，依法计征个人所得税时，个体工商户业主，个人独资企业和合伙企业的自然人投资者，承包、承租人，本人的费用扣除标准统一确定为 60 000 元/年（每月 5 000 元）。

4. 财产租赁所得。财产租赁所得以一个月取得的收入减除准予扣除项目、修缮费用后的余额再减除费用扣除为其应纳税所得额。其费用扣除标准为：每次收入不超过 4 000 元的，减除费用 800 元；4 000 元以上的，减除 20% 的费用。其计算公式如下。

（1）每次收入不超过 4 000 元的：

$$应纳税额 = [每次（月）收入总额 - 准予扣除项目 - 修缮费用 - 800] \times 适用税率$$

（2）每次收入超过 4 000 元的：

$$应纳税额 = [每次（月）收入总额 - 准予扣除项目 - 修缮费用]$$
$$\times (1 - 20\%) \times 适用税率$$

这里的"准予扣除项目"是指财产租赁过程中缴纳的税费，包括城市维护建设税、教育费附加；如果出租房屋的，还包括房产税。这些税费必须提供完税凭证，才能从其财产租赁收入中扣除。

这里的"修缮费用"是指由纳税人负担的出租财产实际开支的修缮费用（该费用必须提供有效、准确的凭证），其扣除额以每次 800 元为限，一次扣不完的，准予在下一次继续扣除，直至扣完为止。

5. 财产转让所得。财产转让所得，以转让财产的收入额减除财产原值和合理费用后的余额，为应纳税所得额。其计算公式为：

$$应纳税所得额 = 每次收入额 - 财产原值 - 合理费用$$

这里的"财产原值"，有价证券为买入价以及买入时按照规定交纳的有关费用；建筑物为建造费或者购进价格以及其他有关费用；土地使用权为取得土地使用权所支付的金额、开发土地的费用以及其他有关费用；机器设备与车船为购进价格、运输费、安装费以及其他有关费用；其他财产，参照以上方法确定。纳税义务人未提供完整、准确的财产原值凭证，不能正确计算财产原值的，由主管税务机关核定其财产原值。

这里的"合理费用"，是指卖出财产时按照规定支付的有关费用。

6. 利息、股息、红利所得，偶然所得。利息、股息、红利所得，偶然所得，以每次收入额为应纳税所得额，没有扣除项目。

（三）应纳税所得额的其他规定

1. 个人将其所得通过中国境内的社会团体、国家机关向教育和其他社会公益事业以及遭受严重自然灾害地区、贫困地区捐赠，捐赠额未超过纳税义务人申报的应纳税所得额30%的部分，可以从其应纳税所得额中扣除。

2. 个人的所得（不含偶然所得和经国务院财政部门确定征税的其他所得）用于资助非关联的科研机构和高等学校研究开发新产品、新技术、新工艺所发生的研究开发费用，经主管税务机关核定，可以全额在下月或下次或当年计征个人所得税时，从应纳税所得额中扣除，不足抵扣的不得结转抵扣。

3. 个人取得的应纳税所得，包括现金、实物和有价证券。所得为实物的，应当按照取得的凭证上所注明的价格计算应纳税所得额；无凭证的实物或者凭证上所注明的价格明显偏低的，由主管税务机关参照当地的市场价格核定应纳税所得额；所得为有价证券的，由主管税务机关根据票面价格和市场价格确定应纳税所得额。

第五节　应纳税额的计算

一、综合所得应纳税额的计算

居民个人的综合所得，以每一纳税年度的收入额减除费用60 000元以及专项扣除、专项附加扣除和依法确定的其他扣除后的余额，作为其应纳税所得额，其年应纳税额的计算公式为：

$$年应纳税额 = 应纳税所得额 \times 适用税率 - 速算扣除数$$
$$= (年综合收入 - 60\,000 - 专项扣除 - 专项附加扣除)$$
$$\times 适用税率 - 速算扣除数$$

这里需要说明的是，由于居民个人综合所得在计算应纳个人所得税额时，适用的是超额累进税率，所以计算比较烦琐。运用速算扣除数进行计算，可以简化计算过程。速算扣除数是指在采用超额累进税率征税的情况下，根据超额累进税率表中划分的应纳税所得额级距和税率，先用全额累进方法计算出税额，再减去用超额累进方法计算的应征税额以后的差额。当超额累进税率表中的级距和税率确定以后，各级速算扣除数也固定不变，成为计算应纳税额时的常数。（具体见表 7－2）

【例 7－7】居民个人刘梅在北京某公司就职，独生子女，有两个正在上小学的孩子，父母健在，均已年过 60 岁。2021 年，刘梅每月领取基本工资 8 000 元、岗位津贴 2 000 元、奖金 3 000 元，包括每月扣除的"五险一金"3 200 元。另外，刘梅利用自己的业余时间写网络小说，现已出版，出版社向其支付稿酬 20 000 元。刘梅全年应组织方邀请到国内讲学，共取得讲课费 50 000 元。刘梅在北京购买有首套住房，每月还房贷 5 000 元，刘梅与丈夫约定由刘梅来扣除。试问 2019 年刘梅应纳个人所得税为多少？

【解析】刘梅每月的基本工资、岗位津贴、奖金都属于工资薪金所得，与稿酬所得、劳务报酬所得一并列入全年收入；"五险一金"属于专项扣除，允许刘梅扣除的专项附加扣除项目有子女教育、赡养费用、房贷利息三项，全年费用扣除 60 000 元，故刘梅 2021 年度应纳税所得额的计算如下。

全年总收入 $= (8\,000 + 2\,000 + 3\,000) \times 12 + 20\,000 \times (1 - 20\%) \times (1 - 30\%) + 50\,000 \times (1 - 20\%) = 207\,200$（元）

各项扣除 $= 60\,000 + 3\,200 \times 12 + (2\,000 + 2\,000 + 1\,000) \times 12 = 158\,400$（元）

应纳税所得额 $= 207\,200 - 158\,400 = 48\,800$（元）

适用 10% 的税率，速算扣除数为 2 520，则有：

应纳税额 $= 48\,800 \times 10\% - 2\,520 = 2\,360$（元）

从 2019 年 1 月 1 日起综合所得采用每月预扣预缴、次年统算多退少补的计算方法，不再采用代扣代缴方法，故上述公式仅能作为纳税年度终了后统一汇算清缴时采用。在此，我们需掌握预扣预缴的计算方法，即工资薪金所得仍然采用每月算一次缴一次，劳务报酬、稿酬、特许权使用费仍采用每次算一次缴一次。

（一）工资薪金所得的预扣预缴

按照新《个人所得税法》的规定，工资薪金仍然采用每月算一次缴一次，但不同于以往的是，计算方法由根据单月数据计算修改为按累计数据计算。按照每月预扣预缴的方法计算应纳税额的具体公式为：

本月应扣缴税额 =（本月累计应扣预缴纳税所得额 × 预扣税率 - 速算扣除数）
　　　　　　　- 累计减免税额 - 累计预扣预缴税额

本月累计应扣预缴纳税所得额 = 累计收入 - 累计免税收入 - 累计减除费用
　　　　　　　　　- 累计专项扣除 - 累计专项附加扣除
　　　　　　　　　- 累计依法确定的其他扣除

其中：

累计减除费用 $= 5\,000 \times$ 月份数

居民个人工资薪金所得适用个人所得税预扣税率如表7-4所示。

表7-4　　　　　　　　　　综合所得预扣税率

（居民个人工资薪金所得预扣预缴适用）

级数	累计预扣预缴应纳税所得额	预扣率（%）	速算扣除数
1	不超过36 000元的部分	3	0
2	超过36 000元至144 000元的部分	10	2 520
3	超过144 000元至300 000元的部分	20	16 920
4	超过300 000元至420 000元的部分	25	31 920
5	超过420 000元至660 000元的部分	30	52 920
6	超过660 000元至960 000元的部分	35	85 920
7	超过960 000元的部分	45	181 920

举例如下：

张三2021年1月工资30 000元，所有扣除项合计3 000元，则：

1月预扣预缴税额 $= (30\,000 - 5\,000 - 3\,000) \times 3\% - 0$

$\qquad\qquad\qquad\quad = 22\,000 \times 3\% = 660$（元）

注：扣减过费用和扣除项的收入合计是22 000元，从上面预扣税率表中可以看出适用税率为3%。

张三2021年2月工资32 000元，所有扣除项合计4 000元，则：

2月累计预扣预缴税额 $= (32\,000 - 5\,000 - 4\,000 + 22\,000) \times 10\% - 2\,520$

$\qquad\qquad\qquad\qquad\quad = 45\,000 \times 10\% - 2\,520 = 1\,980$（元）

2月应预扣预缴税额 = 本月累计 - 上月累计 $= 1\,980 - 660 = 1\,320$（元）

张三2021年3月工资35 000，所有扣除项合计6 000元，则：

3月累计预扣预缴税额 $= (35\,000 - 5\,000 - 6\,000 + 45\,000) \times 10\% - 2\,520$

$\qquad\qquad\qquad\qquad\quad = 69\,000 \times 10\% - 2\,520 = 4\,380$（元）

则3月累计预扣预缴税合计 = 本月累计 - 上月累计 $= 4\,380 - 1\,980 = 2\,400$（元）

依次类推……

以上针对的是综合所得里的"工资、薪金所得"，采用累计预扣法计算预扣预缴税款能最大限度地避免税款预缴大于汇算清缴税款而造成退税的问题。

（二）劳务报酬所得、稿酬所得、特许权使用费所得的预扣预缴

扣缴义务人向居民个人支付劳务报酬所得、稿酬所得和特许权使用费所得的，按以下方法按次或者按月预扣预缴个人所得税。

劳务报酬所得、稿酬所得、特许权使用费所得以每次收入减除费用后的余额为收入额。其中，稿酬所得的收入额减按70%计算。

预扣预缴税款时，劳务报酬所得、稿酬所得、特许权使用费所得每次收入不超过4 000元的，减除费用按800元计算；每次收入4 000元以上的，减除费用

按收入的20%计算。

　　劳务报酬所得、稿酬所得、特许权使用费所得，以每次收入额为预扣预缴应纳税所得额，计算应预扣预缴税额。劳务报酬所得适用个人所得税预扣税率见表7-5，稿酬所得、特许权使用费所得适用20%的预扣率比例。

表7-5　　　　　　　　　　综合所得预扣税率

（居民个人劳务报酬所得预扣预缴适用）

级数	预扣预缴应纳税所得额	预扣率（%）	速算扣除数
1	不超过20 000元的部分	20	0
2	超过20 000元至50 000元的部分	30	2 000
3	超过50 000元的部分	40	7 000

　　值得一提的是，劳务报酬所得的预扣预缴方法沿用了以往劳务报酬的代扣代缴计算方法，只是在汇算清缴时才按照综合所得计算个人所得税，故有可能出现退税问题。

二、经营所得应纳税额的计算

（一）对账证健全的个体工商户、个人独资企业、合伙企业实行按账计算征税

　　对于账证健全的个体工商户、个人独资企业、合伙企业，实行按年计算，分月或分季预缴，年终汇算清缴，多退少补的方法。其个人所得税的计算公式为：

$$应纳税额 = 应纳税所得额 \times 适用税率 - 速算扣除数$$
或　$$应纳税额 = （全年收入总额 - 成本、费用以及损失）\times 适用税率 - 速算扣除数$$

　　经营所得应纳税所得额的计算，以权责发生制为原则，属于当期的收入和费用，不论款项是否收付，均作为当期的收入和费用；不属于当期的收入和费用，即使款项已经在当期收付，也不作为当期收入和费用。财政部、国家税务总局另有规定的除外，基本规定如下。

　　1. 收入总额。收入总额是指纳税人从事生产经营及其有关活动所取得的各项收入，应当按权责发生制原则确定。包括产品销售收入、营业收入、劳务服务收入、工程价款收入、财产租赁收入、财产转让收入、利息收入、其他收入以及营业外收入。

　　2. 准予在所得税前列支的项目及列支标准。准予在所得税前列支的项目是指纳税人发生的与取得生产经营收入有关的各项支出，即成本、费用及损失。其中，成本、费用是指个体户、个人独资企业、合伙企业从事生产经营所发生的各项直接支出、分配计入成本的间接费用、销售费用、管理费用以及财务费用；损失是指个体户、个人独资企业、合伙企业在生产经营过程中发生的各项营业外支

出。税法规定的税前列支标准如下。

（1）个体户、个人独资企业、合伙企业向其从业人员实际支付的合理的工资、薪金支出，允许在税前据实扣除。个体户业主、个人独资企业、合伙企业个人投资人的费用扣除标准为每年60 000元，其工资薪金支出不得税前扣除。

（2）个体户、个人独资企业、合伙企业拨缴的工会经费、发生的职工福利费、职工教育经费支出，分别在工资薪金总额2%、14%、2.5%的标准内据实扣除。

（3）个体户、个人独资企业、合伙企业在生产经营过程中的借款利息支出，未超过按中国人民银行规定的同类、同期贷款利率计算的数额部分，准予扣除。

（4）与生产经营有关的财产保险、运输保险，以及从业人员的养老、医疗和其他保险费用支出，按国家有关规定的标准计算扣除。

（5）购置税控收款机的支出，应在2~5年内分期扣除。具体期限由各省、自治区、直辖市地方税务局确定。

（6）个体户、个人独资企业、合伙企业按规定缴纳的消费税、城市维护建设税、资源税、土地使用税、土地增值税、房产税、车船使用税、印花税、耕地占用税以及教育费附加准予扣除。

（7）按规定缴纳的工商管理费、个体劳动者协会会费、摊位费按实际发生额扣除。缴纳的其他费用，扣除项目和标准由省级地方税务机关根据当地实际情况确定。

（8）个体户、个人独资企业、合伙企业在生产经营过程中租入固定资产而支付的费用，以融资租赁方式租入固定资产而发生的租赁费，应计入固定资产价值，不得直接扣除。以经营租赁方式租入固定资产的租赁费，可以据实扣除。

（9）个体户、个人独资企业、合伙企业研究开发新产品、新技术、新工艺所发生的开发费用，以及研究开发新产品、新技术而购置单台价值在10万元以下的测试仪器和试验性装置的购置费准予扣除；单台价值在10万元以上的测试仪器和试验性装置，以及购置费达到固定资产标准的其他设备，按固定资产管理，不得在当期扣除。

（10）个体户、个人独资企业、合伙企业每一纳税年度发生的广告费和业务宣传费不超过当年销售（营业）收入15%的部分，可据实扣除；超过部分，准予在以后纳税年度结转。

（11）个体户、个人独资企业、合伙企业每一纳税年度发生的与其生产经营业务直接相关的业务招待费支出，按照发生额的60%扣除，但最高不得超过当年销售（营业）收入的5‰。

（12）在生产经营过程中发生的固定资产和流动资产盘亏与损毁净损失，经主管税务机关审核后可在当期扣除。

（13）在生产经营过程中发生的以外币结算的往来款项的增减变动，由于汇率变动而发生折合人民币的差额作为汇兑损益，计入当期所得或在当期扣除。

（14）与生产经营有关的无法收回的账款，提供有效证明，报经主管税务机关审核后，按实际发生数扣除。上述已扣除的账款在以后年度收回时，应直接作为收入处理。

（15）通过中国境内的社会团体、国家机关向教育和其他社会公益事业，以及遭受严重自然灾害地区、贫困地区的捐赠，捐赠额不超过其应纳税所得额30％的部分，可据实扣除。纳税人直接给受益人的捐赠不得扣除。

（16）个体户、个人独资企业、合伙企业的年度经营亏损，经申报主管税务机关审核后，允许用下一年度的经营所得弥补，下一年度所得不足弥补的，允许逐年延续弥补，但最长不得超过5年。

3. 不得在所得税前列支的项目。纳税人的下列支出不得扣除：

（1）资本性支出，包括为购置和建造固定资产、无形资产以及其他资产的支出，对外投资的支出；

（2）被没收的财物、支付的罚款；

（3）缴纳的个人所得税、固定资产投资方向调节税，以及各种税收的滞纳金、罚金和罚款；

问题提示：对经营所得应纳税额的确定，可与企业所得应纳税额的确定对比记忆。

（4）各种赞助支出；

（5）自然灾害或者意外事故损失有赔偿的部分；

（6）分配给投资者的股利；

（7）用于个人和家庭的支出；

（8）与生产经营无关的其他支出；

（9）国家税务总局规定不准扣除的其他支出。

【例7-8】某市阳光快餐店系个体经营户，账证比较健全，2021年12月营业额为120 000元，购进菜、肉、蛋、面粉、大米等原料共计60 000元，缴纳电费、水费、房租、煤气费等15 000元，缴纳其他税费合计为6 600元。当月支付给3名雇员工资共4 800元，业主个人费用扣除7 000元。1～11月累计应纳税所得额为55 600元，1～11月累计已预缴个人所得税4 397元。计算该个体业户12月份应缴纳的个人所得税。

【解析】（1）阳光快餐店属于账证健全的个体工商户，实行按年计算，分月或分季预缴，年终汇算清缴，多退少补的方法计缴个人所得税。其12月份应纳税所得额为收入总额减除成本、费用以及损失后的余额，业主费用扣除标准为5 000元。

12月份应纳税所得额＝120 000-60 000-15 000-6 600-4 800-5 000

＝28 600（元）

（2）全年累计应纳税所得额 = 55 600 + 28 600 = 84 200（元）

（3）12月份应缴纳个人所得税 = 84 200 × 10% – 1 500 – 4 397 = 2 523（元）

对于账证不健全的，甚至没有建账的个体户，可采取定额纳税和定率纳税的办法。定额纳税是指税务机关对经营规模小、经营情况比较稳定的个体户，可根据个体户的实际经营情况，核定应纳税额，按月纳税，年终不清算。一般不用建账的个体户适用定额纳税。税务机关根据其经营项目、坐落地点、营业面积、营业额及同行业的比较，定出每月个体户应交税金。定率纳税是指税务机关经过调查，定期制定行业所得税负担率，在缴纳增值税的同时，一并按销售收入计算缴纳所得税，年终不清算。

（二）对企事业单位承包、承租所得应纳所得税额的计算

对企事业单位的承包经营、承租经营所得，以每一纳税年度的收入总额，减除必要费用后的余额，为应纳税所得额。其计算公式为：

$$应纳税所得额 = 每一纳税年度的收入总额 – 必要费用$$

其中，"收入总额"，是指纳税义务人按照承包经营、承租经营合同规定分得的经营利润和工资、薪金性质的所得，不包括需要上缴的承包费；所说的减除必要费用，是指按月减除5 000元。

1. 按年取得承包、承租经营所得的税额计算。承包、承租经营所得应纳的个人所得税额，按照纳税人取得的应纳税所得额性质的不同，分别适用五级超额累进税率和七级超额累进税率。

如果承包、承租人对企事业单位经营成果拥有所有权，那么在计算个人所得税应纳税额时按"对企事业单位的承包、承租经营所得"项目缴税，适用五级超额累进税率。其计算公式为：

$$应纳税额 = （每一纳税年度的收入总额 – 5 000 × 12）× 适用税率 – 速算扣除数$$

如果承包、承租人对企业经营成果不拥有所有权，那么在计算个人所得税应纳税额时按"综合所得"项目缴税，适用七级超额累进税率。

【例7 – 9】2021年1月1日王某与某商店签订承包合同，约定承包期限一年，每年上交承包金20 000元，其余经营所得归王某所有。2021年王某实现承包所得88 000元（未扣除王某工资）。王某2021年应纳个人所得税额如下：

应纳税所得额 = 88 000 – 20 000 – 60 000 = 8 000（元）

应纳个人所得税 = 8 000 × 5% – 0 = 400（元）

假设合同约定，王某对该商店的经营成果不拥有所有权，仅可以每月取得固定工资8 500元，则王某2021年应纳个人所得税税额按"综合所得"项目缴税，适用七级超额累进税率。

2. 一个纳税年度内分次取得承包、承租经营所得的税额计算。如果纳税人在一年内分次获得承包、承租经营所得的，应在每次分得所得后，先预缴税款。

为计算简便，其适用税率不再换算，而是以每次收入额适用全年税率计算预征个人所得税，年终汇算时多退少补。

按次预征的计算公式为：

应纳税额＝［（一次取得数月承包、承租经营所得＋在此期间各月取得的
工资、薪金所得）－5 000×所属月份］×适用税率－速算扣除数
－所属月份已纳工资、薪金所得个人所得税

年度终了后汇算清缴计算公式为：

应纳税额＝［（全年取得承包、承租经营所得＋全年工资、薪金所得）－5 000
×12 个月］×适用税率－速算扣除数－各次预缴个人所得税总额

个人承包、承租企事业单位，每月取得的工资、薪金所得，凡达到纳税标准的，应按月预缴个人所得税。在计算承包、承租经营所得应纳税款时，按月预缴的工资、薪金所得税款准予扣除。

3. 一个纳税年度内承包、承租不足 12 个月的税额计算。在一个纳税年度中，承包经营或者承租经营期限不足 1 年的，以其实际经营期为纳税年度。其计算公式为：

应纳税所得额＝该年度承包、承租经营收入额－（5 000
×该年度实际承包、承租经营月份数）
应纳税额＝应纳税所得额×适用税率－速算扣除数

【例 7－10】2021 年 1 月，王某和其所在事业单位签订了承包印刷厂的合同，合同约定承包期为 2021 年 2 月 1 日至 12 月 31 日，承包费为 40 000 元。2021 年度承包的印刷厂实现利润 120 000 元，计算王某该年度应缴纳的个人所得税。

【解析】王某承包经营所得按"经营所得"项目缴税，由于其在 2021 年度承包经营的期限不足 1 年，应以其实际经营期，即 11 个月为一个纳税年度。

应纳税所得额＝（120 000－40 000）－（5 000×11）＝5 000（元）
应纳税额＝5 000×5%＝250（元）

三、利息、股息、红利所得应纳税额的计算

利息、股息、红利所得，除减免税规定以外，其应纳税所得额为纳税人每次取得的收入额，不得从收入中扣除任何费用。其应纳所得税额的计算公式为：

应纳所得税额＝应纳税所得额×20%

相关链接：国债利息收入、金融债券利息收入、教育储蓄存款利息所得，免征个人所得税。按照国家或省级地方政府规定的比例缴付的住房公积金、医疗保险金、基本养老保险金、失业保险金存入银行个人账户所取得的利息所得，免予征收个人所得税。

四、财产租赁所得应纳税额的计算

财产租赁所得应按应纳税所得额和规定的税率计算其应纳税额，其计算公式如下。

1. 每次收入不超过4 000元的：

应纳税额＝［每次（月）收入总额－准予扣除项目－修缮费用－800］×适用税率

2. 每次收入超过4 000元的：

应纳税额＝［每次（月）收入总额－准予扣除项目－修缮费用］×（1－20%）×适用税率

【例7－11】 张某于2021年1月将其自有房屋出租，租期1年。张某每月取得租金收入2 000元，全年租金收入24 000元。要求计算张某全年租金收入应缴纳的个人所得税税额。（计算时暂不考虑其他税费）

【解析】 对个人按市场价格出租的居民住房取得的所得减按10%的税率征收个人所得税。

每月应纳税所得额＝2 000－800＝1 200（元）

每月应纳税额＝1 200×10%＝120（元）

全年应纳税额＝120×12＝1 440（元）

假定上例中，当年10月份因下水道堵塞找人修理，发生修理费用600元，有维修部门的正式收据，则10月份的应纳税额为：

10月份应纳税所得额＝2 000－600－800＝600（元）

10月份应纳税额＝600×10%＝60（元）

全年应纳税额＝120×11＋60＝1 380（元）

五、财产转让所得应纳税额的计算

（一）一般情况下应纳所得税额的计算

财产转让所得，以转让财产的收入额减除财产原值和合理费用后的余额，为应纳税所得额。其计算公式为：

应纳税所得额＝每次收入额－财产原值－合理费用

这里的"财产原值"，有价证券为买入价以及买入时按照规定交纳的有关费用；建筑物为建造费或者购进价格以及其他有关费用；土地使用权为取得土地使用权所支付的金额、开发土地的费用以及其他有关费用；机器设备与车船为购进价格、运输费、安装费以及其他有关费用；其他财产参照以上方法确定。纳税义务人未提供完整、准确的财产原值凭证；不能正确计算财产原值的，由主管税务机关核定其财产原值。

这里的"合理费用",是指卖出财产时按照规定支付的有关费用。

财产转让所得应按应纳税所得额和规定的税率计算其应纳税额,其计算公式为:

$$应纳税额 = (每次收入额 - 财产原值 - 合理费用) \times 20\%$$

【例 7 - 12】王某 2021 年 8 月 6 日购入 A 股股票 1 000 股,每股买入价 10 元,支付购进买入股票的税费共计 150 元。8 月 21 日将买入的股票一次卖出 600 股,每股卖出价 12 元,支付卖出股票的税费共计 110 元。计算王某售出 600 股 A 股股票应缴纳的个人所得税。

【解析】股票转让所得以转让股票的收入额减除财产原值和合理费用后的余额,为应纳税所得额,这里"财产原值"为股票买入价以及买入时按照规定交纳的有关费用;"合理费用"是指卖出股票时按照规定支付的有关费用。

王某卖出股票时财产原值和合理费用之和 = (10 000 + 150) ÷ 1 000 × 600 + 110 = 6 200 (元)

王某应缴纳的个人所得税 = (600 × 12 - 6 200) × 20% = 200 (元)

(二) 转让债权应纳所得税额的计算

个人通过招标、竞拍或其他方式购置债权以后,通过相关司法或行政程序主张债权而取得的所得,应按照"财产转让所得"项目缴纳个人所得税。

个人通过招标、竞拍或其他方式取得"打包"债权,只处置部分债权的,其应纳税所得额按以下方式确定。

1. 以每次处置部分债权的所得,作为一次财产转让所得缴纳所得税。

2. 其应税收入按照个人取得的货币资产和非货币资产的评估价值或市场价值的合计数确定。

3. 所处置债权的成本费用 (即财产原值),按下列公式计算:

当次处置债权成本费用 = 个人购置"打包"债权实际支出 × 当次处置债权账面价值 (或拍卖机构公布价值) ÷ "打包"债权账面价值 (或拍卖机构公布价值)

4. 对于个人购买和处置债权过程中发生的拍卖招标手续费、诉讼费、审计评估费以及缴纳的税金等合理税费,在计算个人所得税时允许扣除。

【例 7 - 13】中国公民刘明通过竞拍取得打包债权 3 件,支付债权费用 100 万元,取得债权金额合计为 150 万元,其中甲欠 80 万元、乙欠 60 万元、丙欠 10 万元。2019 年 6 月处置打包债权,收回乙欠款项 45 万元,计算其应缴纳的个人所得税。

【解析】刘明处置打包债权属于"个人通过招标、竞拍或其他方式取得打包债权,只处置部分债权"情形。其应税收入为收回的 45 万元,故:

处置债权成本 = 100 × 60/150 = 40 (万元)

应纳税所得额 = 45 - 40 = 5 (万元)

应纳税额 = $5 \times 20\% = 1$（万元）

（三）个人转让住房的应纳所得税额的计算

对住房转让所得征收个人所得税时，以实际成交价格为转让收入。纳税人申报的住房成交价格明显低于市场价格且无正当理由的，征收机关依法有权根据有关信息核定其转让收入，但必须保证各税种计税价格一致。

对转让住房收入计算个人所得税应纳税所得额时，纳税人可凭原购房合同、发票等有效凭证，经税务机关审核后，允许从其转让收入中减除房屋原值、转让住房过程中缴纳的税金及有关合理费用。这里的"税金"包括转让住房时实际缴纳的城市维护建设税、教育费附加、印花税等税金，"有关合理费用"包括纳税人按照规定实际支付的住房装修费用、住房贷款利息、手续费、公证费等费用。

纳税人未提供完整、准确的房屋原值凭证，不能正确计算房屋原值和应纳税额的，税务机关可对其实行核定征收，即按纳税人住房转让收入的一定比例核定应纳个人所得税额。具体比例由省级地方税务局或者省级地方税务局授权的地市级地方税务局根据纳税人出售住房的所处区域、地理位置、建造时间、房屋类型、住房平均价格水平等因素，在住房转让收入1%~3%的幅度内确定。

【例7-14】刘某于2022年2月转让私有住房一套，取得转让收入220 000元。该套住房购进时的原价为180 000元（刘某提供的原购房合同、发票已经税务机关审核），转让时支付有关税费15 000元。计算刘某转让私房应缴纳的个人所得税。

【解析】应纳税所得额 = 220 000 - 180 000 - 15 000 = 25 000（元）

应纳税额 = 25 000 × 20% = 5 000（元）

（四）受赠房屋转让应纳税所得额的计算

2009年5月，财政部、国家税务总局下发的《关于个人无偿受赠房屋有关个人所得税问题的通知》规定了三种不征税情形，同时对应征个人所得税的房屋赠与的税务处理做了明确规定。

1. 无偿赠与房屋产权不征收个人所得税的情形：房屋产权所有人将房屋产权无偿赠与配偶、父母、子女、祖父母、外祖父母、孙子女、外孙子女、兄弟姐妹；房屋产权所有人将房屋产权无偿赠与对其承担直接抚养或者赡养义务的抚养人或者赡养人；房屋产权所有人死亡，依法取得房屋产权的法定继承人、遗嘱继承人或者受遗赠人。

2. 房屋产权所有人将房屋产权无偿赠与他人的，受赠人因无偿受赠房屋取得的受赠所得，按照"经国务院财政部门确定征税的其他所得"项目缴纳个人所得税，税率为20%。

3. 对受赠人无偿受赠房屋计征个人所得税时，其应纳税所得额为房地产赠与合同上标明的赠与房屋价值减除赠与过程中受赠人支付的相关税费后的余额。赠与合同标明的房屋价值明显低于市场价格或房地产赠与合同未标明赠与房屋价值的，税务机关可依据受赠房屋的市场评估价格或采取其他合理方式确定受赠人的应纳税所得额。

4. 受赠人转让受赠房屋的，以其转让受赠房屋的收入减除原捐赠人取得该房屋的实际购置成本以及赠与和转让过程中受赠人支付的相关税费后的余额，为受赠人的应纳税所得额，依法计征个人所得税。受赠人转让受赠房屋价格明显偏低且无正当理由的，税务机关可以依据该房屋的市场评估价格或其他合理方式确定的价格核定其转让收入。

【例7-15】 2021年11月，王某的舅舅张某全家将出国定居，其有一套住房无人居住，张某见王某经济一直比较拮据，遂将该住房赠与王某，并签订了赠与合同，在公证处进行了相关公证。然而，在办理相关手续时，王某被告知需缴纳一笔受赠房屋的个人所得税，王某百思不得其解，亲戚之间无偿赠送房屋难道还要缴纳个人所得税？请问，该笔个人所得税王某到底该不该缴纳，该个人所得税如何确定应纳税额？

【解析】 （1）王某受赠舅舅的房屋，应当依法缴纳无偿受赠房屋的个人所得税。因为根据税法规定，房屋产权所有人将房屋产权无偿赠与配偶、父母、子女、祖父母、外祖父母、孙子女、外孙子女、兄弟姐妹等近亲属或房屋产权所有人将房屋产权无偿赠与对其承担直接抚养或者赡养义务的抚养人或者赡养人时，才不征收个人所得税。王某与其舅舅虽为亲属关系，却不属于税法规定的不征收个人所得税的亲属范围。

（2）该项赠与的应纳税额为房地产赠与合同上标明的赠与房屋价值减除赠与过程中受赠人支付的相关税费后的余额。若合同未标明赠与房屋价值的，税务机关将依据受赠房屋的市场评估价格或者采取其他合理方式确定应纳税所得额。

（五）拍卖财产应纳所得税额的计算

2007年6月，国家税务总局下发了《关于加强和规范个人取得拍卖收入征收个人所得税有关问题的通知》，对个人通过拍卖市场拍卖字画、瓷器、玉器、珠宝等各种财产取得所得征收个人所得税有关政策规定进行了细化，并明确拍卖机构为个人拍卖收入的扣缴义务人，并对拍卖财产应纳所得税额的计算方法做了规定。

> **相关链接：** 将自己的文字作品手稿原件或复印件公开拍卖（竞价）取得的所得，属于提供著作权的使用所得，应按"特许权使用费所得"项目征收个人所得税。

个人拍卖除文字作品原稿及复印件外的其他财产，应以其转让收入额减除财产原值和合理费用后的余额为应纳税所得额，按照"财产转让所得"项目适用20%税率缴纳个人所得税。其计算公式为：

$$应纳税额 = （每次收入额 - 财产原值 - 合理费用）\times 20\%$$

这里，"每次收入额"为该项财产最终拍卖成交价格，"合理费用"为拍卖财产过程中纳税人实际缴纳的相关税金及附加以及拍卖财产时纳税人按照规定实际支付的拍卖费（佣金）、鉴定费、评估费、图录费、证书费等费用。

个人财产拍卖所得适用"财产转让所得"项目计算应纳税所得额时，纳税人凭合法有效凭证（税务机关监制的正式发票、相关境外交易单据或海关报关单据、完税证明等），才可从其转让收入额中减除相应的财产原值、拍卖财产过程中缴纳的税金及有关合理费用。

纳税人如不能提供合法、完整、准确的财产原值凭证，不能正确计算财产原值的，则按转让收入额的 3% 征收率计算缴纳个人所得税；拍卖品经文物部门认定是海外回流文物的，按转让收入额的 2% 征收率计算缴纳个人所得税。

（六）终止投资经营收回款项应纳税所得额的计算

为规范对个人投资者终止经营收回款项征收个人所得税，2011 年 8 月国家税务总局下发了《关于个人终止投资经营收回款项征收个人所得税问题的公告》，对个人投资者终止经营收回款项个人所得税处理作出明确规定。

个人因各种原因终止投资、联营、经营合作等行为，从被投资企业或合作项目、被投资企业的其他投资者以及合作项目的经营合作人取得股权转让收入、违约金、补偿金、赔偿金及以其他名目收回的款项等，均属于个人所得税应税收入，应按照"财产转让所得"项目适用的规定计算缴纳个人所得税。

应纳税所得额的计算公式如下：

$$应纳税所得额 = 个人取得的股权转让收入、违约金、补偿金、赔偿金及以其他$$
$$名目收回款项的合计数 - 原实际出资额（投入额）及相关税费$$

六、偶然所得应纳税额的计算

偶然所得，除减免税规定以外，其应纳税所得额为纳税人每次取得的收入额，不得从收入中扣除任何费用。应纳税额计算公式：

$$应纳税额 = 应纳税所得额 \times 适用税率$$
$$= 每次收入额 \times 20\%$$

【例 7 - 16】陈某购买体育彩票中奖 50 000 元。要求计算其应缴纳的个人所得税。

【解析】陈某的应纳税所得额为 50 000 元，不得做任何扣除。

应纳税额 = 50 000 × 20% = 10 000（元）

七、应纳税额计算中的特殊问题

（一）个人取得全年一次性奖金应纳税额的计算

全年一次性奖金是指机关、企事业单位根据其全年经济效益并结合雇员的工作业绩情况，向雇员发放的一次性奖金和年终加薪，实行年薪制和绩效工资办法的单位根据考核情况兑现的年薪和绩效工资。个人取得的全年一次性奖金具有工资、薪金性质，应缴纳个人所得税，由扣缴义务人发放时代扣代缴。

在新个人所得税制度下，对于全年一次性奖金应纳税额的计算，2018年12月27日，财政部、国家税务总局联合发布的《关于个人所得税法修改后有关优惠政策衔接问题的通知》明确规定：居民个人取得全年一次性奖金，符合《国家税务总局关于调整个人取得全年一次性奖金等计算征收个人所得税方法问题的通知》规定的，在2021年12月31日前，不并入当年综合所得，以全年一次性奖金收入除以12个月得到的数额，按照本通知所附按月换算后的综合所得税率表（以下简称月度税率表，见表7-6），确定适用税率和速算扣除数，单独计算纳税。① 计算公式为：

$$应纳税额 = 全年一次性奖金收入 × 适用税率 - 速算扣除数$$

在一个纳税年度内，对每一个纳税人，该计税方法只允许采用一次。

居民个人取得全年一次性奖金，也可以选择并入当年综合所得计算纳税。自2022年1月1日起，居民个人取得全年一次性奖金，应并入当年综合所得计算缴纳个人所得税。国务院常务会议决定，全年一次性奖金不并入当月工资薪金所得，实施按月换算单独计税的政策，延续至2023年底。

表7-6　　　　　　　工资薪金所得个人所得税月度税率表

级数	全月应纳税所得额	税率（%）	速算扣除数
1	不超过3 000元	3	0
2	超过3 000元至12 000元的部分	10	210
3	超过12 000元至25 000元的部分	20	1 410
4	超过25 000元至35 000元的部分	25	2 660
5	超过35 000元至55 000元的部分	30	4 410
6	超过55 000元至80 000元的部分	35	7 160
7	超过80 000元的部分	45	15 160

其应纳税额的计算步骤如下。

1. 先确定全年一次性奖金适用的税率和速算扣除数。如果在取得全年一次性奖金的当月，雇员当月工资薪金所得高于或等于税法规定的费用扣除额，应将全年一次性奖金除以12个月，按其商数确定适用税率和速算扣除数。如果在取得全年一次性奖金的当月，雇员当月工资薪金所得低于税法规定的费用扣除额，应将全年一次性奖金减除"雇员当月工资薪金所得与费用扣除额的差额"后的余额，按上述办法确定全年一次性奖金的适用税率和速算扣除数。

---

① 按照最新规定，此政策延至2023年12月31日。

2. 将雇员个人当月内取得的全年一次性奖金，按上述适用税率和速算扣除数计算征税，计算公式如下。

（1）雇员当月工薪所得高于或等于费用扣除额的，适用公式为：

$$应纳税额 = 雇员当月取得全年一次性奖金 \times 适用税率 - 速算扣除数$$

（2）雇员当月工薪所得低于费用扣除额的，适用公式为：

$$应纳税额 = （雇员当月取得全年一次性奖金 - 雇员当月工资薪金与$$
$$费用扣除额的差额） \times 适用税率 - 速算扣除数$$

【例 7 – 17】公司职员小张 2021 年 12 月取得全年一次性奖金收入 50 000 元。根据以下两种情况分别计算其 50 000 元全年一次性奖金应缴纳的个人所得税。

情况一，当月工资 8 000 元；

情况二，当月工资 4 000 元。

【解析】情况一，当月工资 8 000 元大于扣除标准 5 000 元，则每月奖金 = 50 000/12 = 4 166.67（元），适用的税率为 10%，速算扣除数为 210。

一次性奖金应纳个人所得税 = 50 000 × 10% – 210 = 4 790（元）

情况二，当月工资 4 000 元小于扣除标准 5 000 元，则每月奖金 = ［50 000 – （5 000 – 4 000）］/12 = 4 083.33（元），适用的税率为 10%，速算扣除数为 210。

一次性奖金应纳个人所得税 = （50 000 – 1 000）× 10% – 210 = 4 690（元）

（二）关于个人领取企业年金、职业年金的应纳税额的计算

企业年金是指根据《企业年金试行办法》的规定，企业及其职工在依法参加基本养老保险的基础上，自愿建立的补充养老保险制度。职业年金是指根据《事业单位职业年金试行办法》的规定，事业单位及其工作人员在依法参加基本养老保险的基础上，建立的补充养老保险制度。

自 2014 年 1 月 1 日起，企业年金和职业年金个人所得税的计算征收按以下规定执行：

1. 企业年金和职业年金缴费的个人所得税处理。

（1）企业和事业单位根据国家有关政策规定的办法和标准，为在本单位任职或者受雇的全体职工缴付的企业年金和职业年金中由单位交费的部分，在计入个人账户时，个人暂不缴纳个人所得税。

（2）个人根据国家有关政策规定缴付的企业年金中由个人缴费的部分，在不超过本人缴费工资计税基数 4% 标准内的部分，暂从个人当期的应纳税所得额中扣除。

（3）超过上述两项规定的标准缴付的年金单位缴费和个人缴费部分，应并入个人当期的工资薪金所得，依法计缴个人所得税。税款由建立年金的单位代扣代缴，并向主管税务机关申报解缴。

（4）企业年金个人缴费工资计税基数为本人上一年度月平均工资。月平均

工资按国家统计局规定列入工资总额统计的项目计算。月平均工资超过职工工作地所在设区城市上一年度职工月平均工资 300% 以上的部分，不计入个人缴费工资计税基数。

职业年金个人缴费工资计税基数为职工岗位工资和薪级工资之和，职工岗位工资和薪级工资之和超过职工工作地所在设区城市上一年度职工月平均工资 300% 以上的部分，不计入个人缴费工资基数。

2. 年金基金投资运营收益的个人所得税处理。年金基金投资运营收益分配计入个人账户时，个人暂不缴纳个人所得税。

3. 领取年金的个人所得税处理。

（1）个人达到国家规定的退休年龄，领取的企业年金、职业年金，符合《财政部、人力资源社会保障部、国家税务总局关于企业年金、职业年金个人所得税有关问题的通知》规定的，不并入综合所得，全额单独计算应纳税款。其中按月领取的，适用月度税率表计算纳税；按季领取的，平均分摊计入各月，按每月领取额适用月度税率表计算纳税；按年领取的，适用综合所得税率表计算纳税。

（2）个人因出境定居而一次性领取的年金个人账户资金，或个人死亡后其指定的受益人或法定继承人一次性领取的年金个人账户余额，适用综合所得税率表计算纳税。对个人除上述特殊原因外一次性领取年金个人账户资金或余额的，适用月度税率表计算纳税。

上述两项为 2018 年 12 月 27 日财政部、国家税务总局联合发布的《关于个人所得税法修改后有关优惠政策衔接问题的通知》修改内容。

（3）对单位和个人在本通知实施之前开始缴付年金缴费，个人在本通知实施之后领取年金的，允许其从领取的年金中减除在本通知实施之前缴付的年金单位缴费和个人缴费且已经缴纳个人所得税的部分，就其余额按照本通知第三条第1项的规定征税。在个人分期领取年金的情况下，可按本通知实施之前缴付的年金缴费金额占全部缴费金额的百分比减计当期的应纳税所得额，减计后的余额，按照本通知第三条第一项的规定，计算缴纳个人所得税。

（4）个人领取年金时，其应纳税款由受托人代表委托人委托托管人代扣代缴。年金账户管理人应及时向托管人提供个人年金缴费及对应的个人所得税纳税明细。托管人根据受托人指令及账户管理人提供的资料，按照规定计算扣缴个人当期领取年金待遇的应纳税款，并向托管人所在地主管税务机关申报解缴。

（5）建立年金计划的单位、年金托管人，应按照个人所得税法和税收征收管理法的有关规定，实行全员全额扣缴明细申报。受托人有责任协调相关管理人依法向税务机关办理扣缴申报、提供相关资料。

4. 建立年金计划的单位应于建立年金计划的次月 15 日内，向其所在地主管税务机关报送年金方案、人力资源社会保障部门出具的方案备案函、计划确认函以及主管税务机关要求报送的其他相关资料。年金方案、受托人、托管人发生变化的，应于发生变化的次月 15 日内重新向其主管税务机关报送上述资料。

（三）对个人因解除劳动合同取得经济补偿金的征税问题

根据《财政部、国家税务总局关于个人与用人单位解除劳动关系取得的一次性补偿收入征免个人所得税问题的通知》，国家税务总局《关于国有企业职工因解除劳动合同取得一次性补偿收入征免个人所得税问题的通知》和财政部、国家税务总局《关于个人所得税法修改后有关优惠政策衔接问题的通知》精神，按以下规定处理。

1. 企业依照国家有关法律规定宣告破产，企业职工从该破产企业取得的一次性安置费收入，免征个人所得税。

2. 个人与用人单位解除劳动关系取得一次性补偿收入（包括用人单位发放的经济补偿金、生活补助费和其他补助费），在当地上年职工平均工资3倍数额以内的部分，免征个人所得税；超过3倍数额的部分，不并入当年综合所得，单独适用综合所得税率表，计算纳税。

3. 个人领取一次性补偿收入时按照国家和地方政府规定的比例实际缴纳的住房公积金、医疗保险费、基本养老保险费、失业保险费，可以在计征其一次性补偿收入的个人所得税时予以扣除。

【例7-18】 某企业王某2021年10月与企业解除劳动合同关系，王某已在本企业服务15年，一次性取得经济补偿金150 000元。当地上年度职工年平均工资为20 000元。

要求：计算王某当月应纳个人所得税税额。

【解析】 个人因与用人单位解除劳动关系而取得的一次性补偿收入，其收入在当地上年度职工平均工资3倍以内的部分免征个人所得税，超过部分应纳个人所得税。王某取得的一次性补偿150 000元 > 60 000元，所以应就超过部分90 000元（150 000 - 60 000）征收个人所得税。

王某已在本企业服务15年，按12年计算：

90 000 ÷ 12 = 7 500（元）

当月应纳税额 = （90 000 - 60 000）× 3% = 900（元）

（四）个人提前退休取得补贴收入征收个人所得税的规定

机关、企事业单位对未达到法定退休年龄、正式办理提前退休手续的个人，按照统一标准向提前退休工作人员支付一次性补贴，不属于免税的离退休工资收入，应按照"工资、薪金所得"项目征收个人所得税。其计税方法为：

个人办理提前退休手续而取得的一次性补贴收入，应按照办理提前退休手续至法定离退休年龄之间实际年度数平均分摊，确定适用税率和速算扣除数，单独适用综合所得税率表，计算纳税。计算公式为：

应纳税额 = {[（一次性补贴收入 ÷ 办理提前退休手续至法定退休年龄的实际年度数）- 费用扣除标准] × 适用税率 - 速算扣除数} × 办理提前退休手续至法定退休年龄的实际年度数

【例7-19】某企业给提前一年办理退休的员工张某一次性补贴120 000元，请问张某的这笔一次性补贴该如何计算缴纳个人所得税？

【解析】根据税法规定，个人因办理提前退休手续而取得的一次性补贴收入，应按照办理提前退休手续至法定退休年龄之间实际年度数平均分摊计算个人所得税。即：

张某应纳税额 = [（120 000 ÷ 1 - 60 000）× 10% - 2 520] × 1
　　　　　　 = 4 480（元）

（五）关于上市公司股权激励的政策

1. 居民个人取得股票期权、股票增值权、限制性股票、股权奖励等股权激励（以下简称股权激励），符合《财政部　国家税务总局关于个人股票期权所得征收个人所得税问题的通知》《财政部　国家税务总局关于股票增值权所得和限制性股票所得征收个人所得税有关问题的通知》《财政部　国家税务总局关于将国家自主创新示范区有关税收试点政策推广到全国范围实施的通知》第四条以及《财政部　国家税务总局关于完善股权激励和技术入股有关所得税政策的通知》第四条第（一）项规定的相关条件的，在2021年12月31日前，不并入当年综合所得，全额单独适用综合所得税率表，计算纳税。计算公式为：

应纳税额 = 股权激励收入 × 适用税率 - 速算扣除数

2. 居民个人一个纳税年度内取得两次以上（含两次）股权激励的，应合并按上述规定计算纳税。

3. 2022年1月1日之后的股权激励政策另行明确。

（六）扣除捐赠款的计税方法

1. 限额扣除。纳税人发生的下列捐赠，捐赠额未超过纳税人申报的应纳税所得额30%的部分，可从其应纳税所得额中扣除。

（1）纳税人将其所得通过中国境内的社会团体、国家机关向教育和其他社会公益事业以及遭受严重自然灾害地区、贫困地区的捐赠。

（2）纳税人将其应纳税所得通过光华科技基金会、中国人口福利基金会、中国妇女发展基金会进行的公益、救济性捐赠。

2. 全额扣除。纳税人发生的下列捐赠，准予从其应纳税所得额中全额扣除。

（1）自2001年7月1日起，个人通过非营利的社会团体和国家机关向农村义务教育的捐赠，准予在缴纳个人所得税前的所得额中全额扣除。农村义务教育的范围，是指由政府和社会力量举办的农村乡镇（不含县和县级市政府所在地的镇）、村的小学和初中以及属于这一阶段的特殊教育学校。纳税人对农村义务教育与高中连在一起的学校的捐赠，也享受所得税税前扣除政策。接受捐赠或办理转赠的非营利性的社会团体和国家机关，应按照财务隶属关系分别使用由中央或省级财政部门统一印（监）制的捐赠票据，并加盖接受捐赠或转赠单位的财务专用印章。税务机关据此对捐赠个人准予在缴纳个人所得税前从所得额中全额扣除。

（2）个人通过非营利性的社会团体和国家机关对公益性青少年活动场所（包括新建）的捐赠，在缴纳个人所得税前准予全额扣除。

（3）个人通过非营利性的社会团体和国家机关（包括中国红十字会）向红十字事业的捐赠，在计算缴纳个人所得税时准予全额扣除。

3. 应纳所得税额的计算。由于一般捐赠额的扣除以不超过纳税人申报应纳税所得额的30%为限，故我们在此主要介绍捐赠限额扣除时应纳所得税额的计算。

对于发生公益、救济性捐赠后个人所得税的计算，可按以下步骤进行。

（1）确定准予扣除的捐赠限额，即捐赠扣除限额 = 应纳税所得额 × 比例（30%）。

（2）将准予扣除的捐赠限额与实际发生的捐赠额比较，根据孰低原则，确定准予扣除的捐赠额。

（3）计算应纳税所得额，即应税所得 = 捐赠前应税所得 − 准扣捐赠。

（4）根据所属应税项目，计算应纳所得税额。

【例7-20】李某10月1日在参加商场的有奖销售过程中，中奖所得共计价值20 000元。陈某领奖时告知商场，从中拿出4 000元通过教育部门向所在城市的某公办小学捐赠，计算李某应纳个人所得税税额。

【解析】捐赠扣除限额 = 20 000 × 30% = 6 000（元）

李某实际捐赠4 000元，低于捐赠扣除限额6 000元，可以按实际捐赠额4 000元扣除。

李某偶然所得应纳税所得额 = 20 000 − 4 000 = 16 000（元）

李某应纳税额 = 16 000 × 20% = 3 200（元），由商场代扣代缴。

（七）两人以上共同取得同一项目收入的计税方法

两个或两个以上共同取得同一项目收入的，应对每个人取得的收入分别按规定减除费用后，按先分，后扣，再税的顺序，计算各纳税人应纳税额。

【例7-21】某高校5位教师共同编写出版一本50万字的教材，共取得稿酬收入41 000元。其中主编一人得主编费1 000元，其余稿酬5人平分。假设5位教师当月均无其他综合所得和扣除项目，计算各教师的应缴税额。

【解析】（1）扣除主编费后所得 = 41 000 − 1 000 = 40 000（元）

（2）平均每人所得 = 40 000 ÷ 5 = 8 000（元）

（3）主编应纳税所得额 = [（1 000 + 8 000）×（1 − 20%）]×（1 − 30%）

$$= 5 040（元）$$

（4）其余四人每人应纳税所得额 = 8 000 ×（1 − 20%）×（1 − 30%）

$$= 4 480（元）$$

（八）企事业单位将自建住房以低于购置或建造成本价格销售给职工的个人所得税的征税规定

1. 根据住房制度改革政策的有关规定，国家机关、企事业单位及其他组织在住房制度改革期间，按照所在地县级以上人民政府规定的房改成本价格向职工出售公有住房，职工因支付的房改成本价格低于房屋建造成本价格或市场价格而取得的差价收益，免征个人所得税。

2. 除上述符合规定的情形外，根据《个人所得税法》及其实施条例的有关规定，单位按低于购置或建造成本价格出售住房给职工，职工因此而少支出的差价部分，属于个人所得税应税所得，应按照"工资、薪金所得"项目缴纳个人所得税。其中差价部分是指职工实际支付的购房价款低于该房屋的购置或建造成本价格的差额。

3. 对职工取得的上述应税所得，比照《国家税务总局关于调整个人取得全年一次性奖金等计算征收个人所得税方法问题的通知》规定的全年一次性奖金的征税办法，计算征收个人所得税。此前未征税款不再追征，已征税款不予退还。

（九）公司雇员以非上市公司股票期权形式取得的工资薪金所得的征税方法

公司雇员以非上市公司股票期权形式取得的工资薪金所得，在计算缴纳个人所得税时，因一次收入较多，可比照全年一次性奖金的征税办法计算征收个人所得税。

公司雇员以非上市公司股票期权形式取得所得的纳税义务发生时间，按雇员的实际购买日确定，其所得额为其从公司取得非上市公司股票的实际购买价低于购买日该股票价值的差额。

由于非上市公司股票没有可参考的市场价格，为便于操作，除存在实际或约定的交易价格或存在与该非上市公司股票具有可比性的相同或类似股票的实际交易价格情形外，购买日股票价值可暂按其境外非上市母公司上一年度经中介机构审计的会计报告中每股净资产数额来确定。

（十）关于保险费（金）的征税规定

城镇企业事业单位及其职工个人按照《失业保险条例》规定的比例，实际缴付的失业保险费，均不计入职工个人当期工资薪金收入，免于征收个人所得税；超过《失业保险条例》规定的比例缴付失业保险费的，应将其超过规定比例缴付的部分，计入职工个人当期的工资薪金收入，依法计征个人所得税；具备《失业保险条例》规定条件的失业人员领取的失业保险金，免于征收个人所得税。

企业为员工支付各项免税之外的保险金，应在企业向保险公司交付时（即该保险落到被保险人的保险账户），并入员工当期的工资收入，按"工资、薪金所得"项目，计征个人所得税，税款由企业负责代扣代缴。

（十一）雇佣单位和派遣单位分别支付工资薪金应纳税额的计算

在外商投资企业、外国企业及外国驻华机构工作的中方人员取得的工资、薪金，凡是由雇佣单位和派遣单位分别支付工资、薪金的，采取由支付者中的一方减除费用的方法，即只由雇佣单位在支付工资、薪金时，按税法规定减除费用，计算预扣预缴个人所得税；派遣单位支付的工资、薪金不再减除费用，以支付全额为应纳税所得额，直接确定适用税率，计算个人所得税，最后由纳税人将纳税年度内全部的工资薪金所得汇总申报纳税，多退少补。

【例7-22】 李某被中方企业A派遣到合资企业B任职，约定由雇佣单位和派遣单位分别支付工资。2021年11月李某从派遣企业A取得工资收入1 500元，从合资企业B取得工薪收入7 400元。则李某在年度纳税申报时就上述收入应补缴多少个人所得税？

【解析】 李某属于雇佣企业和派遣企业分别支付工资薪金的情况，应按法律规定的步骤计算应纳个人所得税额，且李某应自行汇总申报补税。

企业A该月为其代扣代缴个人所得税税额：1 500×3%＝45（元）

企业B该月为其代扣代缴个人所得税税额：（7 400－5 000）×3%＝72（元）

李某上述两笔收入应纳税额＝（1 500＋7 400－5 000）×10%－210

＝180（元）

李某应申报补税＝180－（45＋72）＝63（元）

对外商投资企业、外国企业和外国驻华机构发放给中方工作人员的工资、薪金所得，应全额征税。但对可以提供有效合同或有关凭证，能够证明其工资、薪金所得的一部分按照有关规定上缴派遣（介绍）单位的，可扣除其实际上缴的部分，按其余额计征个人所得税。

（十二）关于创业投资企业个人合伙人所得税的政策规定

根据财政部、国家税务总局、国家发展改革委、证监会四部门联合发布的《关于创业投资企业个人合伙人所得税政策问题的通知》的规定，从2019年1月1日起至2023年12月31日止，创投企业可以选择按单一投资基金核算或者按创投企业年度所得整体核算两种方式之一，对其个人合伙人来源于创投企业的所得计算个人所得税应纳税额。

这里所称创投企业，是指符合《创业投资企业管理暂行办法》或者《私募投资基金监督管理暂行办法》中关于创业投资企业（基金）的有关规定，并按照上述规定完成备案且规范运作的合伙制创业投资企业（基金）。

创投企业选择按单一投资基金核算的，其个人合伙人从该基金应分得的股权转让所得和股息红利所得，按照20%的税率计算缴纳个人所得税。

创投企业选择按年度所得整体核算的，其个人合伙人应从创投企业取得的所得，按照"经营所得"项目5%～35%的超额累进税率计算缴纳个人所得税。

创投企业选择按单一投资基金核算或按创投企业年度所得整体核算后，3 年内不能变更。

八、境外所得已纳税额的扣除

（一）限额抵免法

我国《个人所得税法》规定：纳税义务人从中国境外取得的所得，准予其在应纳税额中扣除已在境外缴纳的个人所得税税额。但扣除额不得超过该纳税义务人境外所得依照本法规定计算的应纳税额。

由此可见，我国对纳税人从境外取得的所得实行的是限额抵免法，具体操作步骤如下。

首先，计算境外所得抵免限额，即境外所得抵免限额 = 境外某国某项所得按我国税法计算的税额。

其次，将计算的境外所得抵免限额与纳税人实际缴纳外国个人所得税税额进行比较，按照孰低原则，选择准予扣除已纳外国个人所得税税额。

最后，计算纳税人在我国应缴纳的个人所得税税额。纳税义务人在中国境外一个国家或者地区实际已经缴纳的个人所得税税额，低于规定计算出的该国家或者地区扣除限额的，应当在中国缴纳差额部分的税款；超过该国家或者地区扣除限额的，其超过部分不得在本纳税年度的应纳税额中扣除，但是可以在以后纳税年度的该国家或者地区扣除限额的余额中补扣。补扣期限最长不得超过五年。

纳税义务人依照《个人所得税法》第七条的规定申请扣除已在境外缴纳的个人所得税税额时，应当提供境外税务机关填发的完税凭证原件。

（二）抵免限额的计算

我国对境外所得抵免限额采取分国分项的计算方法。

纳税义务人从中国境外取得的所得，区别不同国家或者地区和不同所得项目，依照《个人所得税法》规定的费用减除标准和适用税率计算的应纳税额；同一国家或者地区内不同所得项目的应纳税额之和，为该国家或者地区的扣除限额。

【例 7 - 23】汤姆是已在中国境内居住满 6 年的美国人。2021 年收入情况如下：在 A 国一家公司任职，月薪 12 500 元，为其他公司提供一项工程设计，取得劳务报酬收入 35 000 元，这两项收入在 A 国缴纳个人所得税 10 000 元；在 B 国获得中奖奖金 20 000 元，已在 B 国缴纳该项收入的个人所得税 3 000 元。要求计算其是否应向中国补缴个人所得税税款，如应补缴，补缴的税额是多少？

【解析】（1）汤姆作为居民个人，其来源于 A 国的收入分别为工资薪金所得、劳务报酬所得，应做综合所得税务处理：

$$2021\ 年综合所得抵扣限额 = (12\ 500 \times 12 + 35\ 000 - 60\ 000) \times 10\% - 2\ 520$$
$$= 9\ 980\ （元）$$

A 国扣除限额合计 9 980 元。

汤姆在 A 国实际缴纳的税款（10 000 元）高于抵扣限额，无须向中国补缴个人所得税，超过限额部分可以在以后年度的 A 国扣除限额的余额中补扣，但最长不超过 5 年。

（2）来源于 B 国收入的税务处理。

偶然所得抵扣限额 = 20 000 × 20% = 4 000（元）

汤姆在 B 国实际缴纳的税款（3 000 元）低于抵扣限额，因此，可全额抵扣，并须在我国补缴个人所得税 1 000 元（4 000 - 3 000）。

第六节　税收优惠

一、免征个人所得税的规定

根据《个人所得税法》《财政部　税务总局关于个人所得税法修改后有关优惠政策衔接问题的通知》以及国家税务总局相关公告、通知、批复的规定，下列各项个人所得，免纳或暂免个人所得税。

1. 省级人民政府、国务院部委、中国人民解放军军以上单位，以及外国组织颁发的科学、教育、技术、文化、卫生、体育、环境保护等方面的奖金。

2. 国债和国家发行的金融债券利息。这里的"国债利息"是指个人持有中华人民共和国财政部发行的债券而取得的利息；"国家发行的金融债券利息"是指个人持有经国务院批准发行的金融债券而取得的利息。

3. 按国家统一规定发给的补贴、津贴。主要指按照国务院规定发放的政府特殊津贴、院士津贴、资深院士津贴，以及国务院规定免纳个人所得税的其他补贴、津贴。

4. 福利费、抚恤金、救济金。这里的"福利费"是指根据国家有关规定，从企业、事业单位、国家机关、社会团体提留的福利费或者工会经费中支付给个人的生活补助费；"救济金"是指各级人民政府、民政部门支付给个人的生活困难补助费。

5. 保险赔款。

6. 军人的转业费、复员费。

7. 按照国家统一规定发给干部、职工的安家费、退职费、退休工资、离休工资、离休生活补助费。

离退休人员除按规定领取离退休工资或养老金外，从原任职单位取得的各类补贴、奖金、实物，不属于个人所得税法规定可以免税的退休工资、离休工资、离休生活补助费，应按"工资、薪金所得"应税项目的规定缴纳个人所得税。

8. 见义勇为奖金。经乡镇以上人民政府或经县以上人民政府主管部门批准成立的有机构、有章程的见义勇为基金或类似性质组织，奖励见义勇为者的奖金或奖品，经主管税务机关核准后免征个人所得税。

9. 依照我国有关法律规定应予免税的各国驻华使馆、领事馆的外交代表、领事官员和其他人员的所得。依照我国法律规定应予免税的各国驻华使馆、领事馆的外交代表、领事官员和其他人员的所得，是指依照《中华人民共和国外交特权与豁免条例》和《中华人民共和国领事特权与豁免条例》规定予以免税的所得。

10. 中国政府参加的国际公约或签订的协议中规定免税的所得。

11. 企业和个人按照省级以上人民政府规定的比例提取并缴付的住房公积金、医疗保险金、基本养老保险金、失业保险金，不计入个人当期的工资、薪金收入，免予征收个人所得税。超过规定比例缴付的部分计征个人所得税。个人领取原提存的住房公积金、医疗保险金、基本养老保险金时，免予征收个人所得税。

12. 对个人取得的教育储蓄存款利息所得以及国务院财政部门确定的其他专项储蓄存款或者储蓄性专项基金存款的利息所得，免征个人所得税。自 2008 年 10 月 9 日起，对居民储蓄存款利息暂停征收个人所得税。

13. 储蓄机构内从事代扣代缴工作的办税人员取得的扣缴利息税手续费所得，免征个人所得税。

14. 生育妇女按照县级以上人民政府根据国家有关规定制定的生育保险办法，取得的生育津贴、生育医疗费或其他属于生育保险性质的津贴、补贴，免征个人所得税。

15. 对工伤职工及其近亲属按照《工伤保险条例》规定取得的工伤保险待遇，免征个人所得税。工伤保险待遇，包括工伤职工按照该条例规定取得的一次性伤残补助金、伤残津贴、一次性工伤医疗补助金、一次性伤残就业补助金、工伤医疗待遇、住院伙食补助费、外地就医交通食宿费用、工伤康复费用、辅助器具费用、生活护理费等，以及职工因工死亡，其近亲属按照该条例规定取得的丧葬补助金、供养亲属抚恤金和一次性工亡补助金等。

16. 外籍个人以非现金形式或实报实销形式取得的住房补贴、伙食补贴、搬迁费、洗衣费。外籍个人按合理标准取得的境内外出差补贴。外籍个人取得的探亲费、语言训练费、子女教育费等，经当地税务机关审核批准为合理的部分。可以享受免征个人所得税优惠的探亲费，仅限于外籍个人在我国的受雇地与其家庭所在地（包括配偶或父母居住地）之间搭乘交通工具，且每年不超过两次的费用。

2019 年 1 月 1 日至 2021 年 12 月 31 日期间，外籍个人符合居民个人条件的，可以选择享受个人所得税专项附加扣除，也可以选择按照上述办法，享受住房补贴、语言训练费、子女教育费等津补贴免税优惠政策，但不得同时享受。外籍个人一经选择，在一个纳税年度内不得变更。

自2022年1月1日起，外籍个人不再享受住房补贴、语言训练费、子女教育费津补贴免税优惠政策，应按规定享受专项附加扣除。

17. 个人举报、协查各种违法、犯罪行为而获得的奖金。

18. 个人办理代扣代缴税款手续，按规定取得的扣缴手续费。

19. 个人转让自用达5年以上并且是唯一的家庭居住用房取得的所得。

20. 对按《国务院关于高级专家离休退休若干问题的暂行规定》和《国务院办公厅关于杰出高级专家暂缓离休审批问题的通知》精神，达到离休、退休年龄，但确因工作需要，适当延长离休、退休年龄的高级专家，其在延长离休、退休期间的工资、薪金所得，视同退休工资、离休工资免征个人所得税。

延长离休、退休年龄的高级专家是指以下两种：

（1）享受国家发放的政府特殊津贴的专家、学者。

（2）中国科学院、中国工程院院士。高级专家延长离休、退休期间取得的工资薪金所得，其免征个人所得税政策口径按下列标准执行。

①对高级专家从其劳动人事关系所在单位取得的，单位按国家有关规定向职工统一发放的工资、薪金、奖金、津贴、补贴等收入，视同离休、退休工资，免征个人所得税。

②除上述①中所述收入以外各种名目的津补贴收入等，以及高级专家从其劳动人事关系所在单位之外的其他地方取得的培训费、讲课费、顾问费、稿酬等各种收入，依法计征个人所得税。高级专家从两处以上取得应税工资、薪金所得以及满足税法规定应当自行纳税申报的其他情形的，应在税法规定的期限内自行向主管税务机关办理纳税申报。

21. 外籍个人从外商投资企业取得的股息、红利所得。

22. 凡符合下列条件之一的外籍专家取得的工资、薪金所得可免征个人所得税。

（1）根据世界银行专项贷款协议由世界银行直接派往我国工作的外国专家。

（2）联合国组织直接派往我国工作的专家。

（3）为联合国援助项目来华工作的专家。

（4）援助国派往我国专为该国无偿援助项目工作的专家。

（5）根据两国政府签订文化交流项目来华工作2年以内的文教专家，其工资、薪金所得由该国负担的部分。

（6）根据我国大专院校国际交流项目来华工作2年以内的文教专家，其工资、薪金所得由该国负担的部分。

（7）通过民间科研协定来华工作的专家，其工资、薪金所得由该国政府机构负担的部分。

23. 股权分置改革中非流通股股东通过对价方式向流通股股东支付的股份、现金等收入，暂免征收流通股股东应缴纳的个人所得税。

24. 对被拆迁人按照国家有关城镇房屋拆迁管理办法规定的标准取得的拆迁补偿款，免征个人所得税。

25. 对保险营销员佣金中的展业成本，免征个人所得税；对佣金中的劳务报酬部分，以不含增值税的收入减除 20% 的费用后的余额为收入额，收入额减去展业成本以及附加税费后，并入当年综合所得，计算缴纳个人所得税。保险营销员展业成本按照收入额的 25% 计算。所谓"展业成本"即营销费。

扣缴义务人向保险营销员支付佣金收入时，应按照《个人所得税扣缴申报管理办法（试行）》规定的累计预扣法计算预扣税款。

26. 证券经纪人从证券公司取得的佣金收入，应按照"劳务报酬所得"项目缴纳个人所得税。证券经纪人佣金收入由展业成本和劳务报酬构成，对展业成本部分不征收个人所得税。对佣金中的劳务报酬部分，以不含增值税的收入减除 20% 的费用后的余额为收入额，收入额减去展业成本以及附加税费后，并入当年综合所得，计算缴纳个人所得税。证券经纪人展业成本按照收入额的 25% 计算。

扣缴义务人向证券经纪人支付佣金收入时，应按照《个人所得税扣缴申报管理办法（试行）》规定的累计预扣法计算预扣税款。

27. 个人从公开发行和转让市场取得的上市公司股票，持股期限超过 1 年的，股息红利所得暂免征收个人所得税。个人从公开发行和转让市场取得的上市公司股票，持股期限在 1 个月以内（含 1 个月）的，其股息红利所得全额计入应纳税所得额；持股期限在 1 个月以上至 1 年（含 1 年）的，暂减按 50% 计入应纳税所得额。上述所得统一适用 20% 的税率计征个人所得税，本规定自 2015 年 9 月 8 日起施行。全国中小企业股份转让系统挂牌公司股息红利差别化个人所得税政策也按上述政策执行。

28. 经国务院财政部门批准免税的所得。

二、减征个人所得税的规定

根据个人所得税法的规定，有下列情形之一的，经批准可以减征个人所得税。

1. 残疾、孤老人员和烈属的所得；
2. 因严重自然灾害造成重大损失的；
3. 其他经国务院财政部门批准减税的。

上述减税项目的减征幅度和期限，由省、自治区、直辖市人民政府制定。

【例 7 - 24】根据现行税法规定，下列所得可以免征个人所得税的有（　　）

A. 购买国家金融债券取得的利息

B. 个人出售已购公有住房的收入

C. 外籍个人以非现金形式取得的住房补贴

D. 个人出租自有居住用房的收入

【答案】AC

第七节　征收管理

一、个人所得税的征收方法

个人所得税的征收方式主要有两种：一是代扣代缴；二是自行纳税申报。此外，一些地方为了提高征管效率、方便纳税人，对个别应税所得项目采取了委托代征的方式。

> 相关链接：委托代征是指受委托的有关单位按照税务机关核发的代征证书的要求，以税务机关的名义向纳税人征收零散税款的一种征收方式。当受托单位和人员以税务机关的名义依法征收税款时，纳税人不得拒绝；纳税人拒绝的，受托代征单位和人员应当及时报告税务机关。

（一）支付单位源泉扣缴方法

（1）适用范围。支付单位源泉扣缴又称代扣代缴方式。我国《个人所得税法》第九条规定："个人所得税以所得人为纳税人，以支付所得的单位或者个人为扣缴义务人。"除经营所得以外的其他8项所得，均适用由支付单位源泉扣除的方法。

（2）扣缴义务人的权利、义务及法律责任。税务机关应根据扣缴义务人所扣缴的税款，支付扣缴义务人扣缴税款2%的手续费，且该手续费免征个人所得税。

扣缴义务人负有代扣代缴税款的义务。扣缴义务人依法履行代扣代缴税款义务时，如纳税人拒绝，扣缴义务人应及时报告税务机关处理，并暂时停止支付其应纳税所得。扣缴义务人应扣未扣、应收而不收税款的，由税务机关向纳税人追缴税款，对扣缴义务人处应扣未扣、应收未收税款50%以上3倍以下的罚款；纳税人为持有完税依据而向扣缴义务人索取代扣代收税款凭证的，扣缴义务人不得拒绝。

（二）自行申报缴纳方法

1. 适用范围。纳税人有下列情形之一的，应当按照规定到主管税务机关办理纳税申报。

（1）取得综合所得需要办理汇算清缴；
（2）取得应税所得没有扣缴义务人；
（3）取得应税所得，扣缴义务人未扣缴税款；
（4）取得境外所得；
（5）因移居境外注销中国户籍；
（6）非居民个人在中国境内从两处以上取得工资、薪金所得；

（7）国务院规定的其他情形。

居民个人取得综合所得，按年计算个人所得税；有扣缴义务人的，由扣缴义务人按月或者按次预扣预缴税款；需要办理汇算清缴的，应当在取得所得的次年3月1日至6月30日内办理汇算清缴。预扣预缴办法由国务院税务主管部门制定。

居民个人向扣缴义务人提供专项附加扣除信息的，扣缴义务人按月预扣预缴税款时应当按照规定予以扣除，不得拒绝。

非居民个人取得工资、薪金所得，劳务报酬所得，稿酬所得和特许权使用费所得，有扣缴义务人的，由扣缴义务人按月或者按次代扣代缴税款，不办理汇算清缴。

扣缴义务人应当按照国家规定办理全额扣缴申报，并向纳税人提供其个人所得和已扣缴税款等信息。

2. 申报方式。纳税人可以采取数据电文、邮寄等方式申报，也可以直接到主管税务机关申报，或者采取符合主管税务机关规定的其他方式申报。

纳税人采取数据电文方式申报的，应当按照税务机关规定的期限和要求保存有关纸质资料。纳税人采取邮寄方式申报的，以邮政部门挂号信函收据作为申报凭据，以寄出的邮戳日期为实际申报日期。

纳税人可以委托有税务代理资质的中介机构或者他人代为办理纳税申报。

二、个人所得税的纳税期限

（一）代扣代缴期限

纳税人取得利息、股息、红利所得，财产租赁所得，财产转让所得和偶然所得，按月或者按次计算个人所得税，有扣缴义务人的，由扣缴义务人按月或者按次代扣代缴税款。

扣缴义务人每月或者每次预扣、代扣的税款，应当在次月15日内缴入国库，并向税务机关报送扣缴个人所得税申报表。具体需报送的资料有：《扣缴个人所得税报告表》，代扣代缴税款凭证，包括每一纳税人姓名、单位、职务、收入、税款等内容的支付个人收入明细表以及税务机关要求报送的其他有关资料。

（二）自行申报纳税期限

关于自行申报纳税期限，若国家税务总局颁发的《个人所得税自行纳税申报办法（试行）》与《个人所得税法》的规定存在出入，根据上位法优于下位法的法理规则，应以《个人所得法》的规定为准。

一般情况下，纳税人应在取得应纳税所得的次月15日内向主管税务机关申报所得并缴纳税款。具体规定如下。

（1）经营所得的纳税期限。纳税人取得经营所得，按年计算个人所得税，由纳税人在月度或者季度终了后 15 日内向税务机关报送纳税申报表，并预缴税款；在取得所得的次年 3 月 31 日前办理汇算清缴。

（2）没有扣缴义务人或扣缴义务人未扣缴税款的纳税期限。纳税人取得应税所得没有扣缴义务人的，应当在取得所得的次月 15 日内向税务机关报送纳税申报表，并缴纳税款。纳税人取得应税所得，扣缴义务人未扣缴税款的，纳税人应当在取得所得的次年 6 月 30 日前，缴纳税款；税务机关通知限期缴纳的，纳税人应当按照期限缴纳税款。

（3）其他情形所得的纳税期限。居民个人从中国境外取得所得的，应当在取得所得的次年 3 月 1 日至 6 月 30 日内申报纳税。

非居民个人在中国境内从两处以上取得工资、薪金所得的，应当在取得所得的次月 15 日内申报纳税。

纳税人因移居境外注销中国户籍的，应当在注销中国户籍前办理税款清算。

纳税期限的最后一日是法定休假日的，以休假日的次日为期限的最后一日。纳税人确有困难，不能按期办理纳税申报的，经主管税务机关核准可以延期申报。

三、个人所得税的纳税地点

1. 个人所得税自行申报的，其申报纳税地点一般应为收入来源地的主管税务机关。

2. 对纳税人从两处或两处以上取得工资、薪金所得的，可选择并固定在其中一地税务机关申报纳税。

3. 从境外取得所得的，应向境内户籍所在地或经常居住地税务机关申报纳税。

4. 扣缴义务人应向其主管税务机关进行纳税申报。

5. 对纳税人要求变更申报纳税地点的，必须经原主管税务机关批准。

6. 个人独资企业和合伙企业投资者个人所得税的纳税地点规定如下。

投资者应向企业实际经营管理所在地主管税务机关申报缴纳个人所得税。投资者从合伙企业取得的生产经营所得，由合伙企业向企业实际经营管理所在地主管税务机关申报缴纳投资者应纳的个人所得税，并将个人所得税申报表抄送投资者。

投资者兴办两个或两个以上企业的，应分别向企业实际经营管理所在地主管税务机关预缴税款。年度终了后办理汇算清缴时，区别以下不同情况分别处理。

（1）投资者兴办的企业全部是个人独资性质的，分别向各企业的实际经营管理所在地主管税务机关办理年度纳税申报，并依所有企业的经营所得总额确定适用税率，以本企业经营所得为基础，计算应缴税款，办理汇算清缴。

（2）投资者兴办的企业中含有合伙性质的，投资者应向经常居住地主管税务机关申报纳税，办理汇算清缴，但经常居住地与其兴办企业的经营管理所在地不一致的，应选定其参与兴办的某一合伙企业的经营管理所在地为办理年度汇算清缴所在地，并在 5 年内不得变更。

投资者在预缴个人所得税时，应向主管税务机关报送《个人独资企业和合伙企业投资者个人所得税申报表》，并附送会计报表。

知识巩固与能力提升

一、单项选择题

1. 下列各项中，需要缴纳个人所得税的是（　　）。

A. 国债利息

B. 国家发行金融债券的利息

C. 个人举报违法犯罪行为获得的奖金

D. 外籍个人以现金形式取得的住房补贴

2. 下列各项中，以取得的收入为应纳税所得额直接计征个人所得税的有（　　）。

A. 稿酬所得　　　　　　　　B. 偶然所得

C. 劳务报酬所得　　　　　　D. 特许权使用费所得

3. 王某 2021 年底将其持有的有价证券以 80 000 元的价格转让，该有价证券购入时的买价为 50 000 元，且买入时缴纳的有关费用为 5 000 元，则王某转让有价证券应缴纳的个人所得税为（　　）元。

A. 0　　　　　B. 5 000　　　　　C. 6 000　　　　　D. 16 000

4. 下列各项中，适用 5%～35% 的五级超额累进税率征收个人所得税的有（　　）。

A. 工资薪金所得　　　　　　B. 合伙企业的经营所得

C. 劳务报酬所得　　　　　　D. 偶然所得

5. 以下属于"工资、薪金所得"项目的是（　　）。

A. 托儿补助费　　　　　　　B. 劳动分红

C. 投资分红　　　　　　　　D. 独生子女补贴

6. 纳税人在中国境内接受学历（学位）继续教育的支出，在学历（学位）教育期间按照每月（　　）元定额扣除。

A. 400　　　　　B. 500　　　　　C. 600　　　　　D. 1 000

7. 纳税人接受技能人员职业资格继续教育、专业技术人员职业资格继续教育的支出，在取得相关证书的当年，按照（　　）元定额扣除。

A. 2 000　　　　　B. 3 000　　　　　C. 3 600　　　　　D. 2 400

8. 纳税人本人或者配偶单独或者共同使用商业银行或者住房公积金个人住

房贷款为本人或者其配偶购买中国境内住房，发生的首套住房贷款利息支出，在实际发生贷款利息的年度，按照每月（   ）元的标准定额扣除。

    A. 500   B. 1 000   C. 1 500   D. 2 000

    9. 张三及其配偶在工作城市郑州市租房居住，每月发生的租金支出为3 000元，租房协议已备案，张三如实填写了相关的信息，则张三每月可以享受的住房租金专项附加扣除为（   ）元。

    A. 1 500   B. 1 100   C. 800   D. 3 000

    10. 新《个人所得税法》规定，虽然在中国境内无住所但一个纳税年度内在中国境内居住累计满（   ）天的个人为居民个人。

    A. 90   B. 180   C. 183   D. 365

二、多项选择题

    1. 2019年1月1日开始实施的新《个人所得税法》规定属于居民个人综合所得的有（   ）。

    A. 工资、薪金所得   B. 劳务报酬所得

    C. 稿酬所得   D. 特许权使用费所得

    2. 下列各项中，应当按照"工资、薪金所得"项目征收个人所得税的有（   ）。

    A. 劳动分红   B. 独生子女补贴

    C. 差旅费津贴   D. 超过规定标准的误餐费

    3. 纳税人可以享受子女教育专项附加扣除的有（   ）。

    A. 子女在境内接受教育   B. 子女在境外接受教育

    C. 子女接受的特殊教育   D. 子女接受的学前教育

    4. 下列所得中，属于来源于中国境内所得的有（   ）。

    A. 外国人出租在中国境内的房产并取得所得

    B. 某英国人在中国境内外资企业任职，由英国总公司支付所取得的工薪

    C. 某大学教授的著作在日本出版并由日本支付的稿酬

    D. 中国某工程师的一项专利因由境外某公司使用而取得的由该外国公司境内办事处支付的专利使用费

    5. 个人取得下列各项所得必须自行申报纳税的有（   ）。

    A. 取得综合所得需要办理汇算清缴

    B. 因移居境外注销中国户籍

    C. 非居民个人在中国境内从两处以上取得工资、薪金所得

    D. 取得应纳税所得，没有扣缴义务人的

    6. 下列所得中属于劳务报酬的有（   ）。

    A. 在报纸上发表文章取得的收入   B. 取得技术咨询费

    C. 讲课费   D. 转让专利技术收入

三、判断题

    1. 个人取得的应税所得只包括现金和有价证券，而不包括实物。   （   ）

2. 居民个人应就其来源于境内和境外的所得，依照个人所得税法的规定，向中国政府履行全面纳税义务，缴纳个人所得税。　　　　　　　　　　（　　）

3. 个人取得的股票转让所得暂不征收个人所得税。　　　　　　　（　　）

4. 根据最新规定，居民个人取得的全年一次性奖金，在 2023 年 12 月 31 日前，暂不并入当年综合所得。　　　　　　　　　　　　　　　　　（　　）

5. 作者将自己的文字作品手稿原件或复印件拍卖取得的所得，应按"特许权使用费"所得缴纳所得税。　　　　　　　　　　　　　　　　　　　（　　）

6. 对于个人取得的财产转租收入，不征收个人所得税。　　　　　（　　）

7. 蒋先生是新加坡人，在我国无住所，2019 年 10 月 1 日来华工作，2020 年 4 月 30 日结束工作回国，则蒋先生为个人所得税的居民个人。　　　　　（　　）

8. 个人所得税扣缴义务人每月所扣的税款，应当在次月 15 日内缴入国库。
　　　　　　　　　　　　　　　　　　　　　　　　　　　　　　（　　）

9. 个人独资企业和合伙企业每一纳税年度发生的广告费和业务宣传费不超过当年营业收入 15% 的部分可据实扣除，超过部分不准扣除。　　　　　（　　）

10. 对职工个人以股份形式取得对拥有所有权的企业量化资产应照章征收个人所得税。　　　　　　　　　　　　　　　　　　　　　　　　　　　（　　）

四、综合题

1. 某上市公司高级工程师王先生，有一女儿正在国内某高校攻读硕士学位（夫妻约定由王先生单独进行扣除），2021 年度取得个人收入项目如下。

（1）扣除"五险一金"后的每月工资 9 800 元，12 月份取得年终奖 72 000 元（选择不计入综合所得）。

（2）从 1 月 1 日起出租两居室住房用于居住，扣除相关税费后的每月租金所得 6 000 元，全年共计 72 000 元。12 月 31 日出租另一套三居室住房，预收 2020 年上半年租金 42 000 元。

（3）2 月 8 日，对 2019 年 1 月公司授予的股票期权 30 000 股行权，每股行权价 8 元，行权当日该股票的收盘价为 15 元。

（4）10 月 26 日，通过拍卖市场拍卖祖传字画一幅，拍卖收入 56 000 元，不能提供字画原值凭据。

（5）11 月因实名举报某企业的污染行为获得当地环保部门奖励 20 000 元，同时因其参与的一项技术发明获得国家科技进步二等奖，分得奖金 50 000 元。

要求：根据以上资料，按照下列序号计算回答问题。

（1）计算全年综合所得应缴纳的个人所得税；全年一次性奖金应缴纳的个人所得税。

（2）计算出租两居室住房取得的租金收入应缴纳的个人所得税。

（3）计算股票期权所得应缴纳的个人所得税。

（4）计算拍卖字画收入应缴纳的个人所得税。

（5）回答王先生 11 月获得的奖金应如何缴纳个人所得税并简要说明理由。

（本题根据 2016 年注册会计师考试试题改编）

2. 某高校赵教授 2021 年取得部分收入项目如下。

（1）每月从学校取得的收入包括基本工资 3 200 元、教授津贴 6 000 元，按照所在省人民政府规定的比例提取并缴付的"五险一金" 1 455 元，申请的专项扣除为首套房的贷款利息。1 月份因公出差取得差旅费津贴 420 元。

（2）5 月 10 日，因担任另一高校的博士论文答辩取得答辩费 5 000 元，同日晚上为该校作一场学术报告取得收入 3 000 元。

（3）自 1 月 1 日起将自有的面积为 120 平方米的住房按市场价格出租给李某居住，每月租金 5 500 元，租期为一年，全年租金收入 66 000 元。其中，7 月份因墙面开裂发生维修费用 3 200 元，取得装修公司出具的正式发票。

（4）7 月取得国债利息收入 1 850 元、一年期定期储蓄存款利息收入 375 元、某上市公司发行的企业债利息收入 1 000 元。

（5）8 月份因持有两年前购买的某上市公司股票 13 000 股，取得该公司年中股票分红所得 2 600 元。

要求：根据以上资料，按照下列序号计算回答问题，每问需计算出合计数。

（1）计算赵教授全年综合所得应缴纳的个人所得税。

（2）计算赵教授 7 月取得的租金收入应缴纳的个人所得税（不考虑租金收入应缴纳的其他税金及附加）。

（3）计算赵教授 7 月取得的利息收入应缴纳的个人所得税。

（4）计算赵教授 8 月份取得的上市公司股票分红收入应缴纳的个人所得税。

（本题根据 2014 年注册会计师考试题目改编）

第八章 土地增值税

【本章概览】

土地增值税是对有偿转让国有土地使用权及地上建筑物和其他附着物产权，并取得收入的单位和个人，就其转让房地产所取得的增值额征收的一种税。实践中房地产开发企业比较关注土地增值税的征收与优惠。

【学习目标】

1. 了解土地增值税的立法原则。

2. 熟悉土地增值税的纳税人、特殊售房方式应纳税额的计算方法、特殊减免税的规定、纳税时间和缴纳方法，以及纳税的地点、相关单位的责任与义务。

3. 掌握土地增值税的征税范围、土地增值税的税率、收入额的确定、扣除项目的金额、转让土地使用权和出售新建房及配套设施应纳税额的计算方法、出售旧房应纳税额的计算方法、一般减免税的规定以及房地产开发项目土地增值税的清算管理。

【情景引例】

某行政机关 2018 年 5 月转让一栋 2002 年建造的办公楼，当时的造价为 1 500 万元。经房地产评估机构评定，该办公楼的重置成本价为 5 000 万元，该楼房为七成新。转让前为取得土地使用权支付的地价款及有关费用为 800 万元（可以提供支付凭证），转让时支付房地产评估费用为 4.5 万元，取得转让收入为 6 600 万元，已按税法规定缴纳了转让环节的城建税、教育费附加以及印花税。

思考：该行政机关转让办公楼是否需要缴纳土地增值税？如果要缴纳，应缴多少土地增值税？

第一节 土地增值税概述

一、土地增值税的概念

土地增值税是对有偿转让国有土地使用权及地上建筑物和其他附着物产权，并取得收入的单位和个人，就其转让房地产所取得的增值额征收的一种税。

国务院于1993年12月13日发布了《中华人民共和国土地增值税暂行条例》，决定自1994年1月1日起在全国开征土地增值税，这是我国开征的第一个对土地增值额或土地收益额征收的税种。

二、土地增值税的征税目的

开征土地增值税，是国家运用税收手段规范房地产市场秩序、合理调节土地增值收益分配、维护国家权益、促进房地产市场健康发展的重要举措，其征税的目的主要体现在以下两个方面。

（一）抑制房地产投机行为

改革开放前，我国土地使用一直采取行政划拨的方式，土地实行无偿、无限期使用，不允许土地买卖，不仅没有土地交易行为，更不存在土地交易市场。实践证明这种土地制度不利于提高土地资源的使用效益。1987年，我国对土地使用制度进行改革，建立了房地产有偿使用、允许转让土地使用权的政策和制度，房地产业发展很快，房地产市场初具规模。这对于合理配置土地资源，提高土地使用效益，增加政府财政收入，改善人民生活居住条件和投资环境，带动相关产业发展，起到了积极的作用。

但与此同时，实现土地的有偿转让以来，由于有关土地管理的各项制度滞后，配套措施不完善，以及行政管理上的偏差，在房地产业发展过程中出现了一些问题，例如，土地转让计划性不强、出让金价格偏低、国有土地收益大量流失；房地产开发过热、投机之风盛行、房地产价格上涨过猛、房地产开发企业增值过快；盲目设立开发区、开发利用率低、国家土地资源浪费严重等。这些问题冲击和危害了国民经济的健康、协调发展，也造成了社会分配不公。

开征土地增值税的一个重要目的就是利用税收杠杆，对房地产业的开发、经营和房地产市场进行适当调控，以保护房地产业和房地产市场的健康发展，控制房地产的投机行为，促进土地资源的合理利用，调节部分单位和个人通过房地产交易取得的过高收入。

（二）保障政府财政收入

土地的收益主要来源于土地的增值。土地的增值主要来自两个方面：一是自然增值，即土地资源是有限的，随着生产和生活建设用地扩大，土地资源相对紧缺，导致土地价格上升，这是土地增值的主要因素；二是投资增值，即投入资金开发建造，把生地变成熟地，建成各种生产、生活、商业设施，改善了生产和生活条件而形成土地增值。通过征收土地增值税，可以保证国家在土地的自然增值和投资增值收益分配过程中取得一定的比例；同时，对房地产开发者投资开发房地产，也能保证其获得合理收益，以促进房地产业的正常发展。

然而，有些地方出于招商引资或短期政绩的考虑，盲目进行土地开发，竞相压低国有土地批租价格，致使政府土地增值收益流失严重，极大地损害了地方政府的财政利益。通过对土地增值收益征税，可以在一定程度上堵塞漏洞，减少土地资源及增值性收益的流失。

另外，我国目前涉及房地产交易市场的税收主要有企业所得税、个人所得税、契税等。这些税种对转让房地产收益只具有一般的调节作用，而对房地产转让增值所获得的过高收入起不到特殊的调节作用。因此，对土地增值收益征税，可以为增加财政收入开辟新的财源。第三产业作为我国今后在很长一段时间内重点发展的产业，是一块有待开发的新税源，在第三产业中，房地产是高附加值产业，开征土地增值税有利于增加政府财政收入。

三、土地增值税的特点

土地增值税与其他税种比较，具有以下五个特点。

1. 以转让房地产取得的增值额为征税对象。我国的土地增值税属于"土地转移增值税"的类型，将土地、房屋的转让收入合并征收。作为征税对象的增值额，是纳税人转让房地产的收入减除税收制度中规定准予扣除项目金额后的余额。

2. 征税面比较广。凡在我国境内转让房地产并取得收入的单位和个人，除明确规定的免税外，均应按照规定缴纳土地增值税。也就是说，凡发生应税行为的单位和个人，不论其经济性质，也不分内、外资企业或中、外籍人员，无论专营或兼营房地产业务，均有缴纳土地增值税的义务。

3. 采用扣除法和评估法计算增值额。土地增值税在计算方法上考虑我国实际情况，以纳税人转让房地产取得的收入减除法定扣除项目金额后的余额作为计税依据。对旧房及建筑物的转让以及对纳税人转让房地产申报不实、成交价格偏低的，则采用评估价格法确定增值额，计征土地增值税。

4. 实行超率累进税率。土地增值税的税率是以转让房地产的增值率高低为依据，按照累进原则设计的，实行分级计税。增值率高的，适用高税率，多纳税；增值率低的，适用低税率，少纳税，税收负担较为合理，便于体现国家政策。

5. 实行按次征收。土地增值税在房地产转让环节征收，实行按次征收，每发生一次转让行为，就应根据每次取得的增值额征一次税。

四、土地增值税的收入归属

根据目前我国分税制财税体制的规定，土地增值税属于地方政府的财政收入。在土地增值税开征前，有些地区已通过征收土地增值费的办法，对土地增值收益进行分配，但办法不统一，收费标准也不规范，相差悬殊。因此，有必要由国家以法律、法规的形式，用强制性的税收方式，规范土地增值性收益的分配制度，以增强地方财力，增加地方财政收入。

五、土地增值税的税制演变和法规依据

19 世纪末 20 世纪初，德国创立了土地增值税。英国和日本也分别于 1910 年和 1923 年开征土地增值税。在中国，1930 年中华民国政府曾在其颁布的《土地法》中详细规定了土地增值税制度。中华人民共和国成立后，曾于 20 世纪 80 年代后期尝试土地制度的改革。1990 年 5 月，国务院发布了《中华人民共和国城镇土地使用权的出让和转让暂行条例》，为土地使用权成为生产要素进入市场提供了法律保障。

我国现行土地增值税的法规依据，主要是国务院于 1993 年 12 月 13 日颁布的《中华人民共和国土地增值税暂行条例》（以下简称《条例》）和 1995 年 1 月 27 日由财政部发布的《中华人民共和国土地增值税暂行条例实施细则》（以下简称《细则》）。《条例》从 1994 年 1 月 1 日起施行，《细则》从 1995 年 1 月 27 日起施行，对 1994 年 1 月 1 日~1995 年 1 月 27 日期间的土地增值税参照《细则》的规定计算征收。

2006 年 12 月 28 日，国家税务总局下发《关于房地产开发企业土地增值税清算管理有关问题的通知》，决定从 2007 年 2 月 1 日起开始清算房地产开发企业的土地增值税。之后，国家税务总局又两次下发文件，规范土地增值税清算工作。这两个文件分别为 2009 年 5 月 12 日发布的《国家税务总局关于印发〈土地增值税清算管理规程〉的通知》和 2010 年 5 月 19 日发布的《国家税务总局关于土地增值税清算有关问题的通知》，以进一步加强房地产企业土地增值税征收管理，规范土地增值税清算工作。

第二节　土地增值税的纳税人、征税范围和税率

一、纳税义务人和征税范围

（一）纳税义务人

土地增值税的纳税义务人为转让国有土地使用权、地上的建筑物及其附着物（以下简称转让房地产）并取得收入的单位和个人。单位包括各类企业、事业单位、国家机关和社会团体以及其他组织。个人，包括个体经营者。

概括来说，《条例》对纳税人的规定主要有以下四个特点。

1. 不论法人与自然人。即不论是企业、事业单位、国家机关、社会团体及其他组织，还是个人，只要有偿转让房地产，都是土地增值税的纳税人。

2. 不论经济性质。即不论是全民所有制企业、集体企业、私营企业、个体

经营者，还是联营企业、合资企业、合作企业、外商独资企业等，只要有偿转让房地产，都是土地增值税的纳税人。

3. 不论内资与外资企业、中国公民与外籍个人。根据 1993 年 12 月 29 日第八届全国人大第五次常务委员会通过的《全国人大常委会关于外商投资企业和外国企业适用增值税、消费税、营业税等税收暂行条例的决定》和《国务院关于外商投资企业和外国企业适用增值税、消费税、营业税等税收暂行条例的有关问题的通知》以及《国家税务总局关于外商投资企业和外国企业及外籍个人适用税种问题的通知》等的规定，土地增值税适用于涉外企业和个人。因此，不论是内资企业、外商投资企业、外国驻华机构，还是中国公民、中国港澳台同胞、海外华侨，或是外国公民，只要有偿转让房地产，都是土地增值税的纳税人。

4. 不论行业与部门。即不论是工业、农业、商业、学校、医院、机关等，只要有偿转让房地产，都是土地增值税的纳税人。

（二）征税范围

土地增值税是对转让国有土地使用权及其地上建筑物和附着物征收。

1. 基本征税范围。土地增值税是对转让国有土地使用权及其地上建筑物和附着物的行为征税，不包括国有土地使用权出让所取得的收入。

国有土地使用权出让是指国家以土地所有者的身份，将土地使用权在一定年限内让与土地使用者，并由土地使用者向国家支付土地使用权出让金的行为，属于土地买卖的一级市场。土地使用权出让方是国家，国家凭借土地的所有权向土地使用者收取土地的租金。出让的目的是实行国有土地有偿使用制度，合理开发、利用、经营土地。因此，土地使用权的出让不属于土地增值税的征税范围。

而国有土地使用权转让是指土地使用者通过出让等形式取得土地使用权后，将土地使用权再转让的行为，包括出售、交换和赠与，它属于土地买卖的二级市场。土地使用权转让，其地上建筑物、其他附着物的所有权也随之转让。土地使用权的转让，属于土地增值税的征税范围。

土地增值税征税范围不包括未转让土地使用权、房产产权的行为，是否发生转让行为主要以房地产权属（指土地使用权和房产产权）的变更为标准。凡土地使用权、房产产权未转让的（如房地产的出租），不征收土地增值税。

土地增值税的基本范围包括以下三种。

（1）转让国有土地使用权。"国有土地"，是指按国家法律规定属于国家所有的土地。出售国有土地使用权是指土地使用者通过出让方式，向政府缴纳土地出让金，有偿受让土地使用权后，仅对土地进行通水、通电、通路和平整地面等土地开发，不进行房产开发，即所谓"将生地变熟地"，然后直接将空地出售出去。

（2）地上的建筑物及其附着物连同国有土地使用权一并转让。"地上的建筑物"是指建于土地上的一切建筑，包括地上、地下的各种附属设施。"附着物"

是指附着于土地上的不能移动或一经移动即遭损坏的物品。纳税人取得国有土地使用权后进行房屋开发建造然后出售的，这种情况即是一般所说的房地产开发。虽然这种行为通常被称作卖房，按照国家有关房地产法律和法规的规定，卖房的同时，土地使用权也随之发生转让。由于这种情况既发生了产权的转让又取得了收入，所以应纳入土地增值税的征税范围。

（3）存量房地产的买卖。存量房地产是指已经建成并已投入使用的房地产，其房屋所有人将房屋产权和土地使用权一并转让给其他单位和个人。这种行为按照国家有关房地产法律和法规，应当到有关部门办理房产产权和土地使用权的转移变更手续；原土地使用权属于无偿划拨的，还应到土地管理部门补交土地出让金。

2. 特殊征税范围。

（1）房地产继承房。地产的继承是指房产的原产权所有人、依照法律规定取得土地使用权的土地使用人死亡以后，由其继承人依法承受死者房产产权和土地使用权的民事法律行为。这种行为虽然发生了房地产的权属变更，但作为房产产权、土地使用权的原所有人（即被继承人）并没有因为权属变更而取得任何收入。因此，这种房地产的继承不属于土地增值税征税范围。

（2）房地产的赠与。房地产赠与是指房产所有人、土地使用权所有人将自己所拥有的房地产无偿地交给其他人的民事法律行为。但这里的"赠与"仅指以下两种情况。①房产所有人、土地使用权所有人将房屋产权、土地使用权赠与直系亲属或承担直接赡养义务人的。②房产所有人、土地使用权所有人通过中国境内非营利的社会团体和国家机关将房屋产权、土地使用权赠与教育和民政以及其他社会福利、公益事业的。社会团体，是指中国青少年发展基金会、希望基金会、宋庆龄基金会、减灾委员会、中国红十字会、中国残疾人联合会、全国老年基金会、老区促进会以及经民政部门批准成立的其他非营利性的公益性组织。

房地产赠与虽然发生了房地产的权属变更，但作为房地产所有人、土地使用权的所有人并没有因为权属的转让而取得任何收入。因此，房地产的赠与不属于土地增值税的征税范围。

（3）房地产的出租。房地产的出租是指房产的产权所有人、依照法律规定取得土地使用权的土地使用人，将房产、土地使用权租赁给承租人使用，由承租人向出租人支付租金的行为。房地产的出租，出租人虽然取得了收入，但没有发生房产产权、土地使用权转让。因此，不属于土地增值税的征税范围。

（4）房地产的抵押。房地产的抵押是指房地产的产权所有人、依法取得土地使用权的土地使用人作为债务人或第三人向债权人提供不动产作为清偿债务的担保，而不转移权属的法律行为。这种情况由于房产的产权、土地使用权在抵押期间产权并没有发生权属的变更，房产的产权所有人土地使用权仍能对房地产行使占有使用收益等权利，房产的产权所有人、土地使用权人虽然在抵押期间取得了一定的抵押贷款，但实际上这些贷款在抵押期满后是要连本带息偿还债权人的。因此，对房地产抵押在抵押期间不征收土地增值税。待抵押期满后，视该房地产是否转移占有而确定是否征收土地增值税。对于以房地产抵债而发生房地产权属转让的，应列入土地增值税的征税范围。

（5）房地产的交换。这种情况是指一方以房地产与另一方的房地产交换的行为。由于这种行为既发生了房产产权、土地使用权的转移，交换双方又取得了实物形态的收入，按《条例》规定，它属于土地增值税的征税范围。但对个人之间互换自有居住用房地产的，经当地税务机关核实，可以免征土地增值税。

（6）合作建房。对于一方出地，另一方出资金，双方合作建房，建成后按比例分房自用的，暂免征收土地增值税；建成后转让的，应征收土地增值税。

（7）房地产的代建行为。这种情况是指房地产开发公司代客户进行房地产的开发，开发完成后向客户收取代建收入的行为。对于房地产开发公司而言，虽然取得了收入，但没有发生房地产权属的转移，其收入属于劳务收入性质，故不属于土地增值税的征税范围。

（8）房地产的重新评估。这主要是指国有企业在清产核资时对房地产重新评估而使其升值的情况。这种情况下，房地产虽然有增值，但其既没有发生房地产权属的转移，房产产权、土地使用权人也未取得收入，所以不属于土地增值税征税范围。

3. 企业改制重组土地增值税政策。

（1）按照《中华人民共和国公司法》的规定，非公司制企业整体改建为有限责任公司或者股份有限公司，有限责任公司（股份有限公司）整体改建为股份有限公司（有限责任公司）。对改建前的企业将国有土地、房屋权属转移、变更到改建后的企业，暂不征土地增值税。整体改建是指不改变原企业的投资主体，并承继原企业权利、义务的行为。

（2）按照法律规定或者合约合同约定，两个或两个以上企业合并为一个企业，且原企业投资主体存续的，对原企业将国有土地、房屋权属转移、变更到合并后的企业，暂不征土地增值税。

（3）按照法律规定或者合同约定，企业分为两个或两个以上与原企业投资主体相同的企业，对原企业将国有土地、房屋权属转移、变更到分立后的企业，暂不征土地增值税。

（4）单位、个人在改制重组时以国有土地、房屋进行投资，对其将国有土地、房屋权属转移、变更到被投资的企业，暂不征土地增值税。

上述（1）~（4）项有关改制重组土地增值税政策不适用于房地产开发企业。

（5）企业改制重组后再转让国有土地使用权并申报缴纳土地增值税时，应以改制前取得该宗国有土地使用权所支付的地价款和按照国家统一规定缴纳的有关费用，作为该企业"取得土地使用权所支付的金额"扣除。企业在重组改制过程中经省级以上（含省级）国土管理部门批准，国家以国有土地使用权作价出资入股的，在转让该宗国有土地使用权并申报缴纳土地增值税时，应以该宗土地作价入股时省级以上（含省级）国土管理部门批准的评估价格，作为该企业

"取得土地使用权所支付的金额"扣除。办理纳税申报时，企业应提供该宗土地作价入股时省级以上（含省级）国土管理部门的批准文件和批准的评估价格，不能提供批准文件和批准的评估价格的，不得扣除。

企业按有关规定享受相关土地增值税优惠政策的，应及时向主管税务机关提交相关的房产、国有土地权证、价值证明等书面材料。

二、税率

土地增值税实行四级超率累进税率。

1. 增值额未超过扣除项目金额50%的部分，税率为30%。

2. 增值额超过扣除项目金额50%、未超过扣除项目金额100%的部分，税率为40%。

3. 增值额超过扣除项目金额100%、未超过扣除项目金额200%的部分，税率为50%。

4. 增值额超过扣除项目金额200%的部分，税率为60%。

上述所列四级超率累进税率，每级"增值额未超过扣除项目金额"的比例，均包括本比例数。超率累进税率如表8-1所示。

表8-1　　　　　　　　土地增值税四级超率累进税率

级数	增值额与扣除项目金额的比率	税率（%）	速算扣除系数（%）
1	不超过50%的部分	30	0
2	超过50%~100%的部分	40	5
3	超过100%~200%的部分	50	15
4	超过200%的部分	60	35

第三节　土地增值税计税依据的确定

一、应税收入的确定

根据《条例》及其《细则》的规定，纳税人转让房地产取得的应税收入，应包括转让房地产的全部价款及有关的经济收益。从收入的形式来看，包括货币收入、实物收入和其他收入。

1. 货币收入。货币收入是纳税人转让房地产取得的现金、银行存款、支票、银行本票、汇票等各种信用票据和国库券、金融债券、企业债券、股票等有价证券。这些类型的收入，其实质都是转让方因转让土地使用权、房屋产权而向取得方收取的价款。货币收入一般比较容易确定。

2. 实物收入。实物收入是指纳税人转让房地产取得的各种实物形态的收入，如钢材、水泥等建材，房屋、土地等不动产。实物收入的价值不太容易确定，一般要对这些实物形态的财产进行估价。

3. 其他收入。其他收入是指纳税人转让房地产而取得的无形资产收入或具有财产价值的权利，如专利权、商标权、著作权、专有技术使用权、土地使用权、商誉权等。这种类型的收入比较少见，其价值需要进行专门的评估。

二、扣除项目的确定

计算土地增值税应纳税额并不是直接对转让房地产所取得的收入征税，而是要对收入额减除国家规定的各种各项扣除项目金额后的余额计算征税（这个余额是纳税人在转让房地产中获取的增值额）。因此，要计算增值额，必须先确定扣除项目。税法准予纳税人从转让收入额中减除的扣除项目包括以下六项。

（一）取得土地使用权所支付的金额

取得土地使用权所支付的金额，包括以下两个方面的内容。

1. 纳税人为取得土地使用权所支付的地价款。如果是以协议、招标、拍卖等出让方式取得的土地使用权的，地价款为纳税人所支付的土地出让金；如果是以行政划拨方式取得土地使用权的，地价款为按照国家有关规定补缴的土地出让金；如果是以转让方式取得土地使用权的，地价款为向原土地使用权人实际支付的地价款。

2. 纳税人取得土地使用权按照国家统一规定缴纳有关费用。它是指纳税人在取得土地使用权过程中为办理有关手续，按照国家统一规定缴纳的有关登记、过户手续费。

（二）房地产开发成本

房地产开发成本是指纳税人房地产开发项目实际发生的成本，包括土地征用及拆迁补偿费、前期工程费、建筑安装工程费、基础建设费、公共配套设施费、开发间接费用等。

1. 土地征用及拆迁补偿费。包括土地征用费、耕地占用税、劳动力安置费及有关地上、地下附着物拆迁补偿的净支出、安置动迁用房支出等。

2. 前期工程费。包括规划、设计、项目可行性研究和水文、地质、勘察、测绘、"三通一平"等支出。

3. 建筑安装工程费。指以出包方式支付给承包单位的建筑安装工程费，以自营方式发生的建筑安装工程费。

4. 基础设施费。包括开发小区内道路、供水、供电、供气、排污、排洪、通信、照明、环卫、绿化等工程发生的支出。

5. 公共配套设施费。包括不能有偿转让的开发小区内公共配套设施发生的支出。

6. 开发间接费用。指直接组织、管理开发项目发生的费用，包括工资、职工福利费、折旧费、修理费、办公费、水电费、劳动保护费、周转房摊销等。

（三）房地产开发费用

房地产开发费用是指与房地产开发项目有关的销售费用、管理费用和财务费用。根据现行财务会计制度的规定，这三项费用作为期间费用，直接计入当期损益，不按成本核算对象进行分摊。故作为土地增值税扣除项目的房地产开发费用，不按纳税人房地产开发项目实际发生的费用进行扣除，而按《细则》的标准进行扣除。

《细则》规定，财务费用中的利息支出，凡能够按转让房地产项目计算分摊并提供金融机构证明的，允许据实扣除，但最高不能超过按商业银行同类同期贷款利率计算的金额。其他房地产开发费用，按《细则》第七条（一）、（二）项规定（即取得土地使用权所支付的金额和房地产开发成本，下同）计算的金额之和的 5% 以内计算扣除。凡不能按转让房地产项目计算分摊利息支出或不能提供金融机构证明的，房地产开发费用按《细则》第七条（一）、（二）项规定计算的金额之和的 10% 以内计算扣除。计算扣除的具体比例，由各省、自治区、直辖市人民政府规定。

上述规定的具体含义为以下四点。

1. 纳税人能够按转让房地产项目计算分摊利息支出，并能提供金融机构的贷款证明的，其允许扣除的房地产开发费用为：利息 +（取得土地使用权所支付的金额 + 房地产开发成本）×5% 以内（注：利息最高不能超过按商业银行同类同期贷款利率计算的金额）。

2. 纳税人不能按转让房地产项目计算分摊利息支出或不能提供金融机构贷款证明的，其允许扣除的房地产开发费用为：（取得土地使用权所支付的金额 + 房地产开发成本）×10% 以内。

全部使用自有资金，没有利息支出的，按照以上方法扣除。上述具体适用的比例按省级人民政府此前规定的比例执行。

3. 房地产开发企业既向金融机构借款，又有其他借款的，其房地产开发费用计算扣除时不能同时适用上述 1、2 所述两种办法。

4. 土地增值税清算时，已经计入房地产开发成本的利息，应调整至财务费用中计算扣除。

此外，财政部、国家税务总局还对扣除项目金额中利息支出的计算问题作了两点专门规定。一是利息的上浮幅度按照国家的有关规定执行，超过上浮幅度的部分不允许扣除；二是对于超过贷款期限的利息部分和加罚的利息不允许扣除。

（四）与房地产有关的税金

与转让房地产有关的税金是指在转让房地产时缴纳的城市维护建设税、印花税。因转让房地产交纳的教育费附加，也可视同税金予以扣除。

需要明确的是，房地产开发企业按照《施工、房地产开发企业财务制度》有关规定，其在转让时缴纳的印花税应列入管理费用中，故在此不允许单独再扣除。其他纳税人缴纳的印花税（按产权转移书据所载金额的 0.5‰贴花）允许在此扣除。

（五）其他扣除项目

对从事房地产开发的纳税人，可按《细则》第七条第（一）、第（二）项规定计算的金额之和，加计 20% 的扣除。在此，应特别指出的是，此条优惠只适用于从事房地产开发的纳税人，除此之外的其他纳税人不适用。这样的规定，目的是抑制炒买炒卖房地产的投机行为，保护正常开发投资者的积极性。

（六）旧房及建筑物的评估价格

纳税人转让旧房的，应按房屋及建筑物的评估价格、取得土地使用权所支付的地价出让金、按国家统一规定缴纳的有关费用和转让环节缴纳的税金作为扣除项目金额计征土地增值税。对取得土地使用权时未支付地价款或不能提供已支付的地价款凭据的，在计征土地增值税时不允许扣除。

旧房及建筑物的评估价格是指在转让已使用的房屋及建筑物时，由政府批准设立的房地产评估机构评定的重置成本价乘以成新度折扣率后的价格。评估价格须经当地税务机关确认。重置成本价的含义是：对旧房及建筑物，按转让时的建材价格及人工费用计算，建造同样面积、同样层次、同样结构、同样建筑标准的新房及建筑物所需花费的成本费用。成新度折扣率的含义是：按旧房的新旧程度做一定比例的折扣。例如，一栋房屋使用近 10 年，建造时的造价为 1 000 万元，按转让时的建材及人工费用计算，建同样的新房需花费 5 000 万元，假定该房有六成新，则该房的评估价格为：5 000 ×60% =3 000（万元）。

纳税人转让旧房及建筑物，凡不能取得评估价格，但能提供购房发票的，经当地税务部门确认，根据《土地增值税暂行条例》第六条第（一）、第（三）项规定的扣除项目的金额（即：取得土地使用权所支付的金额、新建房及配套设施的成本、费用，或者旧房及建筑物的评估价格），可按发票所载金额并从购买年度起至转让年度止，每年加计5% 计算扣除。计算扣除项目时"每年"按购房发票所载日期起至售房发票开具之日止，每满 12 个月计 1 年；超过 1 年，未满 12个月但超过 6 个月的，可以视同 1 年。

对纳税人购房时缴纳的契税，凡能提供契税完税凭证的，准予作为"与转让房地产有关的税金"予以扣除，但不作为加计5% 的基数。

对于转让旧房及建筑物，既没有评估价格，又不能提供购房发票的，地方税务机关可以根据《中华人民共和国税收征收管理法》第三十五条的规定，实行核定征收。

第四节　应纳税额的计算

一、增值额的确定

土地增值税纳税人转让房地产所取得的收入减除规定扣除项目金额后的余额，为增值额。准确核算增值额，还需要有准确的房地产转让收入额和扣除项目金额。在实际房地产交易活动中，有些纳税人由于不能准确提供房地产转让价格或扣除项目金额，致使增值额不准确，直接影响应纳税额的计算和缴纳。因此，《土地增值税暂行条例》第九条规定，纳税人有下列情形之一的，按照房地产评估价格计算征收。

（一）隐瞒虚报房地产成交价格

"隐瞒、虚报房地产成交价格"，是指纳税人不报或有意低报转让土地使用权、地上建筑物及其附着物价款的行为。隐瞒、虚报房地产成交价格，应由评估机构参照同类房地产的市场交易价格进行评估。税务机关根据评估价格确定转让房地产的收入。

（二）提供扣除项目金额不实

"提供扣除项目金额不实"，是指纳税人在纳税申报时不据实提供扣除项目金额的行为。提供扣除项目金额不实的，应由评估机构按照房屋重置成本价乘以成新度折扣率计算的房屋成本价和取得土地使用权时的基准地价进行评估。税务机关根据评估价格确定扣除项目金额。

（三）转让房地产的成交价格低于房地产评估价格，又无正当理由

"转让房地产的成交价格低于房地产评估价格，又无正当理由"，是指纳税人申报的转让房地产的实际成交价低于房地产评估机构评定的交易价，纳税人又不能提供凭据或无正当理由的行为。转让房地产的成交价格低于房地产评估价格，又无正当理由的，由税务机关参照房地产评估价格确定转让房地产的收入。

上述所说的"房地产评估价格"是指由政府批准设立的房地产评估机构根据相同地段、同类房地产进行综合评估的价格。

二、应纳税额的计算方法

土地增值税按照纳税人转让房地产所取得的增值额和规定的税率计算征收，

计算公式为：

$$应纳税额 = \sum（每级距的土地增值额 × 适用税率）$$

但在实际工作中，分步计算比较烦琐，一般可以采用速算扣除法计算，即计算土地增值税税额，可按增值额乘以适用的税率减去扣除项目金额乘以速算扣除系数的简便方法计算，计算公式为：

$$应纳税额 = 土地增值额 × 适用税率 - 扣除项目金额 × 速算扣除系数$$

> **提示：**
> 土地增值税扣除项目涉及的增值税进项税额，允许在销项税额中计算抵扣的，不计入扣除项目；不允许在销项税额中计算抵扣的，可以计入扣除项目。

具体的计算方法分为三步。

第一步：计算土地增值额。土地增值税纳税人转让房地产所取得的收入，减除规定的扣除项目金额后的余额，为土地增值额。用公式表示为：

$$土地增值额 = 转让房地产取得的收入总额 - 扣除项目金额$$

从上述公式中可以看出，要准确计算土地增值额，还需要有准确的房地产转让收入额和扣除项目的金额。但是在实际房地产交易活动中，有些纳税人由于不能准确提供房地产转让价格或扣除项目金额，致使土地增值额不准确，直接影响了应纳税额的计算和缴纳。因此，纳税人有下列情形之一的，应按照房地产评估价格计算征收：（1）隐瞒、虚报房地产成交价格的；（2）提供扣除项目金额不实的；（3）转让房地产的成交价格低于房地产评估价格，又无正当理由的。

隐瞒、虚报房地产成交价格，应由评估机构参照同类房地产的市场交易价格进行评估。税务机关根据评估价格，确定转让房地产的收入。提供扣除项目金额不实的，应由评估机构按照房屋重置成本价乘以成新度折扣率计算的房屋成本价和取得土地使用权时的基准地价进行评估。税务机关根据评估价格，确定扣除项目金额。转让房地产的成交价格低于房地产评估价格、又无正当理由的，由税务机关参照房地产评估价格，确定转让房地产的收入。

第二步：计算土地增值率。土地增值率是土地增值额与扣除项目金额之比。用公式表示为：

$$土地增值率 = 土地增值额 ÷ 扣除项目金额 × 100\%$$

根据计算出的土地增值率查税率表，可确定相应的税率和速算扣除系数。

第三步：利用公式可以计算出土地增值税的应纳税额。

例如，某纳税人转让房地产所取得的收入为 400 万元，其扣除项目金额为 100 万元，计算其应纳的土地增值税。

【解析】①土地增值额 = 400 - 100 = 300（万元）

②出土地增值率＝300÷100×100%＝300%；查找税率表得知，适用税率为60%，速算扣除系数为35%。

③应纳的土地增值税税额＝300×60%－100×35%＝145（万元）

第五节　土地增值税的税收优惠

一、建造普通标准住宅的税收优惠

纳税人建造普通标准住宅出售，增值额未超过扣除项目金额20%的，免征土地增值税。这里所说的"普通标准住宅"，是按所在地一般民用住宅标准建造的居民住宅。高级公寓、别墅、度假村等不属于普通标准住宅。2005年6月1日起，普通标准住宅应同时满足：住宅小区建筑容积率在1.0以上；单套建筑面积在120平方米以下；实际成交价格低于同级别土地上住房平均交易价格1.2倍以下。各省、自治区、直辖市要根据实际情况，制定本地区享受优惠政策普通住房的具体标准。允许单套建筑面积和价格标准适当浮动，但向上浮动的比例不得超过上述标准的20%。纳税人建造普通标准住宅出售，增值额未超过扣除项目金额20%的，免征土地增值税增值额；超过扣除项目金额20%的，应就其全部增值额按规定计税。

对于纳税人及建造普通标准住宅，又建造其他房地产开发的，应分别核算增值额。不分别核算增值额或不能准确核算增值额的，其建造的普通标准住宅不能适用这一免税规定。

对企事业单位、社会团体以及其他组织转让旧房作为公租房房源，且增值额未超过扣除项目金额20%的，免征土地增值税。

二、国家征用收回的房地产的税收优惠

因国家建设需要依法征用、收回的房地产，免征土地增值税。

这里所说的"因国家建设需要依法征用、收回的房地产"，是指因城市实施规划、国家建设的需要而被政府批准征用的房产或收回的土地使用权。

三、因城市规划、国家建设需要而搬迁，由纳税人自行转让原房地产的税收优惠

因城市实施规划、国家建设的需要而搬迁，由纳税人自行转让原房地产的，免征土地增值税。

因"城市实施规划"而搬迁，是指因旧房改造或因企业污染、扰民（指产生过量废气、废水、废渣和噪声，使城市居民生活受到一定危害），而由政府或

政府有关主管部门根据已审批通过的城市规划确定进行搬迁的情况。因"国家建设的需要"而搬迁，是指因实施国务院、省级人民政府、国务院有关部委批准的建设项目而进行搬迁的情况。

四、对企事业单位、社会团体以及其他组织转让旧房作为公共租赁住房房源的税收优惠

对企事业单位、社会团体以及其他组织转让旧房作为公共租赁住房房源且增值额未超过扣除项目金额20%的，免征土地增值税。享受上述税收优惠政策的公共租赁住房是指纳入省、自治区、直辖市、计划单列市人民政府及新疆生产建设兵团批准的公共租赁住房发展规划和年度计划，并按照《关于加快发展公共租赁住房的指导意见》和市、县人民政府制定的具体管理办法进行管理的公共租赁住房。

第六节　土地增值税的征收管理

一、土地增值税纳税义务发生时间

1. 以一次交割、付清价款方式转让房地产的，在办理过户、登记手续前，一次性缴纳全部税额。

2. 以分期收款方式转让的，先计算出应纳税总额，然后根据合同约定的收款日期和约定的收款比例确定应纳税额。

3. 项目全部竣工结算前转让房地产的，分以下两种情况。

（1）纳税人进行小区开发建设的，其中一部分房地产项目因先行开发并已转让出去，但小区内的部分配套设施往往在转让后才建成，在这种情况下，税务机关可以对先行转让的项目在取得收入时预征土地增值税。

（2）纳税人以预售方式转让房地产的，对在办理结算和转交手续前就取得的收入，税务机关也可以预征土地增值税。具体办法由各省、自治区、直辖市地方税务局根据当地情况制定。凡采用预征方法征收土地增值税的，在该项目全部竣工办理清算时，都需要对土地增值税进行清算，根据应征税额和已征税额进行结算，多退少补。

二、土地增值税的纳税期限

纳税人应自转让房地产合同签订之日起7日内，向房地产所在地的主管税务机关办理纳税申报，同时向税务机关提交相关资料。

1. 房地产开发企业应向税务机关提交以下资料：（1）房屋及建筑物产权、

土地使用权书；（2）土地转让、房产买卖合同；（3）房地产评估报告；（4）与转让房地产有关的资料。

2. 非房地产开发公司还需要提供与转让房地产有关的税金的完税凭证。纳税人发生下列转让行为的，还应从签订房地产转让合同之日起7日内，到房地产所在地主管税务机关备案：（1）因国家建设需要依法征用、收回的房地产，纳税人因而得到经济补偿的；（2）因城市实施规划、国家建设的需要而搬迁，由纳税人自行转让其房地产的；（3）转让原自用住房的。

三、土地增值税的纳税地点

土地增值税的纳税人应向房地产所在地主管税务机关办理纳税申报，并在税务机关核定的期限内缴纳土地增值税。

这里所说的"房地产所在地"，是指房地产的坐落地。纳税人转让的房地产坐落在两个或两个以上地区的，应按房地产所在地分别申报纳税。具体有以下两种情况。

1. 纳税人是法人的，当转让的房地产坐落地与其机构所在地或经营所在地一致时，则在办理税务登记的原管辖税务机关申报纳税即可；如果转让的房地产坐落地与其机构所在地或经营所在地不一致时，则应在房地产坐落地所管辖的税务机关申报纳税。

2. 纳税人是自然人的，当转让的房地产坐落地与其居住所在地一致时，则在住所所在地税务机关申报纳税；当转让的房地产坐落地与其居住所在地不一致时，则在办理过户手续所在地的税务机关申报纳税。

四、房地产开发企业土地增值税清算

自2007年2月1日起，各省机关可按以下规定对房地产开发企业土地增值税进行清算。各省税务机关可依据以下规定并结合当地实际情况制定具体清算管理办法。

（一）土地增值税的清算单位

土地增值税以国家有关部门审批的房地产开发项目为单位进行清算，对于分期开发的项目，以分期项目为单位清算。

开发项目中同时包含普通住宅和非普通住宅的，应分别计算增值额。

（二）土地增值税的清算条件

1. 符合下列情形之一的，纳税人应进行土地增值税的清算。

（1）房地产开发项目全部竣工、完成销售的；

（2）整体转让未竣工决算房地产开发项目的；

（3）直接转让土地使用权的。

2. 符合下列情形之一的，主管税务机关可要求纳税人土地增值税清算。

（1）已竣工验收的房地产开发项目，已转让的房地产建筑面积占整个项目可售建筑面积的比例在85%以上，或该比例虽未超过85%但剩余的可售建筑面积已经出租或自用的；

（2）取得销售（预售）许可证满3年仍未销售完毕的；

（3）纳税人申请注销税务登记但未办理土地增值税清算手续的；

（4）省税务机关规定的其他情况。

（三）非直接销售和自用房地产的收入确定

1. 房地产开发企业将开发产品用于职工福利、奖励、对外投资、分配给股东或投资人、抵偿债务、换取其他单位和个人非货币性资产等，发生所有权转移时应视同销售房地产，其收入按下列方法和顺序确认。

（1）按本企业在同一地区、同一年度销售的同类房地产的平均价格确定；

（2）由主管税务机关参照当地当年、同类房地产的市场价格或评估价值确定。

2. 房地产开发企业将开发的部分房地产转为企业自用或用于出租等商业用途时，如果产权未发生转移，不征收土地增值税，在税款清算时不列收入，不扣除相应的成本和费用。

3. 土地增值税清算时，已全额开具商品房销售发票的，按照发票所载金额确认收入；未开具发票或未全额开具发票的，以交易双方签订的销售合同所载的售房金额及其他收益确认收入。销售合同所载商品房面积与有关部门实际测量面积不一致，在清算前已发生补、退房款的，应在计算土地增值税时予以调整。

（四）土地增值税的扣除项目

1. 房地产开发企业办理土地增值税清算时计算与清算项目有关的扣除项目金额，应根据《条例》第六条及《细则》第七条的规定执行。除另有规定外，扣除取得土地使用权所支付的金额、房地产开发成本、费用及转让房地产有关税金，须提供合法有效凭证；不能提供合法有效凭证的，不予扣除。

2. 房地产开发企业办理土地增值税清算所附送的前期工程费、建筑安装工程费、基础设施费、开发间接费用的凭证或资料不符合新的要求或不实的，地方税务机关可参照当地建设工程造价管理部门公布的建安造价定额材料资料，结合房屋结构、用途、区位等因素，核定上述四项开发成本的单位面积金额标准，并据以计算扣除。具体核定办法由省税务机关确定。

3. 房地产开发企业开发建造的与清算项目配套的居委会和派出所用房、会所、停车场（库）、物业管理场所、变电站、热力站、水厂、文体场所、学校、幼儿园、托儿所、医院、邮电通信等公共设施，按以下原则处理。

（1）建成后产权属于全体业主所有的，其成本、费用可以扣除；

（2）建成后无偿移交给政府、公用事业单位用于非营利性社会公共事业的，其成本、费用可以扣除；

（3）建成后有偿转让的，应计算收入，并准予扣除成本、费用。

4. 房地产开发企业销售已装修的房屋，其装修费用可以计入房地产开发成本。房地产开发企业预提费用，除另有规定外，不得扣除。

5. 属于多个房地产项目共同成本费用，应按清算项目可售建筑面积占多个项目可售总建筑面积的比例或其他合理的方法，计算确定清算项目的扣除金额。

6. 房地产开发企业在工程竣工验收后，根据合同约定，扣留建筑安装施工企业一定比例的工程款，作为开发项目的质量保证金，在计算土地增值税时，建筑安装施工企业就质量保证金对房地产开发企业开具发票的，按发票所载金额予以扣除；未开具发票的，扣留的质保金不得计算扣除。

7. 房地产开发企业逾期开发缴纳的土地闲置费不得扣除。

8. 房地产开发企业为取得土地使用权所支付的契税，应视同"按国家统一规定缴纳的有关费用"，计入"取得土地使用权所支付的金额"中扣除。

9. 拆迁安置费的扣除，按以下规定处理。

（1）房地产企业用建造的该项目房地产安置回迁户的，安置用房视同销售处理，按《国家税务总局关于房地产开发企业土地增值税清算管理有关问题的通知》（以下简称《通知》）第三条第（一）项规定确认收入（即按本企业同一地区、同一年度销售的同类房地产的平均价格确定；或由主管税务机关参照当地当年、同类房地产的市场价格或评估价值确定），同时将此确认为房地产开发项目的拆迁补偿费。房地产开发企业支付给回迁户的补差价款，计入拆迁补偿费；回迁户支付给房地产开发企业的补差价款，应抵减本项目拆迁补偿费。

（2）开发企业采取异地安置，异地安置的房屋属于自行开发建造的，房屋价值按该《通知》第三条第（一）项的规定计算，计入本项目的拆迁补偿费；异地安置的房屋属于购入的，以实际支付的购房支出计入拆迁补偿费。

（3）货币安置拆迁的，房产开发企业凭合法有效凭据计入拆迁补偿费。

（五）土地增值税清算应报送的资料

符合《通知》第二条第（一）项规定的纳税人，须在满足清算条件之日起90日内到主管税务机关办理清算手续；符合《通知》第二条第（二）项规定的纳税人，须在主管税务机关限定的期限内办理清算手续。

纳税人办理土地增值税清算应报送以下资料。

（1）房地产开发企业清算土地增值税书面申请、土地增值税纳税申报表；

（2）项目竣工决算报表、取得土地使用权所支付的地价款凭证、国有土地使用权出让合同、银行贷款利息结算通知单、项目工程合同结算单、商品房购销合同统计表等与转让房地产的收入、成本和费用有关的证明资料；

（3）主管税务机关要求报送的其他与土地增值税清算有关的证明资料等。

纳税人委托税务中介机构审核签证的清算项目，还应报送中介机构出具的《土地增值税清算税款鉴证报告》。

（六）土地增值税清算项目的审核鉴证

税务中介机构受托对清算项目审核鉴证时，应按税务机关规定的格式对审核鉴证情况出具鉴证报告。对符合要求的鉴证报告，税务机关可以采信。

税务机关要对从事土地增值税清算鉴证工作的税务中介机构在准入条件、工作程序、鉴证内容、法律责任等方面提出明确要求，并做好必要的指导和管理工作。

（七）土地增值税的核定征收

房地产开发企业具有下列情形之一的，税务机关可以参照与其开发规模和收入水平相近的当地企业的土地增值税税负情况，按不低于预征率的征收率核定征收土地增值税。

（1）依照法律、行政法规的规定应当设置但未设置账簿的；

（2）擅自销毁账簿或拒不提供纳税资料的；

（3）虽设置账簿，但账目混乱或者成本资料、收入凭证、费用凭证残缺不全，难以确定转让收入或扣除项目金额的；

（4）符合土地增值税清算条件，未按照规定的期限办理清算手续，经税务机关责令限期清算，逾期仍不清算的；

（5）申报的计税依据明显偏低，又无正当理由的。

核定征收必须严格依照税收法律法规规定条件进行，任何单位个人不得擅自扩大核定征收范围，严禁在清算中出现"以核定为主、一核了之""求快图省"的做法。凡擅自将核定征收作为本地区土地增值税清算主要方式的，必须立即纠正。对确需核定征收的，要严格按照税收法律法规的要求，从严、从高确定核定征收率。为了规范核定工作，核定征收率原则上不得低于5%，各省税务机关要结合本地实际，区分不同房地产类型制定核定征收率。

（八）清算后再转让房地产的处理

在土地增值税清算时未转让的房地产，清算后销售或有偿转让的，纳税人应按规定进行土地增值税纳税申报，扣除项目金额按清算时的单位建筑面积成本费用乘以销售或转让面积计算。计算公式为：

单位建筑面积成本费用＝清算时的扣除项目总金额÷清算的总建筑面积

（九）土地增值税清算后应补缴的土地增值税加收滞纳金

纳税人按规定预缴土地增值税后，清算补缴的土地增值税，在主管税务机关规定的期限内补缴的，不加收滞纳金。

知识巩固与能力提升

一、单项选择题

1. 下列各项中，属于土地增值税纳税人的是（　　）。

A. 转让国有土地使用权的企业

B. 合作建房后分房自用的企业

C. 出租厂房的企业

D. 将办公楼用于抵押的企业

2. 下列不属于土地增值税特点的是（　　）。

A. 采用扣除法计算增值额　　　　B. 采用评估法计算增值税

C. 实行超额累进税率　　　　　　D. 征收管理上按次征收

3. 下列项目中，属于土地增值税中房地产开发成本的是（　　）。

A. 土地出让金　　　　　　　　　B. 管理费用

C. 前期工程费　　　　　　　　　D. 借款利息费用

4. 土地增值税采用四级超率累进税率，其中最高的税率为（　　）。

A. 30%　　　　　B. 50%　　　　　C. 60%　　　　　D. 100%

5. 选择土地增值税适用税率的依据是（　　）。

A. 转让房地产的收入额与扣除项目金额之比

B. 增值额与转让房地产的收入额之比

C. 增值额与扣除项目金额之比

D. 扣除项目金额与增值额之比

二、多项选择题

1. 土地增值税的纳税人是指转让国有土地使用权、地上建筑物及其附着物并取得收入的单位和个人，包括（　　）。

A. 企事业单位　　　　　　　　　B. 国家机关

C. 国有企业　　　　　　　　　　D. 外商投资企业

2. 下列不征收或减免土地增值税的有（　　）。

A. 一方出资，另一方出地，双方合作建房并出售的行为

B. 企业兼并转让房地产

C. 以房地产抵债而发生的房地产产权转让的

D. 将房地产出租

3. 下列属于房地产开发费用项目的有（　　）。

A. 前期工程费

B. 房地产转让的印花税

C. 房地产销售费用

D. 房地产开发项目向金融机构的借款利息

4. 土地增值税扣除项目中，取得土地使用权所支付的金额，其形式有（　　）。

A. 以出让方式取得土地使用权的，为支付的土地出让金等

B. 以行政划拨方式取得土地使用权的，为评估机构的评估价值

C. 以转让方式取得土地使用权的，为支付的地价款和有关费用

D. 以转让方式取得土地使用权的，为支付的土地出让金

5. 下列项目中，属于土地增值税中房地产开发成本的有（　　　）。

A. 土地出让金　　　　　　　　　　B. 管理费用

C. 公共配套设施费　　　　　　　　D. 土地征用及开发补偿款

三、判断题

1. 房地产出租不属于土地增值税的征税范围。　　　　　　　　　（　　）

2. 某厂转让一栋 2000 年建造的办公楼，取得转让收入 100 万元，当时该办公楼的造价为 130 万元，由于售价低于原价，所以该厂的该笔转让业务不必缴纳土地增值税。　　　　　　　　　　　　　　　　　　　　　　（　　）

3. 土地增值税采用四级超率累进税率，累进的依据为土地增值额与转让收入之比。　　　　　　　　　　　　　　　　　　　　　　　　　　　（　　）

4. 财务费用中的利息支出，凡能按转让房地产项目计算分摊并提供金融机构证明的，可据实扣除。　　　　　　　　　　　　　　　　　　　　（　　）

5. 对一方出土地，另一方出资金，双方合作建房建成后转让的，可以免征土地增值税。　　　　　　　　　　　　　　　　　　　　　　　　　（　　）

四、计算题

1. 位于某市区的宏祥食品公司，10 月份出售一栋自建办公楼，取得销售收入 6 000 万元（不含增值税），当期缴纳增值税 700 万元。宏祥公司为取得办公楼用地支付的土地出让金是 600 万元，建造办公楼的房地产开发成本是 900 万元，分摊到建造办公楼的利息费用是 30 万元，利率不超过商业银行同类同期贷款利率水平，并能够提供金融机构贷款证明。

要求：计算宏祥公司销售该办公楼土地增值税的应纳税额。

2. 某市某房地产公司出售一栋写字楼，收入总额为 10 000 万元，开发该写字楼的有关支出如下：支付的地价款和各种费用 1 000 万元；房地产开发成本 3 000 万元；财务费用中列明的利息支出为 505 万元，该项支出可按转让项目计算分摊并提供金融机构提供的相关证明，但其中包括 50 万元罚息；转让环节缴纳的相关税费为 550 万元；该公司所在地政府规定的其他房地产开发费用扣除比例为 5%。

要求：计算该公司应缴纳的土地增值税。

第九章 其他资源税类

【本章概览】

党的十九大报告提出，加快建立绿色生产和消费的法律制度和政策导向，建立健全绿色低碳循环发展的经济体系。资源税促进资源节约利用、倒逼经济发展方式转变的功能定位更加清晰。本章主要介绍了其他资源税类的相关税种，具体包括资源税、城镇土地使用税以及耕地占用税的征收范围、纳税人、计税依据、税率、税款的计算和征收管理等内容。通过对本章的学习，要求学生掌握其他资源税类的基本要素，能正确进行其他资源税类应纳税额的计算。

【学习目标】

1. 了解资源税、城镇土地使用税以及耕地占用税的概念、特点、征税范围。

2. 掌握资源税、城镇土地使用税以及耕地占用税等各税收制度的纳税人、征收范围的规定。

3. 掌握资源税、城镇土地使用税以及耕地占用税等各税收制度的具体内容，正确计算纳税人应缴纳的税额。

4. 掌握资源税、城镇土地使用税以及耕地占用税等各税收制度的优惠政策等税收要素的内容。

【情景引例】

在治理污染、促进资源有效利用过程中，资源税利用税收杠杆，有"限"有"奖"，对资源消耗高、污染环境的增加税收成本，对节约资源、利于环保的给予税收优惠，并鼓励企业想方设法提高资源利用水平，助力企业生产转型升级。

江苏省淮安市岩盐资源储量居全国首位，该市盐化工行业龙头企业井神盐化股份有限公司，2016 年 7 月～2017 年 6 月，共计缴纳资源税 1 816 万余元，"如果按以前从量计征方法征税，应该缴纳资源税 3 271 万元，实际减轻税负近 1 455 万元"。该公司负责人告诉记者，减下来的资金全部投入技术创新和资源循环利用上，充分运用减税杠杆撬动绿色制造动能，走出了资源综合利用的新路。

资源税改革在释放减税红利、引导企业绿色发展、转型升级的同时，也涵养着优质、绿色的税源，优化了"营改增"后地方税体系。

2017 年的资源税改革明确规定，改革后收入分配进一步向地方倾斜，原矿产资源补偿费并入资源税后全部留归地方，中央不再分成，使得地方实际可支配收入增加，有助于地方加快建立完善资源开发生态环境损害补偿机制，变资源优势为经济优势和财政优势，有力地促进了地方经济社会发展。

据统计，受原油、煤炭等主要资源价格快速上涨的影响，2017 年上半年全国共有 26 个省份资源税实现增收，其中山西、内蒙古、陕西等省份资源税收入分别增长 142%、122% 和 109%，占地方税收入总量分别达到 32%、20% 和 15%，比 2016 年同期分别提高了 19%、12% 和 9%。

资料来源：中国经济网，http://ce.cn/xwzw/gnsz/gdxw/201711/07/t20171107_26779146.shtml。

思考：如何通过资源税改革，推动形成绿色发展的方式和生活方式，进一步完善绿色税制，理顺资源税费关系、提高征管效率。

第一节　资源税

一、概述

2020 年 9 月 1 日起，《资源税法》正式施行。

《资源税法》是指国家制定的用以调整资源税征收与缴纳相关权利及义务关系的法律规范。现行资源税法的基本规范，包括 2011 年 9 月 30 日国务院发布的《中华人民共和国资源税暂行条例》（以下简称《资源税暂行条例》），2011 年 10 月 28 日财政部、国家税务总局发布的《中华人民共和国资源税暂行条例实施细则》（以下简称《资源税实施细则》），2016 年 5 月 9 日财政部、国家税务总局发布的《关于全面推进资源税改革的通知》《关于资源税改革具体政策问题的通知》以及 2018 年 3 月 30 日国家税务总局公告《资源税征收管理规程》等。

资源税是以部分自然资源为课税对象，对在我国领域及管辖的其他海域开发应税资源的单位和个人课征的一种税。1984 年我国开征资源税时，普遍认为征收资源税主要依据的是受益原则、公平原则和效率原则三方面。从受益方面考虑，资源属国家所有，开采者因开采国有资源而得益，有责任向所有者支付其地租；从公平角度来看，条件公平是有效竞争的前提，资源级差收入的存在影响资源开采者利润的真实性，故级差收入以归政府支配为宜；从效率角度分析，稀缺资源应由社会净效率高的企业来开采，对资源开采中出现的掠夺和浪费行为，国家有权采取经济手段促其转变。

1986 年 10 月 1 日，《矿产资源法》施行，该法第五条进一步明确：国家对矿产资源施行有偿开采。开采矿产资源，必须按照国家有关规定缴纳资源税和资源补偿费。1993 年全国财税体制改革，对 1984 年第一次资源税法律制度作了重大修改，形成了第二代资源税制度。1993 年 12 月国务院发布的《资源税暂行条例》及

《资源税暂行条例实施明细》，把盐税并到资源税中，并将资源税征收范围扩大为原油、天然气、煤炭、其他非金属矿原矿、黑色金属矿原矿、有色金属矿原矿和盐七种，于1994年1月1日起不再按超额利润征税，而是按矿产品销售量征税，按照"普遍征收、级差调节"的原则，就资源赋税情况、开采条件、资源等级、地理位置等客观条件的差异规定了幅度税额，为每一个课税矿区规定了适用税率。这一规定考虑了资源条件优劣的差别，对级差收益进行了有效调节。

2010年6月1日，国家在新疆对原油、天然气进行了资源税从价计征改革试点工作；2014年12月又对煤炭的资源税由从量计征改为从价计征，取得一定效果。根据党中央、国务院决策部署，自2016年7月1日起全面推进资源税改革，对绝大部分应税产品实行从价计征方式，对经营分散、多为现金交易且难以控管的黏土、砂石，按照便利征管原则，仍实行从量定额计征。同时在河北开征水资源税的试点工作，采取水资源费改税方式，将地表水和地下水纳入征税范围，实行从量定额计征。2017年12月1日起，水资源税改革试点进一步扩大到北京、天津、山西、内蒙古、山东、河南、四川、陕西、宁夏等九个省（自治区、直辖市）。

二、纳税人、征税范围和税率

（一）纳税人

资源税的纳税义务人是指在中华人民共和国领域及管辖的其他海域开发应税资源的单位和个人。

单位是指国有企业、集体企业、私营企业、股份制企业、其他企业和行政单位、事业单位、军事单位、社会团体及其他单位；个人是指个体经营者和其他个人。其他单位和其他个人包括外商投资企业、外国企业及外籍人员。

（二）征税范围

资源税税目包括五大类，在五个税目下面又设有若干个子目。现行资源税的税目及子目主要是根据资源税应税产品和纳税人开采资源的行业特点设置的。

1. 原油，是指开采的天然原油，不包括人造石油。

2. 天然气，是指专门开采或者与原油同时开采的天然气。煤炭生产的天然气不征。

3. 煤炭，包括原煤和以未税原煤（即自采原煤）加工的洗选煤。

4. 金属矿，包含铁矿、金矿、铜矿、铝土矿、铅锌矿、镍矿、锡矿、钨矿、钼矿、未列举名称的其他金属矿产品原矿或精矿。

5. 其他非金属矿，包含石墨、硅藻土、高岭土、萤石、石灰石、硫铁矿、磷矿、氯化钾、硫酸钾、未列举名称的其他非金属矿产品。

6. 盐，包括固体盐（海盐原盐、湖盐原盐和井矿盐）和液体盐（卤水）。

7. 对取用地表水或地下水的单位和个人试点征收水资源税。

（三）税率

资源税采取从价计征为主、从量计征为辅的征收方式，分别以应税产品的销售额乘以纳税人具体适用的比例税率或者以应税产品的销售数量乘以纳税人具体适用的定额税率计算，实施"级差调节"的原则。级差调节是指运用资源税对因资源贮存状况、开采条件、资源优劣、地理位置等客观存在的差别而产生的资源级差收入，通过实施差别税率或差别税额进行调节（见表9-1）。

表9-1中列举的资源品目，由省级人民政府在规定的税率幅度内提出具体适用税率建议，报财政部、国家税务总局确定核准。

表9-1 　　　　2020年9月1日开始执行的资源税税目税率表

税目		征税对象	税率
能源矿产	原油	原矿	6%
	天然气、页岩气、天然气水合物	原矿	6%
	煤	原矿或者选矿	2%~10%
	煤成（层）气	原矿	1%~2%
	铀、钍	原矿	4%
	油页岩、油砂、天然沥青、石煤	原矿或者选矿	1%~4%
	地热	原矿	1%~20%或者每立方米1~30元
金属矿产	黑色金属 铁、锰、铬、钒、钛	原矿或者选矿	1%~9%
	有色金属 铜、铅、锌、锡、镍、锑、镁、钴、铋、汞	原矿或者选矿	2%~10%
	铝土矿	原矿或者选矿	2%~9%
	钨	选矿	6.50%
	钼	选矿	8%
	金、银	原矿或者选矿	2%~6%
	铂、钯、钌、锇、铱、铑	原矿或者选矿	5%~10%
	轻稀土	选矿	7%~12%
	中重稀土	选矿	20%
	铍、锂、锆、锶、铷、铯、铌、钽、锗、镓、铟、铊、铪、铼、镉、硒、碲	原矿或者选矿	2%~10%
非金属矿产	矿物类 高岭土	原矿或者选矿	1%~6%
	石灰岩	原矿或者选矿	1%~6%或者每吨（或者每立方米）1~10元
	磷	原矿或者选矿	3%~8%
	石墨	原矿或者选矿	3%~12%

税目			征税对象	税率
非金属矿产	矿物类	萤石、硫铁矿、自然硫	原矿或者选矿	1%～8%
		天然石英砂、脉石英、粉石英、水晶、工业用金刚石、冰洲石、蓝晶石、硅线石（矽线石）、长石、滑石、刚玉、菱镁矿、颜料矿物、天然碱、芒硝、钠硝石、明矾石、砷、硼、碘、溴、膨润土、硅藻土、陶瓷土、耐火黏土、铁钒土、凹凸棒石黏土、海泡石黏土、伊利石黏土、累托石黏土	原矿或者选	1%～12%
		叶蜡石、硅灰石、透辉石、珍珠岩、云母、沸石、重晶石、毒重石、方解石、蛭石、透闪石、工业用电气石、白垩、石棉、蓝石棉、红柱石、石榴子石、石膏	原矿或者选矿	2%～12%
		其他黏土（铸型用黏土、砖瓦用黏土、陶粒用黏土、水泥配料用黏土、水泥配料用红土、水泥配料用黄土、水泥配料用泥岩、保温材料用黏土）	原矿或者选矿	1%～5%或者每吨（或者每立方米）0.1～5元
	岩石类	大理岩、花岗岩、白云岩、石英岩、砂岩、辉绿岩、安山岩、闪长岩、板岩、玄武岩、片麻岩、角闪岩、页岩、浮石、凝灰岩、黑曜岩、霞石正长岩、蛇纹岩、麦饭石、泥灰岩、含钾岩石、含钾砂页岩、天然油石、橄榄岩、松脂岩、粗面岩、辉长岩、辉石岩、正长岩、火山灰、火山渣、泥炭	原矿或者选矿	1%～10%
		砂石	原矿或者选矿	1%～5%或者每吨（或者每立方米）0.1～5元
	宝玉石类	宝石、玉石、宝石级金刚石、玛瑙、黄玉、碧玺	原矿或者选矿	4%～20%
	水气矿产	三氧化碳气、硫化氢气、氦气、氡气	原矿	2%～5%
		矿泉水	原矿	1%～20%或者每立方米1～30元
	盐	钠盐、钾盐、镁盐、锂盐	选矿	3%～15%
		天然卤水	原矿	3%～15%或者每吨（或者每立方米）1～10元
		海盐		2%～5%

注：（1）铝土矿包括耐火级矾土、研磨级矾土等高铝黏土。

（2）氯化钠初级产品是指井矿盐、湖盐原盐、提取地下卤水晒制的盐和海盐原盐，包括固体和液体形态的初级产品。

（3）海盐是指海水晒制的盐，不包括提取地下卤水晒制的盐。

（4）轻稀土按地区执行不同的适用税率，其中，内蒙古为11.5%、四川为9.5%、山东为7.5%。

（5）中重稀土资源税适用税率为27%，钨资源税适用税率为6.5%，钼资源税适用税率为11%。

（6）对取用地表水或地下水的单位和个人试点征收水资源税。

对未列举名称的其他金属和非金属矿产品，由省级人民政府根据实际情况确定具体税目和适用税率，报财政部、国家税务总局备案。

省级人民政府在提出和确定适用税率时，要结合当前矿产企业实际生产经营情况，遵循改革前后税费平移原则，充分考虑企业负担能力。测算具体适用税率时，要充分考虑本地区资源禀赋、企业承受能力和清理收费基金等因素，按照改革前后税费平移原则，以近几年企业缴纳资源税、矿产资源补偿费金额（铁矿石开采企业缴纳资源税金额按40%税额标准测算）和矿产品市场价格水平为依据确定。一个矿种原则上设定一档税率，少数资源条件差异较大的矿种可按不同资源条件、不同地区设定两档税率。

纳税人开采或者生产不同税目应税产品的，应当分别核算不同税目应税产品的销售额或者销售数量；未分别核算或者不能准确提供不同税目应税产品的销售额或者销售数量的，从高适用税率。

煤炭资源税税率幅度为2%～10%，具体适用税率由省级财税部门在此幅度内，根据本地区清理收费基金、企业承受能力、煤炭资源条件等因素提出建议，报省级人民政府拟定。结合煤炭行业实际情况，现行税费负担较高的地区要适当降低负担水平。省级人民政府需将拟定的适用税率在公布前报财政部、国家税务总局审批。跨省煤田的适用税率由财政部、国家税务总局确定。

（四）计税依据

资源税的计税依据为应税产品的销售额或销售量，各税目的征税对象包括原矿、精矿（或原矿加工品，下同）、金锭、氯化钠初级产品，具体按照表9-1执行。对未列举名称的其他矿产品，省级人民政府可对本地区主要矿产品按矿种设定税目，对其余矿产品按类别设定税目，并按其销售的主要形态（如原矿、精矿）确定征税对象。

对《资源税税目税率幅度表》中列举名称的资源品目和未列举名称的其他金属矿实行从价计征；对经营分散、多为现金交易且难以控管的黏土、砂石，按照便利征管原则，仍实行从量定额计征；对《资源税税目税率幅度表》中未列举名称的其他非金属矿产品，按照从价计征为主、从量计征为辅的原则，由省级人民政府确定计征方式。

1. 从价定率征收的计税依据。

（1）销售额的认定。从价定率征收的计税依据为销售额，它是指纳税人销售应税产品向购买方收取的全部价款和价外费用，不包括增值税销项税额和运杂费用。

运杂费用是指应税产品从坑口或洗选（加工）地到车站、码头或购买方指定地点的运输费用、建设基金以及随运销产生的装卸、仓储、港杂费用。运杂费用应与销售额分别核算，凡未取得相应凭据或不能与销售额分别核算的，应当一并计征资源税。

价外费用，包括价外向购买方收取的手续费、补贴、基金、集资费、返还利润、奖励费、违约金、滞纳金、延期付款利息、赔偿金、代收款项、代垫款项、包装费、包装物租金、储备费、优质费以及其他各种性质的价外收费。

纳税人以人民币以外的货币结算销售额的，应当折合成人民币计算。其销售额的人民币折合率可以选择销售额发生的当天或者当月 1 日的人民币汇率中间价。纳税人应在事先确定采用何种折合率计算方法，确定后 1 年内不得变更。

（2）原矿销售额与精矿销售额的换算或折算。为公平原矿与精矿之间的税负，对同一种应税产品，征税对象为精矿的，纳税人销售原矿时，应将原矿销售额换算为精矿销售额缴纳资源税；征税对象为原矿的，纳税人销售自采原矿加工的精矿，应将精矿销售额折算为原矿销售额缴纳资源税。换算比或折算率原则上应通过原矿售价、精矿售价和选矿比计算，也可通过原矿销售额、加工环节平均成本和利润计算。

金矿以标准金锭为征税对象，纳税人销售金原矿、金精矿的，应比照上述规定将其销售额换算为金锭销售额缴纳资源税。

换算比或折算率应按简便可行、公平合理的原则，由省级财税部门确定，并报财政部、国家税务总局备案。

（3）特殊情形下销售额的确定。

①纳税人开采应税矿产品由其关联单位对外销售的，按其关联单位的销售额征收资源税。

②纳税人既有对外销售应税产品又有将应税产品用于除连续生产应税产品以外其他方面的（包括用于非生产项目和生产非应税产品），则自用的这部分应税产品按纳税人对外销售应税产品的平均价格计算销售额征收资源税。

③纳税人将其开采的应税产品直接出口的，按其离岸价格（不含增值税）计算销售额征收资源税。

④纳税人申报的应税产品销售额明显偏低并且无正当理由的、有视同销售应税产品行为而无销售额的，除财政部、国家税务总局另有规定外，按下列顺序确定销售额。

a. 按纳税人最近时期同类产品的平均销售价格确定。

b. 按其他纳税人最近时期同类产品的平均销售价格确定。

c. 按组成计税价格确定。组成计税价格公式为：

$$组成计税价格 = 成本 \times (1 + 成本利润率) \div (1 - 税率)$$

其中，成本是指应税产品的实际生产成本；成本利润率由省、自治区、直辖市税务机关确定。

⑤纳税人用已纳资源税的应税产品进一步加工应税产品销售的，不再缴纳资源税。纳税人以未税产品和已税产品混合销售或者混合加工为应税产品销售的，应当准确核算已税产品的购进金额，在计算加工后的应税产品销售额时，准予扣减已税产品的购进金额；未分别核算的，一并计算缴纳资源税。

2. 从量定额征收的计税依据。实行从量定额征收的以销售数量为计税依据。销售数量的具体规定为：

（1）销售数量，包括纳税人开采或者生产应税产品的实际销售数量和视同销售的自用数量。

（2）纳税人不能准确提供应税产品销售数量的，以应税产品的产量或者主管税务机关确定的折算比换算成的数量为计征资源税的销售数量。

（3）资源税纳税人自产自用应税产品，因无法准确提供移送使用量而采取折算比换算课税数量办法的，按以下两种方法处理。

①煤炭，对于连续加工前无法正确计算原煤移送使用量的，可按加工产品的综合回收率，将加工产品实际销量和自用量折算成的原煤数量作为课税数量。

②金属和非金属矿产品原矿，因无法准确掌握纳税人移送使用原矿数量的，可将其精矿按选矿比折算成的原矿数量作为课税数量。

（4）纳税人以自产的液体盐加工固体盐，按固体盐税额征税，以加工的固体盐数量为课税数量；纳税人以外购的液体盐加工固体盐，其加工固体盐所耗用液体盐的已纳税额准予抵扣。

三、应纳税额的计算

资源税的应纳税额，按照从价定率或者从量定额的办法，分别以应税产品的销售额乘以纳税人具体适用的比例税率或者以应税产品的销售数量乘以纳税人具体适用的定额税率计算。

（一）从价定率方式应纳税额的计算

实行从价定率方式征收资源税的，根据应税产品的销售额和规定的适用税率计算应纳税额，具体计算公式为：

$$应纳税额 = 销售额 \times 适用税率$$

【例9-1】某油田2022年3月销售原油20 000吨，开具增值税专用发票取得销售额10 000万元、增值税税额1 700万元，按《资源税税目税率幅度表》的规定，其适用的税率为8%。请计算该油田3月应缴纳的资源税。

【解析】销售原油应纳税额 = 10 000 × 8% = 800（万元）

（二）从量定额方式应纳税额的计算

实行从量定额征收资源税的，根据应税产品的课税数量和规定的单位税额计算应纳税额，具体计算公式为：

$$应纳税额 = 课税数量 \times 单位税额$$
$$代扣代缴应纳税额 = 收购未税矿产品的数量 \times 适用的单位税额$$

【例9-2】某砂石开采企业2022年3月销售砂石3 000立方米，资源税税率为2元/立方米。请计算该企业3月应纳资源税税额。

【解析】销售砂石应纳税额 = 课税数量 × 单位税额 = 3 000 × 2 = 6 000（元）

（三）煤炭资源税计算方法

为规范煤炭资源税从价计征管理，国家税务总局制定了《煤炭资源税征收管理办法（试行）》，自 2015 年 8 月 1 日起施行。

1. 计算方法概述。煤炭资源税应纳税额按照原煤或者洗选煤计税销售额乘以适用税率计算。

纳税人开采原煤直接对外销售的，以原煤销售额作为应税煤炭销售额计算缴纳资源税。计算公式为：

$$原煤应纳税额 = 原煤销售额 × 适用税率$$

纳税人将其开采的原煤加工为洗选煤销售的，以洗选煤销售额乘以折算率作为应税煤炭销售额计算缴纳资源税。计算公式为：

$$洗选煤应纳税额 = 洗选煤销售额 × 折算率 × 适用税率$$

原煤计税销售额是指纳税人销售原煤向购买方收取的全部价款和价外费用，不包括收取的增值税销项税额以及从坑口到车站、码头或购买方指定地点的运输费用。

洗选煤计税销售额按洗选煤销售额乘以折算率计算。洗选煤销售额是指纳税人销售洗选煤向购买方收取的全部价款和价外费用，包括洗选副产品的销售额，不包括收取的增值税销项税额以及从洗选煤厂到车站、码头或购买方指定地点的运输费用。

在计算煤炭计税销售额时，原煤及洗选煤销售额中包含的运输费用、建设基金以及随运销产生的装卸、仓储、运杂等费用应与煤价分别核算，凡取得相应凭据的，允许在计算煤炭计税销售额时予以扣减。扣减的凭据包括有关发票或者经主管税务机关审核的其他凭据。运输费用明显高于当地市场价格导致应税煤炭产品价格偏低，且无正当理由的，主管税务机关有权合理调整计税价格。

纳税人同时销售（包括视同销售）应税原煤和洗选煤的，应当分别核算原煤和洗选煤的销售额；未分别核算或者不能准确提供原煤和洗选煤销售额的，一并视同销售原煤计算缴纳资源税。

纳税人同时以自采未税原煤和外购已税原煤加工洗选煤的，应当分别核算；未分别核算的，按洗选煤销售额缴纳资源税。

2. 洗选煤折算率计算方法。洗选煤折算率由省、自治区、直辖市财税部门或其授权地市级财税部门根据煤炭资源区域分布、煤质煤种等情况确定，体现有利于提高煤炭洗选率，促进煤炭清洁利用和环境保护的原则。

洗选煤折算率一经确定，原则上在一个纳税年度内保持相对稳定，但在煤炭市场行情、洗选成本等发生较大变化时可进行调整。

洗选煤折算率计算公式如下。

公式一：

$$洗选煤折算率 = \frac{洗选煤平均销售额 - 洗选环节平均成本 - 洗选环节平均利润}{洗选煤平均销售额} \times 100\%$$

洗选煤平均销售额、洗选环节平均成本、洗选环节平均利润可按照上年当地行业平均水平测算确定。

公式二：

$$洗选煤折算率 = 原煤平均销售额 \div (洗选煤平均销售额 \times 综合回收率) \times 100\%$$

原煤平均销售额、洗选煤平均销售额可按照上年当地行业平均水平测算确定，计算公式为：

$$综合回收率 = 洗选煤数量 \div 入洗前原煤数量 \times 100\%$$

3. 视同销售。纳税人将其开采的原煤自用于连续生产洗选煤的，在原煤移送使用环节不缴纳资源税；自用于其他方面的，视同销售原煤。纳税人将其开采的原煤加工为洗选煤自用的，视同销售洗选煤。

4. 特殊情形下销售额的确定。

（1）纳税人申报的原煤或洗选煤销售价格明显偏低且无正当理由的，或者有视同销售应税煤炭行为而无销售价格的，主管税务机关应按下列顺序确定计税价格。

①按纳税人最近时期同类原煤或洗选煤的平均销售价格确定。

②按其他纳税人最近时期同类原煤或洗选煤的平均销售价格确定。

③按组成计税价格确定，计算公式为：

$$组成计税价格 = 成本 \times (1 + 成本利润率) \div (1 - 资源税税率)$$

④按其他合理方法确定。

（2）纳税人与其关联企业之间的业务往来，应当按照独立企业之间的业务往来收取或支付价款、费用；不按照独立企业之间的业务往来收取或支付价款、费用，而减少其应纳税收入的，税务机关有权按照《中华人民共和国税收征收管理法》及其实施细则的有关规定进行合理调整。

（3）纳税人以自采原煤或加工的洗选煤连续生产焦炭、煤气、煤化工、电力等产品，自产自用且无法确定应税煤炭移送使用量的，可采取最终产成品的煤耗指标确定用煤量，即：煤电一体化企业可按照每千瓦时综合供电煤耗指标进行确定；煤化工一体化企业可按照煤化工产成品的原煤耗用率指标进行确定；其他煤炭连续生产企业可采取其产成品煤耗指标进行确定，或者参照其他合理方法进行确定。

5. 销售额的扣减。

（1）纳税人将自采原煤与外购原煤（包括煤矸石）进行混合后销售的，应当准确核算外购原煤的数量、单价及运费，在确认计税依据时可以扣减外购相应原煤的购进金额，计算公式为：

计税依据 = 当期混合原煤销售额 - 当期用于混售的外购原煤的购进金额

外购原煤的购进金额 = 外购原煤的购进数量 × 单价

（2）纳税人将自采原煤连续加工的洗选煤与外购洗选煤进行混合后销售的，比照上述有关规定计算缴纳资源税。

纳税人以自采原煤和外购原煤混合加工洗选煤的，应当准确核算外购原煤的数量、单价以及运费，在确认计税依据时可以扣减外购相应原煤的购进金额，计算公式为：

计税依据 = 当期洗选煤销售额 × 折算率 − 当期用于混洗混售的外购原煤的购进金额

外购原煤的购进金额 = 外购原煤的购进数量 × 单价

纳税人扣减当期外购原煤或者洗选煤购进额的，应当以增值税专用发票、普通发票或者海关报关单作为扣减凭证。

6. 征收管理。

（1）纳税环节。纳税人销售应税煤炭的，在销售环节缴纳资源税。纳税人以自采原煤直接或者经洗选加工后连续生产焦炭、煤气、煤化工、电力以及其他煤炭深加工产品的，视同销售，在原煤或者洗选煤移送环节缴纳资源税。

（2）纳税地点。纳税人煤炭开采地与洗选、核算地不在同一行政区域（县级以上）的，煤炭资源税在煤炭开采地缴纳。纳税人在本省、自治区、直辖市范围开采应税煤炭，其纳税地点需要调整的，由省、自治区、直辖市税务机关决定。

四、税收优惠

（一）原油、天然气优惠政策

1. 开采原油过程中用于加热、修井的原油，免税。

2. 油田范围内运输稠油过程中用于加热的原油、天然气，免征资源税。

3. 稠油、高凝油和高含硫天然气资源税减征40%。稠油，是指地层原油黏度大于或等于50毫帕/秒或原油密度大于或等于0.92克/立方厘米的原油；高凝油，是指凝固点大于40摄氏度的原油；高含硫天然气，是指硫化氢含量大于或等于30克/立方米的天然气。

4. 三次采油资源税减征30%。三次采油，是指二次采油后继续以聚合物驱、三元复合驱、泡沫驱、二氧化碳驱、微生物驱等方式进行采油。

5. 对低丰度油气田开采的原油、天然气，暂减征20%。陆上低丰度油田，是指每平方公里原油可采储量丰度在25万立方米（不含）以下的油田；陆上低丰度气田，是指每平方公里天然气可采储量丰度在2.5亿立方米（不含）以下的气田。海上低丰度油田，是指每平方公里原油可采储量丰度在60万立方米（不含）以下的油田；海上低丰度气田，是指每平方公里天然气可采储量丰度在6亿立方米（不含）以下的气田。

6. 对深水油气田资源税减征30%。深水油气田，是指水深超过300米（不含）的油气田。

7. 对煤炭开采企业因安全生产需要抽采的煤成（层）气，免征资源税。

符合上述减免税规定的原油、天然气划分不清的，一律不予减免资源税，同时符合上述两项及两项以上减税规定的，只能选择其中一项执行，不能叠加适用。

为便于征管，对开采稠油、高凝油、高含硫天然气、低丰度油气资源及三次采油的陆上油气田企业，根据以前年度符合上述减税规定的原油、天然气销售额占其原油、天然气总销售额的比例，确定资源税综合减征率和实际征收率，计算资源税应纳税额。计算公式为：

$$综合减征率 = \sum（减税项目销售额 × 减征幅度 × 6\%）÷ 总销售额$$
$$实际征收率 = 6\% - 综合减征率$$
$$应纳税额 = 总销售额 × 实际征收率$$

（二）矿产资源优惠政策

1. 对鼓励利用的低品位矿、废石、尾矿、废渣、废水、废气等提取的矿产品，由省级人民政府根据实际情况确定是否减税或免税，并制定具体办法。

2. 从 2007 年 1 月 1 日起，对地面抽采煤层气暂不征收资源税。煤层气是指赋存于煤层及其围岩中与煤炭资源伴生的非常规天然气，也称煤矿瓦斯。

3. 对实际开采年限在 15 年以上的衰竭期矿山开采的矿产资源，资源税减征 30%。衰竭期矿山是指剩余可采储量下降到原设计可采储量的 20%（含）以下或剩余服务年限不超过 5 年的矿山，以开采企业下属的单个矿山为单位确定。

4. 对依法在建筑物下、铁路下、水体下通过充填开采方式采出的矿产资源，资源税减征 50%。充填开采是指随着回采工作面的推进，向采空区或离层带等空间充填废石、尾矿、废渣、建筑废料以及专用充填合格材料等采出矿产品的开采方法。

5. 对鼓励利用的低品位矿、废石、尾矿、废渣、废水、废气等提取的矿产品，由省级人民政府根据实际情况确定是否给予减税或免税。

6. 为促进共伴生矿的综合利用，纳税人开采销售共伴生矿，共伴生矿与主矿产品销售额分开核算的，对共伴生矿暂不计征资源税；没有分开核算的，共伴生矿按主矿产品的税目和适用税率计征资源税。财政部、国家税务总局另有规定的，从其规定。

（三）其他减税、免税项目

1. 纳税人开采或者生产应税产品过程中，因意外事故或者自然灾害等原因遭受重大损失的，由省、自治区、直辖市人民政府酌情决定减税或者免税。

2. 2019 年 1 月 1 日至 2021 年 12 月 31 日，对增值税小规模纳税人可以在

50% 的税额幅度内减征资源税。

3. 2014 年 12 月 1 日至 2023 年 8 月 31 日，对充填开采置换出来的煤炭，资源税减征 50% 。

五、征收管理

（一）纳税义务发生时间

1. 纳税人销售应税产品，其纳税义务发生时间分为以下三种情况。

（1）纳税人采取分期收款结算方式的，其纳税义务发生时间为销售合同规定的收款日期的当天。

（2）纳税人采取预收货款结算方式的，其纳税义务发生时间为发出应税产品的当天。

（3）纳税人采取除分期收款和预收货款以外其他结算方式的，其纳税义务发生时间为收讫销售款或者取得索取销售款凭据的当天。

2. 纳税人自产自用应税产品的纳税义务发生时间为移送使用应税产品的当天。

3. 扣缴义务人代扣代缴税款的纳税义务发生时间为支付首笔货款或首次开具支付货款凭据的当天。

（二）纳税期限

1. 纳税期限是纳税人发生纳税义务后缴纳税款的期限。资源税的纳税期限为 1 日、3 日、5 日、10 日、15 日或者 1 个月，纳税人的纳税期限由主管税务机关根据实际情况具体核定。不能按固定期限计算纳税的，可以按次计算纳税。

2. 纳税人以 1 个月为一期纳税的，自期满之日起 10 日内申报纳税；以 1 日、3 日、5 日、10 或者 15 日为一期纳税的，自期满之日起 5 日内预缴税款，于次月 1 日起 10 日内申报纳税并结清上月税款。

（三）纳税环节和纳税地点

1. 资源税在应税产品的销售或自用环节计算缴纳。以自采原矿加工精矿产品的，在原矿移送使用时不缴纳资源税，在精矿销售或自用时缴纳资源税。

2. 纳税人以自采原矿加工金锭的，在金锭销售或自用时缴纳资源税。纳税人销售自采原矿或者自采原矿加工的金精矿、粗金，在原矿或者金精矿、粗金销售时缴纳资源税，在移送使用时不缴纳资源税。

3. 纳税人应当向矿产品的开采地或盐的生产地缴纳资源税。纳税人在本省、自治区、直辖市范围开采或者生产应税产品，其纳税地点需要调整的，由省级地方税务机关决定。

第二节　城镇土地使用税

一、概述

城镇土地使用税法是指国家制定的调整城镇土地使用税征收与缴纳权利及义务关系的法律规范。现行城镇土地使用税法的基本规范，是 2006 年 12 月 31 日国务院修改并颁布的《中华人民共和国城镇土地使用税暂行条例》，2013 年 12 月 4 日国务院第 32 次常务会议作了部分修改（2013 年 12 月 7 日起实施）（以下简称《城镇土地使用税暂行条例》）。

城镇土地使用税是以国有土地为征税对象，对拥有土地使用权的单位和个人征收的一种税。征收城镇土地使用税有利于促进土地的合理使用，调节土地级差收入，也有利于筹集地方财政资金。

二、纳税人、征税范围和税率

（一）纳税义务人

在城市、县城、建制镇、工矿区范围内使用土地的单位和个人，为城镇土地使用税（以下简称土地使用税）的纳税人。

上述所称单位，包括国有企业、集体企业、私营企业、股份制企业、外商投资企业、外国企业以及其他企业和事业单位、社会团体、国家机关、军队以及其他单位；所称个人，包括个体工商户以及其他个人。

城镇土地使用税的纳税人通常包括以下五类：

（1）拥有土地使用权的单位和个人；

（2）拥有土地使用权的单位和个人不在土地所在地的，其土地的实际使用人和代管人为纳税人；

（3）土地使用权未确定或权属纠纷未解决的，其实际使用人为纳税人；

（4）土地使用权共有的，共有各方都是纳税人，由共有各方分别纳税；

（5）在城镇土地使用税征税范围内，承租集体所有建设用地的，由直接从集体经济组织承租土地的单位和个人，缴纳城镇土地使用税。

几个人或几个单位共同拥有一块土地的使用权，这块土地的城镇土地使用税的纳税人应是对这块土地拥有使用权的每一个人或每一个单位。他们应以其实际使用的土地面积占总面积的比例，分别计算缴纳土地使用税。

（二）征税范围

城镇土地使用税的征税范围，包括在城市、县城、建制镇和工矿区内的国家所有和集体所有的土地。

上述城市、县城、建制镇和工矿区分别按以下标准确认：

（1）城市是指经国务院批准设立的市；

（2）县城是指县人民政府所在地；

（3）建制镇是指经省、自治区、直辖市人民政府批准设立的建制镇；

（4）工矿区是指工商业比较发达，人口比较集中，符合国务院规定的建制镇标准，但尚未设立建制镇的大中型工矿企业所在地，工矿区须经省、自治区、直辖市人民政府批准。

上述城镇土地使用税的征税范围中，城市的土地包括市区和郊区的土地，县城的土地是指县人民政府所在地的城镇的土地，建制镇的土地是指镇人民政府所在地的土地。

建立在城市、县城、建制镇和工矿区以外的工矿企业不需要缴纳城镇土地使用税。

（三）税率

城镇土地使用税采用定额税率，即采用有幅度的差别税额，按大、中、小城市和县城、建制镇、工矿区分别规定每平方米土地使用税年应纳税额。具体标准如下：

（1）大城市 1.5～30 元；

（2）中等城市 1.2～24 元；

（3）小城市 0.9～18 元；

（4）县城、建制镇、工矿区 0.6～12 元。

大、中、小城市以公安部门登记在册的非农业正式户口人数为依据，按照国务院颁布的《城市规划条例》中规定的标准划分。人口在 50 万以上的为大城市；人口在 20 万～50 万的为中等城市；人口在 20 万以下的为小城市。城镇土地使用税税率如表 9-2 所示。

表 9-2　　　　　　　　　　　城镇土地使用税税率

级别	人口（人）	每平方米税额（元）
大城市	50 万以上	1.5～30
中等城市	20 万～50 万	1.2～24
小城市	20 万以下	0.9～18
县城、建制镇、工矿区		0.6～12

各省、自治区、直辖市人民政府可根据市政建设情况和经济繁荣程度在规定税额幅度内，确定所辖地区的适用税额幅度。经济落后地区，土地使用税的适用税额标准可适当降低，但降低额不得超过上述规定最低税额的 30%。经济发达地区的适用税额标准可以适当提高，但须报财政部批准。

土地使用税规定幅度税额主要考虑到我国各地区存在着悬殊的土地级差收益，同一地区内不同地段的市政建设情况和经济繁荣程度也有较大的差别。把土地使用税税额定为幅度税额，拉开档次，而且每个幅度税额的差距规定为 20 倍。这样，各地政府在划分本辖区不同地段的等级，确定适用税额时，有选择余地，便于具体操作。幅度税额还可以调节不同地区、不同地段之间的土地级差收益，尽可能地平衡税负。

三、应纳税额的计算

（一）计税依据

城镇土地使用税以纳税人实际占用的土面积为计税依据，土地面积计量标准为每平方米。即税务机关根据纳税人实际占用的土地面积，按照规定的税额计算应纳税额，向纳税人征收土地使用税。

纳税人实际占用的土地面积按下列办法确定。

1. 由省、自治区、直辖市人民政府确定的单位组织测定土地面积的，以测定的面积为准。

2. 尚未组织测量，但纳税人持有政府部门核发的土地使用证书的，以证书确认的土地面积为准。

3. 尚未核发土地使用证书的，应由纳税人申报土地面积，据以纳税，待核发土地使用证以后再做调整。

4. 对在城镇土地使用税征税范围内单独建造的地下建筑用地，按规定征收城镇土地使用税。其中，已取得地下土地使用权证的，按土地使用权证确认的土地面积计算应征税款；未取得地下土地使用权证或地下土地使用权证上未标明土地面积的，按地下建筑垂直投影面积计算应征税款。

对上述地下建筑用地暂按应征税款的 50% 征收城镇土地使用税。

（二）应纳税额的计算方法

城镇土地使用税的应纳税额可以通过纳税人实际占用的土地面积乘以该土地所在地段的适用税额求得，其计算公式为：

$$全年应纳税额 = 实际占用应税土地面积（平方米）\times 适用税额$$

【例 9 - 3】设在某城市的一家企业使用土地面积为 10 000 平方米，经税务机关核定，该土地为应税土地，每平方米年税额为 4 元。请计算其全年应纳的土地使用税税额。

【解析】全年应纳税额 = 10 000 × 4 = 40 000（元）

四、税收优惠

（一）法定免缴土地使用税的优惠

1. 国家机关、人民团体、军队自用的土地。

2. 由国家财政部门拨付事业经费的单位自用的土地。

3. 宗教寺庙、公园、名胜古迹自用的土地。

4. 市政街道、广场、绿化地带等公共用地。

5. 直接用于农、林、牧、渔业的生产用地。

6. 经批准开山填海整治的土地和改造的废弃土地，从使用的月份起免缴土地使用税5～10年。

具体免税期限由各省、自治区、直辖市地方税务局在《城镇土地使用税暂行条例》规定的期限内自行确定。

7. 对非营利性医疗机构、疾病控制机构和妇幼保健机构等卫生机构自用的土地，免征城镇土地使用税。

8. 企业办的学校、医院、托儿所、幼儿园，其用地能与企业其他用地明确区分的，免征城镇土地使用税。

9. 免税单位无偿使用纳税单位的土地（如公安、海关等单位使用铁路、民航等单位的土地），免征城镇土地使用税。纳税单位无偿使用免税单位的土地，纳税单位应照章缴纳城镇土地使用税。纳税单位与免税单位共同使用、共有使用权土地上的多层建筑，对纳税单位可按其占用的建筑面积占建筑总面积的比例计征城镇土地使用税。

10. 对行使国家行政管理职能的中国人民银行总行（含国家外汇管理局）所属分支机构自用的土地，免征城镇土地使用税。

11. 为了体现国家的产业政策，支持重点产业的发展，对石油、电力、煤炭等能源用地，民用港口、铁路等交通用地和水利设施用地，三线调整企业、盐业、采石场、邮电等一些特殊用地划分了征免税界限和给予政策性减免税照顾。具体规定如下：

（1）对石油天然气生产建设中用于地质勘探、钻井、井下作业、油气田地面工程等施工临时用地暂免征收城镇土地使用税；

（2）对企业的铁路专用线、公路等用地，在厂区以外、与社会公用地段未加隔离的，暂免征收城镇土地使用税；

（3）对企业厂区以外的公共绿化用地和向社会开放的公园用地，暂免征收城镇土地使用税；

（4）对盐场的盐滩、盐矿的矿井用地，暂免征收城镇土地使用税。

12. 2016年1月1日～2018年12月31日，对专门经营农产品的农产品批发市场、农贸市场使用（包括自有和承租，下同）的房产、土地，暂免征收房产税和城镇土地使用税；对同时经营其他产品的农产品批发市场和农贸市场使用的房产、土地，按其他产品与农产品交易场地面积的比例确定征免房产税和城镇土地使用税。

13. 2017年1月1日～2019年12月31日，对物流企业自有的（包括自用和出租）大宗商品仓储设施用地，减按所属土地等级适用税额标准的50%计征城镇土地使用税。物流企业的办公、生活区用地以及其他非直接从事大宗商品仓储的用地，不属于优惠范围，应按规定征收城镇土地使用税。符合减税条件的物流企业需持相关材料向主管税务机关办理备案手续。

（二）省、自治区、直辖市地方税务局确定的土地使用税减免优惠

1. 个人所有的居住房屋及院落用地。
2. 房产管理部门在房租调整改革前经租的居民住房用地。
3. 免税单位职工家属的宿舍用地。
4. 集体和个人办的各类学校、医院、托儿所、幼儿园用地。

五、征收管理

（一）纳税期限

城镇土地使用税实行按年计算、分期缴纳的征收方法，具体纳税期限由省、自治区、直辖市人民政府确定。

（二）纳税义务发生时间

1. 纳税人购置新建商品房，自房屋交付使用之次月起，缴纳城镇土地使用税。

2. 纳税人购置存量房，自办理房屋权属转移、变更登记手续，房地产权属登记机关签发房屋权属证书之次月起，缴纳城镇土地使用税。

3. 纳税人出租、出借房产，自交付出租、出借房产之次月起，缴纳城镇土地使用税。

4. 以出让或转让方式有偿取得土地使用权的，应由受让方从合同约定交付土地时间的次月起缴纳城镇土地使用税；合同未约定交付时间的，由受让方从合同签订的次月起缴纳城镇土地使用税。

5. 纳税人新征用的耕地，自批准征用之日起满1年时开始缴纳土地使用税。

6. 纳税人新征用的非耕地，自批准征用次月起缴纳土地使用税。

7. 自2009年1月1日起，纳税人因土地的权利发生变化而依法终止城镇土地使用税纳税义务的，其应纳税款的计算应截至土地权利发生变化的当月月末。

（三）纳税地点和征收机构

城镇土地使用税在土地所在地缴纳。

纳税人使用的土地不属于同一省、自治区、直辖市管辖的，由纳税人分别向土地所在地的税务机关缴纳土地使用税；在同一省、自治区、直辖市管辖范围内，纳税人跨地区使用的土地，其纳税地点由各省、自治区、直辖市地方税务局确定。

土地使用税由土地所在地的地方税务机关征收，其收入纳入地方财政预算管

理。土地使用税征收工作涉及面广、政策性较强，在税务机关负责征收的同时，还必须注意加强同国土管理、测绘等有关部门的联系，及时取得土地的权属资料、沟通情况，共同协作把征收管理工作做好。

第三节　耕地占用税

一、概述

耕地占用税是对占用耕地建房或从事其他非农业建设的单位和个人，就其实际占用的耕地面积征收的一种税，它属于对特定土地资源占用课税。

根据国务院发布的《中华人民共和国耕地占用税暂行条例》，从 1987 年 4 月 1 日起对占用耕地建房者征收耕地占用税该《暂行条例》实施以来，对保护我国农村耕地资源起到积极作用，然而，随着经济的发展，越来越无法适应新时代的需要，保护耕地的作用逐渐弱化。随着经济的发展，为了适应新形势的需要，国务院对 1987 年发布并施行的《中华人民共和国耕地占用税暂行条例》作了全面修订，新修订的《中华人民共和国耕地占用税暂行条例》于 2008 年 1 月 1 日起正式施行。2008 年 2 月 26 日，财政部、国家税务总局公布了《中华人民共和国耕地占用税暂行条例实施细则》，并于公布之日起实施。2018 年 12 月 29 日，中华人民共和国第十三届全国人民代表大会常务委员会第七次会议通过了《中华人民共和国耕地占用税法》，自 2019 年 9 月 1 日起施行，此法成为我国现行有效的第八部税收法律，也是由税务机关负责征收税款的第六部现行税收实体法。

二、纳税人、征税范围和税率

（一）纳税义务人

耕地占用税的纳税义务人，是占用耕地建设建筑物、构筑物或者从事非农业建设的单位和个人。

所称单位，包括国有企业、集体企业、私营企业、股份制企业、外商投资企业、外国企业以及其他企业和事业单位、社会团体、国家机关、军队以及其他单位；所称个人，包括个体工商户以及其他个人。

（二）征税范围

耕地占用税的征税范围包括纳税人为建设建筑物、构筑物或者从事非农业建设而占用的国家所有和集体所有的耕地。

占用耕地建设农田水利设施不缴纳耕地占用税。

耕地指种植农业作物的土地，包括菜地、园地。其中，园地包括花圃、苗圃、茶园、果园、桑园和其他种植经济林木的土地。

占用鱼塘及其他农用土地建房或从事其他非农业建设，也视同占用耕地，必须依法征收耕地占用税。占用已开发从事种植、养殖的滩涂，草场，水面和林地等从事非农业建设，由省、自治区、直辖市本着有利于保护土地资源和生态平衡的原则，结合具体情况确定是否征收耕地占用税。

（三）税率

由于在我国的不同地区之间人口和耕地资源的分布极不均衡，有些地区人烟稠密，耕地资源相对匮乏；而有些地区则人烟稀少，耕地资源比较丰富。各地区之间的经济发展水平也有很大差异。考虑到不同地区之间客观条件的差别以及与此相关的税收调节力度和纳税人负担能力方面的差别，耕地占用税在税率设计上采用了地区差别定额税率。

税率规定如下。

1. 人均耕地不超过一亩的地区（以县、自治县、不设区的市、市辖区为单位，下同），每平方米为 10～50 元；

2. 人均耕地超过一亩但不超过两亩的地区，每平方米为 8～40 元；

3. 人均耕地超过两亩但不超过三亩的地区，每平方米为 6～30 元；

4. 人均耕地超过三亩的地区，每平方米为 5～25 元。

各地区耕地占用税的适用税额，由省（自治区、直辖市）人民政府根据人均耕地面积和经济发展等情况，在前款规定的税额幅度内提出，报同级人民代表大会常务委员会决定，并报全国人民代表大会常务委员会和国务院备案。各省（自治区、直辖市）耕地占用税适用税额的平均水平，不得低于本法所附《各省（自治区、直辖市）耕地占用税平均税额表》规定的平均税额（见表9－3）。

表9－3 　　　　各省（自治区、直辖市）耕地占用税平均税额　　　单位：元

地区	每平方米平均税额
上海	45
北京	40
天津	35
江苏、浙江、福建、广东	30
辽宁、湖北、湖南	25
河北、安徽、江西、山东、河南、重庆、四川	22.5
广西、海南、贵州、云南、陕西	20
山西、吉林、黑龙江	17.5
内蒙古、西藏、甘肃、青海、宁夏、新疆	12.5

三、应纳税额的计算

（一）计税依据

耕地占用税以纳税人实际占用耕地的面积为计税依据，以每平方米为计量单位。

（二）税额计算

耕地占用税以纳税人实际占用的耕地面积为计税依据，按照规定的适用税额一次性征收，应纳税额为纳税人实际占用的耕地面积（平方米）乘以适用税额。其计算公式为：

$$应纳税额 = 实际占用耕地面积(平方米) \times 适用定额税率$$

【例9-4】假设某市一家企业新占用20 000平方米耕地用于工业建设，所占耕地适用的定额税率为20元/平方米。计算该企业应纳的耕地占用税。

【解析】应纳税额 = 20 000 × 20 = 400 000（元）

四、税收优惠

耕地占用税对占用耕地实行一次性征收，对生产经营单位和个人不设立减免税，仅对公益性单位和需照顾群体设立减免税。

（一）免征耕地占用税

1. 军事设施、学校、幼儿园、社会福利机构、医疗机构占用耕地，免征耕地占用税。

2. 农村烈士遗属、因公牺牲军人遗属、残疾军人以及符合农村最低生活保障条件的农村居民，在规定用地标准以内新建自用住宅，免征耕地占用税。

（二）减征耕地占用税

1. 铁路线路、公路线路、飞机场跑道、停机坪、港口、航道、水利工程占用耕地，减按每平方米2元的税额征收耕地占用税。

2. 农村居民在规定用地标准以内占用耕地新建自用住宅，按照当地适用税额减半征收耕地占用税。其中，农村居民经批准搬迁，新建自用住宅占用耕地不超过原宅基地面积的部分，免征耕地占用税。

3. 根据国民经济和社会发展的需要，国务院可以规定免征或者减征耕地占用税的其他情形，报全国人民代表大会常务委员会备案。

（三）其他规定

1. 根据《中华人民共和国耕地占用税法》规定免征或者减征耕地占用税后，纳税人改变原占地用途，不再属于免征或者减征耕地占用税情形的，应当按照当地适用税额补缴耕地占用税。

2. 纳税人因建设项目施工或者地质勘查临时占用耕地，应当依照本法的规定缴纳耕地占用税。纳税人在批准临时占用耕地期满之日起一年内依法复垦、恢复种植条件的，全额退还已经缴纳的耕地占用税。

3. 占用园地、林地、草地、农田水利用地、养殖水面、渔业水域滩涂以及其他农用地建设建筑物、构筑物或者从事非农业建设的，依照本法的规定缴纳耕地占用税。

占用上述规定农用地的，适用税额可以适当低于本地区按照本法第四条第二款确定的适用税额，但降低的部分不得超过50%。具体适用税额由省（自治区、直辖市）人民政府提出，报同级人民代表大会常务委员会决定，并报全国人民代表大会常务委员会和国务院备案。

占用上述规定的农用地建设直接为农业生产服务的生产设施的，不缴纳耕地占用税。

4. 依照军事设施、学校、幼儿园、社会福利机构、医疗机构占用耕地免征耕地占用税以及铁路线路、公路线路、飞机场跑道、停机坪、港口、航道、水利工程占用耕地减征耕地占用税后，纳税人改变原占地用途，不再属于免征或者减征耕地占用税情形的，应当按照当地适用税额补缴耕地占用税。

五、征收管理

耕地占用税由税务机关负责征收。耕地占用税的纳税义务发生时间为纳税人收到自然资源主管部门办理占用耕地手续的书面通知的当日。纳税人应当自纳税义务发生之日起30日内申报缴纳耕地占用税。

自然资源主管部门凭耕地占用税完税凭证或者免税凭证和其他有关文件发放建设用地批准书。

税务机关应当与相关部门建立耕地占用税涉税信息共享机制和工作配合机制。县级以上地方人民政府自然资源、农业农村、水利等相关部门应当定期向税务机关提供农用地转用、临时占地等信息，协助税务机关加强耕地占用税征收管理。

税务机关发现纳税人的纳税申报数据资料异常或者纳税人未按照规定期限申报纳税的，可以提请相关部门进行复核，相关部门应当自收到税务机关复核申请之日起30日内向税务机关出具复核意见。

知识巩固与能力提升

一、单项选择题

1. 根据资源税的有关规定，下列行为不需要在我国缴纳资源税的是（　　）。

A. 个体工商户在境内开采天然气

B. 外商投资企业在境内开采煤炭资源

C. 境内某企业销售外购的金属矿

D. 境内某盐场销售生产的井矿盐

2. 下列各项中，不属于资源税征税范围的是（　　）。

A. 天然原油

B. 金矿

C. 人造石油

D. 以未税原煤加工的洗选煤

3. 2022 年 2 月，某天然气生产企业直接出口专门开采的天然气 200 万立方米，该企业当时天然气在境内平均销售价格每立方米 3 元（不含增值税），出口离岸价格每立方米 3.5 元（不含增值税），假定该企业适用的天然气资源税税率为 6%，则该天然气生产企业出口天然气应缴纳的资源税为（　　）万元。

A. 7　　　　　　　　B. 37　　　　　　　　C. 42　　　　　　　　D. 67

4. 下列各项中，免征资源税的是（　　）。

A. 稠油

B. 高凝油

C. 高含硫天然气

D. 油田范围内运输稠油过程中用于加热的原油、天然气

5. 纳税人实际占用的土地面积，尚未核发土地使用证书的，（　　）城镇土地使用税。

A. 免征

B. 由税务机关估定土地面积，据以缴纳

C. 由房地产管理部门估定土地面积，据以缴纳

D. 由纳税人据实申报土地面积，据以缴纳

6. 某由国家财政部门拨付经费、实行差额预算管理的事业单位 2021 年初实际占用土地面积为 8 600 平方米，2021 年 6 月 1 日将其中 1 600 平方米的土地及其附着物出租给某生产企业，租期一年。该事业单位 2021 年应缴纳城镇土地使用税（　　）元。（城镇土地使用税年税额为 6 元/平方米）

A. 5 600　　　　　　B. 4 800　　　　　　C. 9 600　　　　　　D. 0

7. 根据城镇土地使用税的有关规定，下列表述中不正确的是（　　）。

A. 城市、县城、建制镇、工矿区的具体征税范围，由各省（自治区、直辖市）人民政府划定

B. 城镇土地使用税调节的是土地的级差收入

C. 纳税单位无偿使用免税单位的土地，免税单位应照章缴纳城镇土地使用税

D. 饮水工程运营管理单位自用的生产、办公用土地，免征城镇土地使用税

8. 经济特区、经济技术开发区和经济发达、人均耕地特别少的地区，耕地占用税的适用税额可以适当提高，但最多不得超过规定税额的（　　）。

A. 10%　　　　B. 30%　　　　C. 40%　　　　D. 50%

9. 某企业 2022 年 5 月经批准占用园地 4 000 平方米建造高尔夫球场，占用菜地 2 000 平方米开发经济林木。已知当地耕地占用税适用税额为 10 元/平方米，则该企业应缴纳耕地占用税为（　　）元。

A. 20 000　　　　B. 40 000　　　　C. 60 000　　　　D. 80 000

10. 下列各项中，按照当地适用税额减半征收耕地占用税的是（　　）。

A. 部队占用耕地新建军用仓库

B. 政府部门占用耕地新建自来水厂

C. 农村居民占用耕地新建住宅

D. 学校占用耕地新建教学楼

二、多项选择题

1. 下列各项属于资源税纳税人的有（　　）。

A. 在中国境内开采原煤销售的国有企业

B. 在中国管辖海域开采原油销售的油田

C. 在中国境内生产食用盐销售的工业企业

D. 进口天然原油的军事单位

E. 出口自产铜矿原矿的独立矿山

2. 下列行为中，应当征收资源税的有（　　）。

A. 用于连续生产应税矿产品的自产应税矿产品

B. 用于出口的自产应税矿产品

C. 用于销售的自产应税矿产品

D. 用于对外赠送的自产应税矿产品

E. 用于职工福利的自产应税矿产品

3. 根据资源税的有关规定，下列关于资源税纳税地点的规定中，说法正确的有（　　）。

A. 纳税人应纳的资源税，应当向应税产品的开采或生产所在地主管税务机关缴纳

B. 纳税人在本省（自治区、直辖市）范围内开采或生产应税产品，其纳税地点需要调整的，由省（自治区、直辖市）人民政府决定

C. 纳税人跨省开采资源税应税产品，其下属生产单位与核算单位不在同一省（自治区、直辖市）的，对其开采或生产的应税产品，一律在开采地或者生产地缴纳资源税

D. 除另有规定外，纳税人应当向生产经营所在地的税务机关申报缴纳水资源税

E. 扣缴义务人代扣代缴的资源税，应当向核算地主管税务机关缴纳

4. 下列各项中，资源税减征30%的有（   ）。

A. 三次采油资源税

B. 深水油气田资源税

C. 低丰度油气田资源税

D. 衰竭期煤矿开采的煤炭

E. 取用污水处理再生水

5. 下列各项中，属于城镇土地使用税特点的有（   ）。

A. 对占用土地的行为征税

B. 征税对象是土地

C. 征税范围有所限定

D. 兼有凭证税和行为税性质

E. 实行差别幅度税额

6. 下列各项中，属于城镇土地使用税征税范围的有（   ）。

A. 城市郊区

B. 城市市区

C. 农村

D. 建制镇

E. 县人民政府所在地的城镇

7. 下列各项中，暂免征收城镇土地使用税的有（   ）。

A. 在企业厂区以外、与社会公用地段未加隔离的企业铁路专用线用地

B. 企业厂区以外的公共绿化用地

C. 盐矿的矿井用地

D. 核电站在基建期内的应税土地

E. 房地产开发公司开发建造高档住房的用地

8. 下列占用农村土地的行为，需要计算缴纳耕地占用税的有（   ）。

A. 占用菜地开发果园

B. 占用花圃开发茶园

C. 占用鱼塘建设公路

D. 占用苗圃建设住房

E. 占用桑园建设学校

9. 下列各项中，需要缴纳耕地占用税的有（   ）。

A. 医院内专门用于提供医护服务的场所占用耕地

B. 学校教职工住房占用耕地

C. 铁路线路占用耕地

D. 飞机场跑道占用耕地

E. 企业占用耕地建造厂房

10. 下列关于耕地占用税的说法，正确的有（　　）。

A. 耕地占用税兼具资源税与特定行为税的性质

B. 耕地占用税采用地区差别定额税率

C. 耕地占用税在占用耕地环节一次性课征

D. 耕地占用税按年计算、分期缴纳

E. 耕地占用税由国家税务机关负责征收

三、计算题

某煤矿为增值税一般纳税人，2022 年 3 月发生下列业务。

（1）开采原煤 40 000 吨，移送加工洗选煤 80 吨；

（2）采取托收承付方式销售原煤 480 吨，每吨不含税售价为 150 元，货款已经收讫；

（3）销售未税原煤加工的选煤 60 吨，每吨不含税售价 300 元（含每吨收取 50 元从坑口到码头的运费，能够取得相应的凭证）；当月还将生产的 5 吨选煤用于职工宿舍取暖，该煤矿原煤与选煤的折算率为 60%；当月将 17 吨选煤赠送给某有业务往来的企业；

（4）销售从某天然气开采企业购进的天然气 45 000 立方米，取得不含税销售额 67 000 元，并收取优质费 1 017 元。

已知：该煤矿原煤资源税税率为 5%；天然气资源税税率为 6%。

要求：根据上述的资料回答下列问题，计算结果保留小数点后两位。

1. 业务（1）应缴纳的资源税为（　　）元。

A. 300 600　　　　B. 300 000　　　　C. 600　　　　D. 0

2. 业务（2）应缴纳的资源税为（　　）元。

A. 72 000　　　　B. 3 600　　　　C. 750　　　　D. 24

3. 业务（3）应缴纳的资源税为（　　）元。

A. 738　　　　B. 615　　　　C. 577.5　　　　D. 487.5

4. 计算当月共计应缴纳的资源税（　　）元。

A. 72 738　　　　B. 4 215　　　　C. 1 327.5　　　　D. 511.5

第十章 财产税类

【本章概览】

本章分别介绍了房产税、车船税以及契税的纳税义务人、征税范围、税率、税收优惠、征收管理以及应纳税额的计算。本章内容和生活中大多数人最关心的房子、车子有关，了解本章内容后，能使纳税人更加明晰自己的纳税义务，亦对其购房买车时如何选择交易对象产生一定的指导意义。

【学习目标】

1. 掌握当前我国房产税的征收范围和两种计税方法。
2. 了解车船税的征税范围、税收优惠及征收管理。
3. 重点掌握契税的征税范围、主要税收优惠。

【情景引例】

某学校经批准将一栋闲置不用的房屋转让给甲公司，房产价值500万元，该房产的土地使用权当年是以无偿划拨的方式取得的，那么按照税法规定，这次的转让行为应该由谁来缴纳契税？

问题讨论：某小区的地下车库属于人防工程，产权人为全体业主，由物业公司代为经营管理，请问该车库的房产税应由谁缴纳？

第一节 房产税

一、房产税概述

房产税是以房屋为征税对象，以房屋的计税余值或租金收入为计税依据，向房屋产权所有人征收的一种财产税。

房产税属于财产税中的个别财产税，其征税范围仅限于城镇的经营性房屋，农村的房产、个人自住的房产目前暂不包括在内，其征税办法根据房屋的经营使用方式的不同而有所区别，即纳税人自用或自持的房产适用从价计税，出租的房产适用从租计税。

现行规制房产税的基本规范是 1986 年 9 月 15 日国务院颁布的《中华人民共和国房产税暂行条例》。近些年来，随着我国房地产市场的不断发展，有关房产税改革的呼声日益强烈。党的十八届三中全会通过的《中共中央关于全面深化改革若干重大问题的决定》中明确了"加快房地产税立法并适时推进改革"的方向。2018 年，政府工作报告中也明确提出积极推进房产税立法。

二、纳税人、征税范围和税率

（一）房产税的纳税义务人

房产税的纳税人是指在我国城市、县城、建制镇和工矿区内拥有房产产权的单位和个人，具体包括产权所有人、承典人、房产代管人或使用人。

1. 产权属于全民所有的，由经营管理的单位缴纳。

2. 产权出典的，由承典人纳税。产权出典是指产权所有人为了某种需要，将自己的房屋在一定期限内转让给他人使用，以取得资金的一种融资行为。在这种法律关系中，产权所有人是房屋出典人，支付资金的主体是房屋承典人。这种业务大多发生于出典人急需用款，但又想保留产权回赎权的情况，承典人向出典人交付一定的典价之后，在质典期内即获抵押物品的支配权，并可转典。产权的典价一般要低于卖价，出典人在规定期间内须归还典价的本金和利息，方可赎回出典房屋等的产权。由于在房屋出典期间，产权所有人已无权支配房屋，因此，税法规定由对该房屋具有支配权的承典人为纳税人。

3. 产权所有人、承典人不在房屋所在地的由房产代管人或者使用人纳税。

4. 产权未确定及租典纠纷未解决的亦由房产代管人或者使用人纳税。

所谓租典纠纷是指产权所有人在房产出典和租赁关系上，与承典人、租赁人发生各种争议，特别是权利和义务的争议悬而未决的。此外还有一些产权归属不清的问题，也属于租典纠纷。对租赁纠纷尚未解决的房产，规定由代管人或使用人为纳税人，主要目的在于加强征收管理，保证房产税及时入库。

5. 无租使用其他房产的问题。纳税单位和个人无租使用房产管理部门、免税单位及纳税单位的房产，应由使用人代为缴纳房产税。

思考：一栋大楼的消防设备、智能化楼宇设备、中央空调是否属于房产税的征税范围？

（二）房产税的征税范围

房产税的征收范围为在我国城市、县城、建制镇和工矿区的房产，不包括农村。

这里的"房产"是以房屋形态表现的财产，房屋是指有屋面和围护结构（有墙或两边有柱），能够遮风避雨，可供人们在其中生产、工作、学习、娱乐、居住或储藏物资的场所。房地产开发企业建造的商品房，在出售前不征收房产税，但对出售前房地产开发企业已使用或出租、出借的商品房，应按规定征收房产税。

独立于房屋之外的建筑物，如围墙、烟囱、水塔、变电塔、室外游泳池、玻璃暖房、砖瓦石灰窑以及各种油气罐等，则不属于房产。与房屋不可分离的附属设施，如电梯、暖气、中央空调等属于房产。

这里的"城市"是指国务院批准设立的市；"县城"是指县人民政府所在地的地区；"建制镇"是指经省（自治区、直辖市）人民政府批准设立的建制镇；"工矿区"是指工商业比较发达，人口比较集中，符合国务院规定的建制镇标准，但尚未设立建制镇的大中型工矿企业所在地，开征房产税的工矿区，须经省（自治区、直辖市）人民政府批准。

房产税的征税范围不包括农村，主要是为了减轻农民的负担。因为农村的房屋除农副业生产用房外，大部分是农民居住用房。对农村房屋不纳入房产税征税范围，有利于农业发展，繁荣农村经济，促进社会稳定。

（三）房产税的税率及计税依据

由于房产税的计税依据分为从价计税和从租计税两种形式，故房产税的税率也分为两种。

1. 从价计税。税率为1.2%，其计税依据为房产原值一次减除10%～30%后的余值，具体减除幅度，由省（自治区、直辖市）人民政府规定。没有房产原值作为依据的，由房产所在地税务机关参考同类房产核定。

房产原值是指纳税人按照会计制度的规定，在账簿"固定资产"科目中记载的房屋造价，包括与房屋不可分割的各种附属设备或一般不单独计算价值的配套设备，以及给排水、采暖、消防、中央空调、电气及智能化楼宇设备等房屋内部不可随意移动的附属设备和配套设施的价值。

理解上述规定，需要注意以下五点。

（1）自2009年1月1日起，对依照房产原值计税的房产，无论是否记载在会计账簿"固定资产"科目中，均应按照房屋原价计算缴纳房产税。房屋原价应根据国家有关会计制度的规定进行核算。对纳税人未按国家会计制度规定核算并记载的，应按规定予以调整或重新评估。自2010年12月21日起，对按照房产原值计税的房产，无论会计上如何核算，房产原值均应包含地价，包含为取得土地使用权支付的价款、开发土地发生的成本费用等。宗地容积率低于0.5的，按房产建筑面积的两倍计算土地面积，并据此确定计入房产原值的地价。

（2）房产原值包括与房屋不可分割的附属设施或一般不单独计算价值的配套设施。主要有：暖气、卫生、通风、照明、煤气等设备；各种管线，如蒸汽、压缩空气、石油、给水排水等管道及电力、电信、电缆导线；电梯、升降机、过道、晒台等属于房屋附属设施的水管、下水管、暖气管、煤气管等应从最近的探视井或三通管起计算原值；电灯网、照明线从进线盒连接管起计算原值。

（3）自 2006 年 1 月 1 日起，为了维持和增加房屋的使用功能或使房屋满足设计要求，凡以房屋为载体，不可随意移动的附属设施和配套设施，如给排水、采暖、消防、中央空调、电气及智能化楼宇设备等，无论在会计核算中是否单独记账与核算，都应计入房产原值，计征房产税。对于更换房屋附属设备和配套设施的，在将其价值计入房产原值时，可扣减原来相应设备和设施的价值；对附属设备和配套设施中易损坏，需要经常更换的零配件，更新后不再计入房产原值。

（4）纳税人对原有房屋进行改建、扩建的，要相应增加房屋的原值。

（5）以房产联营投资的，房产税计税依据应区别对待：以房产联营投资，投资者参与投资利润分配，共担经营风险的，以房产余值为计税依据计征房产税；以房产投资，投资者收取固定收入，不承担联营风险的，实际上是以联营名义取得房产租金，应由出租方按租金收入计征房产税。

【例 10 - 1】某公司 2020 年购进一处房产，2021 年 5 月 1 日用于投资联营（收取固定收入，不承担联营风险），投资期 3 年，当年取得固定含税收入 160 万元，该房产原值 3 000 万元，当地政府规定的减除幅度为 30%，该公司选择简易办法计算增值税，则该公司 2021 年应缴纳的房产税为（　　）万元。

A. 21.2　　　　B. 27.6　　　　C. 26.69　　　　D. 34.41

【答案】C

【解析】用房产投资联营，只收取固定收入，不承担联营风险的，按不含增值税的租金收入计缴房产税，则该公司 2021 年应纳房产税为联营期间按房产余值计算的房产税，与对外联营取得的固定收入比照租金收入计算的房产税的两项之和，计征房产税的租金收入不含增值税，故该公司 2021 年应纳房产税 = 3 000 × (1 - 30%) × 1.2% × 4 ÷ 12 + 160 ÷ (1 + 5%) × 12% = 8.4 + 18.29 = 26.69（万元）。

（6）融资租赁的房产由承租人自融资租赁合同约定开始日的次月起，依照房产余值缴纳房产税，合同未约定开始日的，由承租人自合同签订的次月起依照房产余值缴纳房产税。

（7）居民住宅区内业主共有的经营性房产缴纳房产税。从 2007 年 1 月 1 日起，对居民住宅区内业主共有的经营性房产，有实际经营（包括自营和出租）的代管人或使用人缴纳房产税。其中，自营的，依照房产原值减除 10% ~ 30% 后的余值计征；没有房产原值或不能将业主共有房产与其他房产的原值准确划分开的，由房产所在地地方税务机关参照同类房产核定房产原值；出租的依照租金收入计征。

【本节问题讨论解析】根据《财政部、国家税务总局关于房产税、城镇土地使用税有关政策的通知》第一条关于居民住宅区内业主共有的经营性房产缴纳房产税问题的规定，对居民住宅区内业主共有的经营性房产，由实际经营（包括自营和出租）的代管人或使用人缴纳房产税。因此，某小区属于人防工程的车库应由物业公司缴纳房产税。

（8）凡在房产税征收范围内的具备房屋功能的地下建筑，包括与地上房屋相连的地下建筑以及完全建在地面以下的建筑、地下人防设施等，均应当按照有关规定征收房产税。上述具备房屋功能的地下建筑是指有屋面和围护结构，能够遮风避雨，可供人们在其中生产、经营、工作、学习、娱乐、居住或储藏物资的场所。

自用的地下建筑，按以下方式计税：工业用途房产，以房产原值的50%～60%作为应税房产原值；商业和其他用途房产，以房屋原价的70%～80%作为应税房产原值。房产原值折算为应税房产原值的具体比例，由各省、自治区、直辖市和计划单列市财政和地方税务部门在上述范围内自行确定。

对于与地上房屋相连的地下建筑，如房屋的地下室、地下停车场、商场的地下部分等，应将地下部分与地上房屋视为一个整体，按照地上房屋建筑的有关规定计算征收房产税。

2. 从租计税。税率为12%，其计税依据为房产租金收入。从2008年3月1日起个人出租住房，不区分用途，按4%的税率征收房产税。

需要注意的是，房产出租的，在计征房产税的租金收入时不含增值税。纳税人对个人出租房屋的租金收入，申报不实或申报数与同一地段、同类房屋的租金收入相比明显不合理的，税务机关可按《税收征管法》的规定采取科学合理的方法核定其应纳税额，具体办法由各省、自治区、直辖市税务局结合当地的实际情况制定。

【例10-2】下列有关房产税税率的表述，符合现行规定的有（   ）。

A. 工厂拥有并使用的车间适用1.2%的房产税税率

B. 个体户房屋用于自办小卖部的适用1.2%的房产税税率

C. 个人出租住房用于美容机构开设连锁店的适用12%的房产税税率

D. 个人出租住房不区分用途，按照4%的房产税优惠税率计税

【答案】ABD

三、应纳税额的计算

房产税的计税依据有两种，与之相配套的应纳税额计算也分为两种：一是从价计征的计算；二是从租计征的计算。

（一）从价计征的计算

从价计征是按照房产的原值减除一定比例后的余值计征，其计算公式为：

$$应纳税额 = 房产计税余值 \times 1.2\%$$

其中：

$$房产计税余值 = 房产原值 \times (1 - 扣除比例)$$

【例10-3】某国有企业坐落在某市郊区，其生产经营用房，会计账簿记载房产原值4 900万元（不包括中央空调），中央空调100万元。当地规定房产税原值扣除比例为30%，计算该企业当年应纳房产税。

【解析】全年应纳税额 = (4 900 + 100) × (1 - 30%) × 1.2% = 42（万元）

（二）从租计征的计算

从租计征是按照房产的租金收入计征，其计算公式为：

$$应纳税额 = 租金收入 \times 12\%（或4\%）$$

【例10-4】2021年12月31日文丰电子公司"固定资产——房产"账户账面原值为2 000 000元，2022年2月1日，企业将房产原值为1 000 000元的房产租给其他单位使用，每年收取租金收入120 000元。当地政府规定，按房产原值扣除30%后作为房产余值，该地区规定房产税按年计算，分月预缴。

请问：房屋出租收入是否要征房产税？出租房产如何缴房产税？如果需要，2022年1月、2月应怎样计税？

【解析】房屋出租收入应缴纳房产税。

2022年1月、2月应缴房产税 = 2 000 000 × (1 - 30%) × 1.2% ÷ 12 × 2 = 2 800（元）

2022年3~12月从租计征的房产税 = 120 000 × 12% ÷ 12 × 10 = 12 000（元）

2022年3~12月从价计征的房产税 = 1 000 000 × (1 - 30%) × 1.2% ÷ 12 × 10 = 7 000（元）

故：

该公司全年应缴房产税 = 2 800 + 12 000 + 7 000 = 21 800（元）

四、税收优惠

根据我国《房产税暂行条例》及有关规定，下列五种房产免征房产税。

（一）国家机关、人民团体、军队自用的房产

这里的"人民团体"是指经国务院授权的政府部门批准设立或登记备案并由国家拨付行政事业费的各种社会团体。如从事广泛群众性社会活动的团体，从事文学艺术、美术、音乐、戏剧的文艺工作团体，从事某种专门学术研究团体，从事社会公益事业的社会公益团体等。

这里"自用的房产"是指这些单位本身的办公用房和公务用房。

（二）国家财政部门拨付事业经费单位自用的房产

事业单位自用的房产，是指这些单位本身的业务用房。如学校、医疗卫生单位、托儿所、幼儿园、养老院等。

实行差额预算管理的事业单位，虽然有一定的收入，但收入不够本身经费开支的部分，还要由国家财政部门拨付经费补助的，也属于是由国家财政部门拨付事业经费的单位，对其本身自用的房产免征房产税。

（三）宗教寺庙、公园、名胜古迹自用的房产

宗教寺庙自用的房产，是指举行宗教仪式等的房屋和宗教人员使用的生活

用房。

公园、名胜古迹自用的房产，是指供公共参观游览的房屋及其管理单位的办公用房。公园、名胜古迹中附设的营业单位，如影剧院、饮食部、茶社、照相馆等所使用的房产及出租的房产，不属于免税范围，应征收房产税。

（四）个人拥有的非营业用的房产

个人拥有的非营业用的房产，主要是指居民住房，不分面积多少，一律免征房产税。但是对个人所有的营业用房或出租等非自用的房产，应按照规定征收房产税。

（五）经财政部批准免税的其他房产

经财政部批准免税的其他房产，主要有以下四种。

1. 对非营利性医疗机构、疾病控制机构和妇幼保健机构等卫生机构自用的房产，免征房产税。

2. 从2001年1月1日起，对按政府规定价格出租的公有住房和廉租住房，包括企业和自收自支事业单位向职工出租的单位自有住房，房管部门向居民出租的公有住房，落实私房政策中带户发还产权并以政府规定租金标准向居民出租的私有住宅等，暂免征收房产税。

3. 经营公租房的租金收入，免征房产税。公共租赁住房经营管理单位应单独核算公共租赁住房租金收入；未单独核算的，不得享受免征房产税优惠政策。

4. 中国人民银行（含国家外汇管理局）所属分支机构自用的房产，免征房产税。

五、房产税的征收管理

（一）纳税义务发生时间

1. 将原有房产用于生产经营的，从生产经营之月起，计征房产税。

2. 自建的房屋用于生产经营的，自建成之日的次月起，计征房产税。

3. 委托施工企业建设的房屋，从办理验收手续之日的次月起，计征房产税。

4. 购置新建商品房，自房屋交付使用之次月起，计征房产税。

5. 购置存量房，自办理房屋权属转移、变更登记手续，房地产权属登记机关签发房屋权属证书之次月起，计征房产税。

6. 出租、出借房产，自交付出租、出借房产之次月起，计征房产税。

7. 房地产开发企业自用、出租、出借本企业建造的商品房，自房屋使用或交付之次月起，计征房产税。

8. 纳税人因房产的实物或权利状态发生变化而依法终止房产税纳税义务的，其应纳税款的计算应截至房产的实物或权利状态发生变化的当月月末。

（二）纳税期限

房产税实行按年征收、分期缴纳的征收办法。具体纳税期限由省、自治区、直辖市人民政府规定。各地一般按季或半年缴纳，按季缴纳的，可在 1 月、4 月、7 月、10 月缴纳；按半年缴纳的，可在 1 月、7 月缴纳。税额比较大的，可按月缴纳；个人出租房产的可按次缴纳。

（三）纳税地点

房产税在房产所在地缴纳。房产不在同一地方的纳税人，应按房产的坐落地点分别向房产所在地的税务机关缴纳。

（四）纳税申报

房产税的纳税申报，是房屋产权所有人或纳税人缴纳房产税必须履行的法定手续。纳税义务人应根据税法要求，将现有房屋的坐落地点、结构、面积、原值、租金收入等情况，据实向当地税务机关办理纳税申报，并按规定纳税。如果纳税人住址发生变更、产权发生转移，以及出现新建、改建、扩建、拆除房屋等情况，而引起房产原值发生变化或者租金收入变化的，都要按规定及时向税务机关办理变更登记，以便税务机关及时掌握纳税人的房产变动情况。

第二节　车船税

一、车船税概述

车船税是对在中华人民共和国境内的车辆、船舶（以下简称车船）的所有人或者管理人征收的一种税。征收车船税的作用在于促使纳税人加强对自己拥有的车船管理和核算，改善资源配置，合理使用车船，有利于调节财富差异，并为地方政府筹集财政资金。

现行规制车船税的基本规范是 2011 年 2 月 25 日由中华人民共和国第十一届全国人民代表大会常务委员会第 19 次会议通过的《中华人民共和国车船税法》（以下简称《车船税法》），该法自 2012 年 1 月 1 日起施行，是我国推行"税收法定"改革的最早法律规范之一。

二、车船税的纳税人、征税范围和税率

（一）纳税义务人

在中华人民共和国境内的车辆、船舶的所有人或者管理人为车船税的纳税

人，应当依法缴纳车船税。管理人是指对车船具有管理使用权，不具有所有权的单位和个人。

（二）征税范围

车船税的征税对象是在中华人民共和国境内属于《车船税税目税额表》规定的车辆、船舶。这里所称车辆、船舶是指：（1）依法应当在车船登记管理部门登记的机动车辆和船舶；（2）依法不需要在车船登记管理部门登记的在单位内部场所行驶或者作业的机动车辆和船舶。

这里所称的车辆管理部门是指公安、交通运输、农业、渔业、军队、武装警察部队等依法具有车船登记管理职能的部门；单位是指依照中国法律、行政法规规定在中国境内成立的行政机关、企业、事业单位、社会团体以及其他组织。

（三）税率

车船税实行定额税率，即对征税的车船规定单位固定税额。定额税率，也称固定税额，是税率的一种特殊形式。定额税率计算简便，适宜从量计征的税种。车船税的适用税额，依照车船税法所附的《车船税税目税额表》执行。

车辆的具体适用税额由省、自治区、直辖市人民政府依照车船税法所附《车船税税目税额表》规定的税额幅度和国务院的规定确定。船舶的具体适用税额由国务院在车船税法所附《车船税税目税额表》规定的税额幅度内确定。

车船税采用定额税率，车船税确定税额总的原则是：排气量小的车辆税负轻于排气量大的车辆；载人少的车辆税负轻于载人多的车辆；自重小的车辆税负轻于自重大的车辆；小吨位船舶的税负轻于大吨位船舶。由于车辆与船舶的行驶情况不同，车船税的税额也有所不同（见表10-1）。

表10-1　车船税税目税额

车辆类型	税目	计税单位	年基准税额	备注
乘用车［按发动机气缸容量（排气量）分档］	1.0升（含）以下的	每辆	60~360元	核定载客人数9人（含）以下
	1.0升以上至1.6升（含）的		300~540元	
	1.6升以上至2.0升（含）的		360~660元	
	2.0升以上至2.5升（含）的		660~1200元	
	2.5升以上至3.0升（含）的		1200~2400元	
	3.0升以上至4.0升（含）的		2400~3600元	
	4.0升以上的		3600~5400元	
商用车	客车	每辆	480~1440元	核定载客人数9人以上，包括电动车
	货车	整备质量每吨	16~120元	包括半挂牵引车、三轮汽车和低速载货汽车等

续表

车辆类型	税目	计税单位	年基准税额	备注
挂车		整备质量每吨	按照货车税额的50%计算	
其他车辆	专用作业车	整备质量每吨	16~120元	不包括拖拉机
	轮式专用机械车	整备质量每吨	16~120元	
摩托车		每辆	36~180元	
机动船舶		净吨位每吨	3~6元	拖船、非机动驳船分别按照机动船舶税额的50%计算
游艇		艇身长度每米	600~2 000元	
辅助动力帆艇		艇身长度每米	600元	

需要注意的是，对于在设计和技术特性上用于特殊工作，并装置有专用设备或器具的汽车，应认定为专用作业车，如汽车起重机、消防车、混凝土泵车、清障车、高空作业车、洒水车、扫地车等。但以载运人员或货物为主要目的的专用汽车，如救护车，不属于专用作业车。客货两用车又称多用途货车，是指在设计和结构上主要用于载运货物，但在驾驶员座椅后带有固定或折叠式座椅，可运载3人以上乘客的货车。客货两用车依照货车的计税单位和年基准税额计征车船税。

三、车船税应纳税额的计算

纳税人按照纳税地点所在的省、自治区、直辖市人民政府确定的具体适用税额缴纳车船税，车船税由地方税务机关负责征收。

1. 购置的新车船，购置当年的应纳税额自纳税义务发生的当月起按月计算。计算公式为：

$$应纳税额 = 年应纳税额 \div 12 \times 应纳税月份数$$

【例10-5】甲公司2021年3月15日购买了一艘净吨位为160吨的拖船，已知机动船舶净吨位每吨的年基准税额为6元，计算甲公司2021年应缴纳的车船税。

【解析】购置的新车船，购置当年的应纳税额自纳税义务发生的当月起按月计算。拖船按机动船舶年基准税额的50%计算，则：

甲公司2021年应纳车船税 = 160 × 6 × 50% × 10 ÷ 12 = 400（元）

2. 在一个纳税年度内，已完税的车船被盗抢、报废、灭失的，纳税人可以凭有关管理机关出具的证明和完税凭证，向纳税所在地的主管税务机关申请退还自被盗抢、报废、灭失月起至该纳税年度终了期间的税款。已办理退税的被盗抢车船失而复得的，纳税人应当从公安机关出具相关证明的当月起计算缴纳车船税。

【例10-6】某企业2021年1月缴纳了五辆客车车船税，其中一辆9月被盗，已办理车船税退还手续，11 月由公安机关找回并出具证明，企业补交了车船税，假定该类型客车年基准税额为每辆 480 元，该企业 2021 年实际缴纳的车船税总计为（　　）元。

A. 1 920　　　　　B. 2 400　　　　　C. 3 250　　　　　D. 2 320

【答案】D

【解析】在一个纳税年度内，已完税的车船被盗抢、报废、灭失的，纳税人可以凭有关管理机关出具的证明和完税凭证，向纳税所在地的主管税务机关申请退还自被盗抢、报废、灭失月起至该纳税年度终了期间的税款。已办理退税的被盗抢车船失而复得的，纳税人应当从公安机关出具相关证明的当月起计算缴纳车船税。

该企业 2021 年实缴的车船税总计 = 4 × 480 + 480 ÷ 12 × 10 = 2 320（元）

3. 已缴纳车船税的车船在同一纳税年度内办理转让过户的，不另纳税，也不退税。

四、税收优惠

（一）法定减免

我国《车船税法》规定的税收优惠具体如下。

1. 下列车船免征车船税：

（1）捕捞、养殖渔船；

（2）军队、武装警察部队专用的车船；

（3）警用车船；

（4）依照法律规定应当予以免税的外国驻华使领馆、国际组织驻华代表机构及其有关人员的车船。

2. 对节约能源、使用新能源的车船可以减征或者免征车船税；对受严重自然灾害影响纳税困难以及有其他特殊原因确需减税、免税的，可以减征或者免征车船税。具体办法由国务院规定，并报全国人民代表大会常务委员会备案。

3. 省（自治区、直辖市）人民政府根据当地实际情况，可以对公共交通车船，农村居民拥有并主要在农村地区使用的摩托车、三轮汽车和低速载货汽车定期减征或者免征车船税。

（二）特定减免

《中华人民共和国车船税实施条例》规定的税收优惠有以下三种。

1. 临时入境的外国车船和中国香港、澳门、台湾地区的车船，不征收车船税。

2. 按照规定缴纳船舶吨税的机动船舶，自《车船税法》实施之日起 5 年内免征车船税。

3. 依法不需要在车船登记管理部门登记的机场、港口、铁路站场内部行驶或者作业的车船，自《车船税法》实施之日起 5 年内免征车船税。

五、征收管理

（一）纳税期限

车船税纳税义务发生时间为取得车船所有权或者管理权的当月。应当以购买车船的发票或者其他证明文件所载日期的当月为准。

（二）纳税地点

车船税的纳税地点为车船的登记地或者车船税扣缴义务人所在地。依法不需要办理登记的车船，车船税的纳税地点为车船的所有人或者管理人所在地。

从事机动车第三者责任强制保险业务的保险机构为机动车车船税的扣缴义务人，应当在收取保险费时依法代收车船税，并出具代收税款凭证。

（三）纳税申报

车船税按年申报，分月计算，一次性缴纳。纳税年度为公历1月1日~12月31日。具体申报纳税期限由省（自治区、直辖市）人民政府规定。

1. 税务机关可以在车船管理部门、车船检验机构的办公场所集中办理车船税征收事宜。

2. 公安机关交通管理部门在办理车辆相关登记和定期检验手续时，对未提交自上次检验后各年度依法纳税或者免税证明的，不予登记，不予发放检验合格标志。

3. 海事部门、船舶检验机构在办理船舶登记和定期检验手续时，对未提交依法纳税或者免税证明，且拒绝扣缴义务人代收代缴车船税的纳税人，不予登记，不予发放检验合格证标志。

4. 对于依法不需要购买机动车交通事故责任强制保险的车辆纳税人，应当向主管税务机关申报缴纳车船税。

5. 纳税人在首次购买机动车交通事故责任强制保险时缴纳车船税或者自行申报缴纳车船税的，应当提供购车发票及反映排气量、整备质量、核定载客人数等与纳税相关的信息及其相关凭证。

第三节　契税

一、契税概述

《中华人民共和国契税法》自2021年9月1日起施行。

契税是以所有权发生转移的不动产为征税对象，向产权承受人征收的一种财产税。契税是一个古老的税种，起源于东晋的"古税"，至今已有 1600 多年的历史。契税按财产转移价值征税，随着市场经济的发展和房产交易的活跃，它可以弥补其他财产税的不足，为地方政府增加一部分财政收入。另外，契税规定对承受人征税，有利于通过法律形式确定产权关系，维护公民合法权益，避免产权纠纷。

二、契税的纳税人、征税范围和税率

（一）纳税义务人

在中华人民共和国境内转移土地、房屋权属，承受的单位和个人为契税的纳税人，应当依法缴纳契税。土地权属是指土地的使用权，房屋权属是指房屋的所有权。单位是指企业单位、事业单位、国家机关、军事单位和社会团体以及其他组织；个人是指个体经营者及其他个人，包括中国公民和外籍人员。

【例 10 - 7】按规定应缴纳契税的纳税人是（   ）。

A. 出让土地使用权的国土资源管理局

B. 销售别墅的某房地产公司

C. 承受土地、房屋用于医疗、科研的医院

D. 购买花园别墅的用户

【答案】D

（二）征税范围

1. 国有土地使用权出让。国有土地使用权出让，是指土地使用者向国家交付土地使用权出让费用，国家将国有土地使用权在一定年限内让予土地使用者的行为。受让人在取得国有土地使用权时，应向国家缴纳出让金，以出让金为依据计算缴纳契税，不得因减免土地出让金而减免契税。

2. 土地使用权转让。土地使用权转让，是指土地使用者以出售、赠与、交换或者其他方式将土地使用权转移给其他单位和个人的行为。包括出售、赠与和交换，不包括土地承包经营权和土地经营权的转移。

土地使用权出售，是指土地使用者以土地使用权作为交易条件，取得货币、实物、无形资产或者其他经济利益的行为。土地使用权赠与，是指土地使用者将其土地使用权无偿转让给受赠者的行为。土地使用权交换，是指土地使用者之间相互交换土地使用权的行为。

3. 房屋买卖。房屋买卖，是指房屋所有者将其房屋出售，由承受者交付货币、实物、无形资产或者其他经济利益的行为。下列情况视同房屋买卖。

（1）以房产抵债或实物交换房屋。以房产抵债或实物交换房屋，是指经过当地政府和有关部门批准，以房产抵偿债务或者用实物交换房屋的行为，应由产权承受人按照房屋现值缴纳契税。房产折价抵偿债务的，按照房产折价缴纳契税。

对已经缴纳契税的购房单位和个人，在未办理房屋权属变更登记前退房的，退还已经缴纳的契税；在办理房屋权属变更登记后退房的，不予退还已纳契税。

（2）以房产做投资或入股。以房产做投资或入股的行为，要办理房屋产权权属的变更登记手续，登记为投资或入股的公司，视同房屋买卖，由产权承受方计算缴纳契税。

如果是以自有房产作股权，投入本人独资经营的企业，无须办理房屋产权权属的变更登记手续，也无须办理缴纳契税手续。

（3）买房拆料或翻建新房。

买房拆料或翻建新房，是指购买他人的房屋后翻新新建房屋或者取得该房产的建筑材料使用，应先办理房屋产权权属变更登记手续，按照买价缴纳契税。

4. 房屋赠与。房屋赠与，是指房屋所有者将其房屋无偿转让给受赠者的行为。在房屋赠与法律关系中，将自己的房屋转交给他人的法人和自然人，称作房屋赠与人；接受他人房屋赠与的法人和自然人称为受赠人。按照税法规定房屋的受赠人要按规定缴纳契税。

5. 房屋交换。房屋交换，是指房屋所有者之间相互交换房屋的行为。

6. 视同产权权属转让。土地、房屋权属以下列方式转移的，视同土地使用权转让、房屋买卖或者房屋赠与征税。

（1）以土地、房屋权属作价投资、入股；

（2）以土地、房屋权属抵债；

（3）以获奖方式承受土地、房屋权属；

（4）以预购方式或者预付集资建房款方式承受土地、房屋权属。

【情景引例解析】以无偿划拨方式取得土地使用权，经批准转让房地产的，由转让方按补交的土地使用权出让费用或土地收益补交契税；房屋买卖由买方缴纳契税。故某学校的这次转让行为应由学校补交土地使用权的契税，甲公司缴纳房屋买卖的契税。

（三）税率

契税实行3%～5%的幅度比例税率。各地契税的具体适用税率，由省（自治区、直辖市）人民政府按照本地区的实际情况确定，并报财政部和国家税务总局备案。

> 知识卡片：房地产开发企业以竞标方式取得一处国有土地使用权，请问契税的计税依据该如何确定？
>
> 答：根据《国家税务总局关于明确国有土地使用权出让契税计税依据的批复》的规定，对通过"招、拍、挂"等竞价方式承受国有土地使用权的，应按照土地成交总价款计征契税，其中的土地前期开发成本不得扣除。

三、应纳税额的计算

（一）契税的计税依据

1. 国有土地使用权出让、土地使用权出售、房屋买卖，为成交价格。成交价格是指土地、房屋权属转移合同确定的价格。包括承受者应交付的货币、实物、无形资产或者其他经济利益。

2. 土地使用权赠与、房屋赠与，由征收机关参照土地使用权出售、房屋买卖的市场价格核定。

3. 土地使用权交换、房屋交换，为所交换的土地使用权、房屋的价格的差额。即交换价格相等时免征契税，交换价格不相等时由多交付货币、实物、无形资产或者其他经济利益的一方缴纳契税。

4. 上述交易中如果成交价格明显低于市场价格并且无正当理由的，或者所交换土地使用权、房屋的价格的差额明显不合理并且无正当理由的，由征收机关参照市场价格核定。

5. 以划拨方式取得土地使用权的，经批准转让房地产时，应由房地产转让者补缴契税。其计税依据为补缴的土地使用权出让费用或者土地收益。

6. 个人无偿赠与不动产的行为，除法定继承人外，应对受赠人全额征收契税。在缴纳契税时，纳税人必须提交经税务机关审核并签字盖章的《个人无偿赠与不动产登记表》，税务机关在完成契税缴纳后，在契税完税凭证上加盖"个人无偿赠与"印章，在《个人无偿赠与不动产登记表》中签字并留存税务机关。

（二）契税应纳税额的计算

契税应纳税额的计算公式为：

$$应纳税额 = 计税依据 \times 税率$$

转移土地、房屋权属以外汇结算的，按照纳税义务发生之日中国人民银行公布的人民币市场汇率中间价折合成人民币计算。

【例 10-8】居民乙因拖欠居民甲 180 万元的款项无力偿还，于 2021 年 6 月经当地有关部门调解，以房产抵偿该笔债务，居民甲因而取得该房产的产权，并支付给居民乙差价款 20 万元。假定当地省政府规定的契税税率为 5%，下列表述中正确的是（　　）。

A. 居民甲应缴纳契税 1 万元

B. 居民乙应缴纳契税 1 万元

C. 居民甲应缴纳契税 10 万元

D. 居民乙应缴纳契税 10 万元

【答案】C

【解析】契税的纳税人为承受房产权属的单位和个人，所以应当是居民甲缴纳契税。由于该房产是用 180 万元债权外加 20 万元款项取得，故计税依据为 200 万元，居民甲应纳契税 =（180 + 20）× 5% = 10（万元）。

四、税收优惠

（一）契税优惠的一般规定

1. 国家机关、事业单位、社会团体、军事单位承受土地和房屋用于办公、教学、医疗、科研和军事设施的，免征契税。

用于办公是指办公室（楼）以及其他直接用于办公的土地、房屋；用于教学是指教室（教学楼）以及其他直接用于教学的土地、房屋；用于医疗是指门诊部以及其他直接用于医疗的土地、房屋；用于科研是指科学试验的场所以及其他直接用于科研的土地、房屋；用于军事设施是指地上和地下的军事指挥作战工程；军用的机场、港口、码头；军用的库房、营区、训练场、试验场；军用的通信、导航、观测台站；其他直接用于军事设施的土地、房屋。其他直接用于办公、教学、医疗、科研的以及其他直接用于军事设施的土地、房屋的具体范围，由省（自治区、直辖市）人民政府确定。

2. 城镇职工按规定第一次购买公有住房的，免征契税。

城镇职工按规定第一次购买公有住房的，是指经县以上人民政府批准，在国家规定标准面积以内购买的公有住房。城镇职工享受免征契税，仅限于第一次购买的公有住房。国家规定标准面积的部分，仍应按照规定缴纳契税。

3. 因不可抗力灭失住房而重新购买住房的，酌情准予减征或者免征。

4. 土地、房屋被县级以上人民政府征用、占用后，重新承受土地、房屋权属的，是否减征或者免征契税，由省（自治区、直辖市）人民政府确定。

5. 纳税人承受荒山、荒沟、荒丘、荒滩土地使用权，用于农、林、牧、渔业生产的，免征契税。

6. 依照我国有关法律规定以及我国缔结或参加的双边和多边条约或协定的规定应当予以免税的外国驻华使馆、领事馆、联合国驻华机构及其外交代表、领事官员和其他外交人员承受土地、房屋权属的，经外交部确认，可以免征契税。

7. 对个人购买家庭唯一住房（家庭成员范围包括购房人、配偶以及未成年子女），面积为 90 平方米及以下的，减按 1% 的税率征收契税；面积为 90 平方米以上的，减按 1.5% 的税率征收契税。

8. 对个人购买家庭第二套改善型住房，面积为 90 平方米及以下的，减按 1% 的税率征收契税；面积为 90 平方米以上的，减按 2% 的税率征收契税。

9. 纳税人申请享受税收优惠的，根据纳税人的申请或授权，由购房所在地的房地产主管部门出具纳税人家庭住房情况书面查询结果，并将查询结果和相关住房信息及时传递给税务机关。暂不具备查询条件而不能提供家庭住房查询结果的，纳税人应向税务机关提交家庭住房实有套数书面诚信保证，诚信保证不实的，属于虚假纳税申报，按照税收征管法的有关规定处理，并将不诚信记录纳入个人征信系统。

（二）契税优惠的特殊规定

为贯彻落实《国务院关于进一步优化企业兼并重组市场环境的意见》，继续支持企业、事业单位改制重组的契税优惠，财政部在原定的税收优惠期限届满后，又发布了《关于继续支持企业 事业单位改制重组有关契税政策的通知》（以下简称《通知》）。根据该《通知》规定，企业、事业单位改制重组过程中涉及的契税优惠如下。

1. 企业改制。企业按照《中华人民共和国公司法》有关规定整体改制，包括非公司制企业改制为有限责任公司或股份有限公司，有限责任公司变更为股份有限公司，股份有限公司变更为有限责任公司，原企业投资主体存续并在改制（变更）后的公司中所持股权（股份）比例超过75%，且改制（变更）后公司承继原企业权利、义务的，对改制（变更）后公司承受原企业土地、房屋权属，免征契税。

2. 事业单位改制。事业单位按照国家有关规定改制为企业，原投资主体存续并在改制后企业中出资（股权、股份）比例超过50%的，对改制后企业承受原事业单位土地、房屋权属，免征契税。

3. 公司合并。两个或两个以上的公司，依照法律规定、合同约定，合并为一个公司，且原投资主体存续的，对合并后公司承受原合并各方土地、房屋权属，免征契税。

4. 公司分立。公司依照法律规定、合同约定，分立为两个或两个以上与原公司投资主体相同的公司，对分立后公司承受原公司土地、房屋权属，免征契税。

5. 企业破产。企业依照有关法律法规规定实施破产，债权人（包括破产企业职工）承受破产企业抵偿债务的土地、房屋权属，免征契税；对非债权人承受破产企业土地、房屋权属，凡按照《中华人民共和国劳动法》等国家有关法律法规政策妥善安置原企业全部职工规定，与原企业全部职工签订服务年限不少于3年的劳动用工合同的，对其承受所购企业土地、房屋权属，免征契税；与原企业超过30%的职工签订服务年限不少于3年的劳动用工合同的，减半征收契税。

【例10-9】王先生是某企业债权人，2021年11月该企业破产，王先生获得抵债的门面房一间，评估价20万元；当月王先生将门面房作价30万元投资甲企业；另外甲企业又购买了该破产企业60万元的房产。下列税务处理中正确的有（　　）。

A. 甲企业应缴纳契税3.6万元　　　B. 王先生应缴纳契税0.08万元

C. 破产企业应缴纳契税2.4万元　　D. 王先生将门面投资需缴纳契税

E. 王先生承受破产企业的门面房免征契税

【答案】AE

【解析】债权人承受破产企业的房屋权属以抵偿债务的，免征契税。所以王先生不缴纳契税。甲企业应缴纳契税 = (30 + 60) × 4% = 3.6 (万元)。

6. 资产划转。对承受县级以上人民政府或国有资产管理部门按规定进行行政性调整，划转国有土地、房屋权属的单位，免征契税。

同一投资主体内部所属企业之间土地、房屋权属的划转，包括母公司与其全资子公司之间，同一公司所属全资子公司之间，同一自然人与其设立的个人独资企业、一人有限公司之间土地、房屋权属的划转，免征契税。

母公司以土地、房屋权属向其全资子公司增资，视同划转，免征契税。

7. 债权转股权。经国务院批准实施债权转股权的企业，对债权转股权后新设立的公司承受原企业的土地、房屋权属，免征契税。

8. 划拨用地出让或作价出资。以出让方式或国家作价出资（入股）方式承受原改制重组企业、事业单位划拨用地的，不属上述规定的免税范围，对承受方应按规定征收契税。

9. 公司股权（股份）转让。在股权（股份）转让中，单位、个人承受公司股权（股份），公司土地、房屋权属不发生转移，不征收契税。

五、征收管理

（一）纳税义务发生时间

契税的纳税义务发生时间为纳税人签订土地、房屋权属转移合同的当日，或者纳税人取得其他具有土地、房屋权属转移合同性质凭证的当日。

（二）纳税期限与征收管理

纳税人应当在依法办理土地、房屋权属登记手续前申报缴纳契税。契税由土地、房屋所在地的税务机关征收管理。

知识巩固与能力提升

一、单项选择题

1. 以下关于房产税纳税人和征税范围的说法中，正确的是（   ）。

A. 房产税的征税对象是房屋和建筑物

B. 房产税不对个人征收

C. 房屋产权出典的，以承典人为房产税的纳税人

D. 对农民出租农村的房屋也应缴纳房产税

2. 下列各项中符合房产税纳税义务人规定的是（   ）。

A. 产权属于集体所有的房产出租的，由承租人缴纳房产税

B. 房屋产权出典的，由出典人缴纳房产税

C. 房屋租典纠纷未解决的，由房屋代管人或使用人缴纳房产税

D. 房屋产权属于国家所有的，不缴纳房产税

3. 某商业企业2021年3月购进一栋带有地下储物间的商业用房，并办妥产权证书。其入账价值为8 600万元，其中地下室部分为1 000万元，假设房产原值的减除比例为20%，地下室应税原值为房产原值的80%，该企业2021年应缴纳房产税（　　）万元。

A. 60.48　　　　　B. 67.2　　　　　C. 68.8　　　　　D. 61.92

4. 下列各项中符合车船税征收管理规定的是（　　）。

A. 扣缴义务人代收代缴车船税的，纳税地点为车船登记地的主管税务机关所在地

B. 依法需要办理登记的车船纳税人自行申报缴纳车船税的，纳税地点为车船登记地的主管税务机关所在地

C. 车船税纳税义务发生时间为取得车船所有权或者管理权的次月

D. 不需要办理登记的车船，不必缴纳车船税

5. 企业破产，非债权人承受破产企业土地、房屋权属，按照规定妥善安置原企业全部职工，与原企业30%以上职工签订服务年限不少于3年的劳动用工合同的，（　　）契税。

A. 免征　　　　　B. 减半征收　　　　　C. 暂缓征收　　　　　D. 照章征收

6. 居民甲有两套住房，将一套出售给居民乙，成交价格为10万元，将另一套价值15万元的两居室住房与居民丙交换成两套一居室住房，并支付换房差价款4万元。居民丙将取得的房屋与居民丁的住房进行等价交换，以下说法正确的是（　　）。（假定适用的契税税率均为3%，上述金额均不含增值税）

A. 甲和丙不缴纳契税，乙缴纳契税3 000元，丁缴纳契税1 200元

B. 甲缴纳契税1 200元，乙缴纳契税3 000元，丙和丁不缴纳契税

C. 甲和丁不缴纳契税，乙缴纳契税3 000元，丙缴纳契税1 200元

D. 甲缴纳契税1 200元，乙不缴纳契税，丙丁各缴纳契税1 200元

7. 契税的纳税地点是（　　）。

A. 企业的核算地　　　　　　　　　B. 纳税人的居住地

C. 单位的注册地　　　　　　　　　D. 土地房屋所在地

8. 居民甲2020年购置了一套价值100万元的新住房，同时对原有的两套住房处理如下：一套出售给居民乙，成交价格50万元；另一套市场价格80万元的住房与居民丙进行等价交换。假定当地省政府规定的契税税率为4%，则居民甲2020年应缴纳的契税为（　　）万元。

A. 4　　　　　B. 6　　　　　C. 7.2　　　　　D. 9.2

二、多项选择题

1. 下列各项中符合房产税纳税义务发生时间规定的有（　　）。

A. 将原有房用于生产经营，从生产经营之次月起缴纳房产税

B. 委托施工企业建设的房屋从办理验收手续之次月起缴纳房产税

C. 购置存量房，自权属登记机关签发房屋权属证书之次月起缴纳房产税

D. 购置新建商品房，自权属登记机关签发房屋权属证书之次月起缴纳房产税

2. 下列项目中应以房产租金作为计税依据征收房产税的有（　　）。

A. 融资租赁方式租入的房屋

B. 以收取固定收入、不承担联营风险方式投资的房屋

C. 以经营租赁方式租出的房屋

D. 居民住宅区内业主自营的共有经营性房屋

3. 以下符合车船税政策规定的有（　　）。

A. 插电式混合动力汽车免征车船税

B. 渔船均免征车船税

C. 取得车船所有权或者管理权的当月，应当以购买车船的发票或者其他证明文件所载日期的当月为准

D. 车船税由保险公司负责征收

4. 以下关于车船税的规定说法正确的有（　　）。

A. 车船税纳税义务发生时间为取得车船所有权或管理权的当月

B. 车船税按年申报，分月计算，一次性缴纳

C. 已办理退税的被盗抢车船失而复得的纳税人，应当从公安机关出具相关证明的当月起计算缴纳车船税

D. 已缴纳车船税的车船在同一纳税年度内办理转让过户的，不另纳税也不退税

5. 下列可以是契税纳税人的有（　　）。

A. 国家机关　　　B. 军事单位　　　C. 个体经营者　　D. 外籍个人

6. 个人独资企业投资者王武发生的下列行为涉及房产权属变化，应计算缴纳契税的有（　　）。

A. 将自有住房作股投资于本人独资经营的企业

B. 以拆门窗做工艺品收藏为目的而购买江南水乡小屋一幢

C. 接受抵债房屋一套

D. 赠送恩师一套房子

第十一章　其他行为税类

【本章概览】

本章分别介绍了印花税、车辆购置税、船舶吨税、环境保护税的纳税义务人、征税范围、税率、税收优惠、征收管理及应纳税额的计算。本章所涉税种是我国税收法定的"先行军",立法层次较高,大多以法律形式表现出来。

【学习目标】

1. 掌握印花税的税目和各自的计税依据及其应纳税额的计算,关注即将出台的印花税法关于征收方式的新变化。
2. 了解车辆购置税的征税范围、主要税收优惠。
3. 了解船舶吨税和环境保护税的征税范围。

【情景引例】

我公司为一家客运公司,每年为车辆购买的保险没有合同只有保单,请问是否需要缴纳印花税?

第一节　印花税

一、印花税概述

(一)印花税的概念

印花税是对经济活动和经济交往中书立、领受、使用的应税经济凭证所征收的一种税。因纳税人主要是通过在应税凭证上粘贴印花税票来完成纳税义务,故名印花税。

印花税是世界各国普遍征收的一个税种,其历史悠久,始于1624年的荷兰。1912年北洋政府公布的《印花税法》,真正开始了中国印花税征收的历史。此后,至新中国成立后,印花税一直都未退出历史舞台,直至1958年,随着全国税改的施行,印花税被并入工商统一税,才正式被取消。1988年8月6日,国务院发布《中华人民共和国印花税暂行条例》,对购销合同、承揽合同、建筑安装工程承包合同、财产租赁合同、货物运输合同、仓储保管合同、营业账簿、许可证照等 13 种凭证在全国统一开征印花税，并于 1988 年 10 月 1 日实行。自此，在我国税收史上消失长达 30 年的印花税正式恢复征收。

长期以来，我国印花税大多以贴花的方式申报和缴纳税款，但是随着社会的发展，纸质的凭证、账簿、票据等单据逐渐被虚拟合同、电子账簿所替代，原来以粘贴印花税票在纳税凭证上的"贴花"纳税方式越来越不方便，印花税的纳税方式面临新的挑战。2018 年 11 月 1 日，财政部、国家税务总局公布的《中华人民共和国印花税法（征求意见稿）》中规定"为降低征管成本、提升纳税便利度，并适应电子凭证发展需要"，规定印花税统一实行申报纳税方式，不再采用"贴花"纳税方式。这意味着一旦印花税法正式获得立法通过，长达数十年的印花税票将正式退出历史舞台。

（二）印花税的特点

印花税不论是在性质上，还是在征税方法上，都具有不同于其他税种的特点。

1. 兼有凭证税和行为税性质。一方面，印花税是对单位和个人书立、领受纳税凭证时征收的一种税，具有凭证税性质；另一方面，任何应税经济凭证反映的都是某种特定的经济行为，因此，对凭证征税实质上是对经济行为的课税。

2. 征税范围广泛。印花税的征税对象包括了经济活动和经济交往中的各种应税凭证，凡书立和领受这些凭证的单位和个人都要缴纳印花税，其征税范围是极其广泛的。

3. 税率低、税负轻。印花税与其他税种相比较，税率要低得多，税负较轻，具有广集资金、积少成多的财政效应。

4. 由纳税人自行完成纳税义务。纳税人通过自行计算、购买并粘贴印花税票的方法完成纳税义务，并在印花税票和凭证的骑缝处自行盖戳注销或划销，这与其他税种的缴纳方法有较大区别。

（三）印花税法

印花税法是调整纳税人在书立、领受、使用纳税凭证过程中发生的税收征管关系的法律规范的总称。我国现行规制印花税的法律规范为 1988 年国务院颁布的《中华人民共和国印花税暂行条例》（以下简称《条例》），《条例》于 2011 年 1 月 8 日进行了一次修订。随着税收法定步伐的不断加快，2018 年 11 月 1 日，财政部、国家税务总局发布了《中华人民共和国印花税法（征求意见稿）》，2021 年 6 月 10 日颁布《中华人民共和国印花税法》，自 2022 年 7 月 1 日生效。

二、印花税的纳税人、征税范围和税率

（一）印花税的纳税义务人

凡在我国境内书立、领受、使用属于征税范围内所罗列凭证的单位和个人，都是印花税的纳税义务人，包括各类企业、事业、机关、团体、部队以及中外合

资经营企业、合作经营企业、外资企业、外国公司和其他经济组织及其在华机构等单位和个人。按照征税项目划分的具体纳税人有以下五种。

1. 立合同人。书立各类经济合同的，以立合同人为纳税人。所谓立合同人，是指合同的当事人。当事人为两方或两方以上的，各方均为纳税人。

2. 立账簿人。建立营业账簿的，以立账簿人为纳税人。

3. 立据人。订立各种财产转移书据的，以立据人为纳税人。立据以合同方式签订的，应由持有书据的各方分别按全额贴花。

4. 领受人。领受权利许可证照的，以领受人为纳税人。

5. 使用人。指在国外书立或领受，在国内使用应税凭证的单位和个人。

（二）征税范围

印花税共有 13 个税目，包括购销、加工承揽、建设工程承包、财产租赁、货物运输、仓储保管、借款、财产保险、技术合同等 9 类经济合同；产权转移书据；营业账簿；权利、许可证照。

> 知识卡片：从目前颁布的《印花税法（征求意见稿）》中可以看出，在税目设计上有所变化，合同类增加了融资租赁合同，税目上增加了证券交易一项。

1. 经济合同。

合同是指当事人之间为实现一定目的，经协商一致，明确当事人各方权利、义务关系的协议。以经济业务活动作为内容的合同，通常称为经济合同。经济合同的依法订立，是在经济交往中为了订立、变更或终止当事人之间的权利和义务关系的合同法律行为，其书面形式通常表现为经济合同书，我国印花税只对依法订立的经济合同书征收。在税目税率表中列举了以下 10 大类合同。

（1）购销合同。包括供应、预购、采购、购销结合及协作、调剂、补偿、易货等合同，还包括各出版单位与发行单位之间订立的图书、报刊、音像征订凭证。对纳税人以电子形式签订的各类应税凭证按规定征收印花税。对发电厂与电网之间、电网与电网之间签订的购售电合同，按购销合同征收印花税；电网与用户之间签订的供用电合同不征印花税。

（2）加工承揽合同。包括加工、定做、修缮、修理、印刷、广告、测绘、测试等合同。

（3）建设工程勘察设计合同。包括勘察、设计合同的总包合同、分包合同和转包合同。

（4）建筑安装工程承包合同。包括建筑、安装工程承包合同的总包合同、分包合同和转包合同。

（5）财产租赁合同。包括租赁房屋、船舶、飞机、机动车辆、机械、器具、设备等合同，还包括企业、个人出租门店、柜台等所签订的合同，但不包括企业与主管部门签订的租赁承包合同。

（6）货物运输合同。包括民用航空运输、铁路运输、海上运输、内河运输、公路运输和联运合同。

（7）仓储保管合同。包括仓储、保管合同或作为合同使用的仓单、栈单（或称入库单）。对某些使用不规范的凭证不便计税的，可就其结算单据作为计税贴花的凭证。

（8）借款合同。包括银行及其他金融组织和借款人（不包括银行同业拆借）所签订的借款合同。

（9）财产保险合同。包括财产、责任、保证、信用等保险合同。

（10）技术合同。包括技术开发、转让、咨询、服务等合同。

技术转让合同包括专利申请转让、非专利技术转让所书立的合同，但不包括专利权转让、专利实施许可所书立的合同。后者适用于产权转移书据税目。

技术咨询合同是合同当事人就有关项目的分析、论证、评价、预测和调查订立的技术合同。而一般的法律、会计、审计等方面的咨询不属于技术咨询，其所立合同不贴印花。

技术服务合同的征税范围包括技术服务合同、技术培训合同和技术中介合同。

【情景引例解析】根据《中华人民共和国印花税暂行条例》的规定，财产保险合同包括财产责任、保证、信用等保险合同，立合同人按保费收入的1‰贴花。单据作为合同使用，按合同贴花。因此，财产保险合同的保单作为合同使用的，也应当正常缴纳印花税。

2. 产权转移书据。产权转移即财产权利关系的变更行为，表现为产权主体发生变更。产权转移书据是在产权的买卖、交换、继承、赠与、分割等产权主体变更过程中，由产权转让人与受让人之间所订立的民事法律文书。

我国印花税税目中的产权转移书据包括财产所有权、版权、商标专用权、专利权、专有技术使用权等转移书据和专利实施许可合同、土地使用权出让合同、土地使用权转让合同、商品房销售合同等权利转移数据。

财产所有权转移书据，是指经政府管理机关登记注册的不动产、动产的所有权转移所书立的书据，以及企业股权转让所立书据，并包括个人无偿赠与不动产所签订的"个人无偿赠与不动产登记表"。当纳税人完税后，税务机关应在纳税人印花税完税凭证上加盖"个人无偿赠与"印章。

3. 营业账簿。印花税税目中的营业账簿归属于财务会计账簿，是按照财务会计制度的要求设置的，反映生产经营活动的账册。按照营业账簿反映的内容不同，在税目中分为记载资金的账簿（简称资金账簿）和其他营业账簿两类，以便于分别采用按金额计税和按件计税两种计税方法。

（1）资金账簿，是反映生产经营单位"实收资本和资本公积"金额增减变化的账簿。

（2）其他营业账簿，是反映除资金资产以外的其他生产经营活动内容的账簿，即除资金账簿以外的、归属于财务会计体系的生产经营用账册，包括日记账簿和各明细分类账簿。

4. 权利、许可证照。权利、许可证照是政府给予单位、个人某种法定权利和准予从事特定经济活动的各种证照的统称。包括政府部门发给的房屋产权证、工商营业执照、商标注册证、专利证、土地使用证等。

（三）税率

作为印花税课税对象的经济凭证，种类繁多、形式多样，性质不尽相同，分别采用不同的税率。现行印花税采用比例税率和定额税率两种税率。

印花税的比例税率分为四档，即：1‰、0.5‰、0.3‰、0.05‰。

（1）适用1‰税率的为财产租赁合同、仓储保管合同、财产保险合同。

（2）适用0.5‰税率的为加工承揽合同、建设工程勘察设计合同、货物运输合同、产权转移书据、营业账簿中的资金账簿。

（3）适用0.3‰税率的为购销合同、建筑安装工程承包合同、技术合同。

（4）适用0.05‰税率的为借款合同。

> 提示：自2018年5月1日起，对按0.5‰税率贴花的资金账簿减半征收印花税；对按件贴花5元的其他账簿免征印花税。

印花税税目税率见表11-1。

表11-1　　　　　　　　　　　印花税税目税率

税目	税率	纳税人	说明
购销合同	按购销金额0.3‰贴花	立合同人	
加工承揽合同	按加工活承揽收入0.5‰贴花	立合同人	
建设工程勘察设计合同	按收取费用0.5‰贴花	立合同人	
建筑安装工程承包合同	按承包金额0.3‰贴花	立合同人	
财产租赁合同	按租金1‰贴花。税额不足1元，按1元贴花	立合同人	
货物运输合同	按运输费用0.5‰贴花	立合同人	单据作为合同使用的，按合同贴花
仓储保管合同	按仓储保管费用1‰贴花	立合同人	仓单或栈单作为合同使用的，按合同贴花
借款合同	按借款金额0.05‰贴花	立合同人	单据作为合同使用的，按合同贴花
财产保险合同	按收取保险费1‰贴花	立合同人	单据作为合同使用的，按合同贴花
技术合同	按所记载金额0.3‰贴花	立合同人	
产权转移书据	按所记载金额0.5‰贴花	立据人	
营业账簿	记载资金的账簿，按实收资本和资本公积的合计金额0.5‰贴花，其他账簿按件贴花5元	立账簿人	
权利、许可证照	按件贴花5元	领受人	

三、应纳税额的计算

（一）印花税的计税依据

印花税的计税依据为各种应税凭证上所记载的计税金额，具体有以下两种。

1. 购销合同的计税依据为合同记载的购销金额。

2. 加工承揽合同的计税依据是加工或承揽收入的余额。

（1）对于由受托方提供原材料的加工、定做合同，凡在合同中分别记载加工费金额和原材料金额的，应分别按"加工承揽合同""购销合同"计税，两项税额相加数即为合同应贴印花；若合同中未分别记载，则应就全部金额依照加工承揽合同计税贴花。

（2）对于由委托方提供主要材料和原料，受托方只提供辅助材料的加工合同，无论加工费和辅助材料金额是否分别记载，均以辅助材料与加工费的合计数，依照加工承揽合同计税贴花，对委托方提供的主要材料或原料金额不计税贴花。

3. 建设工程勘察设计合同的计税依据为收取的费用。

4. 建筑安装工程承包合同的计税依据为承包金额。

5. 财产租赁合同的计税依据为租赁金额，经计算税额不足1元的，按1元贴花。

6. 货物运输合同的计税依据为取得的运输费金额，不包括所运货物的金额、装卸费和保险费等。

7. 仓储保管合同的计税依据为收取的仓储保管费用。

8. 借款合同的计税依据为借款金额。

9. 财产保险合同的计税依据为支付的保险费，不包括所保财产的金额。

10. 技术合同的计税依据为合同所载的价款、报酬和使用费。

11. 产权转移书据的计税依据为所载金额。

12. 营业账簿账目中记载资金的账簿的计税依据为"实收资本"与"资本公积"两项的合计金额。

实收资本包括现金、实物、无形资产和材料物资。现金，按实际收到的或存入纳税人开户银行的金额确定；实物，指房屋、机器等，按评估确认的价值或者合同、协议约定的价格确定；无形资产和材料物资按评估确认的价格来确定。

资本公积包括接受捐赠、法定资产重估增值、资本折算差额、资本溢价等。如果是实物捐赠，则按同类资产的市场价格或有关凭证确定。

其他账簿的计税依据为应税凭证件数。

13. 权利许可证照的计税依据为应税凭证件数。

14. 按比例税率计算应纳税额不足1角的免税，应纳税额在1角以上且税额尾数不满5分的不计，满5分的按1角计算。

（二）印花税应纳税额的计算

纳税人的应纳税额，根据应纳税凭证的性质，分别按比例税率或者应纳税额计算，其计算公式为：

$$应纳税额 = 应纳税凭证计税金额（或应税凭证件数）×适用税率$$

【例11-1】某企业2021年2月领受房产权证、工商营业执照、土地使用证各一件；与其他企业订立转移技术使用书据一份，所载金额80万元；订立产品购销合同两件，所载金额150万元；订立借款合同一份，所载金额40万元。此外，企业的营业账簿中，实收资本科目载有600万元，其他营业账簿20本。2021年12月，该企业实收资本所载资本增加为800万元。计算该企业2021年2月应纳印花税额和12月应补交的印花税额。

【解析】（1）企业领受凭证应纳税额 = 3×5 = 15（元）

（2）企业订立产权转移书据应纳税额 = 800 000×0.05% = 400（元）

（3）企业订立购销合同应纳税额 = 1 500 000×0.03% = 450（元）

（4）企业订立借款合同应纳税额 = 400 000×0.05‰ = 20（元）

（5）企业营业账簿实收资本应纳税额 = 6 000 000×0.05% = 3 000（元）

（6）企业其他营业账簿应纳税额 = 20×5 = 100（元）

（7）2月应纳税额 = 15 + 400 + 450 + 20 + 3 000 + 100 = 3 985（元）

（8）12月应补交税额 = （800 - 600）×0.05% = 0.1（万元）

四、印花税税收优惠

对印花税的减免税优惠主要有以下六种。

1. 对已缴纳印花税凭证的副本或者抄本免税。

凭证的正式签署，本已按照规定缴纳了印花税，其副本或者抄本对外不发生权利义务关系，只是留存备查，但以副本或者抄本视同正本使用的，则应另贴印花。

2. 对无息、贴息贷款合同免税。

无息、贴息贷款合同是指我国的各专业银行按照国家金融政策发放的无息贷款，以及有各专业银行发放并按有关规定，由财政部门或者中国人民银行给予贴息的贷款项目所签订的贷款合同。

一般情况下，无息、贴息贷款体现国家政策，满足特定时期的某种需要，其利息全部或者部分是由国家财政负担的，对这类合同征收印花税，没有财政意义。

3. 对房地产管理部门与个人签订的用于生活居住的租赁合同免税。

4. 对农牧业保险合同免税。

对该类合同免税，是为了支持农村保险事业的发展，减轻农牧业生产的负担。

5. 对与高校学生签订的高校学生公寓租赁合同免税。

高校学生公寓是指为高校学生提供住宿服务，按照国家规定的收费标准收取住宿费的学生公寓。

6. 对公租房经营管理单位建造管理公租房涉及的印花税予以免税。

对公租房经营管理单位购买住房作为公租房，免征印花税；对公租房租赁双方签订租赁协议涉及的印花税予以免征。

在其他住房项目中配套建设公租房，依据政府提供的相关材料可按公租房建筑面积占总建筑面积的比例免征建造、管理公租房涉及的印花税。

五、征收管理

（一）纳税方法

印花税的纳税方法，根据税额大小、贴花次数以及证书税收征收管理的需要分别采取以下三种纳税方法。

1. 自行贴花办法。这种办法一般适用于应纳税凭证较少或者贴花次数较少的纳税人。纳税人书立、领受或使用印花税法列举的应纳税凭证的同时，纳税义务即已产生，应当根据应纳税凭证的性质和适用的税目税率，自行计算应纳税额，自行购买印花税票，自行一次贴足印花税票，并加以注销和划销。

对已贴花的凭证，修改后所载金额增加的，其增加部分应当补贴印花税票。凡多贴印花税票者，不得申请退税或者抵用。

2. 汇贴或者汇缴办法。这种办法一般适用于应纳税额较大或者贴花次数频繁的纳税人。

一份凭证应纳税额超过 500 元的，应当向当地税务机关申请填写缴款书或者完税凭证，将其中一联粘贴在凭证上，或者由税务机关在凭证上加注完税标志代替贴花，这就是通常所说的"汇贴"办法。

同一种类应纳税凭证，需频繁贴花的纳税人，可以根据实际情况自行决定是否采取按期汇总缴纳印花税的办法，汇总缴纳的期限为一个月。采用按期汇总缴纳方法的纳税人，应事先告知主管税务机关。缴纳方法一经确定，一年内不得改变。主管税务机关接到纳税人要求按期汇总缴纳印花税的告知后，应及时登记，制定相应的管理办法，防止出现管理漏洞。对采用按期汇总缴纳方法缴纳印花税的纳税人，应加强日常监督、检查。

凡汇总缴纳印花税的凭证，应加注税务机关指定的汇缴戳记、编号并装订成册后，将已贴印花或者缴款书的一联黏附册后，盖章注销，保存备查。

3. 委托代征办法。这种办法主要通过税务机关的委托，经由发放或办理应纳税凭证的单位代为征收印花税税款。税务机关应与代征单位签订代征委托书。

所谓发放或者办理应纳税凭证的单位是指发放权利、许可证照的单位和办理凭证的鉴证、公证以及其他有关事项的单位。

印花税法规定发放或办理应纳税凭证的单位，负有监督纳税人依法纳税的义务。

（二）纳税环节

印花税纳税义务发生时间为纳税人订立、领受应税凭证或者完成证券交易的当日。证券交易印花税扣缴义务发生时间为证券交易完成的当日。

应纳税凭证应当于书立或者领受时贴花。具体是指在合同的签订时、书据的立据时、账簿的启用时和证照的领受时贴花。如果合同在国外签订的，应在国内使用时贴花。

（三）纳税地点

印花税一般实行就地纳税。对于全国性商品物资订货会（包括展销会、交易会等）上所签订合同应纳的印花税，由纳税人回其所在地后及时办理贴花手续；对地方主办、不涉及省际关系的订货会、展销会上所签合同的印花税，其纳税地点由各省（自治区、直辖市）人民政府自行确定。

（四）纳税申报

纳税申报印花税的纳税人，应按照条例的有关规定及时办理纳税申报，并如实填写印花税纳税申报表。

（五）违章与处罚

印花税纳税人有下列行为之一的，由税务机关根据情况轻重予以处罚。

1. 在应纳税凭证上未贴或少贴印花税票的或者已粘贴在应税凭证上的印花税票未注销或未划销的，由税务机关追缴其不缴或者少缴的税款、滞纳金，并处不缴或少缴的税款50%以上5倍以下的罚款。

2. 已贴用的印花税票揭下重用造成未缴或少缴印花税的，由税务机关追缴其不缴或者少缴的税款、滞纳金，并处不缴或少缴的税款50%以上5倍以下的罚款；构成犯罪的，依法追究刑事责任。

3. 伪造印花税票的，由税务机关责令改正，处以2 000元以上1万元以下的罚款；情节严重的，处以1万元以上5万元以下的罚款；构成犯罪的，依法追究刑事责任。

4. 按期汇总缴纳印花税的纳税人，超过税务机关核定的纳税期限，未缴或少缴印花税款的，由税务机关追缴其不缴或少缴的税款、滞纳金，并处不缴或少缴的税款50%以上5倍以下的罚款；情节严重的，同时撤销其汇缴许可证；构成犯罪的，依法追究刑事责任。

5. 纳税人违反以下规定的，由税务机关责令限期改正，可处以 2 000 元以下的罚款；情节严重的，处以 2 000 元以上 1 万元以下的罚款。

（1）凡汇总缴纳印花税的凭证，应加注税务机关指定的汇缴戳记，编号并装订成册后，将已贴印花或者缴款书的一联黏附册后，盖章注销，保存备查。

（2）纳税人对纳税凭证应妥善保存。凭证的保存期限，凡国家已有明确规定的，按规定办理；没有明确规定的，其余凭证均应在履行完毕后保存一年。

6. 代售户对取得的税款逾期不缴或者挪作他用，或者违反合同将所领印花税票转托他人代售或者转至其他地区销售，或者未按规定详细提供领受印花税票情况的，税务机关可视其情节轻重，给予警告或者取消其代售资格的处罚。

第二节　车辆购置税

一、车辆购置税概述

车辆购置税是以在中国境内购置规定的车辆为课税对象，在特定的环节向车辆购置者征收的一种税。就其性质而言，属于直接税的范畴。

现行的规范车辆购置税的法律规范是 2000 年 10 月 22 日国务院公布的《中华人民共和国车辆购置税暂行条例》。随着我国"税收法定原则"的逐步落实，调整车辆购置税的法律规范已从行政法规上升为法律，《中华人民共和国车辆购置税法》已由中华人民共和国第十三届全国人大常务委员会第七次会议于 2018 年 12 月 29 日通过并公布，自 2019 年 7 月 1 日起施行。

二、车辆购置税的纳税人、征税范围和税率

（一）纳税义务人

车辆购置税的纳税义务人是指在中华人民共和国境内购置汽车、有轨电车、汽车挂车、排气量超过 150 毫升的摩托车（以下统称应税车辆）的单位和个人。其中，购置是指以购买、进口、自产、受赠、获奖或者其他方式取得并自用应税车辆的行为。

"单位"是指国有企业、集体企业、私营企业、股份制企业、外商投资企业、外国企业和其他企业、事业单位、社会团体、国家机关、部队以及其他单位。

"个人"是指个体工商业户以及其他个人。泛指具有民事权利能力，依法享

有民事权利，承担民事义务的自然人，包括中华人民共和国公民和外国公民。

（二）征税范围

车辆购置税以列举的车辆作为征税对象，未列举的车辆不纳税。其征税对象包括汽车、有轨电车、汽车挂车、排气量超过 150 毫升的摩托车。

1. 汽车，包括各类汽车。
2. 有轨电车，以电能为动力在轨道上行驶的公共车辆，不包括无轨电车。
3. 汽车挂车，包括全挂车和半挂车。
（1）全挂车：无动力设备，独立承载，由牵引车辆牵引行驶的车辆；
（2）半挂车：无动力设备，与牵引车辆共同承载，由牵引车辆牵引行驶的车辆。
4. 排气量超过 150 毫升的摩托车。

（三）税率

我国车辆购置税实行统一比例税率（指一个税种只设计一个比例的税率），税率为 10%。

三、应纳税额的计算

（一）车辆购置税的计税依据

车辆购置税以应税车辆为征税对象，考虑到我国车辆市场供求的矛盾、价格差异变化、计量单位不规范以及征收车辆购置附加费时的做法，实行从价定率、价外征收的方法计算应纳税额，应税车辆的价格，即计税价格成为车辆购置税的计税依据。但是，由于应税车辆购置的来源不同以及应税行为的发生不同，计税价格的组成也不一样。因此，车辆购置税计税依据的构成也不同。

1. 购买自用应税车辆的计税依据的确定。纳税人购买自用应税车辆的计税价格，为纳税人实际支付给销售者的全部价款，不包括增值税税款，即计税价格是由销货方销售应税车辆向购买者收取的除增值税税款以外的全部价款和价外费用组成的。

这里的"购买自用的应税车辆"包括购买自用的国产应税车辆和购买自用的进口应税车辆，如从国内汽车市场、汽车贸易公司购买自用的进口应税车辆等。

"价外费用"是指销售方价外向购买方收取的基金、集资费、返还利润、补贴、违约金（延期付款利息）和手续费、包装费、储存费、优质费、运输装卸费、保管费、代收款项、代垫款项以及其他各种性质的价外收费。但不包括销售方代办保险等而向购买方收取的保险费，以及向购买方收取的代购买方缴纳的车辆购置税、车辆牌照费。

2. 进口自用应税车辆计税依据的确定。纳税人进口自用的应税车辆以组成计税价格为计税依据。组成计税价格的计算公式为：

$$组成计税价格 = 关税完税价格 + 关税 + 消费税$$

这里的"进口自用的应税车辆"是指纳税人直接从境外进口或委托代理进口自用的应税车辆，即非贸易方式进口自用的应税车辆。

进口自用应税车辆的计税价格，应根据纳税人提供的、经海关审查确认的有关完税证明资料确定。

纳税人购买自用或者进口自用应税车辆申报的计税价格低于同类型应税车辆的最低计税价格，又无正当理由的，计税价格为国家税务总局核定的最低计税价格。

3. 其他自用应税车辆计税依据的确定。纳税人以受赠、获奖或者其他方式取得自用应税车辆的计税价格，按照购置应税车辆时相关凭证载明的价格确定，不包括增值税税款。不能取得购置价格的，由主管税务机关参照国家税务总局规定的相同类型应税车辆的最低计税价格核定。

国家税务总局未核定最低计税价格的车辆，计税价格为纳税人提供的有效价格证明注明的价格，有效价格证明注明的价格明显偏低的，主管税务机关有权核定应税车辆的计税价格。

4. 以最低计税价格为计税依据的确定。纳税人购买自用或者进口自用应税车辆，申报的计税价格低于同类型应税车辆的最低计税价格且无正当理由的，按照最低计税价格征收车辆购置税。这就是说，纳税人购买自用和进口自用的应税车辆，先应分别按前述计税价格、组成计税价格计税，当申报的计税价格偏低且提不出正当理由的，应以最低计税价格为计税依据，按照核定的最低计税价格征税。最低计税价格由国家税务总局制定。

最低计税价格是指国家税务总局依据车辆生产企业提供的车辆价格信息并参照市场平均交易价格核定的车辆购置税计税价格。

申报的计税价格低于同类型应税车辆的最低计税价格且无正当理由的，是指纳税人申报的车辆计税价格低于出厂价格或进口自用车辆的计税价格。

根据纳税人购置应税车辆的不同情况，国家税务总局对以下四种特殊情形应税车辆的最低计税价格规定如下。

（1）底盘（车架）发生更换的车辆，计税依据为最新核发的同类型车辆最低计税价格的70%。同类型车辆是指同国别、同排量、同车长、同吨位、配置近似的车辆。

（2）免税条件消失的车辆，自初次办理纳税申报之日起，使用年限未满10年的，计税依据为最新核发的同类型车辆最低计税价格按每满1年扣减10%；使用10年（含）以上的，计税依据为零。未满1年的应税车辆计税依据为最新核发的同类型车辆最低计税价格。

（3）对于国家税务总局未核定最低计税价格的车辆，计税依据为已核定的同类型车辆最低计税价格。同类型车辆是指同国别、同排量、同车长、同吨位、配置近似的车辆。

（4）进口旧车、因不可抗力因素导致受损的车辆、库存超过 3 年的车辆、行驶 8 万千米以上的试验车辆、国家税务总局规定的其他车辆的计税价格，为纳税人提供的有效价格证明注明的价格；纳税人无法提供车辆有效价格证明的，主管税务机关有权核定应税车辆的计税价格。

5. 车辆购置税计税依据使用统一货币单位计算。车辆购置税的计税依据和应纳税款应以人民币计算。纳税人以外汇结算应税车辆价款的，按照申报纳税之日的人民币汇率中间价折合成人民币计算缴纳税款。

（二）应纳税额的计算

车辆购置税实行从价定率的办法计算应纳税额，应纳税额的计算公式为：

$$应纳税额 = 计税价格 \times 税率$$

由于应税车辆购置来源、应税行为发生以及计税价格组成的不同，车辆购置税应纳税额的计算方法也有区别。

购买自用应税车辆应纳税额的计算。纳税人购买自用的应税车辆，其计税价格由纳税人支付给销售者的全部价款（不包括增值税税款）和价外费用组成。

购买自用国产应税车辆应纳税额的计算。在应纳税额的计算中，应注意以下费用的计税规定。

（1）购买者随购买车辆支付的工具件和零部件价款应作为购车价款的一部分，并入计税价格中征收车辆购置税。

（2）支付的车辆装饰费，应作价外费用并入计税价格中计税。

（3）代收款项应区别征税。凡使用代收单位（受托方）票据收取的款项，应视作代收单位价外收费，购买者支付的价费款，应并入计税价格中一并征税；凡使用委托方票据收取，受托方只履行代收义务和收取代收手续费的款项，应按其他税收政策规定征税。

（4）销售单位开给购买者的各种发票金额中包含增值税税款，计算应纳车辆购置税时，应换算为不含增值税税额的计税价格。

（5）支付的控购费，是政府部门的行政性收费，不属于销售者的价外费用范围，不应并入计税价格计税。

（6）销售单位开展优质销售活动所开票收取的有关费用，应属经营性收入，企业在代理过程中按规定支付给有关部门的费用，企业已作经营性支出列支核算。因此，按现行税法规定，均应作价外收入计算征税。

【例 11 - 2】张某于 2021 年 12 月 8 日从某 4S 店购买一辆轿车供自己使用，支付含增值税车价款 106 000 元，另支付牌照费 150 元，代收保险费 352 元，支付购买工具件和零配件价款 2 035 元，车辆装饰费 2 500 元。支付的各项价费款均由某4S店开具"机动车销售统一发票"和有关票据。计算车辆购置税应纳税额。

【解析】车辆购置税税额计算：

（1）计税价格 = （106 000 + 150 + 352 + 2 035 + 2 500）÷（1 + 13%）
           = 98 262.83（元）

（2）应纳税额 = 98 262.83 × 10% = 9 826.28（元）

（三）进口自用应税车辆应纳税额的计算

纳税人进口自用的应税车辆应纳税额的计算公式为：

$$应纳税额 = （关税完税价格 + 关税 + 消费税）× 税率$$

1. 纳税人进口自用的应税车辆，应按组成计税价格计算应纳税额。

2. 纳税人应如实提供有关报关和完税证明资料，主管税务机关应按海关审查确认的有关进口车辆的完税证明资料组成计税价格计算应纳税额。

【例11-3】某外贸进出口公司于2021年11月12日从国外进口10辆宝马公司生产的宝马某型号小轿车，汽缸容量为1 800毫升。该公司报关进口这批小轿车时，经报关地口岸海关对有关报关资料的审查，确定关税计税价格为198 000元/辆（人民币），海关按关税政策规定课征关税217 800元/辆，并按消费税、增值税有关规定分别代征进口消费税21 884元/辆，增值税74 406元/辆。由于业务工作的需要，该公司将两辆小轿车用于本单位使用。试根据纳税人提供的有关报关进口资料和经海关审查确认的有关完税证明资料，计算应纳的车辆购置税税额。

【解析】车辆购置税税额计算：

（1）组成计税价格 = 关税完税价格 + 关税 + 消费税
             = 198 000 + 217 800 + 21 884
             = 437 684（元）

（2）应纳税额 = 自用数量 × 组成计税价格 × 税率
           = 2 × 437 684 × 10%
           = 87 536.8（元）

（四）其他自用应税车辆应纳税额的计算

纳税人自产自用、受赠使用、获奖使用和以其他方式取得并自用应税车辆的，凡不能取得该型车辆的购置价格，或者低于最低计税价格的，以国家税务总局核定的最低计税价格为计税依据计算征收车辆购置税。

1. 自产自用应税车辆应纳税额的计算。

【例11-4】某客车制造厂将自产的一辆19座某型号客车用于本厂后勤生活服务，该厂在办理车辆上牌落籍前，出具该车的发票注明金额为44 300元，并按此金额向主管税务机关申报纳税。经审核，国家税务总局对该车同类型车辆核定的最低计税价格为 47 000 元。该厂对作价问题提不出正当理由。计算该车应纳的车辆购置税税额。

【解析】纳税人自产自用应税车辆计税价格的发票价格是 44 300 元，低于最低计税价格 47 000 元，又无正当理由的，主管税务机关应按全国统一核定的同类型应税车辆最低计税价格确定征税。

车辆购置税税额计算：应纳税额 = 47 000 × 10% = 4 700 （元）

【例 11 - 5】申某在某公司举办的有奖销售活动中，中奖一辆长安某型号微型汽车，举办公司开具的销售发票金额为 68 700 元。申某申报纳税时，经主管税务机关审核，国家税务总局核定该车型的最低计税价格为 73 500 元。计算申某应缴纳的车辆购置税税额。

【解析】纳税人从各种奖励方式中取得并自用的应税车辆，其价格低于最低计税价格，应按国家税务总局确定的最低计税价格核定计税。

车辆购置税税额计算：

应纳税额 = 最低计税价格 × 税率 = 73 500 × 10% = 7 350 （元）

2. 其他方式取得并自用应税车辆应纳税额的计算。其他方式是指除自产、受赠、获奖以外的方式，主要包括拍卖、抵债、走私、罚没等，这些方式取得并自用的应税车辆，也应按同类型车辆的最低计税价格计征车辆购置税。

（五）特殊情形下自用应税车辆应纳税额的计算

1. 减税、免税条件消失车辆应纳税额的计算。对减税、免税条件消失的车辆，纳税人应按现行规定，在办理车辆过户手续前或者办理变更车辆登记注册手续前向主管税务机关缴纳车辆购置税。应纳税额计算公式为：

应纳税额 = 同类型新车最低计税价格 × [1 - （已使用年限 ÷ 规定使用年限）] × 100% × 税率

2. 未按规定缴税车辆应补税额的计算。纳税人未按规定缴税的，应按现行政策规定的计税价格，区分情况，分别确定征税。不能提供购车发票和有关购车证明资料的，检查地税务机关应按同类型应税车辆的最低计税价格征税；如果纳税人回落籍地后提供的购车发票金额与支付的价外费用之和高于核定的最低计税价格，落籍地主管税务机关还应对其差额计算补税。

检查地税务机关对未按规定缴税车辆补征税款后，应向纳税人开具完税凭证；落籍地主管税务机关凭纳税人提供的完税凭证核发完税证明，并建立车辆购置税档案。应纳税额计算公式为：

应纳税额 = 最低计税价格 × 税率

四、车辆购置税税收优惠

新颁布的《车辆购置税法》第九条规定，下列车辆免征车辆购置税。

1. 依照法律规定应当予以免税的外国驻华使馆、领事馆和国际组织驻华机构及其有关人员自用的车辆。

2. 中国人民解放军和中国人民武装警察部队列入装备订货计划的车辆。

3. 悬挂应急救援专用号牌的国家综合性消防救援车辆。

4. 设有固定装置的非运输专用作业车辆。

5. 城市公交企业购置的公共汽电车辆。

根据国民经济和社会发展的需要，国务院可以规定减征或者其他免征车辆购置税的情形，报全国人民代表大会常务委员会备案。

另外，近年来财政部、国家税务总局还陆续颁布一些公告，涉及的车辆购置税减免规定有以下五种。

1. 长期来华定居专家进口自用的一辆小汽车免税。这里的"来华定居专家"是指持有 A 类和 B 类《外国人工作许可证》（含试点版）的外国人。

2. 回国服务的留学人员用现汇购买一辆自用的国产小汽车免税。

3. 2018 年 7 月 1 日～2021 年 6 月 30 日，对购置挂车减半征收车辆购置税。购置日期按照《机动车销售统一发票》《海关关税专用缴款书》或者其他有效凭证的开具日期确定。这里所称"挂车"是指由汽车牵引才能正常使用且用于载运货物的无动力车辆。

4. 单位和个人购买农用三轮车免税，这里的"农用三轮车"是指：柴油发动机功率不大于 7.4 千瓦，载重量不大于 500 千克，最高车速不大于 40 千米每小时的三个车轮的机动车。

5. 2018 年 1 月 1 日～2020 年 12 月 31 日，对购置的新能源汽车免征车辆购置税。财政部、国家税务总局、工业和信息化部、科学技术部公告规定：对免征车辆购置税的新能源汽车，通过发布《免征车辆购置税的新能源汽车车型目录》（以下简称《目录》）实施管理。2018 年 1 月 1 日起列入《目录》的新能源汽车须同时符合以下条件：获得许可在中国境内销售的纯电动汽车、插电式（含增程式）混合动力汽车、燃料电池汽车；符合新能源汽车产品技术要求；通过新能源汽车专项检测，达到新能源汽车产品专项检验标准；新能源汽车生产企业或进口新能源汽车经销商在产品质量保证、产品一致性、售后服务、安全监测、动力电池回收利用等方面符合相关要求。

五、征收管理

根据《车辆购置税法》和 2015 年 2 月 1 日起开始实施的《车辆购置税征收管理办法》，车辆购置税的征收规定如下。

（一）纳税申报

1. 车辆购置税实行一车一申报制度。

2. 纳税人应到下列地点办理车辆购置税纳税申报：需要办理车辆登记注

册手续的纳税人，向车辆登记注册地的主管税务机关办理纳税申报；不需要办理车辆登记注册手续的纳税人，向纳税人所在地的主管税务机关办理纳税申报。

3. 纳税人购买自用应税车辆的，应自购买之日起60日内申报纳税；进口自用应税车辆的，应自进口之日起60日内申报纳税；自产、受赠、获奖或者以其他方式取得并自用应税车辆的，应自取得之日起60日内申报纳税。

4. 免税车辆因转让、改变用途等原因，其免税条件消失的，纳税人应在免税条件消失之日起60日内到主管税务机关重新申报纳税。

免税车辆发生转让，但仍属于免税范围的，受让方应当自购买或取得车辆之日起60日内到主管税务机关重新申报免税。

5. 纳税人办理纳税申报时应如实填写《车辆购置税纳税申报表》（以下简称《纳税申报表》），同时提供以下资料：纳税人身份证明、车辆价格证明、车辆合格证明、税务机关要求提供的其他资料。

6. 免税条件消失的车辆，纳税人在办理纳税申报时，应如实填写纳税申报表，同时提供以下资料：发生二手车交易行为的，提供纳税人身份证明、《二手车销售统一发票》和《车辆购置税完税证明》正本原件；未发生二手车交易行为的，提供纳税人身份证明、完税证明正本原件及有效证明资料。

（二）纳税环节

车辆购置税的征税环节为使用环节，即最终消费环节。具体而言，纳税人应当在向公安机关等车辆管理机构办理车辆登记注册手续前，缴纳车辆购置税。

公安机关交通管理部门办理车辆注册登记，应当根据税务机关提供的应税车辆完税或者免税电子信息对纳税人申请登记的车辆信息进行核对，核对无误后依法办理车辆注册登记。

免税、减税车辆因转让和改变用途等原因不再属于免税、减税范围的，纳税人应当在办理车辆转移登记或者变更登记前缴纳车辆购置税。计税价格以免税、减税车辆初次办理纳税申报时确定的计税价格为基准，每满1年扣减10%。

（三）纳税地点

纳税人购置应税车辆，应当向车辆登记地的主管税务机关申报缴纳车辆购置税；购置不需要办理车辆登记的应税车辆的，应当向纳税人所在地的主管税务机关申报缴纳车辆购置税。

（四）缴税管理

1. 车辆购置税的缴纳方法。车辆购置税税款缴纳方法，主要有以下三种。

（1）自报核缴。即由纳税人自行计算应纳税额，自行填报纳税申报表有关资料，向主管税务机关申报，经税务机关审核后开具完税证明，由纳税人持完税凭证向当地金库或金库经收处缴纳税款。

（2）集中征收缴纳。包括两种情形：一是由纳税人集中向税务机关统一申报纳税，它适用于实行集中购置应税车辆的单位缴纳和经批准实行代理制经销商的缴纳；二是由税务机关集中报缴纳税款，即在纳税人向实行集中征收的主管税务机关申报缴纳税款，税务机关开具完税凭证后，由税务机关填写汇总缴款书，将税款集中缴入当地金库或金库经收处，它适用于税源分散、税额较少、税务机关实行集中征收管理的地区。

（3）代征、代扣、代收。即扣缴义务人按税法规定代扣代缴、代收代缴税款，税务机关委托征收机关代征税款的征收方式。它适用于税务机关委托征收或纳税人依法受托征收税款。

2. 车辆购置税的缴税管理。纳税人将已征车辆购置税的车辆退回车辆生产企业或者销售企业的，可以向主管税务机关申请退还车辆购置税。退税额以已缴税款为基准，自缴纳税款之日至申请退税之日，每满 1 年扣减 10%。

税务机关和公安、商务、海关、工业和信息化等部门应当建立应税车辆信息共享和工作配合机制，及时交换应税车辆和纳税信息资料。

第三节　船舶吨税

一、船舶吨税概述

船舶吨税亦称"吨税"。海关对外国籍船舶航行进出本国港口时，按船舶净吨位征收的税，专项用于海上航标的维护、建设和管理。

我国已于 2017 年 12 月 27 日第十二届全国人民代表大会常务委员会第三十一次会议通过《中华人民共和国船舶吨税法》，自 2018 年 7 月 1 日起施行，2011 年 12 月 5 日国务院公布的《中华人民共和国船舶吨税暂行条例》同时废止。

二、船舶吨税的纳税人、征税范围和税率

（一）纳税义务人

船舶吨税的纳税义务人是从我国境外港口进入境内港口船舶的负责人。

（二）征税范围

自中华人民共和国境外港口进入境内港口的船舶（以下简称应税船舶），应当依照本法缴纳船舶吨税（以下简称吨税）。吨税的税目、税率依照本法所附的《吨税税目税率表》执行（见表 11 - 2）。

表 11－2　　　　　　　　　　　吨税税目税率表

税目（按船舶净吨位划分）	税率（元/净吨）						备注
	普通税率（按执照期限划分）			优惠税率（按执照期限划分）			
	1 年	90 日	30 日	1 年	90 日	30 日	
不超过 2 000 净吨	12.6	4.2	2.1	9.0	3.0	1.5	拖船和非机动驳船分别按相同净吨位船舶税率的 50% 计征税款
超过 2 000 净吨，但不超过 10 000 净吨	24.0	8.0	4.0	17.4	5.8	2.9	
超过 10 000 净吨，但不超过 50 000 净吨	27.6	9.2	4.6	19.8	6.6	3.3	
超过 50 000 净吨	31.8	10.6	5.3	22.8	7.6	3.8	

注：拖船是指专门用于拖（推）动运输船舶的专业作业船舶，拖船按照发动机功率每 1 000 瓦折合净吨位 0.67 吨；非机动驳船是指在船舶管理部门登记为驳船的非机动船舶。

（三）税率

吨税设置分为优惠税率和普通税率。中华人民共和国籍的应税船舶，船籍国（地区）与中华人民共和国签订含有相互给予船舶税费最惠国待遇条款的条约或者协定的应税船舶，适用优惠税率。其他应税船舶，适用普通税率。

三、应纳税额的计算

吨税按照船舶净吨位和吨税执照期限征收。应纳税额按照船舶净吨位乘以适用税率计算。净吨位是指由船籍国（地区）政府授权签发的船舶吨位证明书上标明的净吨位。计算公式为：

$$应纳税额 = 船舶净吨位 \times 定额税率$$

应税船舶在进入港口办理入境手续时，应当向海关申报纳税领取吨税执照，或者交验吨税执照（或者申请核验吨税执照电子信息）。应税船舶在离开港口办理出境手续时，应当交验吨税执照（或者申请核验吨税执照电子信息）。

应税船舶负责人申领吨税执照时，应当向海关提供下列文件。

1. 船舶国籍证书或者海事部门签发的船舶国籍证书收存证明。

2. 船舶吨位证明。

【例 11－6】A 国某运输公司一艘货轮驶入我国某港口，该货轮净吨位为 30 000 吨，货轮负责人已向我国海关领取了吨税执照，在港口停留期限为 30 日。A 国已与我国签订有相互给予船舶税率最惠国待遇条款。请计算该货轮负责人应向我国海关缴纳的船舶吨税。

【解析】（1）根据船舶吨税法的相关规定，该货轮应享受优惠税率，每净吨位为 3.3 元。

（2）应缴纳船舶吨税 = 30 000 × 3.3 = 99 000（元）

四、税收优惠

（一）直接优惠

下列船舶免征吨税：

1. 应纳税额在人民币 50 元以下的船舶；

2. 自境外以购买、受赠、继承等方式取得船舶所有权的初次进口到港的空载船舶；

3. 吨税执照期满后 24 小时内不上下客货的船舶；

4. 非机动船舶（不包括非机动驳船）；

5. 捕捞、养殖渔船；

6. 避难、防疫隔离、修理、改造、终止运营或者拆解，并不上下客货的船舶；

7. 军队、武装警察部队专用或者征用的船舶；

8. 警用船舶；

9. 依照法律规定应当予以免税的外国驻华使领馆、国际组织驻华代表机构以及其有关人员的船舶；

10. 国务院规定的其他船舶，此项应由国务院报全国人民代表大会常务委员会备案。

以上 5~9 规定的船舶，应当提供海事部门、渔业船舶管理部门或者出入境检验检疫部门等部门、机构出具的具有法律效力的证明文件或者使用关系证明文件，申明免税或者延长吨税执照期限的依据和理由。

（二）延期优惠

在吨税执照期限内，应税船舶发生下列情形之一的，海关按照实际发生的天数批注延长吨税执照期限。

1. 避难、防疫隔离、修理、改造，并不上下客货；

2. 军队、武装警察部队征用；

3. 应税船舶因不可抗力因素在未设立海关地点停泊的，船舶负责人应当立即向附近海关报告，并在不可抗力原因消除后，依法向海关申报纳税。

上述船舶应当提供海事部门、渔业船舶管理部门或者出入境检验检疫部门等部门、机构出具的具有法律效力的证明文件或者使用关系证明文件，申明免税或者延长吨税执照期限的依据和理由。

五、征收管理

1. 吨税由海关负责征收，海关征收吨税应当制发缴款凭证。

2. 吨税纳税义务发生时间为应税船舶进入港口的当日。

3. 应税船舶在吨税执照期满后尚未离开港口的，应当申领新的吨税执照，自上一次执照期满的次日起续缴吨税。

4. 应税船舶负责人应当自海关填发吨税缴款凭证之日起15日内缴清税款。未按期缴清税款的，自滞纳税款之日起至缴清税款之日止，按日加收滞纳税款0.5‰的税款滞纳金。

5. 应税船舶到达港口前，经海关核准先行申报并办结出入境手续的，应税船舶负责人应当向海关提供与其依法履行吨税缴纳义务相适应的担保；应税船舶到达港口后，依法向海关申报纳税。

下列财产、权利可以用于担保。

（1）人民币、可自由兑换货币；

（2）汇票、本票、支票、债券、存单；

（3）银行、非银行金融机构的保函；

（4）海关依法认可的其他财产、权利。

应税船舶负责人缴纳吨税或者提供担保后，海关按照其申领的执照期限填发吨税执照。

6. 应税船舶在吨税执照期限内，因修理、改造导致净吨位变化的，吨税执照继续有效。应税船舶办理出入境手续时，应当提供船舶经过修理、改造的证明文件。

因船籍改变而导致适用税率变化的，应税船舶在办理出入境手续时，应当提供船籍改变的证明文件。

7. 吨税执照在期满前毁损或者遗失的，应当向原发照海关书面申请核发吨税执照副本，不再补税。

8. 海关发现少征或者漏征税款的，应当自应税船舶应当缴纳税款之日起1年内，补征税款。但因应税船舶违反规定造成少征或者漏征税款的，海关可以自应当缴纳税款之日起3年内追征税款，并自应当缴纳税款之日起按日加征少征或者漏征税款0.5‰的税款滞纳金。

海关发现多征税款的，应当在24小时内通知应税船舶办理退还手续，并加算银行同期活期存款利息。

应税船舶发现多缴税款的，可以自缴纳税款之日起3年内以书面形式要求海关退还多缴的税款并加算银行同期活期存款利息；海关应当自受理退税申请之日起30日内查实并通知应税船舶办理退还手续。

应税船舶应当自收到退税通知之日起3个月内办理有关退还手续。

9. 应税船舶有下列行为之一的，由海关责令限期改正，处2000元以上3万元以下的罚款；不缴或者少缴应纳税款的，处不缴或者少缴税款50%以上5倍以下的罚款，但罚款不得低于2000元：

（1）未按照规定申报纳税、领取吨税执照；

（2）未按照规定交验吨税执照（或者申请核验吨税执照电子信息）以及提

供其他证明文件。

10. 吨税税款、税款滞纳金、罚款以人民币计算。

第四节　环境保护税

一、环境保护税概述

环境保护税是对在我国领域以及管辖的其他海域直接向环境排放应税污染物的企事业单位和其他生产经营者征收的一种税，其立法目的是保护和改善环境，减少污染物排放，推进生态文明建设。环境保护税是我国首个明确以环境保护为目标的独立型环境税税种，有利于解决排污费制度存在的执法刚性不足等问题，有利于提高纳税人环保意识和强化企业治污减排责任。

我国现行环境保护税法的基本规范为 2016 年 12 月 25 日第十二届全国人民代表大会常务委员会第二十五次会议通过的《中华人民共和国环境保护税法》（以下简称《环境保护税法》），本法自 2018 年 1 月 1 日起实行，同时停征排污费。2017 年 12 月 30 日国务院发布的《中华人民共和国环境保护税法实施条例》为《环境保护税法》的配套行政法规。

二、环境保护税的纳税人、征税范围和税率

（一）纳税义务人

在中华人民共和国领域和中华人民共和国管辖的其他海域，直接向环境排放应税污染物的企业事业单位和其他生产经营者为环境保护税的纳税人。

这里的"应税污染物"，是指《环境保护税法》所附《环境保护税税目税额表》《应税污染物和当量值表》规定的大气污染物、水污染物、固体废物和噪声。

直接向环境排放应税污染物的企事业单位和其他生产经营者，除依照《环境保护税法》规定缴纳环境保护税外，还应当对所造成的损失依法承担责任。

（二）征收范围

环境保护税的征税对象包括大气污染物、水污染物、固体废物和噪声。征税范围为在中华人民共和国领域和中华人民共和国管辖的其他海域，直接向环境排放应税污染物的行为。

有下列情形之一的，不属于直接向环境排放污染物，不缴纳相应污染物的环境保护税。

1. 企业事业单位和其他生产经营者向依法设立的污水集中处理、生活垃圾

集中处理场所排放应税污染物的。

2. 企业事业单位和其他生产经营者在符合国家和地方环境保护标准的设施、场所贮存或者处置固体废物的。

3. 达到省级人民政府确定的规模标准并且有污染物排放口的畜禽养殖场，应当依法缴纳环境保护税；依法对畜禽养殖废弃物进行综合利用和无害化处理的，不属于直接向环境排放污染物，不缴纳环境保护税。

（三）税率

环境保护税税目包括大气污染物、水污染物、固体废物和噪声四大类，采用定额税率。其中，对应税大气污染物和水污染物规定了幅度定额税率，具体适用税额的确定和调整由省（自治区、直辖市）人民政府统筹考虑本地区环境承载能力、污染物排放现状和经济社会生态发展目标要求，在规定的税额幅度内提出，报同级人民代表大会常务委员会决定，并报全国人民代表大会常务委员会和国务院备案，环境保护税税目税率如表 11 - 3 所示。

表 11 - 3　　　　　　　　　　　环境保护税税目税率

税目		计税单位	税额	备注
大气污染物		每污染当量	1.2 ~ 12 元	
水污染物		每污染当量	1.4 ~ 14 元	
固体废物	煤石	每吨	5 元	
	尾矿	每吨	15 元	
	危险废物	每吨	1 000 元	
	冶炼渣、粉煤炉渣、其他固体废物（含半固态、液态废物）	每吨	25 元	
噪声	工业噪声	超标 1 ~ 3 分贝	每月 350 元	（1）一个单位边界上有多处噪声超标，根据最高一处超标声级计算应纳税额，当沿边界长度超过 100 米有两处以上噪声超标，按照两个单位计算应纳税额；（2）一个单位有不同地点作业场所的，应当分别计算应纳税额，合并计征；（3）昼、夜均超标的环境噪声，昼、夜分别计算应纳税额，累计计征；（4）声源一个月内超标不足 15 日的，减半计算应纳税额；（5）夜间频繁突发和夜间偶然突发厂界超标噪声，按等效声级和峰值噪声两种指标中超标分贝值高的一项计算应纳税额
		超标 4 ~ 6 分贝	每月 700 元	
		超标 7 ~ 9 分贝	每月 1 400 元	
		超标 10 ~ 12 分贝	每月 2 800 元	
		超标 13 ~ 15 分贝	每月 5 600 元	
		超标 16 分贝以上	每月 11 200 元	

三、应纳税额的计算

（一）计税依据

应税污染物的计税依据，按照下列四种方法确定。（1）应税大气污染物按照污染物排放量折合的污染当量数确定；（2）应税水污染物按照污染物排放量折合的污染当量数确定；（3）应税固体废物按照固体废物的排放量确定；（4）应税噪声按照超过国家规定标准的分贝数确定。

1. 应税大气污染物、水污染物按照污染物排放量折合的污染当量数确定计税依据。污染当量数以该污染物的排放量除以该污染物的污染当量值计算。计算公式为：

$$\text{应税大气污染物、水污染物污染当量数} = \text{该污染物的排放量} \div \text{该污染物的污染当量值}$$

每种应税大气污染物、水污染物的具体污染当量值，依照《环境保护税法》所附《应税污染物和当量值表》执行。

每一排放口或者没有排放口的应税大气污染物，按照污染当量数从大到小排序，对前三项污染物征收环境保护税。每一排放口的应税水污染物，按照《环境保护税法》所附《应税污染物和当量值表》，区分第一类水污染物和其他类水污染物，按照污染当量数从大到小排序，对第一类水污染物按照前五项征收环境保护税，对其他类水污染物按照前三项征收环境保护税。

省（自治区、直辖市）人民政府根据本地区污染物减排的特殊需要，可以增加同一排放口征收环境保护税的应税污染物项目数，报同级人民代表大会常务委员会决定，并报全国人民代表大会常务委员会和国务院备案。

纳税人有下列情形之一的，以其当期应税大气污染物、水污染物的产生量作为污染物的排放量。

（1）未依法安装使用污染物自动监测设备或者未将污染物自动监测设备与环境保护主管部门的监控设备联网；

（2）损毁或者擅自移动、改变污染物自动监测设备；

（3）篡改、伪造污染物监测数据；

（4）通过暗管、渗井、渗坑、灌注或者稀释排放以及不正常运行防治污染设施等方式违法排放应税污染物；

（5）进行虚假纳税申报。

2. 应税固体废物按照固体废物的排放量确定计税依据。固体废物的排放量为当期应税固体废物的产生量减去当期应税固体废物的贮存量、处置量、综合利用量的余额。所谓固体废物的贮存量、处置量，是指在符合国家和地方环境保护标准的设施、场所贮存或者处置的固体废物数量；所谓固体废物的综合利用量，是指按照国务院发展改革、工业和信息化主管部门关于资源综合利用要求以及国家和地方环境保护标准进行综合利用的固体废物数量。计算公式为：

$$\text{固体废物的排放量} = \text{当期应税固体废物的产生量} - \text{当期应税固体废物的储存量} - \text{当期应税固体废物的处置量} - \text{当期应税固体废物的综合利用量}$$

纳税人有下列情形之一的，以其当期应税固体废物的产生量作为固体废物的排放量。

（1）非法倾倒应税固体废物；

（2）进行虚假纳税申报。

3. 应税噪声按照超过国家规定标准的分贝数，确定计税依据。工业噪声按超过国家规定标准的分贝数确定每月税额。超过国家规定标准的分贝数是指实际产生的工业噪声与国家规定的工业噪声排放标准限值之间的差值。

（二）应税大气污染物、水污染物、固体废物的排放量和噪声分贝数的确定方法

应税大气污染物、水污染物、固体废物的排放量和噪声的分贝数，按照下列方法和顺序计算。

1. 纳税人安装使用符合国家规定和监测规范的污染物自动监测设备的，按照污染物自动监测数据计算。

2. 纳税人未安装使用污染物自动监测设备的，按照监测机构出具的符合国家有关规定和监测规范的监测数据计算。

3. 因排放污染物种类多等原因不具备监测条件的，按照国务院环境保护主管部门规定的排污系数、物料衡算方法计算。

4. 不能按照1~3规定的方法计算的，按照省（自治区、直辖市）人民政府环境保护主管部门规定的抽样测算的方法核定计算。

（三）应纳税额的计算

1. 应税大气污染物的应纳税额的计算。应税大气污染物的应纳税额为污染当量数乘以具体适用税额。计算公式为：

应税大气污染物的应纳税额 = 污染当量数 × 具体适用税额

2. 应税水污染物的应纳税额的计算。应税水污染物的应纳税额为污染当量数乘以具体适用税额。计算公式为：

应税水污染物的应纳税额 = 污染当量数 × 具体适用税额

3. 应税固体废物的应纳税额。应税固体废物的应纳税额为固体废物排放量乘以具体适用税额。计算公式为：

应税固体废物的应纳税额 = 固体废物排放量 × 具体适用税额

4. 应税噪声的应纳税额的计算。应税噪声的应纳税额为超过国家规定标准

的分贝数对应的具体适用税额。

（四）相关事项的计算

《财政部 国家税务总局 生态环境部关于环境保护税有关问题的通知》中有以下规定。

1. 关于应税大气污染物和水污染物排放量的监测计算问题。纳税人委托监测机构对应税大气污染物和水污染物排放量进行监测时，其当月同一个排放口排放的同一种污染物有多个监测数据的，应税大气污染物按照监测数据的平均值计算应税污染物的排放量；应税水污染物按照监测数据以流量为权的加权平均值计算应税污染物的排放量。在环境保护主管部门规定的监测时限内当月无监测数据的，可以跨月沿用最近一次的监测数据计算应税污染物排放量。纳入排污许可管理行业的纳税人，其应税污染物排放量的监测计算方法按照排污许可管理要求执行。

2. 关于应税水污染物污染当量数的计算问题。应税水污染物的污染当量数，以该污染物的排放量除以该污染物的污染当量值计算。其中，色度的污染当量数，以污水排放量乘以色度超标倍数再除以适用的污染当量值计算。畜禽养殖业水污染物的污染当量数，以该畜禽养殖场的月均存栏量除以适用的污染当量值计算。畜禽养殖场的月均存栏量按照月初存栏量和月末存栏量的平均数计算。

3. 关于应税固体废物排放量的计算问题。应税固体废物的排放量为当期应税固体废物的产生量减去当期应税固体废物贮存量、处置量、综合利用量的余额。纳税人应当准确计量应税固体废物的贮存量、处置量和综合利用量，未准确计量的，不得从其应税固体废物的产生量中减去。纳税人依法将应税固体废物转移至其他单位和个人进行贮存、处置或者综合利用的，固体废物的转移量相应计入其当期应税固体废物的贮存量、处置量或者综合利用量；纳税人接收的应税固体废物转移量，不计入其当期应税固体废物的产生量。

四、环境保护税的税收优惠

（一）暂免征税项目

下列情形，暂予免征环境保护税：
1. 农业生产（不包括规模化养殖）排放应税污染物的。
2. 机动车、铁路机车、非道路移动机械、船舶和航空器等流动污染源排放应税污染物的。
3. 依法设立的城乡污水集中处理、生活垃圾集中处理场所排放相应应税污染物，不超过国家和地方规定的排放标准的。
4. 纳税人综合利用的固体废物，符合国家和地方环境保护标准的。
5. 国务院批准免税的其他情形，该项优惠由国务院批准后报全国人民代表大会常务委员会备案。

（二）减征税额项目

1. 纳税人排放应税大气污染物或者水污染物的浓度值低于国家和地方规定的污染物排放标准 30% 的，减按 75% 征收环境保护税。

2. 纳税人排放应税大气污染物或者水污染物的浓度值低于国家和地方规定的污染物排放标准 50% 的，减按 50% 征收环境保护税。

五、环境保护税的征收管理

（一）征管方式

环境保护税采用"企业申报、税务征收、环保协同、信息共享"的征管方式。纳税人应当依法如实办理纳税申报，对申报的真实性和完整性承担责任；税务机关依照《中华人民共和国税收征管法》和《环境保护税法》的有关规定征收管理；环境保护主管部门依照环境保护税法和有关环境保护法律法规的规定对污染物监测管理；县级以上地方人民政府应当建立税务机关、环境保护主管部门和其他相关单位分工协作工作机制；环境保护主管部门和税务机关应当建立涉税信息共享平台和工作配合机制，定期交换有关纳税信息资料。

（二）数据传递和比对

环境保护主管部门应当将排污单位的排污许可、污染物排放数据、环境违法和受行政处罚情况等环境保护相关信息，定期交送税务机关。环境保护主管部门发现纳税人申报的应税污染物排放信息或者适用的排污系数、物料衡算方法有误的，应当通知税务机关处理。

税务机关应当将纳税人的纳税申报、税款入库、减免税额、欠缴税款以及风险疑点等环境保护税涉税信息，定期交送环境保护主管部门。

税务机关应当将纳税人的纳税申报数据资料与环境保护主管部门交送的相关数据资料进行比对。

（三）复核

税务机关发现纳税人的纳税申报数据资料异常或者纳税人未按照规定期限办理纳税申报的，可以提请环境保护主管部门进行复核，环境保护主管部门应当自收到税务机关的数据资料之日起 15 日内向税务机关出具复核意见。税务机关应当按照环境保护主管部门复核的数据资料调整纳税人的应纳税额。

纳税人的纳税申报数据资料异常，包括但不限于下列情形。

1. 纳税人当期申报的应税污染物排放量与上一年同期相比明显偏低，且无正当理由。

2. 纳税人单位产品污染物排放量与同类型纳税人相比明显偏低，且无正当理由。

（四）纳税时间

环境保护税纳税义务发生时间为纳税人排放应税污染物的当日。环境保护税按月计算，按季申报缴纳。不能按固定期限计算缴纳的，可以按次申报缴纳。

纳税人申报缴纳时，应当向税务机关报送所排放应税污染物的种类、数量、大气污染物、水污染物的浓度值，以及税务机关根据实际需要要求纳税人报送的其他纳税资料。纳税人应当依法如实办理纳税申报，对申报的真实性和完整性承担责任。

纳税人按季申报缴纳的，应当自季度终了之日起15日内，向税务机关办理纳税申报并缴纳税款。纳税人按次申报缴纳的，应当自纳税义务发生之日起15日内，向税务机关办理纳税申报并缴纳税款。

（五）纳税地点

纳税人应当向应税污染物排放地的税务机关申报缴纳环境保护税。应税污染物排放地是指应税大气污染物、水污染物排放口所在地；应税固体废物产生地；应税噪声产生地。

纳税人跨区域排放应税污染物，税务机关对税收征收管辖有争议的，由争议各方按照有利于征收管理的原则协商解决，不能协商一致的，报请共同的上级税务机关决定。

纳税人从事海洋工程向中华人民共和国管辖海域排放应税大气污染物、水污染物或者固体废物的，申报缴纳环境保护税的具体办法，由国务院税务主管部门会同国务院海洋主管部门规定。

知识巩固与能力提升

一、单项选择题

1. 下列各项中属于印花税纳税人的是（　　）。
A. 合同担保人　　B. 合同鉴定人　　C. 合同证人　　D. 合同签订人

2. 对同一类应税凭证贴花次数频繁的纳税人，适用印花税的纳税办法是（　　）。
A. 汇贴纳税　　B. 自行贴花　　C. 汇缴纳税　　D. 委托代征

3. 甲公司与乙公司签订一份受托加工合同，合同规定甲公司提供价值30万元的辅助材料并收取加工费25万元，乙公司提供价值100万元的原材料，甲公司应纳印花税为（　　）元。
A. 215　　B. 275　　C. 650　　D. 775

4. 某企业2021年期初营业账簿记载的实收资本和资本公积余额为500万元，

当年该企业增加实收资本为 120 万元，新建其他账簿 12 本，领受专利局发给的专利证一件，银行核发的开户许可证一件，该企业上述凭证 2021 年应纳印花税为（　　）元。

    A. 65　　　　　　B. 70　　　　　　C. 665　　　　　　D. 3 165

5. 甲企业从某拍卖公司通过拍卖购进两辆轿车自用，其中一辆是未上牌照的新车，不含税成交价 6 万元，国家税务总局核定同类型新车的最低计税价格为 12 万元/辆；另一辆是已使用 6 年的轿车，不含税成交价 5 万元（从原车主方取得了完税证明），甲企业应纳车辆购置税为（　　）元。

    A. 6 000　　　　B. 6 500　　　　C. 12 000　　　　D. 24 000

6. 纳税人进口自用应税车辆，自进口之日起 60 日内申报缴纳车辆购置税，"进口之日"是指（　　）。

    A. 成交的当天　　　　　　　　　　B. 报关进口的当天

    C. 交易合同上注明的日期　　　　　D. 登记注册的当天

7. 自产、受赠、获奖和以其他方式取得并自用应税车辆的，应当自取得之日起（　　）日内申请缴纳车辆购置税。

    A. 15　　　　　　B. 30　　　　　　C. 60　　　　　　D. 90

8. 一泰国国籍净吨位为 1 800 吨的非机动驳船，停靠在我国某港口装卸货物，驳船负责人已向我国海关领取了吨税执照，在港口停留期限为 30 日，泰国已与我国签订含有相互给予船舶税费最惠国待遇条款的条约。假定 2 000 吨以下的船舶 30 天期的普通税率为 2.1 元/净吨，优惠税率为 1.5 元/净吨，其应纳的船舶吨税为（　　）元。

    A. 3 780　　　　B. 2 700　　　　C. 1 350　　　　D. 0

二、多项选择题

1. 下列合同中应当征收印花税的有（　　）。

    A. 产品加工合同　　　　　　　　　B. 法律咨询合同

    C. 技术开发合同　　　　　　　　　D. 印刷合同

2. 以下关于印花税的表述符合政策规定的有（　　）。

    A. 对纳税人以电子形式签订的各类合同，不征收印花税

    B. 对于明确双方供需关系，据以供货和结算具有合同性质的凭证，应按规定缴纳印花税

    C. 电网与用户之间签订的供用电合同不属于印花税的征税范围

    D. 某企业与银行签订的融资租赁合同，应按照财产租赁合同所载金额的 1‰ 缴纳印花税

3. 根据印花税的有关规定，下列说法中正确的有（　　）。

    A. 财产保险合同的计税依据为所保财产的金额

    B. 权利许可证照的计税依据为应税凭证的件数

    C. 按年签订的流动资金周转性借款合同规定最高限额的，以其规定的最高限额为计税依据

D. 建设工程勘察设计合同的计税依据为收取的费用

4. 根据《车辆购置税暂行条例》的规定，下列行为属于车辆购置税应税行为的有（　　）。

A. 购买应税车辆自用的行为

B. 销售应税车辆的行为

C. 自产自用应税车辆的行为

D. 以获奖方式取得并自用应税车辆的行为

5. 根据车辆购置税的规定，下列车辆中目前可以免征车辆购置税的有（　　）。

A. 外国驻华使馆自用车辆

B. 长期来华定居专家进口一辆自用小汽车

C. 回国服务的留学人员购买自用的进口小汽车

D. 城市公交企业购置的公共汽电车辆

6. 以下船舶免征船舶吨税的有（　　）。

A. 应纳税额在人民币 50 元以下的船舶

B. 自境外以购买、受赠、继承等方式取得船舶所有权的，初次进口到港的空载船舶

C. 吨税执照期满后 48 小时内不上下客货的船舶

D. 捕捞、养殖船舶

7. 环境保护税的征税对象包括（　　）。

A. 大气污染物　　B. 水污染物　　C. 固体废物　　D. 噪声

三、计算题

1. 某企业 2021 年 2 月领受房产权证、工商营业执照、土地使用证各一件，与其他企业订立转移技术使用书据一份，所载金额 80 万元；订立产品购销合同两件，所载金额 150 万元；订立借款合同一份，所载金额 40 万元。此外，企业的营业账簿中，实收资本科目载有 600 万元，其他营业账簿 20 本。2021 年 12 月，该企业实收资本所载资本增加为 800 万元。计算该企业 2021 年 2 月应纳印花税额和 12 月应补交的印花税额。

2. 位于市区的某会展公司为增值税一般纳税人。2016 年 7 月经营业务如下：

进口轻型商务客车两辆用于公司经营，国外买价折合人民币合计 800 000 元，运抵我国入关地前支付的运费折合人民币 60 000 元、保险费折合人民币 30 000 元；入关后运抵公司所在地，取得运输公司开具的增值税专用发票，注明运费 10 000 元，税额 1 100 元。

（其他相关资料：该轻型商务客车的关税税率为 20%，消费税税率为 5%）

要求：计算该公司应缴纳的车辆购置税。（2016 年注册会计师考题节选）

第十二章 税收征管及相关法律制度

【本章概览】

由税务机关征收的各种税收的征收管理适用《税收征收管理法》，其法律制度包括税务管理、账簿凭证管理、税款征收、税务检查等。纳税主体认为税务机关的征管行为侵犯了其合法权益的，有权提起行政复议或行政诉讼，两种救济途径的受案范围、参加人、审理程序均存在差别。

【学习目标】

1. 掌握税务登记的种类、范围；税款征收的措施；税务行政纠纷的救济途径；税务行政复议和行政诉讼的受案范围；税务行政赔偿的范围。

2. 熟悉账证管理的基本要求；纳税申报的内容及方式；税务行政复议和行政诉讼的程序；税务行政赔偿的赔偿标准。

3. 运用税收征管法律制度分析税务登记、纳税申报具体事项，界定税收保全措施和强制执行措施；运用程序法知识进行税务行政复议、税务行政诉讼、税务行政赔偿程序中具体事项的合法性分析。

【情景引例】

2018 年 6 月初，群众举报某演员"阴阳合同"涉税问题后，税务机关依法介入调查。据查，该演员在电影剧组实际取得片酬 3 000 万元，其中，2 000 万元以拆分合同方式偷逃个人所得税 618 万元，少缴营业税及附加 112 万元，合计 730 万元。此外，该演员及其担任法定代表人的企业少缴税款 2.48 亿元，偷逃税款 1.34 亿元。9 月 30 日，江苏省税务局依法向该演员正式下达《税务处理决定书》和《税务行政处罚决定书》，要求其将追缴的税款、滞纳金、罚款共计 8.84 亿元，在收到上述处理处罚决定后在规定期限内缴清。由于该演员属首次被税务机关按偷税予以行政处罚，且此前未因逃避缴纳税款受过刑事处罚，如果其于税务机关下达追缴罚款通知后的规定期限内缴清的，将依法不予追究刑事责任。

请思考：税务机关在税务检查中有何权利？税务机关可以采取哪些措施保证税款的征收？对该演员的处罚决定是否合法？该演员如果认为税务机关的处罚不当，可以采取哪些救济途径？

> 问题讨论：小王大学毕业后准备自主创业办公司，请你为他设计一个办理税务登记流程表和纳税申报备忘录。

第一节　税收征收管理

一、税收征收管理概述

税收征收管理是国家税务机关依据税收法律、行政法规的相关规定，按照法定程序，对税款征收过程进行组织、管理、检查等一系列工作的总称。税收征收管理包括税务管理、税款征收和税务检查三个基本环节，这三个环节相互联系、相辅相成。税务管理是税款征收和税务检查的基础，税款征收是税务管理和税务检查的目的，税务检查是税务管理和税款征收的补充和保证。

税收征收管理法是指调整税收征收与管理过程中所发生的社会关系的法律规范的总称，属于税收程序法的范畴。主要包括《中华人民共和国税收征收管理法》《税收征收管理法实施细则》《发票管理办法》《税务登记管理办法》《刑法》等相关法律法规。调整税收征收管理活动的基本法是1992年9月4日第七届全国人大常委会通过的《中华人民共和国税收征收管理法》（以下简称《税收征管法》），该法历经1995年2月28日第八届全国人大常委会第十二次会议、2001年4月28日第九届全国人大常委会第二十一次会议、2013年6月29日第十二届全国人民代表大会常务委员会第三次会议、2015年4月24日第十二届全国人民代表大会常务委员会第十四次会议四次修订。《税收征收管理法实施细则》也经过2012年11月9日、2013年7月18日、2016年2月6日等三次修订。随着我国"五证合一、一照一码"登记制度的全面推行，《税收征管法》和《税收征收管理法实施细则》亟须修改。

二、税务管理

税务管理是指税收征管机关为了贯彻、执行国家税收法律制度，加强税收工作，协调征管关系而对征纳过程实施的基础性的管理制度和管理行为，包括税务登记管理、账簿和凭证管理、纳税申报等内容。

> 重点提示：开工厂做买卖，开门第一件事就是办理营业执照，它是经营者依法经营的"身份证"。虽然我国自2016年10月1日起全面推行了"五证合一、一照一码"，但企业仍应在领取执照后15日内，到税务机关办理相关备案。

（一）税务登记管理

税务登记是税务机关依据税法规定，对纳税人的生产、经营活动进行登记管理的一系列法定制度，也是纳税人依法履行纳税义务时向税务机关办理相关事宜的一种法定手续。税务登记是整个税收征收管理的起点，其作用在于掌握纳税人的基本情况和税源分布情况。从税务登记开始，纳税人即进入到税务管理机关的视野，纳税人的身份及征纳双方的法律关系即得到确认。

税务登记分为开业登记、变更登记、停业与复业登记、注销登记、外出经营报验登记等。

根据《国务院办公厅关于加快推进"五证合一、一照一码"登记制度改革的通知》《工商总局等五部门关于贯彻落实〈国务院办公厅关于加快推进五证合一登记制度改革的通知〉的通知》，从2016年10月1日起，在全国范围推行"五证合一、一照一码"登记改革。这里的五证是指原先在工商部门核发的工商营业执照、质监部门核发的组织机构代码证、税务机关核发的税务登记证、社保部门核发的社会保险登记证、统计部门核发的统计登记证。

1. 开业税务登记。

（1）需要办理税务登记的主体。《税务登记管理办法》规定，凡有法律、法规规定的应税收入、应税财产或应税行为的各类纳税人，均应当依照《税务登记管理办法》的有关规定办理税务登记。

企业，企业在外地设立的分支机构和从事生产经营的场所，个体工商户和从事生产经营的事业单位，均应办理税务登记。除国家机关、个人和无固定生产经营场所的流动性农村小商贩外，其他负有纳税义务的纳税人，也应当办理税务登记。

根据税收法律、行政法规的规定，扣缴义务人应当在发生扣缴义务时，到税务机关申报登记，领取扣缴税款凭证。

【例12-1】下岗女工王某开办了一个商品经销部，按规定享有一定期限的免税优惠。她认为，既然免税就不需要办理税务登记。分析王某的观点是否正确。

【解析】王某的观点不正确。根据我国税法的有关规定，凡是从事生产经营的单位和个体工商户均应当办理税务登记。

（2）申报办理开业税务登记的时限。在领取"一照一码"营业执照后，企业无须再到质监部门、社保部门、统计部门办理任何手续，但应在领取营业执照后15日内将其财务、会计制度或处理办法报主管税务机关备案，并向税务机关报告企业全部存款账号。

【例12-2】王洪和李胜于2017年8月成立了一家有限责任公司，并于当年8月20日领取了"一照一码"营业执照，之后没有到税务机关办理任何手续，王洪和李胜认为，反正我们的公司规模不大，况且国家不是自2016年10月1日起在全国全面推行"五证合一、一照一证"登记改革了吗？因此，不需要再到税务机关办理任何手续，王洪和李胜的想法对吗？

【解析】王洪和李胜的想法是错误的，因为在领取"一照一码"营业执照后，企业无须再到质监部门、社保部门、统计部门办理任何手续，但应在领取执照后15日内将其财务会计制度或处理办法报主管税务机关备案，并向税务机关报告企业全部存款账号。

（3）办理开业税务登记的程序。根据国家"五证合一"登记制度改革的规定，企业领取由工商行政管理部门核发加载法人和其他组织统一社会信用代码的"一照一证"营业执照后，不再领取税务登记证。企业在领取营业执照的同时，相关信息已通过工商行政管理部门共享到税务部门，但纳税人应在领取营业执照后15日内去税务部门完成信息确认，在税务部门完成信息确认后，纳税人凭加载统一社会信用代码的营业执照即可代替税务登记证的使用。

2. 变更税务登记。纳税人办理设立税务登记后，因登记内容发生变化的，应当自工商行政管理机关或者其他机关办理变更登记之日起30日内，持有关证件向原税务登记机关申报办理变更税务登记。

纳税人税务登记内容发生变化，不需要到工商行政管理机关或者其他机关办理变更登记的，应当自发生变化之日起30日内，持有关证件向原税务登记机关申报办理变更税务登记。

税务机关应当自受理之日起30日内，审核办理变更税务登记。纳税人税务登记表和税务登记证中的内容都发生变更的，税务机关按变更后的内容重新核发税务登记证件；纳税人税务登记表的内容发生变更而税务登记证中的内容未发生变更的，税务机关不再重新核发税务登记证件。

3. 停业与复业税务登记。停业与复业税务登记是指实行定期定额征收方式的个体工商户因自身经营的需要暂停经营或恢复经营而向主管税务机关申请办理的税务登记手续。

实行定期定额征收方式的个体工商户需要停业的，应当在停业前向税务机关申报办理停业登记，纳税人的停业期限不得超过一年。纳税人在停业期间发生纳税义务的，应当及时向主管税务机关依法申报缴纳其应纳税款。

纳税人应当于恢复生产经营之前，向税务机关申报办理复业登记。纳税人停业期满不能及时恢复生产经营的，应当在停业期满前向税务机关提出延长停业登记申请；纳税人未按期复业又不申请延长停业的，税务机关应视为已恢复营业进行税款征收管理。

4. 注销税务登记。纳税人发生解散、破产、撤销以及其他情形，依法终止纳税义务的，应当在向工商行政管理机关或者其他机关办理注销登记前，持有关证件向原税务登记机关申报办理注销税务登记；按照规定不需要在工商行政管理机关或者其他机关办理注册登记的，应当自有关机关批准或者宣告终止之日起15日内，持有关证件向原税务登记机关申报办理注销税务登记。

纳税人因住所、经营地点变动，涉及改变税务登记机关的，应当在向工商行政管理机关或者其他机关申请办理变更或者注销登记前，或者住所、经营地点变动前，向原税务登记机关申报办理注销税务登记，并在 30 日内向迁达地税务机关申报办理税务登记。

纳税人被工商行政管理机关吊销营业执照或者被其他机关予以撤销登记的，应当自营业执照被吊销或者被撤销登记之日起 15 日内，向原税务登记机关申报办理注销税务登记。

纳税人在办理注销税务登记前，应当向税务机关结清应纳税款、滞纳金、罚款，缴销发票、税务登记证件和其他税务证件。

已实行"五证合一、一照一码"登记模式的纳税人办理注销登记，须先向税务主管机关申报清税。由纳税人填写"清税申报表"并交至税务登记窗口，受理税务机关根据国税、地税清税结果向纳税人统一出具"清税证明"。

5. 外出经营报验登记。外出经营报验登记是指从事生产、经营的纳税人到外县（市）临时从事生产、经营活动时，按规定申报办理的登记手续。

根据《税收征管法》以及其实施细则的规定，从事生产、经营的纳税人到外县（市）临时从事生产、经营活动的，应当持税务登记证副本和所在地税务机关填开的外出经营活动税收管理证明，向营业地税务机关报验登记，接受税务管理。从事生产、经营的纳税人外出经营，在同一地累计超过 180 日的，应当在营业地办理税务登记手续。

具体按下列步骤办理。

第一步：申请。纳税人到外县（市）临时从事生产经营活动的，应当在外出生产经营以前，持税务登记证向主管税务机关申请开具《外出经营活动税收管理证明》（以下简称《外管证》）。

第二步：颁发《外管证》。税务机关按照"一地一证"的原则，核发《外管证》，《外管证》的有效期限一般为 30 日，最长不得超过 180 日。

第三步：进行报验登记。纳税人应当在《外管证》注明地进行生产经营前向当地税务机关报验登记，并提交税务登记证件副本和《外管证》。纳税人在《外管证》注明地销售货物的，除提交以上证件、资料外，应如实填写《外出经营货物报验单》，申报查验货物。

第四步：填报申请表。纳税人外出经营活动结束，应当向经营地税务机关填报《外出经营活动情况申报表》，并结清税款、缴销发票。

第五步：缴销《外管证》。纳税人应当在《外管证》有效期届满后 10 日内，持《外管证》回原税务登记地税务机关办理《外管证》缴销手续。

为切实做好税源管理工作，减轻基层税务机关和纳税人的办税负担，提高税收征管效率，国家税务总局 2016 年 7 月 6 日出台了《国家税务总局关于优化〈外出经营活动税收管理证明〉相关制度和办理程序的意见》，主要规定了以下制度。

（1）改进《外管证》开具范围界定。纳税人跨省税务机关管辖区域（以下简称跨省）经营的，应按本规定开具《外管证》；纳税人在省税务机关管辖区域内跨县（市）经营的，是否开具《外管证》由省税务机关自行确定。

（2）延长建筑安装行业纳税人《外管证》有效期限。《外管证》有效期限一般不超过 180 日，建筑安装行业纳税人项目合同期限超过 180 日的，按照合同期限确定有效期限。

（3）从事生产、经营的纳税人跨省从事生产、经营活动的，应当在外出生产经营之前，到机构所在地主管税务机关开具《外管证》。税务机关按照"一地一证"的原则，发放《外管证》。

（4）纳税人应当自《外管证》签发之日起 30 日内，持《外管证》向经营地税务机关报验登记，并接受经营地税务机关的管理。纳税人以《外管证》上注明的纳税人识别号，在经营地税务机关办理税务事项。

（5）纳税人外出经营活动结束，应当向经营地税务机关填报《外出经营活动情况申报表》，并结清税款。经营地税务机关核对资料，发现纳税人存在欠缴税款、多缴（包括预缴、应退未退）税款等未办结事项的，及时制发《税务事项通知书》，通知纳税人办理。纳税人不存在未办结事项的，经营地税务机关核销报验登记，在《外管证》上签署意见（可使用业务专用章）。

（二）账簿、凭证管理

账簿是纳税人用来连续登记各种经济业务的账册或簿籍，凭证是记录经济业务、明确经济责任的书面证明。账簿凭证是纳税人进行生产经营活动和核算企业经济效益的重要资料，也是税务机关对纳税人进行征税、管理和检查的重要依据。为保证纳税人真实记录其经营活动，客观反映有关纳税的信息资料，防止纳税人伪造、变造、隐匿、擅自销毁账簿和记账凭证，《税收征管法》及其实施细则对账簿和凭证的管理作了严格、明确的规定。

1. 账簿的设置管理。《税收征管法》及其实施细则要求纳税人、扣缴义务人依法设置账簿，根据合法、有效凭证记账，进行核算。具体包括以下内容。

从事生产、经营的纳税人应当自领取营业执照或者发生纳税义务之日起 15 日内，按照国家有关规定设置账簿，包括总账、明细账、日记账以及其他辅助性账簿；扣缴义务人应当自税收法律、行政法规规定的扣缴义务发生之日起 10 日内，按照所代扣、代收的税种，分别设置代扣代缴、代收代缴税款账簿。

生产、经营规模小又确无建账能力的纳税人，可以聘请经批准从事会计代理记账业务的专业机构或者经税务机关认可的财会人员代为建账和办理账务，聘请上述机构或者人员有实际困难的，经县以上税务机关批准，可以按照税务机关的规定，建立收支凭证粘贴簿、进货销货登记簿或者使用税控装置。

纳税人、扣缴义务人会计制度健全，能够通过计算机正确、完整地计算其收入和所得或者代扣代缴、代收代缴税款情况的，其计算机输出的完整的书面会计记录，可视同会计账簿。

纳税人、扣缴义务人会计制度不健全，不能通过计算机正确、完整地计算其收入和所得或者代扣代缴、代收代缴税款情况的，应当建立总账及与纳税或者代扣代缴、代收代缴税款有关的其他账簿。

2. 对纳税人财务、会计制度及其处理办法的管理。从事生产、经营的纳税人应当自领取税务登记证件之日起 15 日内，将其财务、会计制度或者财务、会计处理办法报送主管税务机关备案。财务、会计制度及其处理办法是纳税人进行会计核算的依据，直接关系到计税依据是否真实合理。

纳税人使用计算机记账的，应当在使用前将会计电算化系统的会计核算软件、使用说明书及有关资料报送主管税务机关备案。纳税人建立的会计电算化系统应当符合国家有关规定，并能正确、完整核算其收入或者所得。

纳税人、扣缴义务人的财务、会计制度或者财务、会计处理办法与国务院或者国务院财政、税务主管部门有关税收的规定抵触的，依照国务院或国务院财政、税务主管部门有关税收的规定计算应纳税额、代扣代缴和代收代缴税额。

账簿、会计凭证和报表，应当使用中文；民族自治地方可以同时使用当地通用的一种民族文字；外商投资企业和外国企业可以同时使用一种外国文字。

【例 12－3】《税收征管法》及其实施细则规定，从事生产经营的纳税人应当自领取（　　）之日起 15 日内，将其财务、会计制度或者财务、会计处理办法报送税务机关备案。

A. 税务登记证件　　B. 发票领购簿　　C. 营业执照　　D. 财务专用章

【答案】A

3. 税控装置的使用管理。税控装置是指由国家法定机关依法指定企业生产、安装、维修，由国家法定机关依法实施监管，具有税收监控功能和严格的物理、电子保护的计税装置。如电子收款机、电子计程表、税控加油机等。纳税人应当按照税务机关的要求安装、使用税控装置，并按照税务机关的规定报送有关数据和资料。

4. 账簿、凭证等涉税资料的保存和管理。从事生产、经营的纳税人、扣缴义务人必须按照国务院财政、税务主管部门规定的保管期限保管账簿、记账凭证、完税凭证以及其他有关资料。除法律、行政法规另有规定外，账簿、会计凭证、报表、完税凭证以及其他有关资料应当保存 30 年。账簿、记账凭证、报表、完税凭证、发票、出口凭证以及其他有关涉税资料应当合法、真实、完整，不得伪造、变造或者擅自损毁。

对保管期满的会计档案，要经税务机关批准后进行处理。

（三）纳税申报管理

纳税申报是纳税人按照税法规定定期就计算缴纳税款的有关事项向税务机关提出书面报告的一种法律行为，它既是纳税人履行纳税义务的法定程序，又是税务机关核定应纳税款和填写纳税凭证的主要依据。

1. 纳税申报的主体。《税收征管法》规定，纳税人、扣缴义务人必须依照法律、行政法规规定或者税务机关依照法律、行政法规的规定确定的申报期限、申报内容如实办理纳税申报。纳税人、扣缴义务人，不论当期是否发生纳税义务，除经税务机关批准外，均应按规定办理纳税申报或者报送代扣代缴、代收代缴税款报告表。

纳税人享受减税、免税待遇的，也应当在减税、免税期间按规定期限办理纳税申报。

2. 纳税申报的内容。根据《税收征管法》及其实施细则的规定，纳税人（扣缴义务人）在进行纳税申报时需要报送纳税申报表（代扣代缴、代收代缴税款报告表）、财务会计报表以及税务机关根据实际需要要求纳税人报送的其他纳税资料。

（1）纳税申报表（代扣代缴、代收代缴税款报告表）。纳税申报表（代扣代缴、代收代缴税款报告表）由税务机关统一印制，在内容上一般包括：税种、税目；应纳税项目或者应代扣代缴、代收代缴税款项目；计税依据；扣除项目及标准；适用税率或者单位税额；应退税项目及税额；应减免项目及税额；应纳税额或者应代扣代缴、代收代缴税额；税款所属期限、延期缴纳税款、欠税、滞纳金等。

（2）财务会计报表。财务会计报表是指企业对外提供的反映企业某一特定日期的财务状况和某一会计期间的经营成果、现金流量等会计信息的文件。主要包括：资产负债表、利润表、现金流量表、财务状况变动表以及财务情况说明书等。

（3）需要报送的其他纳税资料。需要报送的其他纳税资料具体包括：与纳税有关的合同、协议书及凭证；税控装置的电子报税资料；外出经营活动税收管理证明和异地完税凭证；境内或者境外公证机构出具的有关证明文件；税务机关规定应当报送的其他有关证件、资料。

3. 纳税申报方式。《税收征管法》第二十六条规定：经税务机关批准，纳税人、扣缴义务人可以直接到税务机关办理纳税申报或者报送代扣代缴、代收代缴税款报告表，也可以按照规定采取邮寄、数据电文方式办理上述申报、报送事项。由此可见，纳税申报的方式主要有以下五种。

（1）直接申报。纳税人、扣缴义务人发生纳税义务后，可以在规定的期限内直接到主管税务机关办理纳税申报手续，根据纳税人身份的不同，又可以采取以表申报、IC卡申报、微机录入卡申报等方式。

（2）电文申报。电文方式又称数据电文方式，是指税务机关确定的电话语音、电子数据交换和网络传输等电子方式。纳税人采取电子方式办理纳税申报的，应当按照税务机关规定的期限和要求保存有关资料，并定期书面报送主管税务机关。

（3）邮寄申报。原则上，纳税人、扣缴义务人发生纳税义务后，应当直接到主管税务机关办理纳税申报，但若纳税人、扣缴义务人直接申报有困难的，经税务机关批准，也可以采取邮寄申报的方式，将纳税申报表及有关的纳税资料通过邮局寄送主管税务机关。

（4）延期申报。纳税人、扣缴义务人按照规定的期限办理纳税申报或者报送代扣代缴、代收代缴税款报告表确有困难，需要延期的，应当在规定的期限内向税务机关提出书面延期申请，经税务机关核准，在核准的期限内办理。

纳税人、扣缴义务人因不可抗力因素不能按期办理纳税申报或者报送代扣代缴、代收代缴税款报告表的，可以延期办理。但是，应当在不可抗力情形消除后立即向税务机关申报。税务机关应当查明事实，予以核准。

（5）其他方式申报。纳税人、扣缴义务人可以委托注册税务师代理纳税申报。实行定期定额缴纳税款的纳税人，可以实行简易申报、简并征期等申报纳税方式。

三、税款征收

税款征收是指税务机关依照法律、行政法规的规定将纳税人应纳的税款组织入库的一系列活动的总称。它是税收征收管理工作中的中心环节，既是纳税人履行纳税义务的具体体现，又是全部税收征管工作的目的和归宿。

（一）税款征收方式

根据《税收征管法》及其实施细则的规定，税款征收方式主要有以下七种。

1. 查账征收。查账征收是指税务机关对账务健全的纳税人，依据其报送的纳税申报表、财务会计报表和其他有关纳税资料，计算应纳税款，填写缴款书或完税证，由纳税人到银行划解税款的征收方式。这种征收方式比较规范和普遍，适用于账簿、凭证、会计等核算制度比较健全，能够据以如实核算生产经营情况，正确计算应纳税额的纳税人。

2. 查定征收。查定征收是指对账务不全，但能控制其材料、产量或进销货物的纳税单位或个人，由税务机关依据正常条件下的生产能力对其生产的应税产品查定产量、销售额并据以征收税款的征收方式。这种征收方式适用于生产规模较小、账册不健全、产品零星、税源分散的小型厂矿和作坊。

3. 查验征收。查验征收是指税务机关对纳税人的应税商品、产品，通过查验数量，按市场一般销售单价计算其销售收入，并据以计算应纳税款的一种征收方式。这种征收方式适用于城乡集贸市场的临时经营或机场码头等场外经销商品的非固定户。这些纳税人通常财务制度不健全、生产经营不固定、流动性大。

4. 定期定额征收。定期定额征收是指对小型个体工商户采取定期确定营业额、利润额并据以核定应纳税额的一种征收方式。这种征收方式适用于经主管税务机关认定并批准的生产经营规模小，达不到《个体工商户建账管理暂行办法》规定设置账簿标准、难以查账征收、不能准确计算计税依据的个体工商户。

5. 代扣代缴。代扣代缴是指按照税法规定，负有扣缴税款义务的单位和个人，负责对纳税人应纳的税款进行代扣代缴的一种方式。即由支付人在向纳税人支付款项时，从所支付的款项中依法直接扣收税款并代为缴纳。这种征收方式适合税源零星分散、不易控制纳税人的税款征收。

6. 代收代缴。代收代缴是指按照税法规定，负有收缴税款义务的单位和个人，负责对纳税人应纳的税款进行代收代缴的一种方式。即由与纳税人有经济业务往来的单位和个人在向纳税人收取款项时依法收取税款。

7. 委托代征。委托代征是指受委托的有关单位按照税务机关核发的代征证书的要求，以税务机关的名义向纳税人征收零散税款的一种征收方式。当受托单位和人员以税务机关的名义依法征收税款时，纳税人不得拒绝；纳税人拒绝的，受托代征单位和人员应当及时报告税务机关。委托代征不同于代扣代缴、代收代缴，代扣代缴、代收代缴是法律赋予的权利和义务，而委托代征是税务机关委托才取得的征收权，是一种委托代理行为。

（二）税款征收措施

为了保障税款征收的顺利进行，《税收征管法》及其实施细则对税款征收中税务机关可以采取的行政措施和遵循的行政程序作出了明确的规定。

1. 责令缴纳，加收滞纳金。纳税人未按照规定期限缴纳税款的、扣缴义务人未按照规定期限解缴税款的，税务机关除责令限期缴纳外，从滞纳税款之日起，按日加收滞纳税款 0.5‰ 的滞纳金。加收滞纳金起止时间的计算，从应缴税款期限届满之日的次日起到实际缴纳或解缴税款的当天。

2. 由主管税务机关核定应纳税额。

（1）核定应纳税额的情形。纳税人有下列情形之一的，税务机关有权核定其应纳税额。

①依照法律、行政法规的规定可以不设置账簿的；

②依照法律、行政法规的规定应当设置但未设置账簿的；

③擅自销毁账簿或者拒不提供纳税资料的；

④虽设置账簿，但账目混乱或者成本资料、收入凭证、费用凭证残缺不全，难以查账的；

⑤发生纳税义务，未按照规定的期限办理纳税申报，经税务机关责令限期申报，逾期仍不申报的；

⑥纳税人申报的计税依据明显偏低，又无正当理由的。

（2）核定应纳税额的方法。税务机关在核定应纳税额时，有权采用下列任何一种方法核定其应纳税额。

①参照当地同类行业或者类似行业中经营规模和收入水平相近的纳税人的税负水平核定；

②按照营业收入或者成本加合理的费用和利润的方法核定；

③按照耗用的原材料、燃料、动力等推算或者测算核定；

④按照其他合理方法核定。

采用以上所列一种方法不足以正确核定应纳税额时，可以同时采用两种以上的方法核定。纳税人对税务机关采取本条规定的方法核定的应纳税额有异议的，应当提供相关证据，经税务机关认定后，调整应纳税额。

3. 关联方纳税调整。

企业或者外国企业在中国境内设立的从事生产、经营的机构和场所与其关联企业之间的业务往来，应当按照独立企业之间的业务往来收取或者支付价款、费用；不按照独立企业之间的业务往来收取或者支付价款、费用，而减少其应纳税的收入或者所得额的，税务机关有权进行合理调整。

所谓"关联企业"是指有下列关系之一的公司、企业和其他经济组织，在资金、经营、购销等方面，存在直接或者间接的拥有或者控制关系；直接或者间接的同为第三者所拥有或者控制；在利益上具有相关联的其他关系。

纳税人有义务就其与关联企业之间的业务往来，向当地税务机关提供有关的价格、费用标准等资料。

4. 责令提供纳税担保。纳税担保是指经税务机关同意或确认，纳税人或其他自然人、法人和经济组织，以保证、抵押和质押的方式为纳税人应纳的税额及滞纳金提供担保的行为。

由国家税务总局于 2005 年 5 月制定的《纳税担保试行办法》规定的适用纳税担保的情形有：税务机关有根据认为从事生产、经营的纳税人有逃避纳税义务行为，在规定的纳税期之前经责令其限期缴纳应纳税款，在限期内发现纳税人有明显的转移、隐匿其应纳税的商品、货物以及其他财产或者应纳税收入的迹象，责成纳税人提供纳税担保的；欠缴税款、滞纳金的纳税人或者其法定代表人需要出境的；纳税人同税务机关在纳税上发生争议而未缴清税款，需要申请行政复议的；税收法律、行政法规规定可以提供纳税担保的其他情形。

纳税担保方式包括经税务机关认可的有担保能力的保证人为纳税人提供的纳税保证，以及纳税人或第三人的财产提供的纳税抵押和纳税质押。

5. 采取税收保全措施。税收保全是指纳税机关为防范税款流失而对纳税人采取冻结存款、扣押财产等行政行为的一种控制管理措施。

税务机关责令纳税人提供纳税担保而纳税人拒绝提供纳税担保或无力提供纳税担保的，经县以上税务局（分局）局长批准，税务机关可以采取下列税收保全措施。

（1）书面通知纳税人开户银行或者其他金融机构冻结纳税人的金额相当于应纳税款的存款。

（2）扣押、查封纳税人的价值相当于应纳税款的商品、货物或者其他财产。纳税人在规定的限期内缴纳税款的，税务机关必须在 24 小时内立即解除税收保全措施；限期期满仍未缴纳税款的，经县以上税务局（分局）局长批准，税务机关可以书面通知纳税人开户银行或者其他金融机构从其冻结的存款中扣缴税款，或者依法拍卖或者变卖所扣押、查封的商品、货物或者其他财产，以拍卖或者变卖所得抵缴税款。

个人及其所扶养家属维持生活必需的住房和用品，不在税收保全措施范围之内。个人及其所扶养家属维持生活必需的住房和用品不包括机动车辆、金银饰品、古玩字画、豪华住宅或者一处以外的住房。税务机关对单价5 000元以下的其他生活用品，不采取税收保全措施。

税务机关扣押商品、货物或者其他财产时，必须开付收据；查封商品、货物或者其他财产时，必须开付清单。

> **重点提示：** 税务机关只能对纳税人采取保全措施，却可以对纳税人、扣缴义务人和纳税担保人采取强制执行措施，二者适用的对象不同。

6. 采取强制执行措施。税收强制执行是指纳税人、扣缴义务人和纳税担保人在规定的期限内未履行法定义务，税务机关采取法定的强制手段强迫其履行纳税义务的行为。

从事生产、经营的纳税人、扣缴义务人未按照规定的期限缴纳或者解缴税款，纳税担保人未按照规定的期限缴纳所担保的税款，由税务机关责令限期缴纳，逾期仍未缴纳的，经县以上税务局（分局）局长批准，税务机关可以采取下列强制执行措施。

（1）书面通知其开户银行或者金融机构从其存款中扣缴税款；

（2）扣押、查封、依法拍卖或者变卖其价值相当于应纳税款的商品、货物或者其他财产，以拍卖或者变卖所得抵缴税款。

税务机关采取强制执行措施时，对纳税人、扣缴义务人、纳税担保人未缴纳的滞纳金同时强制执行。

个人及其所扶养家属维持生活必需的住房和用品，不在强制执行措施的范围之内。个人及其所扶养家属维持生活必需的住房和用品不包括机动车辆、金银饰品、古玩字画、豪华住宅或者一处以外的住房。税务机关对单价5 000元以下的其他生活用品，不采取税收强制执行措施。

7. 阻止出境。欠缴税款的纳税人或者其法定代表人在出境前未按照规定结清应纳税款、滞纳金或者提供纳税担保的，税务机关可以通知出入境管理机关阻止其出境。阻止出境的具体办法由国家税务总局会同公安部制定。

8. 税收优先。在税款征收过程中，税务机关有优先征税的权利，具体表现有：税务机关征收税款，税收优先于无担保债权，法律另有规定的除外；纳税人欠缴的税款发生在纳税人以其财产设定抵押、质押或者纳税人的财产被留置之前的，税收应当先于抵押权、质权、留置权执行；纳税人欠缴税款，同时又被行政机关决定处以罚款、没收违法所得的，税收优先于罚款、没收违法所得。

9. 税款追征。因税务机关的责任，致使纳税人、扣缴义务人未缴或者少缴税款的，税务机关在3年内可以要求纳税人、扣缴义务人补缴税款，但是不得加收滞纳金。因纳税人、扣缴义务人计算错误等失误，未缴或者少缴税款的，税务机关在3年内可以追征税款、滞纳金；有特殊情况的，追征期可以延长至5年。

对偷税、抗税、骗税的，税务机关追征其未缴或者少缴的税款、滞纳金或者所骗取的税款，不受前款规定期限的限制。

10. 其他措施。税务机关应当对纳税人欠缴税款的情况定期予以公告。纳税人有合并、分立情形的，应当向税务机关报告，并依法缴清税款。纳税人合并时未缴清税款的，应当由合并后的纳税人继续履行未履行的纳税义务；纳税人分立时未缴清税款的，分立后的纳税人对未履行的纳税义务应当承担连带责任。欠缴税款数额较大的纳税人在处分其不动产或者大额资产之前，应当向税务机关报告。欠缴税款的纳税人因怠于行使到期债权，或者放弃到期债权，或者无偿转让财产，或者以明显不合理的低价转让财产而受让人知道该情形，对国家税收造成损害的，税务机关可以行使代位权、撤销权。

四、税务检查

（一）税务检查概念

税务检查是税务机关依照税收法律、行政法规的规定，对纳税人、扣缴义务人履行纳税义务或者扣缴义务以及其他有关税务事项进行审查、核实、监督活动的总称。它是税收征收管理工作的一项重要内容，是确保国家财政收入和税收法律法规贯彻落实的重要手段。

（二）税务检查范围

1. 检查纳税人的账簿、记账凭证、报表和有关资料；检查扣缴义务人代扣代缴、代收代缴税款账簿、记账凭证和有关资料。经地市级税务局局长批准，可以调取纳税人当年的账簿，但必须在30日之内归还。

2. 到纳税人的生产、经营场所和货物存放地检查纳税人应纳税的商品、货物或者其他财产；检查扣缴义务人与代扣代缴、代收代缴税款有关的经营情况。

3. 责成纳税人、扣缴义务人提供与纳税或者代扣代缴、代收代缴税款有关的文件、证明材料和有关资料。

4. 询问纳税人、扣缴义务人与纳税或者代扣代缴、代收代缴税款有关的问题和情况。

5. 到车站、码头、机场、邮政企业及其分支机构检查纳税人托运、邮寄应纳税商品、货物或者其他财产的有关单据、凭证和有关资料。

6. 经县以上税务局（分局）局长批准，凭全国统一格式的检查存款账户许可证明，查核从事生产、经营的纳税人、扣缴义务人在银行或者其他金融机构的存款账户；税务机关在调查税收违法案件时，经设区的市、自治州以上税务局（分局）局长批准，可以查询案件涉嫌人员的储蓄存款，税务机关查询所获得的资料，不得用于税收以外的用途。

税务机关派出的人员进行税务检查时，应当出示税务检查证件；无税务检查证件的，纳税人、扣缴义务人及其他当事人有权拒绝检查。同时，被检查的纳税人、扣缴义务人及其他当事人应如实反映情况、提供资料，不得拒绝、隐瞒。

五、法律责任

《税收征管法》及其实施细则对税务违法行为应承担的行政责任作了明确规定，我国《刑法》在分则第三章第六节规定了危害税收征管罪的 14 个罪名。

（一）违反税收征管法行为及行政处罚

1. 纳税人有下列行为之一的，由税务机关责令限期改正，可以处以 2 000 元以下的罚款；情节严重的，处以 2 000 元以上 1 万元以下的罚款。

未按照规定的期限申报办理税务登记、变更或注销登记的；未按照规定设置、保管账簿或者保管记账凭证和有关资料的；未按照规定将财务、会计制度或财务会计处理办法和会计核算软件报送税务机关备案的；未按照规定将其全部银行账号向税务机关报告的；未按照规定安装、使用税控装置，或者损毁或者擅自改动税控装置的；纳税人未按照规定办理税务登记证件验证或者换证手续的。

2. 纳税人不办理税务登记的，由税务机关责令限期改正；逾期不改正的，税务机关提请工商行政管理机关吊销其营业执照。

纳税人未按照规定使用税务登记证件，或者转借、涂改、损毁、买卖、伪造税务登记证件的，处 2 000 元以上 1 万元以下的罚款；情节严重的，处 1 万元以上 5 万元以下的罚款。

3. 扣缴义务人未按规定设置和保管代扣代缴、代收代缴税款账簿或者保管代扣代缴、代收代缴税款记账凭证及有关资料的，由税务机关责令改正，可处以 2 000 元以下的罚款；情节严重的，处以 2 000 元以上 5 000 元以下的罚款。

4. 纳税人、扣缴义务人未按规定的期限办理纳税申报和报送纳税资料的，或者扣缴义务人未按照规定的期限向税务机关报送代扣代缴、代收代缴税款报告表和有关资料的，由税务机关责令限期改正，可处以 2 000 元以下的罚款；情节严重的，可处以 2 000 元以上 1 万元以下的罚款。

（二）欠税行为及行政处罚

欠税是指纳税人、扣缴义务人逾期未缴纳税款的行为。纳税人欠缴应纳税款，采取转移或者隐匿财产的手段，妨碍税务机关追缴欠缴的税款的，由税务机关追缴欠缴的税款、滞纳金，并处以欠缴税款 50% 以上 5 倍以下的罚款；构成犯罪的，依法追究刑事责任。扣缴义务人应扣未扣、应收而不收税款的，由税务机关向纳税人追缴税款，对扣缴义务人处应扣未扣、应收未收税款 50% 以上 3 倍以下罚款。

（三）偷税行为及行政处罚

偷税是指纳税人采取伪造、变造、隐匿、擅自销毁账簿、记账凭证，在账簿上多列支出或者不列、少列收入，或者经税务机关通知申报而拒不申报或者进行虚假的纳税申报的手段，不缴或者少缴应纳税款的行为。

对纳税人偷税的，由税务机关追缴其不缴或少缴的税款、滞纳金，并处不缴或者少缴的税款50%以上5倍以下的罚款；构成犯罪的，依法追究刑事责任。扣缴义务人采取前款所列手段，不缴或者少缴已扣、已收税款，由税务机关追缴其不缴或者少缴的税款、滞纳金，并处不缴或者少缴的税款50%以上5倍以下的罚款。

纳税人、扣缴义务人编造虚假计税依据的，由税务机关责令限期改正，并处5万元以下罚款。

纳税人不进行纳税申报，不缴或者少缴应纳税款的，由税务机关追缴其不缴或者少缴的税款、滞纳金，并处不缴或者少缴税款50%以上5倍以下的罚款。

（四）抗税行为及行政处罚

抗税是指纳税人、扣缴义务人以暴力威胁方法拒绝缴纳税款的行为。依照《税收征管法》及《刑法》有关条款的规定，情节轻微、未构成犯罪的，由税务机关追缴其拒缴的税款、滞纳金，并处以拒缴税款1倍以上5倍以下的罚款。

（五）骗税行为及处罚

对骗税行为，依照《税收征管法》及《刑法》有关条款的规定，由税务机关追缴其骗取的出口退税款，并处骗取税款1倍以上5倍以下的罚款。构成犯罪的，即以假报出口或者其他欺骗手段，骗取国家出口退税款，数额较大的，处5年以下有期徒刑或者拘役，并处骗取税款1倍以上5倍以下罚款；数额巨大或者有其他严重情节的，处5年以上10年以下有期徒刑，并处骗取税款1倍以上5倍以下罚款；数额特别巨大或者有其他特别严重情节的，处10年以上有期徒刑，或者无期徒刑，并处骗取税款1倍以上5倍以下罚款或者没收财产。

纳税人缴纳税款后，采取前款规定的欺骗方法骗取所缴纳的税款的，依照《刑法》第二百零一条规定处罚；骗取税款超过所缴纳的税款部分，依照前款规定处罚。

对骗取国家出口退税款的，税务机关可以在规定的期间内停止为其办理出口退税。

（六）其他违法行为及处罚

1. 非法印制、转借、倒卖、变造或者伪造完税凭证的，由税务机关责令改正，处 2 000 元以上 1 万元以下的罚款；情节严重的，处 1 万元以上 5 万元以下的罚款；构成犯罪的，依法追究刑事责任。

2. 银行及其他金融机构未依照《税收征管法》的规定在从事生产、经营的纳税人的账户中登录税务登记证件号码，或者未按规定在税务登记证件中登录从事生产、经营的纳税人的账户账号的，由税务机关责令限期改正，处 2 000 元以上 2 万元以下的罚款；情节严重的，处 2 万元以上 5 万元以下的罚款。

3. 为纳税人、扣缴义务人非法提供银行账户、发票、证明或者其他方便，导致未缴、少缴税款或者骗取国家出口退税款的，税务机关除没收违法所得外，可以处未缴、少缴或者骗取的税款 1 倍以下的罚款。

4. 税务机关依照《税收征管法》，到车站、码头、机场、邮政企业及其分支机构检查纳税人有关情况时，有关单位拒绝的，由税务机关责令改正，可以处 1 万元以下的罚款；情节严重的，处 1 万元以上 5 万元以下的罚款。

第二节　税务行政复议

重点提示：纳税人与税务机关有关征税行为发生的行政争议必须经过行政复议。

税务行政复议是纳税人或其他行政相对人认为税务机关的某一具体行政行为侵害了自己的合法权益，向作出具体行政行为的税务机关的上一级税务机关或同级人民政府提出申请，由上级税务机关依法进行审理并作出处理决定的活动。税务行政复议既是依法保护纳税人、扣缴义务人税收权益的税收管理制度，又是保证税务机关依法行政的重要渠道。

税务行政复议是解决税务行政争议案件的重要救济途径，其具有以下四种特点。一是行政复议因税务管理对象当事人的申请而启动；二是以税务具体行政行为为审查对象，并附带审查部分抽象行政行为；三是由作出税务具体行政行为的上一级税务机关或同级人民政府负责审理并裁决；四是因征税行为发生的争议，在提起行政诉讼之前必须先经过行政复议。

目前我国调整税务行政复议行为的法律规范主要有：1999 年 4 月 29 日第九届全国人民代表大会常务委员会第九次会议通过的《中华人民共和国行政复议法》（经过 2009 年和 2017 年两次修订）、2007 年 5 月国务院颁布的《中华人民共和国行政复议法实施条例》、国家税务总局颁布的于 2010 年 4 月 1 日开始实施的《税务行政复议规则》。

思考：税务行政复议与税务行政诉讼在受案范围上有何不同？谁的受案范围更大？

一、税务行政复议的受案范围

（一）税务具体行政行为

根据税务行政复议的相关法律规定，税务行政复议的受案范围主要是税务机关的税务具体行政行为，主要包括以下十二个方面。

1. 税务机关作出的征税行为。包括确认纳税主体、征税对象、征税范围、减税、免税及退税、适用税率、计税依据、纳税环节、纳税期限、纳税地点以及税款征收方式等具体行政行为和征收税款、加收滞纳金及扣缴义务人、受税务机关委托征收的单位作出的代扣代缴、代收代缴行为。

2. 税务机关作出的税收保全措施。包括税务机关书面通知银行或者其他金融机构冻结存款和扣押、查封商品、货物或其他财产等税收保全措施。

3. 税务机关未及时解除保全措施。税务机关未及时解除保全措施，使纳税人及其他当事人合法权益遭受损失的行为。

4. 税务机关作出的强制执行措施。包括书面通知银行或者其他金融机构从其存款中扣缴税款和变卖、拍卖扣押以及查封的商品、货物或者其他财产等强制执行措施。

5. 税务机关作出的行政处罚行为。包括罚款、没收财物和违法所得、停止出口退税权等。

6. 税务机关不予依法办理或者答复的行为。包括不予审批减免税或者出口退税；不予抵扣税款；不予退还税款；不予颁发税务登记证、发售发票；不予开具完税凭证和出具票据；不予认定为增值税一般纳税人；不予核准延期申报、批准延期缴纳税款等。

7. 税务机关作出的取消增值税一般纳税人资格的行为。

8. 收缴发票、停止发售发票。

9. 税务机关责令纳税人提供纳税担保或者不依法确认纳税担保有效的行为。

10. 税务机关不依法给予举报奖励的行为。

11. 税务机关作出的通知出境管理机关阻止出境行为。

12. 税务机关作出的其他具体行政行为。

（二）一并提起的税务抽象行政行为

纳税人及其他当事人认为税务机关的具体行政行为所依据的下列规定不合法，在对具体行政行为申请行政复议时，可一并向复议机关提出对该规定的审查申请。

1. 国家税务总局和国务院其他部门的规定。

2. 其他各级税务机关的规定。

3. 地方各级人民政府的规定。

4. 地方人民政府工作部门的规定。

这里的"规定"不包含国务院部委规章和地方人民政府规章。

二、税务行政复议的参加人

税务行政复议的参加人通常指申请人与被申请人，在某些情况下还包括行政复议中的第三人。

（一）税务行政复议申请人

税务行政复议的申请人，是指认为税务机关的具体行政行为侵犯其合法权益，依法以自己的名义向税务行政复议机关提出复议申请的公民、法人或其他组织以及外国人、无国籍人。具体是指纳税义务人、扣缴义务人、纳税担保人和其他税务当事人。

有权提出复议申请的法人或其他组织发生合并、分立或终止的，承受其权利的法人或其他组织可以作为特殊申请人提出复议申请；有权提出复议申请的公民死亡的，其近亲属可以提出复议申请；有权申请复议的公民是无民事行为能力人或限制民事行为能力人的，其法定代理人可以代理申请复议。

（二）税务行政复议被申请人

税务行政复议的被申请人，是指作出的具体行政行为被行政复议的申请人指控违法侵犯其合法权益，并由行政复议机关通知参加行政复议的税务机关。主要包括以下五种。

1. 申请人对税务机关的征税或其他具体行政行为不服申请复议的，该税务机关是被申请人。

2. 申请人对扣缴义务人的扣缴税款行为不服的，主管该扣缴义务人的税务机关为被申请人；对税务机关委托的单位和个人的代征行为不服的，委托税务机关为被申请人。

3. 税务机关与法律、法规授权的组织以共同的名义作出具体行政行为的，税务机关和法律、法规授权的组织为共同被申请人。税务机关与其他组织以共同名义作出具体行政行为的，税务机关为被申请人。

4. 税务机关依照法律、法规和规章规定，经上级税务机关批准作出具体行政行为的，批准机关为被申请人。申请人对经重大税务案件审理程序作出的决定不服的，审理委员会所在税务机关为被申请人。

5. 税务机关设立的派出机构、内设机构或者其他组织，未经法律、法规授权，以自己名义对外作出具体行政行为的，税务机关为被申请人。

（三）税务行政复议第三人

税务行政复议的第三人，是指与申请复议的具体行政行为有利害关系，经复议机关批准参加复议的公民、法人或组织。这里所说的"利害关系"一般是指经济上的债权、债务关系，股权控股关系等。

行政复议期间，行政复议机关认为申请人以外的公民、法人或者其他组织与被审查的具体行政行为有利害关系的，可以通知其作为第三人参加行政复议。

行政复议期间，申请人以外的公民、法人或者其他组织与被审查的税务具体行政行为有利害关系的，可以向行政复议机关申请作为第三人参加行政复议。

第三人不参加行政复议，不影响行政复议案件的审理。

三、税务行政复议的管辖权划分

税务行政复议管辖，是指税务行政复议机关之间受理税务行政复议案件的职权划分。根据《税务行政复议规则》的规定，税务行政复议管辖规则如下。

（一）对各级国家税务局的具体行政行为不服

对各级国家税务局的具体行政行为不服的，向其上一级国家税务局申请行政复议。

（二）对各级地方税务局的具体行政行为不服

对各级地方税务局的具体行政行为不服的，可以选择向其上一级地方税务局或者该税务局的本级人民政府申请行政复议。

（三）对国家税务总局的具体行政行为不服

对国家税务总局的具体行政行为不服的，向国家税务总局申请行政复议。对行政复议决定不服，申请人可以向人民法院提起行政诉讼，也可以向国务院申请裁决。国务院的裁决为最终裁决。

（四）对其他税务机关的具体行政行为不服

对下列税务机关的具体行政行为不服的，按照下列规定申请行政复议。

1. 对计划单列市税务局的具体行政行为不服的，向省税务局申请行政复议。

2. 对税务所（分局）、各级税务局的稽查局的具体行政行为不服的，向其所属税务局申请行政复议。

3. 对两个以上税务机关共同作出的具体行政行为不服的，向共同上一级税务机关申请行政复议；对税务机关与其他行政机关共同作出的具体行政行为不服的，向其共同上一级行政机关申请行政复议。

4. 对被撤销的税务机关在撤销以前所作出的具体行政行为不服的，向继续行使其职权的税务机关的上一级税务机关申请行政复议。

5. 对税务机关作出逾期不缴纳罚款加处罚款决定不服的，向作出行政处罚决定的税务机关申请行政复议。但是对已处罚款和加处罚款都不服的，一并向作出行政处罚决定的税务机关的上一级税务机关申请行政复议。

四、税务行政复议审理的基本规程

税务行政复议审理的基本规程大致包括申请、受理、审理、决定和执行五个阶段。

（一）税务行政复议的申请

1. 申请时效。申请人可以在知道税务机关作出具体行政行为之日起60日内提出行政复议申请。因不可抗力因素或者被申请人设置障碍等其他正当理由耽误法定申请期限的，申请期限的计算应当扣除被耽误时间。

申请人向复议机关申请行政复议，复议机关已经受理的，在法定行政复议期限内申请人不得再向人民法院提起行政诉讼；申请人向人民法院提起行政诉讼，人民法院已经依法受理的，不得申请行政复议。

2. 申请形式。申请人申请行政复议，可以书面申请，也可以口头申请。

口头申请的，复议机关应当当场记录申请人的基本情况，行政复议请求，申请行政复议的主要事实、理由和时间，当场制作行政复议申请笔录，交申请人核对或者向申请人宣读，并由申请人确认。

申请人书面申请行政复议的，可以采取当面递交、邮寄或者传真等方式提出行政复议申请。有条件的行政复议机关可以接受以电子邮件形式提出的行政复议申请。对以传真、电子邮件形式提出行政复议申请的，行政复议机关应当审核确认申请人的身份、复议事项。申请人书面申请行政复议的，应当在行政复议申请书中载明下列事项：申请人的基本情况，包括公民的姓名、性别、出生年月、身份证件号码、工作单位、住所、邮政编码、联系电话；法人或者其他组织的名称、住所、邮政编码、联系电话和法定代表人或者主要负责人的姓名、职务；被申请人的名称；行政复议请求、申请行政复议的主要事实和理由；申请人的签名或者盖章；申请行政复议的日期。

3. 税务行政复议与税务行政诉讼的衔接。税务行政复议与税务行政诉讼的衔接可以分为以下两种情况。

（1）必经关系。只有法律、法规明确规定的前提下，行政复议才可以是行政诉讼的必经阶段。

我国《税务行政复议规则》第33条明确规定，申请人对税务机关的征税行为不服的，应当先向行政复议机关申请行政复议；对行政复议决定不服的，可以向人民法院提起行政诉讼。

【例12-4】杨某受某厂指派在本县范围内收购茶叶2万斤，厂方提供了介绍信、营业执照副本，杨某收购后未向税务机关纳税。县税务局知悉后即作出决定，杨某需缴纳增值税5 000余元。杨某不服，认为自己是接受厂方指派，与该厂是委托关系，其税款应由厂方缴纳。县税务局未采用杨某的意见，坚持要求杨某纳税。杨某认为应该寻求其他救济途径，于是直接向人民法院提起行政诉讼，你认为法院会受理吗？

【解析】法院不会受理。因为杨某和税务机关之间的争议属于征税方面，根据相关法律规定，对税务机关的征税行为不服的，应当先向行政复议机关申请行政复议，不经复议不得起诉。

（2）选择关系。除非法律、法规规定必须先申请行政复议，当事人可以自由选择申请行政复议或行政诉讼。

申请人对税务机关的征税行为以外的其他具体行政行为不服，可以申请行政复议，也可以直接向人民法院提起行政诉讼。

4. 行政复议申请的提出不影响具体行政行为的执行。申请人对税务机关的征税行为不服申请行政复议的，必须依照税务机关根据法律、法规确定的税额和期限，先行缴纳或者解缴税款和滞纳金，或者提供相应的担保，才可以在缴清税款和滞纳金以后或者所提供的担保得到作出具体行政行为的税务机关确认之日起60日内提出行政复议申请。

申请人对税务机关作出逾期不缴纳罚款加处罚款的决定不服的，应当先缴纳罚款和加处罚款，再申请行政复议。

复议不停止执行制度是保证国家行政管理的连续性、有效性的重要手段，也是具体行政行为一经作出即具有法律上的确定力、拘束力和执行力理论的具体体现。

（二）税务行政复议的受理

复议机关收到行政复议申请后，应当在5日内进行审查，决定是否受理。对不符合规定的行政复议申请，决定不予受理，并书面告知申请人。对不属于本机关受理的行政复议申请，应当告知申请人向有关行政复议机关提出。行政复议机关收到行政复议申请以后未按照规定期限审查并作出不予受理决定的，视为受理。

1. 对有下列情形之一的行政复议申请，决定不予受理。不属于行政复议的受案范围；超过法定的申请期限；没有明确的被申请人和行政复议对象；已向其他法定复议机关申请行政复议，且被受理；已向人民法院提起行政诉讼，人民法院已经受理；申请人就纳税发生争议，没有按规定缴清税款、滞纳金，并且没有提供担保或者担保无效；申请人不具备申请资格。

2. 对符合规定的行政复议申请，自复议机关法制工作机构收到之日起即为受理；受理行政复议申请，应当书面告知申请人。

3. 对应当先向复议机关申请行政复议，对行政复议决定不服再向人民法院提起行政诉讼的具体行政行为，复议机关决定不予受理或者受理后超过复议期限不作答复的，纳税人及其他当事人可以自收到不予受理决定书之日起或者行政复议期满之日起15日内，依法向人民法院提起行政诉讼。

4. 纳税人及其他当事人依法提出行政复议申请，复议机关无正当理由而不予受理且申请人没有向人民法院提起行政诉讼的，上级税务机关应当责令其受理；必要时，上级税务机关也可以直接受理。

（三）税务行政复议的审理

1. 税务行政复议的审理方式。税务行政复议采取以书面审理为主、其他方式为辅的审理方式。根据《税务行政复议规则》的规定，行政复议机构审理行政复议案件，应当由两名以上行政复议工作人员参加。行政复议原则上采用书面审查的方法，对重大、复杂的案件，申请人提出要求或者行政复议机构认为必要时，可以采取听证的方式审理。行政复议机关应当全面审查被申请人的具体行政行为所依据的事实证据、法律程序、法律依据和设定的权利义务内容的合法性、适当性。

2. 税务行政复议的审理时效。行政复议机关应当自受理申请之日起60日内作出行政复议决定。情况复杂、不能在规定期限内作出行政复议决定的，经行政复议机关负责人批准，可以适当延期，并告知申请人和被申请人，但是延期不得超过30日。

申请人在申请行政复议时，依照规定一并提出对有关规定的审查申请的或者行政复议机关审查被申请人的具体行政行为时，认为其依据不合法的，行政复议机关对该规定有权处理的，应当在30日内依法处理。无权处理的，应当在7日内按照法定程序逐级转送有权处理的行政机关依法处理；有权处理的行政机关应当在60日内依法处理。处理期间，中止对具体行政行为的审查。

3. 税务行政复议审理的证据规则。税务行政复议机关审查复议案件时，应当以证据证明的案件事实为根据，应当根据案件的具体情况审查证据的合法性、真实性。其证据种类包括书证、物证、视听资料、证人证言、当事人的陈述、鉴定结论、勘验笔录、现场笔录八种。

下列证据材料不得作为定案依据：违反法定程序收集的证据材料；以偷拍、偷录、窃听等手段获取侵害他人合法权益的证据材料；以利诱、欺诈、胁迫、暴力等不正当手段获取的证据材料；当事人无正当事由超出举证期限提供的证据材料；当事人无正当理由拒不提供原件、原物，又无其他证据印证，且对方当事人不予认可的证据的复制件或者复制品；无法辨明真伪的证据材料；不能正确表达意志的证人提供的证言；不具备合法性和真实性的其他证据材料。法制工作机构依据有关规定的职责所取得的有关材料，不得作为支持被申请人具体行政行为的证据。

在行政复议中，被申请人对其作出的具体行政行为负有举证责任，不得自行向申请人和其他有关组织或者个人搜集证据。申请人和第三人可以查阅被申请人提出的书面答复，作出具体行政行为的证据、依据和其他有关材料，除涉及国家秘密、商业秘密或者个人隐私外，复议机关不得拒绝。

4. 行政复议决定不得加重制裁制度。《行政复议法实施条例》确定了"不得加重对复议申请人制裁"制度，即行政复议机关在申请人的行政复议请求范围内，不得作出对申请人更为不利的行政复议决定。

（四）税务行政复议决定

复议机关法制工作机构应当对被申请人作出的具体行政行为进行合法性与适当性审查，提出意见，经复议机关负责人同意，按照下列规定作出行政复议决定。

1. 具体行政行为认定事实清楚、证据确凿、适用依据正确、程序合法、内容适当的，决定维持。

2. 被申请人不履行法定职责的，决定其在一定期限内履行。

3. 具体行政行为有主要事实不清、证据不足的；适用依据错误的；违反法定程序的；超越或者滥用职权的；具体行政行为明显不当等情形之一的，决定撤销、变更或者确认该具体行政行为违法。决定撤销或者确认该具体行政行为违法的，可以责令被申请人在一定期限内重新作出具体行政行为。

复议机关责令被申请人重新作出具体行政行为的，被申请人不得以同一事实和理由作出与原具体行政行为相同或者基本相同的具体行政行为；但复议机关以原具体行政行为违反法定程序而决定撤销的，被申请人重新作出具体行政行为的，不受前述限制。

4. 被申请人不按照规定提出书面答复及提交当初作出具体行政行为的证据、依据的，应决定撤销该具体行政行为。

（五）税务行政复议决定的执行

复议机关作出行政复议决定，应当制作行政复议决定书，并加盖印章。行政复议决定书一经送达，即发生法律效力。

被申请人应当履行行政复议决定，被申请人不履行或者无正当理由拖延履行行政复议决定的，复议机关或者有关上级行政机关应当责令其限期履行。

申请人、第三人逾期不起诉又不履行行政复议决定的，或者不履行最终裁决的行政复议决定的，按照下列规定分别处理。一是维持具体行政行为的行政复议决定，由作出具体行政行为的税务机关依法强制执行，或者申请人民法院强制执行；二是变更具体行政行为的行政复议决定，由行政复议机关依法强制执行，或者申请人民法院强制执行。

第三节　税务行政诉讼

税务行政诉讼是纳税人或其他行政相对人认为税务机关的某一具体行政行为侵害了自己的合法权益，依法定程序向人民法院起诉，人民法院在当事人及其他诉讼参与人的参加下，对具体行政行为的合法性进行审查并作出裁决的活动。它和税务行政复议一样，都是解决税务行政争议的重要途径。

与税务行政复议相比，税务行政诉讼具有以下特点。一是行政诉讼是由人民法院受理和审理的；二是人民法院审理的税务行政案件仅限于就税务机关作出的具体行政行为的合法性发生的争议；三是税务行政案件的审理方式原则上为公开审理；四是因征税行为发生的争议，在提起行政诉讼之前必须先经过行政复议。

目前我国调整税务行政诉讼的法律规范主要有：1989年4月第七届全国人民代表大会常务委员会第二次会议通过的《中华人民共和国行政诉讼法》（经过2014年和2017年两次修订）、2000年3月开始实施的《最高人民法院关于执行〈中华人民共和国行政诉讼法〉若干问题的解释》以及《税收征管法》。

一、税务行政诉讼的受案范围

税务行政诉讼的受案范围，是指人民法院对税务机关的哪些行为拥有司法审查权。在实际生活中，税务行政争议种类多、涉及面广，不可能也没有必要都诉诸人民法院通过诉讼程序解决。界定税务行政诉讼的受案范围，便于明确人民法院、税务机关及其他国家机关之间在解决税务行政争议方面的分工和权限。

从内容上看，税务行政诉讼案件的受案范围与税务行政复议的受案范围基本一致，包括以下十二种：

（1）征税行为；

（2）行政许可、行政审批行为；

（3）发票管理行为，包括发售、收缴、代开发票等；

（4）税收保全措施、强制执行措施；

（5）行政处罚行为；

（6）不依法履行职责的行为；

（7）资格认定行为；

（8）不依法确认纳税担保行为；

（9）政府信息公开工作中的具体行政行为；

（10）纳税信用等级评定行为；

（11）通知出入境管理机关阻止出境行为；

（12）其他具体行政行为。

当然，二者审查对象虽然基本一致，但审查内容上还是存在一定差别的。人民法院仅审理税务机关作出的具体行政行为，而复议机关除了审查具体行政行为之外，还会一并审理该具体行政行为的依据；人民法院仅审查具体行政行为的合法性，而复议机关不仅审查具体行政行为的合法性，还会审理其合理性。

此外，人民法院的受案范围还包括税务机关的复议行为，即复议机关改变了原具体行政行为和期限届满税务机关不予答复的情形。

二、税务行政诉讼的参加人

税务行政诉讼的参加人，是指参加行政诉讼的当事人和诉讼代理人。当事人包括原告、被告、共同诉讼人、第三人。

（一）税务行政诉讼的原告

税务行政诉讼的原告，是指认为税务机关的具体行政行为侵犯其合法权益，依法以自己的名义向人民法院提起行政诉讼的公民、法人或其他组织。具体是指纳税义务人、扣缴义务人、纳税担保人和其他税务当事人。

原告资格通常不能转移，但下列两种情形除外：有权提起诉讼的公民死亡，其近亲属可以提起诉讼；有权提起诉讼的法人或者其他组织终止，承受其权利的法人或者其他组织可以提起诉讼。

（二）税务行政诉讼的被告

税务行政诉讼的被告，是指经原告指控其具体行政行为侵犯自己的合法权益而向人民法院起诉，并由人民法院通知其应诉的税务机关。主要包括以下六种。

1. 公民、法人或者其他组织直接向人民法院提起诉讼的，作出具体行政行为的行政机关是被告。

2. 经复议的案件，复议机关决定维持原具体行政行为的，作出原具体行政行为的行政机关和复议机关是共同被告；复议机关改变原具体行政行为的，复议机关是被告。

3. 复议机关在法定期限内未作出复议决定，公民、法人或者其他组织起诉原行政行为的，作出原行政行为的行政机关是被告；起诉复议机关不作为的，复议机关是被告。

4. 两个以上行政机关作出同一行政行为的，共同作出行政行为的行政机关是共同被告。

5. 行政机关委托的组织所作的行政行为，委托的行政机关是被告。

6. 行政机关被撤销或者职权变更的，继续行使其职权的行政机关是被告。

（三）税务行政诉讼的共同诉讼人

共同诉讼人是指共同诉讼案件的当事人，原告一方是两个或两个以上主体的，称为共同原告；被告一方是两个或两个以上主体的，称为共同被告。

根据共同诉讼成立的条件，可以将共同诉讼分为必要的共同诉讼和普通的共同诉讼，相应地，共同诉讼人也分为必要的共同诉讼人和普通的共同诉讼人。

1. 必要的共同诉讼人。必要的共同诉讼是指当事人一方或双方为两人以上，诉讼标的是同一具体行政行为的诉讼。必要共同诉讼中的共同原告和共同被告统称为必要的共同诉讼人。

2. 普通的共同诉讼人。普通的共同诉讼是指当事人一方或双方为两人以上，其诉讼标的是同样的具体行政行为，并由人民法院合并审理的诉讼。普通诉讼中的共同原告和共同被告统称为普通共同诉讼人。

我国《行政诉讼法》第二十六条规定"当事人一方或者双方为二人以上，因同一具体行政行为发生的行政案件，或者因同样的具体行政行为发生的行政案件、人民法院认为可以合并审理的，为共同诉讼"。

（四）税务行政诉讼的第三人

税务行政诉讼的第三人是指与提起行政诉讼的具体行政行为有利害关系，经本人申请并经人民法院批准或由人民法院通知参加诉讼的公民、法人或组织。

原告所起诉的被告不适合，人民法院应当告知原告变更被告；原告不同意变更的，裁定驳回起诉；应当追加被告而原告不同意追加的，人民法院应当通知其以第三人的身份参加诉讼。

行政机关的同一具体行政行为涉及两个以上利害关系人，其中一部分利害关系人对具体行政行为不服提起诉讼，人民法院应当通知没有起诉的其他利害关系人作为第三人参加诉讼。第三人有权提出与本案有关的诉讼主张，对人民法院的一审判决不服，有权提起上诉。

三、税务行政诉讼的证据制度

根据《行政诉讼法》和《最高人民法院关于行政诉讼证据若干问题的规定》，税务行政诉讼的证据分为书证、物证、视听资料、电子数据、证人证言、当事人的陈述、鉴定意见、勘验笔录或现场笔录八种，这些证据必须具有客观性、相关性和合法性。

税务行政诉讼的被告对作出的具体行政行为负有举证责任，并应在收到起诉状副本之日起 10 日内，提供据以作出被诉具体行政行为的全部证据和所依据的规范性文件。被告不提供或者无正当理由逾期提供证据的，视为被诉具体行政行为没有相应的证据。

在诉讼过程中，被告及其诉讼代理人不得自行向原告和证人收集证据。证据应当在法庭上出示，并经庭审质证，未经庭审质证的证据，不能作为定案的依据。经合法传唤，因被告无正当理由拒不到庭而需要依法缺席判决的，被告提供的证据不能作为定案的依据，但当事人在庭前交换证据中没有争议的证据除外。

复议机关在复议程序中收集和补充的证据，或者作出原具体行政行为的行政机关在复议程序中未向复议机关提交的证据，不能作为人民法院认定原具体行政行为合法的依据。

四、税务行政诉讼的程序

税务行政诉讼程序包括第一审程序、第二审程序和审判监督程序。

（一）第一审程序

一般的税务行政诉讼案件由基层人民法院管辖，适用第一审程序。

1. 起诉。税务行政诉讼起诉是指公民、法人及其他组织认为税务机关的具体行政行为侵犯了其合法权益，向人民法院提出诉讼请求，要求人民法院行使国家审判权，对具体行政行为进行审查，以保护自己合法权益的一种法律行为。

纳税人、扣缴义务人等税务管理相对人在提起税务行政诉讼时，应当符合下列条件：一是原告认为具体行政行为侵犯其合法权益的公民、法人或者其他组织；二是有明确的被告；三是有具体的诉讼请求和事实根据；四是属于人民法院受案范围和受诉人民法院管辖。

根据《行政诉讼法》及相关法律的规定，纳税人、扣缴义务人等税务管理相对人对税务机关的征税行为不服而提起诉讼的，必须先经过行政复议，对复议决定不服的，可以在收到复议决定书之日起 15 日内向人民法院提起行政诉讼。对税务机关的其他具体行政行为不服而直接向人民法院提起行政诉讼的，应当在知道作出具体行政行为之日起 6 个月内提起行政诉讼。

纳税人、扣缴义务人等税务管理相对人不服税务机关的具体行政行为而向复议机关申请行政复议，对复议决定不服的，可以在收到复议决定书之日起 15 日内向人民法院提起行政诉讼。复议机关逾期不作决定的，纳税人、扣缴义务人等税务管理相对人可以在复议期满之日起 15 日内向人民法院提起诉讼。

税务机关作出具体行政行为包括复议决定时，未告知公民、法人或者其他组织诉权或者起诉期限的，起诉期限从公民、法人或者其他组织知道诉权或者起诉期限之日起计算，但从知道或者应当知道具体行政行为内容之日起最长不得超过 2 年。

起诉应以书面形式进行，即原告应向人民法院递交起诉状及起诉状副本。

2. 受理。税务行政诉讼的受理是指人民法院对公民、法人或其他组织的起诉进行审查，认为符合法律规定的起诉条件而决定立案并予以审理的诉讼行为。

对当事人的起诉，人民法院一般从以下六个方面进行审查并决定是否受理。审查是否属于法定的诉讼受案范围；审查是否具备法定的起诉条件；审查是否已经受理或正在受理；审查是否有管辖权；审查是否符合法定的期限；审查是否经过行政复议程序。

人民法院一般应在接到起诉书 7 日内决定是否立案，原告对人民法院作出的不予受理的裁定有权提起上诉。

3. 审理。人民法院审理税务行政诉讼案件遵循合议、回避、公开审理和两审终审等原则，但不适用调解。审理的核心是审查被诉具体行政行为是否合法，即作出该行为的税务机关是否依法享有税务行政管理权，该行为是否依据一定的适合的法律作出；税务机关作出该行为是否遵照法定程序等。

在法律适用方面，根据《行政诉讼法》第五十二、第五十三条和《若干问题的解释》第六十二、第九十七条的规定，税务行政诉讼中法律适用的规则为以下四种。

（1）人民法院审理税务行政案件，以法律、法规为依据；

（2）人民法院审理税务行政案件，参照规章；

（3）人民法院审理税务行政案件，援引司法解释；

（4）人民法院审理税务行政案件，可以引用其他规范性文件。

在一审程序中，人民法院审理税务行政案件，大致要经历以下七个阶段。

（1）审理前的准备阶段。人民法院在开庭前要组成合议庭、送达诉讼文书、处理管辖异议、审核诉讼材料、调查收集证据、更换和追加当事人、通知当事人开庭以及其他必要的准备工作。

（2）出庭情况审查阶段。人民法院应查明当事人和其他诉讼参与人是否到庭、宣布法庭纪律、宣布案由，告知当事人的诉讼权利和义务。

（3）法庭调查阶段。原被告双方分别宣读起诉书和答辩状，在审判长的主持下，询问当事人及证人，并对双方提供的证据进行质证。

（4）法庭辩论阶段。先由原告及其诉讼代理人发言，再由被告及其诉讼代理人发言，然后双方相互辩论。辩论中，当事人重复陈述或陈述与案件无关的内容，甚至侮辱、攻击谩骂对方的，审判长有权制止。辩论中提出与案件有关的新的事实、证据的，由合议庭决定停止辩论，恢复法庭调查。

（5）合议庭评议阶段。合议庭成员可以平等地表明自己对案件的处理意见，合议庭成员意见不一致时，适用少数服从多数的原则进行裁决。

（6）公开宣判阶段。税务行政案件无论是否公开审理，都应当公开宣判。宣判可以当庭宣判，也可择日宣判。在宣读判决书后，人民法院应告知当事人有上诉的权利。

（7）闭庭。由审判长宣布闭庭。

4. 判决。人民法院对受理的税务行政案件，经过开庭审理后，分别作出如下判决。

（1）维持判决。适用于具体行政行为证据确凿，适用法律、法规正确，符合法定程序的。

（2）撤销判决。被诉的具体行政行为有主要证据不足、适用法律和法规错误、违反法定程序、超越职权、滥用职权等情形的，应判决撤销或者部分撤销，并可以判决税务机关重新作出具体行政行为。

（3）履行判决。税务机关不履行或者拖延履行法定职责的，判决其在一定期限内履行。

（4）变更判决。税务行政处罚显失公正的，可以判决变更。

（二）第二审程序

第二审程序又称为上诉程序或终审程序，是指上一级人民法院根据当事人的上诉，对下一级人民法院未发生法律效力的行政判决、裁定进行审理并作出裁判的程序。

第二审程序并不是每一个税务行政案件的必经程序，只有在一审程序的当事人不服一审判决或裁定，提起上诉时才会启动二审程序。

1. 上诉时效。当事人不服人民法院第一审判决的，有权在判决书送达之日起 15 日内向上一级人民法院提起上诉。当事人不服人民法院第一审裁定的，有权在裁定书送达之日起 10 日内向上一级人民法院提起上诉。逾期不提起上诉的，人民法院的第一审判决或者裁定发生法律效力。

2. 审理。税务行政案件的二审程序，在审理方式上不像一审程序必须开庭审理，如果人民法院对上诉案件认为事实清楚的，也可以实行书面审理。如果开庭审理，其程序大致和一审程序相同。

第二审人民法院审理上诉案件，应当对原审人民法院的裁判和被诉具体行政行为是否合法进行全面审查，不受上诉范围的限制。也就是说，在税务行政诉讼中，可能会出现二审法院对上诉人作出比一审法院判决更加不利的裁判的情况，这也是税务行政诉讼不同于税务行政复议的一点。

3. 判决。人民法院审理上诉案件，按照下列情形，分别处理：原判决认定事实清楚，适用法律、法规正确的，判决驳回上诉，维持原判；原判决认定事实清楚，但是适用法律、法规错误的，依法改判；原判决认定事实不清，证据不足，或者由于违反法定程序可能影响案件正确判决的，裁定撤销原判，发回原审人民法院重审，也可以查清事实后改判。当事人对重审案件的判决、裁定，可以上诉。

（三）审判监督程序

审判监督程序又称为再审程序，是指人民法院自行发现已经发生法律效力的判决或裁定违反法律、法规的规定，或者根据人民检察院的抗诉，而依法对案件再次进行审理的程序。并不是每个税务行政案件都必须经过审判监督程序，只有判决或裁定已经发生法律效力又确有错误的案件，才能适用这一程序。因此，审判监督程序是税务行政诉讼中的一种特别程序。

1. 审判监督程序的提起。当事人对已经发生法律效力的判决、裁定，认为确有错误的，可以向原审人民法院或者上一级人民法院提出申诉，但判决、裁定不停止执行。

因提起审判监督程序的主体的不同，分别适用以下三种提起程序。

（1）人民法院院长通过审判委员会决定再审。人民法院院长对本院已经发生法律效力的判决、裁定，发现违反法律、法规规定认为需要再审的，应当提交审判委员会决定是否再审。

（2）上级人民法院提审或者指令再审。上级人民法院对下级人民法院已经发生法律效力的判决、裁定，发现违反法律、法规规定的，有权提审或者指令下级人民法院再审。

（3）人民检察院抗诉。人民检察院对人民法院已经发生法律效力的判决、裁定，发现违反法律、法规规定的，有权按照审判监督程序提出抗诉。

2. 再审案件的审理。人民法院按照审判监督程序决定再审的案件，必须要裁定中止原判决、裁定的执行，重新组成合议庭，分别按照第一审、第二审程序审理。

> 知识卡片：我国《国家赔偿法》规定了刑事赔偿与行政赔偿两种情形。税务行政赔偿适用《国家赔偿法》中的行政赔偿。

第四节　税务行政赔偿

税务行政赔偿是指税务机关及其工作人员因职务上的违法行为给公民、法人或其他组织的合法权益造成损害时，由国家承担的赔偿责任。税务行政赔偿是国家赔偿的重要组成部分。

税务行政赔偿具有以下特征。一是税务行政赔偿在性质上属于国家责任，与平等民事主体之间因侵权而产生的民事赔偿责任不同；二是税务行政赔偿在归责原则上属于违法原则，即以税务机关是否违法行使职权为确定赔偿责任的标准，而不问其是否有主观过错；三是引起税务行政赔偿的职权行为不仅包括违法的积极具体行政行为，还包括违法的不作为行为；四是税务行政赔偿在范围上主要限于人身权和财产权损害赔偿，一般不包括精神损害赔偿。

目前我国调整税务行政赔偿的法律规范主要是 1994 年 5 月第八届全国人民代表大会常务委员会第七次会议通过的《中华人民共和国国家赔偿法》，该法分别于 2010 年和 2012 年进行了两次修订。此外，我国的《税收征管法》也规定了税务行政赔偿的有关内容。

一、税务行政赔偿的范围

税务行政赔偿的范围，是指对于税务机关及其工作人员因违法行使职权，给公民、法人和其他组织造成的损害给予赔偿的范围。依据现行相关法律的规定，税务行政赔偿的范围包括以下三种。

（一）侵犯人身权的赔偿

税务机关及其工作人员有下列违法行为的，受害人有取得赔偿的权利：一是非法拘禁或者以其他方法非法剥夺纳税人或其他税务当事人人身自由的；二是以殴打、虐待等行为或者唆使、放纵他人以殴打、虐待等行为造成纳税人或其他税务当事人身体伤害或者死亡的；三是违法使用武器、警械造成纳税人或其他税务当事人身体伤害或者死亡的；四是造成公民身体伤害或者死亡的其他违法行为。

（二）侵犯财产权的赔偿

税务机关及其工作人员有下列违法行为的，受害人有取得赔偿的权利：一是违法实施罚款、没收财物等行政处罚的；二是违法对财产采取查封、扣押、冻结等行政强制措施的；三是违法征收、征用财产、摊派费用的；四是造成财产损害的其他违法行为。

（三）国家不承担赔偿责任的情形

在某些特殊情况下，由于损害非由税务机关的行为造成的，或者损害虽发生在行政活动中，但由不可抗力因素造成的，国家不负赔偿责任。属于下列情形之一的，国家不承担赔偿责任：行政机关工作人员与行使职权无关的个人行为；因公民、法人和其他组织自己的行为致使损害发生的；法律规定的其他情形。

二、税务行政赔偿请求人和赔偿义务机关

在税务行政赔偿案件中，存在两方当事人。一方为受到税务机关及其工作人员侵害的赔偿请求人；另一方为承担赔偿义务的税务机关。

（一）税务行政赔偿请求人

税务行政赔偿请求人是指因其合法权益受到税务机关及其工作人员的不法侵害而遭受实际损失，遂以自己的名义提出行政赔偿请求的公民、法人和其他组织。

税务行政赔偿请求人应具备以下条件：必须是自己的合法权益受到损害的人；合法权益受到损害必须是实有损害；损害事实是由税务行政职权行为造成的。

受害的公民死亡，其继承人和其他有扶养关系的亲属有权要求赔偿。受害的法人或者其他组织终止的，其权利承受人有权要求赔偿。

税务行政赔偿请求人请求国家赔偿的时效为两年，自其知道或者应当知道税务机关及其工作人员行使职权时的行为侵犯其人身权、财产权之日起计算。税务行政赔偿请求人在赔偿请求时效的最后6个月内，因不可抗力因素或者其他障碍不能行使请求权的，时效中止，从中止时效的原因消除之日起，赔偿请求时效期间继续计算。

税务行政赔偿请求人要求赔偿，应当先向赔偿义务机关提出。赔偿义务机关应当自收到申请之日起两个月内，作出是否赔偿的决定。赔偿义务机关在规定期限内未作出是否赔偿的决定，赔偿请求人可以自期限届满之日起3个月内，向人

民法院提起诉讼。

（二）税务行政赔偿义务机关

税务行政赔偿义务机关，是指代表国家依法接受赔偿请求，支付赔偿费用、参与赔偿复议和参加赔偿诉讼的税务机关。在我国，实行"国家责任，机关赔偿"制度。

根据《国家赔偿法》的规定，税务行政赔偿义务机关的确定主要包括以下六种情形。

1. 税务机关及其工作人员行使行政职权侵犯纳税人或其他税务当事人的合法权益造成损害的，该税务机关为赔偿义务机关。

2. 税务机关与其他行政机关共同行使行政职权时侵犯纳税人或其他税务当事人的合法权益造成损害的，税务机关与其他行政机关为共同赔偿义务机关。

3. 法律、法规授权的组织在行使授予的税务行政权力时侵犯纳税人或其他税务当事人的合法权益造成损害的，被授权的组织为赔偿义务机关。

4. 受税务机关委托的组织或者个人在行使受委托的税务行政权力时侵犯纳税人或其他税务当事人的合法权益造成损害的，委托的税务机关为赔偿义务机关。

5. 税务行政赔偿义务机关被撤销的，继续行使其职权的行政机关为赔偿义务机关；没有继续行使其职权的行政机关的，撤销该赔偿义务机关的行政机关为赔偿义务机关。

6. 经税务行政复议机关复议的，最初造成侵权行为的税务机关为赔偿义务机关，但税务行政复议机关的复议决定加重损害的，税务行政复议机关对加重的部分履行赔偿义务。

税务行政赔偿义务机关赔偿损失后，应当责令有故意或者重大过失的工作人员或者受委托的组织或者个人承担部分或者全部赔偿费用。对有故意或者重大过失的责任人员，有关机关应当依法给予处分；构成犯罪的，应当依法追究刑事责任。

【例 12－5】张某和李某在同一条街上经营餐馆，因张某的餐馆生意红火，引起李某的嫉妒，于是李某找到在该区税务局工作的好友赵某帮忙。赵某在没有任何证据的情况下，以张某偷漏税款为由，对张某作出罚款 5 000 元的行政处罚。张某不服，遂提起行政赔偿请求。

试问：（1）该案中，谁是赔偿义务人？

（2）赔偿义务人在赔偿损失后可否对赵某行使追偿权？为什么？

【解析】（1）《国家赔偿法》规定："行政机关及其工作人员行使行政职权侵犯公民、法人和其他组织的合法权益造成损害的，该行政机关为赔偿义务机关。"赵某系区税务局工作人员，其违法行使职权行为造成的损害，应由区税务局作为赔偿义务机关。

（2）《国家赔偿法》规定："赔偿义务机关赔偿损失后，应当责令有故意或者重大过失的工作人员或者受委托的组织或者个人承担部分或者全部赔偿费用。"

本案中，赵某在没有任何证据的情况下，对张某罚款5 000元，属于故意违法行使职权，因此，赔偿义务人在赔偿损失后，可以对赵某行使追偿权，要求其承担部分或者全部赔偿费用。

三、税务行政赔偿的计算标准

（一）税务行政赔偿计算标准的确定

国家赔偿以支付赔偿金为主要方式。纵观世界各国，在赔偿标准上大致奉行三种不同的原则，即惩罚性原则、补偿性原则、抚慰性原则。我国国家赔偿采用的主要是抚慰性标准，即支付的赔偿金不以补足受害人的实际损失为目标，只是在一定范围内对受害人予以赔偿。按照该标准，国家支付的赔偿额往往少于受害人实际所受损失。

（二）税务行政赔偿的具体计算标准

我国《国家赔偿法》对不同类型的损害规定了不同的赔偿标准。

1. 侵害纳税人或其他税务当事人人身自由的赔偿计算标准。侵害纳税人或其他税务当事人人身自由的，每日赔偿金按照国家上年度职工日平均工资计算。年平均工资以国家统计局公布的数字为准。

2. 侵害纳税人或其他税务当事人生命健康权的赔偿计算标准。侵犯纳税人或其他税务当事人生命健康权的，赔偿金按照下列规定计算。（1）造成身体伤害的，应当支付医疗费、护理费，以及赔偿因误工减少的收入。减少的收入每日的赔偿金按照国家上年度职工日平均工资计算，最高额为国家上年度职工年平均工资的5倍。（2）造成部分或者全部丧失劳动能力的，应当支付医疗费、护理费、残疾生活辅助具费、康复费等因残疾而增加的必要支出和继续治疗所必需的费用，以及残疾赔偿金。残疾赔偿金根据丧失劳动能力的程度，按照国家规定的伤残等级确定，最高不超过国家上年度职工年平均工资的20倍。造成全部丧失劳动能力的，对其扶养的无劳动能力的人，还应当支付生活费。（3）造成死亡的，应当支付死亡赔偿金、丧葬费，总额为国家上年度职工年平均工资的20倍。对死者生前扶养的无劳动能力的人，还应当支付生活费。

3. 侵犯纳税人或其他税务当事人财产权的计算标准。侵犯纳税人或其他税务当事人的财产权造成损害的，按照下列规定处理：处罚款、罚金、追缴、没收财产或者违法征收、征用财产的，返还财产；查封、扣押、冻结财产的，解除对财产的查封、扣押、冻结，造成财产损坏或者灭失的，按照损害程度给付相应的赔偿金；应当返还的财产损坏的，能够恢复原状的恢复原状，不能恢复原状的，按照损害程度给付相应的赔偿金；应当返还的财产灭失的，给付相应的赔偿金；财产已经拍卖或者变卖的，给付拍卖或者变卖所得的价款；变卖的价款明显低于财产价值的，应当支付相应的赔偿金；吊销许可证和执照、责令停产停业的，赔偿停产停业期间必要的经常性费用开支；返还执行的罚款或者罚金、追缴或者没收的金钱，解除冻结的存款或者汇款的，应当支付银行同期存款利息；对财产权造成其他损害的，按照直接损失给予赔偿。

4. 关于精神损害的赔偿。国家赔偿通常只限于对人身和财产的赔偿，一般不包括精神损失的赔偿。如果税务机关及其工作人员的违法职权行为致人精神损害的，应先在侵权行为影响的范围内，为受害人消除影响、恢复名誉、赔礼道歉，只有造成严重后果的，才支付相应的精神损害抚慰金。

知识巩固与能力提升

一、单项选择题

1. 在领取营业执照后，企业无须再到质监部门、社保部门、统计部门办理任何手续，但应在领取营业执照后（ ）日内将其财务、会计制度或处理办法报主管税务机关备案，并向税务机关报告企业全部存款账号。

A. 10　　　　　　B. 15　　　　　　C. 30　　　　　　D. 60

2. 因纳税人或扣缴义务人计算错误等失误，未缴或者少缴税款的，税务机关在（ ）可以追征。

A. 3 年内　　　　B. 5 年内　　　　C. 10 年内　　　　D. 无限期

3. 一般情况下，纳税人或其他税务当事人认为税务机关的具体行政行为侵犯其合法权益的，可以自知道该具体行政行为之日起（ ）内提出行政复议申请。法律另有规定的除外。

A. 30 日　　　　B. 60 日　　　　C. 90 日　　　　D. 1 年

4. 根据行政诉讼法律制度的规定，纳税人对税务机关的具体行政行为不服直接向人民法院提起诉讼，应当在知道作出具体行政行为之日起（ ）内提起，法律另有规定的除外。

A. 15 日　　　　B. 30 日　　　　C. 3 个月　　　　D. 6 个月

5. 税务行政赔偿义务机关自收到赔偿请求之日起（ ）内，应依法给予请求人赔偿。

A. 1 个月　　　　B. 2 个月　　　　C. 3 个月　　　　D. 15 日

二、多项选择题

1. 根据税收征管法律制度的规定，下列各项中，需要办理税务注销登记的有（ ）。

A. 纳税人被依法宣告破产，终止纳税义务的

B. 纳税人被依法吊销营业执照的

C. 实行定期定额征收方式的个体工商户需要停业的

D. 纳税人因住所变动的

2. 税务机关在进行税务检查时，经相关批准有权（ ）。

A. 询问纳税人、扣缴义务人与纳税或者代扣代缴、代收代缴税款有关的问

题和情况

B. 查询从事生产、经营的纳税人、扣缴义务人在银行或者其他金融机构的存款账户

C. 查询案件涉嫌人员的储蓄存款

D. 到纳税人的生产、生活场所和货物存放地检查纳税人应纳税的商品、货物

3. 有下列（　　）情形之一的，纳税人可以依法申请行政复议。

A. 对税务机关作出没收财物的行政处罚决定不服的

B. 对税务机关作出的一般纳税人资格认定行为不服的

C. 认为税务机关乱收费的

D. 向税务机关领购发票，税务机关没有依法履行的

4. 下列关于税务行政赔偿数额的论述，正确的有（　　）。

A. 造成公民身体伤害的，其误工减少的收入的最高赔偿额为国家上年度职工年平均工资的 5 倍

B. 造成公民部分丧失劳动能力的，最高赔偿额为国家上年度职工年平均工资的 15 倍

C. 造成公民全部丧失劳动能力的，最高赔偿额为国家上年度职工年平均工资的 20 倍

D. 造成公民死亡的，应当支付死亡赔偿金，其数额为国家上年度职工年平均工资的 20 倍

三、判断题

1. 税务机关有权到车站、码头、机场、邮政企业及其分支机构检查纳税人托运、邮寄应纳税商品、货物或者其他财产。　　　　　　　　　　（　　）

2. 从事生产、经营的纳税人应自其领取工商营业执照之日起 30 日内按照国务院财政、税务部门的规定设置账簿。　　　　　　　　　　　（　　）

3. 对税务机关征税行为不服的，应当先向复议机关申请行政复议，对行政复议决定不服，可以再向人民法院提起行政诉讼。　　　　　　　（　　）

4. 经税务行政复议机关复议的，最初造成侵权行为的税务机关为赔偿义务机关。　　　　　　　　　　　　　　　　　　　　　　　　　（　　）

5. 税务行政复议既要审查税务具体行政行为的合法性，还要审查其合理性。　　　　　　　　　　　　　　　　　　　　　　　　　　　（　　）

四、案例分析题

1. 2017 年 9 月 28 日，某市国税稽查局根据专项检查计划，对亨达房地产开发有限公司进行检查，因非举报案件，稽查局并未立案。在依法进场检查之后，发现该公司涉嫌税收问题，经稽查局局长批准将该公司 2015 ~ 2017 年的账簿、凭证调回稽查局检查。通过检查发现该公司少申报税款 1 650 多万元。12 月 16 日稽查局根据税收法律、法规的规定，并按照法定程序作出并送达了《税务处理决定书》，要求该公司补缴税款 1 650 多万元，依法加收滞纳金。并在同日归还

了该工厂的账簿、凭证。该公司不服该处理决定，认为并未少缴这么多税款并拒不缴纳税款。稽查局经该市税务局长批准，于2018年1月21日向该公司送达了《税收强制执行决定书》，在向银行送达《扣缴税收款项通知书》后，从该公司的银行存款账户扣划了相应的存款抵缴税款、滞纳金。

问：该市国税稽查局有哪些违法行为？

2. 李某于2017年10月7日被所在县的国税局罚款500元，王某是李某的好朋友，他认为国税局的罚款过重，于同年11月14日以自己的名义，向该县政府邮寄了行政复议申请书。由于邮局的原因，该县政府2018年1月14日才收到行政复议申请书，该县政府在2018年1月24日以超过复议申请期限为由作出不予受理决定，并电话通知了王某。请根据《行政复议法》的规定回答以下问题。

（1）王某能否作为申请人申请行政复议？为什么？

（2）本案申请人的申请期限是否超期？为什么？

（3）县政府对王某的行政复议申请，作出不予受理决定的期限是否符合行政复议法的规定？如果不符合，县政府应在几日内作出？

（4）县政府用电话通知王某不予受理的做法是否符合行政复议法的规定？如果不符合，应当用什么方式？

（5）如果李某申请行政复议，县政府能否受理？如果不能，李某应当向哪个机关申请？

参考文献

［1］高萍：《税法》，中国人民大学出版社 2022 版。

［2］中国注册会计师协会：《税法》，中国财政经济出版社 2022 年版。

［3］全国税务师职业资格考试教材编写组：《税法》【Ⅰ】【Ⅱ】，中国税务出版社 2022 年版。

［4］中华人民共和国税收法典编委会：《中华人民共和国现行税收法规及优惠政策解读》，立信会计出版社 2022 年版。

［5］邢会强：《税法学》，高等教育出版社 2021 版。

［6］中国商业会计学会：《财税法规与职业道德》，经济科学出版社 2019 年版。

［7］马殿平、吴向民：《税法》，北京理工大学出版社 2017 年版。

［8］王章渊、刘升福：《税法》，同济大学出版社 2017 年版。

［9］王曙光：《税法》，东北财经大学出版社 2016 年版。

［10］胡志军：《税法教程》，天津大学出版社 2013 年版。

［11］梁文涛：《税法》，中国人民大学出版社 2017 年版。

［12］窦庆菊：《中国税收》，清华大学出版社 2015 年版。

［13］胡锦光、刘飞宇：《行政法与行政诉讼法》，中国人民大学出版社 2008 年版。

［14］马殿平、吴向民：《税法》，北京理工大学出版社 2017 年版。

［15］陈雪梅、方明：《税法理论与实务》，浙江大学出版社 2017 年版。

［16］杨莉惠：《税法》，重庆大学出版社 2017 年版。

［17］陈颖：《税法原理与实务》，北京理工大学出版社 2017 年版。

［18］朱为群：《中国税制》，高等教育出版社 2016 年版。

［19］徐双泉：《中国税制》，中国财政经济出版社 2017 年版。

［20］曹越、谭光荣、曹燕萍：《税法》（第 3 版），中国人民大学出版社 2018 年版。

［21］张守文：《税法原理》（第八版），北京大学出版社 2018 年版。

［22］法规应用研究中心：《税法一本通》，中国法制出版社 2018 年版。

［23］吉文丽：《税法》，清华大学出版社 2019 年版。

［24］陈文军：《税法：理论、实务与案例》，机械工业出版社 2018 年版。

敬 告 读 者

  为了帮助广大师生和其他学习者更好地使用、理解、巩固教材的内容，本教材配课件和部分习题答案，读者可关注微信公众号"会计与财税"浏览相关信息。

  如有任何疑问，请与我们联系。

QQ：16678727

邮箱：esp_bj@163.com

教师交流 QQ 群：606331294

教材服务 QQ 群：391238470

经济科学出版社

2022 年 8 月

会计与财税

教师服务 QQ 群

读者交流 QQ 群

经科在线学堂